भारत के अतीत की खोज

(एक शोधपूर्ण इतिहास-ग्रन्थ)

भारत के अतीत की खोज

वीरेन्द्र कुमार पाण्डेय

लोकभारती प्रकाशन

लोकभारती प्रकाशन
पहली मंजिल, दरबारी बिल्डिंग, महात्मा गांधी मार्ग,
प्रयागराज–211 001
शाखाएँ : 1–बी, नेताजी सुभाष मार्ग, दरियागंज,
नई दिल्ली–110 002
अशोक राजपथ, साइंस कॉलेज के सामने,
पटना–800 006
1, अनमोल सोराबजी संतुक लेन, धोबी तलाव,
मरीन लाइंस, मुम्बई–400 002
वेबसाइट : www.lokbhartiprakashan.com
ई–मेल : info@lokbhartiprakashan.com

प्रथम संस्करण : 2022

राजकमल प्रेस
नई दिल्ली–110 002 द्वारा मुद्रित

BHARAT KE ATEET KI KHOJ
by Virendra Kumar Pandey

ISBN : 978-93-90625-00-0

मूल्य : ₹695

पत्नीश्री चित्रा पाण्डेय को
उनकी पुण्य-स्मृति में
सप्रेम अर्पित

सच्चिदानन्द

पृथ्वी मिलती जहाँ क्षितिज से
खत्म जहाँ हो सागर खारा
जिस छोर पर पवन नहीं हो
जलती है तव ज्योति महान्।

वह एकम् स्वधया बिना वायु के
सांस ले रहा, सत्-चित्-आनन्द
न इतर, न अलग कुछ भी उससे
जलती है तव ज्योति महान्।

वह प्रथम एकार्णव जहाँ कहीं था
उसी बिन्दु से, उसके मन से
प्रारम्भ हुआ यह सारा जग और
जलती है तव ज्योति महान्।

शून्य आर-पार तक फैला हुआ
न उर्ध्व था कहीं, न अधो चरण
स्वयं व्यवस्थ एक तुम, थे वहां
जलती है तव ज्योति महान्।

वह ज्योति नहीं तेरी-मेरी
वह ज्योति नहीं इसकी उसकी
सब में है वह एक समान
तुम हो, मैं हूँ, वह ज्योति महान्।

विषय-वस्तु

अध्याय

परिशिष्ट

भूमिका

पुराणों का स्पष्ट सन्देश है कि आर्य, जिन्हें आधुनिक इतिहासकार 'भारोपियन आर्य' (Indo-European Arya) और भारतीय 'आर्य' कहते हैं, वे प्रथमतः हिमालय के उस पार के पर्वतीय अंचल में रहते थे। पुराण इसे आमतौर पर 'परेण हिमालय' नाम देते हैं, जिसका अर्थ हिमालय के पार का देश है। यह परिच्छेत्र मुख्य रूप से तीन समान्तर पर्वत श्रृंखलाओं से निर्मित है, जिनके वर्तमान नाम हैं : जास्कर, लद्दाख और कराकोरम। पुराण एक क्षेत्र-विशेष 'उत्तर-कुरु' को भारतीयों की 'आदि भूमि' के रूप में चिह्नित करते हैं तथा इसकी पहचान कराकोरम के उत्तरवर्ती भू-भाग से स्थापित करते हैं। मान्यता है कि आदि मनु (स्वयंभु मनु) उनके प्रथम पुरुष और प्रथम राजा थे और आस्था है कि वे सृष्टिकर्त्ता ब्रह्मा के पुत्र थे। पुराणों के अनुसार आदि मनु ही वह प्रथम व्यक्ति थे, जिन्होंने भारत में सर्वप्रथम वंशवादी राजतन्त्र की स्थापना किया था, उनका देश उत्तर-कुरु था और राजधानी का नाम बर्हिष्मती था। मेरे आंकलन में यह 3500 ई.पू. के आस-पास का काल था। अब तक ज्ञात विश्व की सभी सभ्यताओं के कालक्रम की दृष्टि से यह विश्व का प्रथम राजतन्त्र कहा जा सकता है।

सीमित संसाधन और बढ़ते जन-घनत्व के कारण यहाँ से लोग हिमालय के इस पार आने और बसने लगे। ये लोग मुख्य रूप से दो शाखाओं में बँटकर दो भिन्न कालों में आये। प्रथम शाखा का नेतृत्व स्वयंभु के दूसरे पुत्र तथा प्रियव्रत के अनुज उत्तानपाद ने किया था। समय के साथ उनके वंशजों ने रावी तथा सरस्वती के बीच अनेक राज्य स्थापित किये और वहाँ शासन करने लगे। इसी समय प्रियव्रत के वंशजों ने भी उत्तर-कुरु के अपने राज्य का विस्तार रावी तक कर लिया था तथा रावी से सिन्धु के बीच उनके अनेक राज्य स्थापित हुए। ये लोग मनुष्य या क्षत्रिय कहे जाते थे। सैकड़ों वर्षों के अपने शासन में इन लोगों ने ग्रामीण अर्थव्यवस्था पर आधारित एक विशिष्ट सभ्यता का निर्माण किया जिसके अवशेष भारत के उत्तर-पश्चिम भाग में बहुतायत में पाये जाते हैं। बाद में आने वाली शाखा ने भी इसके विकास में योगदान किया और समय के साथ यह सभ्यता अद्वितीय नगरीय सभ्यता के रूप में विकसित हुई जिसे आधुनिक इतिहासकार सिन्धु-घाटी की सभ्यता, हड़प्पा सभ्यता

या सरस्वती-सिन्धु सभ्यता का नाम देते हैं। विश्व की यह सबसे पुरानी सभ्यता है, जिसे भारतीयों ने आज से लगभग 5000 वर्ष पहले साकार किया था।

दूसरी शाखा, कश्यप मारीचि के नेतृत्व में उत्तर-कुरु से हिमालय के इस ओर आयी और जम्मू-कश्मीर में आबाद हुई तथा सैकड़ों वर्ष तक वहाँ रही। वहाँ उन लोगों ने अपना एक अलग पहचान स्थापित किया। कश्यप मारीचि और उनके साथ आने वाले लोग ऋषि-कुल से थे और उनकी रूचि सांसारिक बातों में कम, आध्यात्मिक ज्ञान की प्राप्ति में ज्यादा थी। उनके वंशज 'ब्राह्मण' कहलाये। यहाँ अत्रि का एक अन्य ऋषि-कुल भी था जिनके वंशजों ने जम्मू प्रभाग में ब्राह्मणों का एक राज्य स्थापित किया। अत्रि के पुत्र सोम वहाँ के प्रथम राजा बने। उनके बाद उनके वंशज वहाँ के राजा हुए। यह एक आश्चर्यजनक किन्तु सत्य है कि आज की कश्मीर घाटी उस काल की सतीसर थी, जो बारहों माह पानी से भरी रहती थी। एक दिन अचानक सतीसर का एक अनुभाग टूट गया। अथाह जलराशि, अति तीव्र गति से बाहर निकली और जम्मू में प्रलय आ गया। प्रलय-जनित इस भगदड़ में ब्राह्मणों की एक शाखा ने सत्यव्रत मनु वैवस्वत के नेतृत्व में सरस्वती के किनारे कुरु-क्षेत्र (हरियाणा) में शरण ली जो मनुष्य-वंश के राज्य सीमा से बाहर था। उन्होंने सरस्वती-आपय-दृशद्वती क्षेत्र में अपना राज्य स्थापित किया। इसे वे इलावर्त या ब्रह्मावर्त कहते थे। प्रलय की इस घटना का आख्यान भागवत् तथा मत्स्य-पुराण में प्राप्त होता है जिसे वे चाक्षुष मन्वन्तर के अन्त की घटना मानते हैं। ऐतिहासिक दृष्टि से यह प्रलय 3200-3100 ई.पू. में घटित हुई जिसके बाद सत्यव्रत वैवस्वत ने उक्त राज्य की स्थापना किया था। इस प्रकार एक ही आदि भूमि में रहनेवालों की दो शाखाओं ने लगभग 400 वर्षों के अन्तर से सरस्वती क्षेत्र में अपने अलग-अलग राज्य स्थापित किये; एक दायें किनारे पर आबाद थी और दूसरी बायें किनारे पर आबाद हुई। सिन्धु घाटी सभ्यता में दोनों सभ्यताओं की प्रतिध्वनि प्राप्त होती है।

कुरु-क्षेत्र (हरियाणा) का वैवस्वत राजवंश जल्द ही आत्रेयों के अधिकार में चला गया। सोम के पौत्र पुरूरवा ऐल यहाँ के राजा हुए। आत्रेय राजवंश यहाँ सुदीर्घ-काल तक (महाभारत और उसके बाद भी बहुत दिनों तक) राज्य किया। आत्रेयों के ब्राह्मण राजवंश ने सरस्वती-क्षेत्र तथा भारत के विभिन्न अंचलों में 3000 वर्षों से अधिक समय तक राज्य किया। बीच के एक कालखण्ड में इस राजवंश के अनेक राज्य राजस्थान, गुजरात से बिहार तक फैले हुए थे। इसने इनमें श्रेष्ठता का भाव भर दिया और ये लोग अपने को 'आर्य' शब्द से सम्बोधित करने लगे तथा उत्तरी भारत को, जिसके बहुलांश में इन्हीं लोगों का राज्य था, आर्यावर्त अर्थात् आर्यों के रहने का स्थान घोषित कर दिया। आर्य का शाब्दिक अर्थ श्रेष्ठ होता है और इसी अर्थ में इन लोगों ने इसका प्रयोग प्रारम्भ किया था लेकिन कालान्तर में यह प्रजाति के अर्थ में जाना जाने लगा। तत्कालीन राजनैतिक परिस्थितियों में अनेक आर्य जातियों को देश

छोड़कर अन्य देशों में जाना पड़ा था। जाते समय ये लोग इस सम्बोधन को भी अपने साथ ले गये। कई देशों में इन लोगों ने अपने राज्य स्थापित किये। इनकी भाषा ने स्थानीय भाषा से मिलकर विभिन्न भाषाओं को जन्म दिया। उन भाषाओं के आधार पर आधुनिक इतिहासकार मूल देश को ढूंढ रहे हैं। लेकिन आर्य शब्द भारत का शाब्दिक सम्पत्ति है, इसे भारतीयों ने जन्म दिया है, इसे उन्होंने प्रजाति के अर्थ में कभी प्रयोग ही नहीं किया है, यह केवल और केवल श्रेष्ठता के अर्थ में प्रयोग किया गया है और इतिहास को इसी अर्थ में इस शब्द को संरक्षित करना चाहिए। इसी कुल में भरत नाम के एक अप्रतिम राजा हुए जिनके वंशजों ने आज के भारत के लगभग सभी खण्डों में अपना परचम फहराया। भरत के वंशज भारत कहे जाते थे, इसलिए इस देश का नाम 'भारत' पड़ा। इस प्रकार 'आर्य' और 'भारत' दोनों ही समानार्थी शब्द हैं। आर्य भारतीयों के एक वर्ग भारतों द्वारा अपने जमात के लिये दिया गया सम्बोधन मात्र है। किसी अन्य देश का इस पर कोई दावा नहीं बनता है, न हि किसी इतिहासकार द्वारा किसी भी अन्य देश में आर्यों के मूल स्थान को ढूंढने का कोई आधार प्रदान करता है।

भारतीय इतिहास और सभ्यता आज से 5500-6000 वर्ष पहले से अबाध निरन्तरता के साथ विद्यमान है। इसकी प्राचीनता एवं निरन्तरता अतुल्य है। इसकी प्राथमिक भूमि हिमालय पार का तिब्बत तथा हिन्दुकुश के बीच स्थित लद्दाख-लेह तथा गिलगित-बाल्टीस्तान का पहाड़ी क्षेत्र है, जहाँ से ये लोग हिमालय पार कर इस देश में आये और इस देश को 'भारत' का नाम दिया। इनमें तीन प्रमुख समुदाय थे जो मनुष्य, देव (ऋषि) और रुद्र (शैव) कहे जाते थे। तीनों की आस्था में 'ब्रह्मा' उनके प्रथम पूर्वज थे। इनसे उत्पन्न एकीकृत संस्कृति 'ब्रह्मा-विष्णु-महेश' के प्रतीक चिह्न से अभिव्यक्ति प्राप्त करती है। ये त्रिदेव क्रमशः मनुष्यों, देवों तथा शैवों के आदि आराध्य तथा उनके प्रथम पूर्वज होने का संकेत देते हैं। यही प्राथमिक भारतीय संस्कृति सिन्धु-सरस्वती के मैदान में और परिष्कृत हुई तथा गंगा-यमुना के मैदान में फूली-फली एवं समय के साथ सम्पूर्ण भारतवर्ष में व्याप्त हो गयी। यह आज भी उसी जिजीविषा के साथ प्रवाहमान है।

देश के प्रत्येक व्यक्ति के अन्तर्मन में अपने अतीत को जानने की उत्कट अभिलाषा होना स्वाभाविक है। यह जिजीविषा मेरे मन में भी थी। इसलिए मैं सेवा निवृत्ति (2014 ई.) के बाद से ही अपने धार्मिक ग्रन्थों के अनुशीलन में अगना मन लगाया। प्रमुख रूप से मैंने कतिपय पुराण, ऋग्वेद, वाल्मीकि कृत रामायण तथा महाभारत को ध्यान से पढ़ा। पुराणों में प्रमुख थेः मत्स्य-पुराण, भागवत-पुराण, हरिवंश एवं विष्णु-पुराण। इसके अतिरिक्त मैंने आधुनिक इतिहासकारों के कुछ महत्त्वपूर्ण पुस्तकों का अध्ययन किया। इस प्रकार, हमारे धार्मिक ग्रन्थों की पृष्ठभूमि में, डेविड फ्राउले की पुस्तकों से प्राप्त प्रेरणा से तथा एफ.ई. पार्जीटर एवं पी0एल0 भार्गव द्वारा

लिखित ग्रन्थों के मार्गदर्शन में 'भारत के अतीत की खोज' की मेरी यात्रा सम्पूर्ण हुई। यह इस पुस्तक के माध्यम से आपके सम्मुख है। पुराणों ने भारत के अतीत का संज्ञान अवश्य लिया है क्योंकि यह उनके विषय वस्तु का अंग बनाया गया था, लेकिन यह कालक्रम के अनुसार प्राप्त नहीं होता है; यत्र-तत्र, तिनका-तिनका बिखरा हुआ है। पुराण भी वास्तविक घटनाओं के घटित होने के हजारों वर्ष बाद लिखे गये। उन्होंने अपना विषय वस्तु सूतों तथा मागधों से प्राप्त किया जिनके पास पीढ़ी-दर-पीढ़ी मौखिक रूप से संरक्षित था। स्वाभाविक है कुछ असावधानी उनसे भी हुई होगी। उन्होंने ज्यादातर इतिहास मिथकों के माध्यम से लिखा है। मिथक पहेली की तरह हैं जिनकी ग्रन्थियों को खोलना दुष्कर कार्य है। पार्जीटर और डॉ. भार्गव ने भारत के अतीत को उजागर करने का सराहनीय तथा सार्थक प्रयास किये हैं। डॉ. भार्गव की पुस्तक 'इन्डिया इन वैदिक एज' एक ज्ञानवर्धक और पठनीय इतिहास ग्रन्थ है लेकिन यह भारत के इतिहास के प्रारम्भ से नहीं लिखा गया है। यह मनु वैवस्वत से आरम्भ किया गया है जो भारत के इतिहास का एक पड़ाव है, प्रारम्भ नहीं। यह पुस्तक स्वयंभु मनु, जो भारत के आदि मनु (राजा) माने जाते हैं, वहाँ से प्रारम्भ की गयी है तथा प्रमुख ऐतिहासिक घटनाओं की वास्तविक तिथियों की खोज का यथासम्भव प्रयास किया गया है। मैं इतिहास का विद्यार्थी कभी नहीं रहा। मैंने इलाहाबाद विश्वविद्यालय से भौतिक शास्त्र में परास्नातक किया है। किताब लिखने का भी मेरा कोई विशेष अनुभव नहीं है। मेरा व्यवसाय भी लिखने-पढ़ने का नहीं रहा है। मैं एक बैंक कर्मी था। अपने अतीत को जानने की मेरी जिज्ञासा मात्र ने मुझे इस मुकाम तक पहुँचा दिया। अपने अध्ययन में मैनें पाया कि ऐसा बहुत कुछ हमारे ग्रन्थों में है, जो जनता के पास उसी रूप में पहुँचना चाहिए, चाहे वह इतिहास का विद्यार्थी हो या न हो, इसलिए मैंने इस पुस्तक की रचना की है। यह मेरा कर्मयोग है। मैंने पूर्ण सावधानी एवं मनोयोग के साथ इसे लिखा है, फिर भी अपनी किसी भी भूल या गलती के लिए क्षमाकांक्षी हूँ।

वस्तुतः यह एक इतिहास ग्रन्थ है। इसमें भारतीय सभ्यता के उद्गम-काल से महाभारत-युद्ध काल तक पुराणों तथा अन्यत्र, आधिकारिक ग्रन्थों से प्राप्त सामग्रियों के आधार पर, काल-क्रम के अनुसार भारत के अतीत का इतिहास प्रस्तुत किया गया है। तत्कालीन राजनैतिक स्थिति के साथ इस पुस्तक में तत्कालीन सामाजिक स्थिति, धार्मिक परिवर्धन एवं परिवर्तन, समन्वीकरण तथा सांस्कृतिक एकत्व और धर्म-दर्शन की भी सम्यक् मीमांशा किया गया है। इस ग्रन्थ में उल्लिखित सभी तिथियाँ प्रामाणिक ग्रन्थों में प्राप्त उद्धरणों के विश्लेषण द्वारा प्राप्त की गयी हैं जो इन्हें असंदिग्ध सत्यता प्रदान करती है। तिथियों के क्रम में पौराणिक आख्यानों का स्वाभाविक निगमन किया गया है। भारतीय इतिहास के कुछ अनसुलझे प्रश्नों का यह पुस्तक तात्विक और सही उत्तर प्रदान करती है। यथा आर्य कौन थे? कहाँ से

आये थे? सिन्धु-घाटी की सभ्यता के निर्माता कौन हैं और वे अचानक कहाँ चले गये, इत्यादि। यह एक शोधग्रन्थ भी है, इस अर्थ में कि कई नवीन स्थापनायें की गयी हैं, जो निम्नवत् हैं -

- आर्य तथा उनकी मूल भूमि की पहचान करना।
- आद्योपांत इतिहास का संज्ञान प्राप्त करना तथा अद्यतन निरन्तरता की व्याख्या करना।
- कश्मीरी प्रलय तथा पौराणिक प्रलय में सायुज्ज स्थापित करना।
- सिन्धु-घाटी सभ्यता के असल निर्माताओं की पहचान स्थापित किया जाना।
- विष्णु के प्रथम पाँच अवतारों के राजनैतिक इतिहास का प्रकाश्य तथा दशम् अवतार का अनुमान।
- महत्त्वपूर्ण घटनाओं की सही तिथियों की खोज करना।

अभी यह पुस्तक अपने प्रारम्भिक चरणों में थी कि मेरी पत्नीश्री का निधन हो गया। परिवार सदमें में आ गया। परिवार की धूरी ही टूट चुकी थी। यह घटना 24-09-2019 को घटी थी। तज्जनित अवसाद के दंश को सहनीय बनाने तथा उनकी मधुर स्मृति को चिरस्मरणीय बनाने के मनोभाव में, 21-10-2019 को मैंने इस पुस्तक का पुनर्लेखन प्रारम्भ किया। अपने वाह्य सम्बन्धों से पूर्णतः विमुक्त होकर, पूर्ण समर्पण के साथ, मैंने इस पुनीत कार्य में अपना मन अर्पित कर दिया। इस पुस्तक का प्रत्येक शब्द, अपने स्वाभाविक अर्थों के साथ, हमारे दाम्पत्य की स्मारिका है। इसके पूर्व मैं 'द्रौपदी का अग्नि-पथ' लिख चुका हूँ, जो पूज्य-पिता श्री इन्द्र नाथ पाण्डेय को अर्पित है। लेकिन, इस बार यह हक मेरी पत्नीश्री का बनता है, जिनकी यादों के आंसूओं से धुलकर इस पुस्तक का प्रत्येक शब्द पावन हुआ है। इसलिए, उनकी पुण्य स्मृति में रचित 'भारत के अतीत की खोज' अपनी प्रिय पत्नी श्रीमती चित्रा पाण्डेय को पूर्ण श्रद्धा के साथ समर्पित करता हूँ।

उनके असामयिक वियोग के दुःख को मैं ज्यादा दिन तक झेल नहीं पाया। जल्द ही मुझे हृदय सम्बन्धी तकलीफें शुरू हो गयीं। 21-12-2019 को मेट्रो नोएडा में मेरा दोबारा आपरेशन हुआ। वैसे भी मैं स्वस्थ कम, अस्वस्थ ज्यादा रहता हूँ। मुझे अच्छी देख-भाल की जरूरत थी। श्रीमती जी भी ईश्वर के सान्निध्य में चली गयीं थीं, जहाँ मैं अपनी मर्जी से जा नहीं सकता था। लेकिन मैंने लेखन-कार्य को विराम नहीं दिया। इस कठिन समय में मेरा बेटा अंकित और उसकी पत्नी नीलिमा ने अविष्मरणीय सेवा किया। उनके हृदयश्पर्शी ममत्व एवं स्नेहिल सेवा-भाव से मैं अभिभूत हूँ। मेरे जीवन की यह सन्तान-सुख प्राप्ति की एक अप्रतिम अनुभूति है। कभी न भुलाई जाने वाली स्मृति है। पाँच साल का मेरा पोता सरल जब-तब आकर मुझे गुदगुदा जाता, मुझे हल्का कर जाता। क्षण-क्षण को उपयोग कर, मैंने इस पुण्य-प्रद पुस्तक को 18-06-2020 को पूर्ण किया।

मैं सर्वप्रथम भारत के महान ऋषियों का नमन करता हूँ। इन ऋषियों ने भारत के अतीत को उस काल से सहेज कर रखा, जब लेखन का आरम्भ भी नहीं हुआ था। पुनः मैं डॉ. पार्जीटर तथा डॉ. भार्गव का अभिनन्दन करता हूँ, जिन्होंने पुराणों के आधार पर भारत के अतीत को देश के सम्मुख इतिहास-ग्रन्थ के रूप में प्रकट किया। मैं इन दोनों का समान रूप से आभारी हूँ, जिनकी प्रेरणा और मार्ग-दर्शन में मैं, अपनी अनुभूतियों को 'भारत के अतीत की खोज' के रूप में प्रस्तुत कर सका। यह पुस्तक प्रकारान्तर से पार्जीटर तथा भार्गव के बाद का एक कदम है। मेरे विचार में पुराणों में नये शोध की अपार सम्भावनाऐं हैं। इसके लिए मैं प्रबुद्ध वर्ग का आह्वान करता हूँ। इस प्रकार हम भारत के गौरवशाली अतीत को देश-दुनियाँ को बताने में सफल होंगे। अन्त में, मैं इस सारगर्भित एवं गौरवप्रद पुस्तक 'भारत के अतीत की खोज' सुधी पाठकों के हाथ समर्पित करता हूँ।

दिनांक 18-06-2020

–वीरेन्द्र कुमार पाण्डेय

अध्याय - 1

विषय-प्रवेश

भारत के प्राचीन इतिहास के सम्बन्ध में तीन मूल प्रश्न हैं, जो आज भी अनुत्तरित बने हुए हैं। पाश्चात्य इतिहासकारों ने विषय को इतना जटिल बना दिया है कि आधुनिक भारतीय इतिहासकार उसके खण्डन-मण्डन तक ही सीमित रह गये और जनता को वास्तविक भारतीय इतिहास, उसकी प्राचीनता, उसकी निरन्तरता और उसकी विशिष्टताओं से आज तक अपरिचित रहना पड़ा। मेरी यह पुस्तक भारत के अतीत का दर्पण है। मेरे संज्ञान में (मैं गलत भी हो सकता हूँ) भारतीय सभ्यता के आदिकालीन इतिहास से प्रारम्भ करती हुई शायद ही कोई पुस्तक बाजार में उपलब्ध है। इतिहासकारों ने या तो प्रयास ही नहीं किये और यदि किये तो उन्होंने मनु वैवस्वत से आरम्भ किया। लेकिन यह सही नहीं है, क्योंकि भारतीय इतिहास के मार्ग में मनु वैवस्वत एक पड़ाव है, प्रारम्भ नहीं। पुराणों के अनुसार उनसे पहले 6 मनु और हो चुके हैं।

भारत के आदिकालीन इतिहास के वे तीन मूल प्रश्न निम्नवत् हैं, जो आज भी विवाद का विषय बने हुए हैं -

1. आर्य कौन थे और कहाँ से आये थे? क्या वे भारतीय नहीं थे?

2. सिन्धु घाटी सभ्यता के निर्माता कौन हैं और अचानक वे कहाँ चले गये? क्या वे भारतीय नहीं थे?

3. भारत का इतिहास और उसकी सभ्यता कितनी पुरानी है?

इन तीनों मौलिक प्रश्नों का सम्यक् समाधान इस पुस्तक में प्रस्तुत किया गया है। यह मूल रूप से पुराणों पर आधारित है और अन्यत्र प्राप्त सूचनाएँ इसे पुष्ट करती हैं।

भारत के उत्तरी अंचल में, हिमालय के पार, भारत की प्रमुख चार जातियाँ सृजन के आदि काल से एक साथ सैकड़ों वर्षों तक रहीं। वे चारों जातियाँ अपना प्रथम पूर्वज 'ब्रह्मा' को मानती थीं। उनके दीर्घकालिक सहवास में वैचारिक भिन्नता भी उभरीं और भौतिक संघर्ष भी हुए जिसे आज भारतीय देवासुर-संग्राम के नाम से जानते हैं। सीमित क्षेत्र होने के कारण बढ़ते जन-घनत्व का दबाव भी बहुत था। यह

जन-विस्थापन के रूप में प्रकट हुआ। वहाँ से उसके लोग चारों ओर गये। कुछ लोग हिमालय पार कर दक्षिण में भारत आये, वे आर्य कहलाये। हिमालय पार रहनेवाली प्राथमिक चार जातियाँ निम्नवत् हैं -

1. मनुष्य : स्वयंभू या आदि मनु के वंशज मनुष्य या क्षत्रिय कहलाये।
2. देव : विष्णु और ब्रह्मर्षियों के वंशज देव या ब्राह्मण कहलाये।
3. शैव : रुद्र के वंशज शैव कहलाये।
4. दैत्य-दानव : कश्यप के वंशज।

मेरी स्थापना यह है कि उपरोक्त सभी जातियाँ वराह नामक एक प्रजाति से उत्पन्न हुई हैं जो शृंगवान (कराकोरम) पर्वत शृंखला के उत्तरवर्ती भूमिखण्ड में रहते थे। यह भूखण्ड तथाकथित उत्तर-सागर (टेशिस सागर) के सूखने से निर्मित हुआ था। यह पश्चिम में मुंजवान (आज का बदखा) से पूर्व में चीन के शिनझियांग तक विस्तृत था और इसमें सियाचीन, अक्साई चिन, लद्दाख और तिब्बत भी सम्मिलित था। इसी वराह प्रजाति को समेकित कर उसका मानवीकृत रूप प्रदान किया गया जिसे पुराणों ने ब्रह्मा नाम से पहचान देकर सम्पूर्ण भारतीय सृजन का स्रष्टा बना दिया। उपरोक्त चारों जातियाँ इसी वराह प्रजाति के अंग हैं। शृंगवद् वर्ष कालान्तर में उत्तर कुरु नाम से जाना जाने लगा, इस प्रकार उत्तर कुरु हमारी मूल जन्मभूमि है और वहीं से हम दक्षिण में भारत आये और विश्व के अन्य देशों में भी बसे।

सम्पूर्ण हिमालयी परिक्षेत्र जम्बू द्वीप कहा जाता था जिसका हिमालय के उत्तर का विभाग उत्तर कुरु तथा उसके दक्षिण का विभाग भरत-खण्ड नाम से सम्बोधित होता था। दैत्य यहाँ की सामाजिक राजनैतिक परिस्थितियों से समन्वय स्थापित नहीं कर पाये और उत्तर कुरु छोड़कर चले गये। अवशेष तीनों समाजों : मनुष्य, देव व शैव समाज ने एक सम्मिश्र संस्कृति की स्थापना किया जिसे उन्होंने ब्रह्मा-विष्णु-महेश का नाम दिया, जो तीनों समाजों के प्रथम पूर्वजों का नाम है। यह त्रिदेव संस्कृति यहाँ के बाद एक बार पुनः सप्त-सैन्धव में एकत्रित हुई जो कालान्तर में आर्य कहलाये। जब देव और असुर परस्पर युद्धों में आबद्ध थे, मनुष्य वंश भरत-खण्ड में राज्य स्थापित कर रहे थे। इस भूखण्ड का भरत-खण्ड नाम भी मनुष्य-वंश के राजा भरत के नाम पर रखा गया था। समय के साथ ऋषि कश्यप के नेतृत्व में ऋषि और ब्राह्मण परिवार भी कश्मीर में जमा हुए और अपने लिये एक नया देश बनाया। समय के साथ मनुष्य-वंश रावी नदी तक फैल गया, अपना राज्य स्थापित किया। यह मनुष्य-वंश की प्रियव्रत शाखा थी। जब प्रियव्रत शाखा क्रमशः राज्य स्थापित करती हुई भारत के मैदानी भागों की ओर बढ़ रही थी वहीं मनुष्य-वंश की दूसरी उत्तानपाद शाखा मनुष्यों के एक समूह के साथ उत्तर-कुरु से बाहर निकली और क्रमशः आगे बढ़ती हुई रावी और सरस्वती की उर्वर भूमि में अपना राज्य स्थापित किया। इस प्रकार उत्तर कुरु से भारतीय आर्य जो मूलरूप में तीन जातियों का समूह था,

तत्कालीन परिस्थितियों की माँग के अनुसार हिमालय के इस पार जगह-जगह बसने लगे थे।

समय के साथ मनुष्य-वंश की उत्तानपाद शाखा में एक यशस्वी राजा चक्षु हुए जो चक्षुष मनु नाम से प्रसिद्ध हुए। उनके पुत्र अत्यरात आदि तथा उनके वंशज, वेन, पृथु और दक्ष ने न केवल राजनैतिक शक्ति का विकास किया अपितु एक सुसंगठित समाज का निर्माण किया और आर्थिक एवं सांस्कृतिक विकास का मार्ग प्रशस्त किया। चक्षुष-वंश का यह कालखण्ड 3350-3100 ई.पू. तक भारतीय इतिहास का वह स्वर्णिम कालखण्ड था जब सरस्वती की वेगवती धारा के साथ, उसके समान्तर, उसकी उर्वरा भूमि में विश्व की प्रथम नगरीय मानव सभ्यता ने आकार ग्रहण किया था जिसे इसके बाद आनेवालों ने अपने ढंग से प्रभावित भी किया। सरस्वती की भूमि खेती योग्य बनायी गयी, धान की फसलें चारों तरफ लहलहाने लगीं, पक्की लाहौरी ईंटों के मकान बनने लगे, सुनियोजित नगर निर्माण की प्रक्रिया चालू हुई जो स्वच्छ जल व्यवस्था, स्नानघर व्यवस्था तथा जल निकासी व्यवस्था से सुसम्पन्न होते थे, विशिष्ट जन के लिए ऊँचे टीले पर कई कमरोंवाले मकान बनाये जाते थे, पक्के विशाल अन्नागार होते थे जो प्रचुर अन्नोत्पादन का संकेत देते हैं, विशाल पक्के सरोवर होते थे जिसके किनारों पर कपड़े बदलने के कमरे होते थे, प्रतीततः तीर्थाटन, सामूहिक स्नान ही प्रमुख धार्मिक क्रिया थी। यह मनुष्य-वंश की भौतिक-आध्यात्मिक सभ्यता थी जिसके बाद के चरणों में भारतीय आर्यों (देवों) का अध्यात्म तथा शैवों का फक्कड़पन भी जुड़ गया जो कहीं-कहीं पर यज्ञ-वेदिका तथा पशुपति की खुदाइयों में प्राप्त मूर्तियों आदि से प्रतिध्वनित होता है। कालान्तर में इस सभ्यता ने राजस्थान के मरुस्थल में समाधि ले ली और पृथ्वी पर प्रत्यक्ष दिखने के लिए कुछ भी नहीं बचा।

चक्षुष मनु से प्रारम्भ कालखण्ड को पुराण चाक्षुष मन्वन्तर काल कहते हैं। पुराणों का कथन है कि चक्षुष मनु के काल में भारत में एक महाप्रलय आयी और सब-कुछ समाप्त हो गया। अकेले एक व्यक्ति बचा जिसका नाम सत्यव्रत वैवस्वत था, यह वैवस्वत मन्वन्तर के उदीयमान होने की कहानी है। पुराणों ने इस तथाकथित महाप्रलय का जिस प्रकार से वर्णन किया है, जिस भौगोलिक क्षेत्र को सन्दर्भित किया है, जिन बड़े-बड़े नामों का उल्लेख किया है, जिन प्रसंगों के साथ जोड़ा है, जिस प्रकार सृष्टि सृजन की कथा रो राम्बद्ध किया है, वे सब इस महाप्रलय की पौराणिक कथा को काल्पनिक बनाती हैं। उन्होंने महाप्रलय की कथा श्री विष्णु के मत्स्यावतार के माध्यम से कुछ इस प्रकार व्यक्त किया है जैसे इस प्रलय का सम्बन्ध सृष्टि सृजन से हो जबकि वैवस्वत मनु भी भारत के प्राचीन इतिहास में स्वयंभु मनु तथा चक्षुष मनु की तरह एक पड़ाव मात्र है जो कुछ सौ वर्षों के अन्तर मात्र से घटित हुआ है। क्योंकि, मनु वैवस्वत और उनके साथ आये ऋषियों का सम्बन्ध कश्मीर से था

इसलिए मैं कश्मीर आधारित ग्रन्थों के अध्ययन की ओर उन्मुख हुआ और पाया कि कश्मीर के स्थानीय नीलमत पुराण में एक ऐतिहासिक प्रलय के आने का उल्लेख है जो स्थानीय समुद्र सदृश सतीसर का एक बाँध टूटने से घटित हुआ था। डॉ. एस.डी. काले ने भी अपनी पुस्तक 'आर्या'स होम' में इस घटना का सविस्तार वर्णन किया है। स्वाभाविक रूप से यही उस प्रलय की कहानी है जिसके घटित होने के उपरान्त मनु वैवस्वत ने भारत के मैदानी भागों में अपना राज्य स्थापित किया था।

मनु वैवस्वत ने सप्त-सैन्धव की सीमा के बाहर सरस्वती के सामने के तट पर जो मनुष्य राजवंश के आधिपत्य की सीमा से बाहर था, कुरुक्षेत्र हरियाणा में अपना राज्य स्थापित किया। इस प्रकार लगभग 3500-3400 ई.पू. में मनुष्य समाज से सुदूर उत्तर-कुरु में बिछड़ा ऋषि कुल 3101 ई.पू. में सरस्वती तट पर एक-दूसरे के गले मिल रहे थे। इस काल तक अनुमानतः शैव भी हिन्दूकुश के किनारे-किनारे सिन्ध-बलोचिस्तान तक पहुँच चुके थे। हो सकता है वहाँ उन्होंने अपना राज्य भी स्थापित किया हो। ये वही उत्तर-कुरु की ब्रह्मा-विष्णु-महेश रूपी त्रिदेव क़ी पहचान रखनेवाली जातियाँ थीं जो 3101 ई.पू. के कालखण्ड में लगभग 400 वर्षों बाद पुनः इकट्ठी हुई थीं। प्रारम्भ में वे हिमालय पार उत्तर-कुरु में 3500 ई.पू. में इकट्ठी थीं, जो उनका मूल क्षेत्र था। इसी घटना को मार्शल आदि प्राचीन इतिहासकार आर्यों के कालान्तर के साथ दो शाखाओं में भारत में आने की बात कहते हैं।

त्रिदेव संस्कृति की चार प्रमुख विशेषताएँ थीं जो आज भी विद्यमान हैं। वस्तुतः आज का भारत भी उसी त्रिदेव का भारत है, वैसा ही समाज है, वैसा ही धर्म है और वैसी ही संस्कृति है। इन लगभग 6000 वर्षों में कुछ खास नहीं बदला। सब-कुछ जैसा तब था वैसा अब है। वे चार विशिष्टताएँ निम्नवत् हैं -

1. अलग-अलग धर्मावलम्बियों को भिन्न धर्म के प्रधानता या आधिपत्य वाले राज्य में भी समान नागरिक सम्मान के साथ बेरोकटोक बसने की आजादी थी।

2. सभी धर्मों की आस्थाओं-देवताओं को अंगीकार करते हुए भी अपने धर्म में उसी सम्मान के साथ बने रहने की पूर्ण आजादी थी।

3. धार्मिक मामलों में भी व्यक्तिगत अभिव्यक्ति की आजादी प्राप्त थी। धर्म के प्रारूप और उसके ईश्वर के विषय में विमर्श और आलोचना का अधिकार बिना किसी भेद के सबको प्राप्त था। 'ईश निन्दा' अपराध नहीं था, अभिव्यक्ति की स्वतन्त्रता थी।

4. इनका परिणाम था : एकीकृत धर्म और समाज की स्थापना। सबका सबको अर्पण। स्वीकार करो या ठुकरा दो। भाव और अभाव दोनों बराबर। त्रिदेव संस्कृति बिना भेदभाव के एक धर्म निरपेक्ष संस्कृति थी। यह किन्हीं आधारभूत

सिद्धान्तों के अन्तर्गत स्थापित की हुई सभ्यता नहीं है अपितु, दीर्घकालीन सम्पर्क-संघर्ष से स्वयमेव उत्पन्न हुई है। हमारी प्राचीन संस्कृति भारत का गौरव है और हमें विश्व के सम्मुख पूर्ण गौरव के साथ प्रस्तुत करने की आवश्यकता है।

त्रिदेव की इस समन्वयी संस्कृति ने तत्काल में भारत के एक विशाल भूभाग में एक परिष्कृत नूतन सभ्यता का निर्माण किया जो दीर्घकाल तक जीवन्त बनी रही। यह इतनी उन्नत थी और इतनी प्राचीन सभ्यता है कि दुनिया की सभी पुरातन सभ्यताएँ इसके सामने नतमस्तक सी हैं। इसके सम्बन्ध में दो उल्लेखनीय बातें निम्नवत् हैं -

1. विश्व की ज्ञात लगभग सभी महान सभ्यताएँ शायद एक-दो अपवादों को छोड़कर, त्रिदेव सभ्यता से कम-से-कम अपने शैशव-काल में किसी-न-किसी प्रकार कमोबेश प्रभावित हुई थीं।

2. यह एकमात्र वह सबसे पुरानी सभ्यता है जो आज भी उसी पुरानी जिजीविषा के साथ जीवन्त बनी हुई है।

इस त्रिदेव सभ्यता के विकास में सरस्वती नदी और सरस्वती क्षेत्र का उल्लेखनीय योगदान है। इस परिक्षेत्र में यह सभ्यता जब विकसित हुई, सरस्वती में अथाह जलराशि और प्रबल प्रवाह था। जब तक सरस्वती में प्रवाह बना रहा, यह सभ्यता भी फलती-फूलती रही। जब सरस्वती का पानी सूख गया, इस सभ्यता ने भी अपना अस्तित्व खो दिया। वैज्ञानिक अध्ययनों के अनुसार सरस्वती में 2100 ई.पू. तक पाट भर जल बारहों माह भरा रहता था। 2100 ई.पू. से 1700 ई.पू. तक बड़ी तेजी के साथ जल-संरक्षण में कमी आयी और 1200 ई.पू. तक यह एक बरसाती नदी बन गयी और अन्ततः सूख गयी तथा उसका नामोनिशान खत्म हो गया। त्रिदेव सभ्यता भी 3300 ई.पू. से विकसित हुई, 2600 ई.पू. से 1900 ई.पू. तक इसका युवा-काल था और 1200 ई.पू. में महाभारत युद्ध के क्षत्रियों की तरह धरती की गोद में समा गयी। इस प्रकार इस सभ्यता का जीवन-काल, ऐसा कहा जा सकता है, 2100 वर्ष (3300 ई.पू.-1200 ई.पू. तक) की अवधि तक ही बना रहा। सरस्वती के सूखने का कारण यमुना और सतलज का क्रमशः गंगा और सिन्धु से मिलना बताया जाता है। ये नदिया पहले सरस्वती में मिलती थीं। पहले यमुना ने साथ छोड़ी और फिर सतलज रूठ गयी। यमुना के सम्बन्ध में पौराणिक कथा है: शराब में धुत्त बलराम यमुना के शबाब पर इतना मुग्ध हुए कि उन्हें अपने साथ मथुरा चलने को कहा, यमुना नहीं मानी तो आवेश में वे अपने हल से खींचकर यमुना को मथुरा ले आये। सतलज के सम्बन्ध में यह आख्यान है कि ऋषि वशिष्ठ जब अयोध्या के बहिष्कृत राजा कल्माष पाद के अपने 99 पुत्रों को मारकर भक्षण कर लेने की सूचना से इतना दुखित हुए कि खुद को उस नदी में डुबोकर खत्म कर देना चाहते थे, लेकिन जब सतलज इसके लिए तैयार नहीं हुई, तो क्रोध में ऋषि ने उसे

शाप दे दिया, 'जा तू शतुद्रि हो जा, तेरे सौ टुकड़े हो जायें'। सौ टुकड़ों में बँटकर सतलज सिन्धु से मिलने चली गयी और साथ में व्यास को भी लेती गयी।

जैसे यमुना और सतलज, गंगा और सिन्धु की ओर बहने लगी, उसी तरह वहाँ के जन और उनकी सभ्यता सिन्धु तथा गंगा के उर्वर मैदानों में व्यवस्थित हो गये। आज भी यहाँ मान्यता है कि प्रयाग में गंगा-यमुना के साथ सरस्वती भी मिलती है। सुदीर्घ काल में लोग भूल गये कि यहाँ एक महान् सभ्यता कभी बसती भी थी। वहाँ केवल मरुस्थल और ऊँचे-ऊँचे बालू के ढूहे ही शेष रह गये थे। लगभग 4000 वर्षों के बाद सन् 1920 ई.पू. में जब कुछ स्थलों की खुदाई हुई तो इतिहासकारों को आश्चर्यचकित करनेवाला त्रिदेव के नगरीय सभ्यता के दर्शन हुए। वर्तमान को देखकर यह नहीं सोचा जा सकता था कि वहाँ तत्काल में रहनेवाले लोगों के पूर्वज ऐसी किसी सुव्यवस्थित और सुसंस्कृत सभ्यता को जन्म दे सकते हैं। भारत के प्राचीन इतिहास से अनभिज्ञ इन मूर्द्धन्य इतिहासकारों ने इसे खुदाई के स्थलों के नाम पर सिन्धु घाटी की या हड़प्पा सभ्यता नाम दिया। वस्तुतः यह त्रिदेव सभ्यता थी, जिसके निर्माता भारतीय थे, भारत के रहनेवाले थे, और सभ्यता का अन्त भी उनके भारत के अन्य अंचलों में बस जाने से हुआ।

उत्तर कुरु से अकेले भारत के मैदानी भागों में ही लोग नहीं आये। वे अन्य देशों में भी गये। हम जानते हैं कि देवासुर-संग्राम में पराजय के उपरान्त दैत्यराज बलि, अपने परिजनों और प्रजा के साथ पश्चिम एशिया में बसे जहाँ से वे लोग विश्व के अन्य भागों में गये। कश्मीरी प्रलय के उपरान्त भी लोग मध्य एशिया के देशों में गये। देवासुर-संग्राम के अन्तिम चरण में अनेक जातियाँ अफगानिस्तान, ईरान और कई अन्य देशों में गयीं। दशराज्ञ युद्ध में सुदास से पराजित होकर कई आर्येतर और अनार्य जातियाँ अफगानिस्तान से होकर मध्य एशिया में गयीं। इन सबसे बहुत पहले एक समूह पूर्व की ओर गया, वे म्यांमार (ब्रह्मा = बर्मा) पहुँचे जहाँ से पूर्वी एशिया के देशों को आबाद किया। ये लोग जहाँ-जहाँ गये, अपनी भाषा और संस्कृति साथ ले गये। उनकी भाषा मूल रूप से संस्कृत का पूर्ववर्ती रूप था जो वहाँ की स्थानीय भाषाओं से मिलकर विभिन्न बोलियों और भाषाओं को जन्म दिया। इन्हें आधुनिक इतिहासकार आर्यन् भाषा कहते हैं। इस भाषायी परिवार में कुल 19 देश हैं। विद्वान् इतिहासकार इन भाषाओं के तुलनात्मक अध्ययन से सबसे प्राचीन भाषा की खोज कर रहे हैं। उनका विश्वास है कि वह मूल भाषा-भाषी देश वह स्थान होगा जहाँ सभी आर्यन् भाषा-भाषी देश के पूर्वज कभी दीर्घकाल तक साथ रहे होंगे, जहाँ से वे अन्य देशों को गये होंगे। मेरी यह पुस्तक उनके प्रश्नों का उत्तर है। यदि उनका निष्कर्ष इससे भिन्न है तो वे भारत से अपने खोज की शुरूआत करें। कस्तूरी भारत में है यहाँ, काशी में, मथुरा में और अयोध्या में।

मैंने भारतीय इतिहास की प्राचीनता का आकलन प्रामाणिक माध्यमों से करने का सफल प्रयास किया है। मैंने पार्जीटर तथा भार्गव द्वारा वैवस्वत मनु से महाभारत युद्ध तक पुराण प्रदत्त सूचनाओं के आधार पर निर्मित सूची को स्वयंभु मनु तक तैयार किया और प्रामाणिक औसत 20 वर्ष के गुणन से वह तिथि प्राप्त किया जिसे औसत की सीमा के अन्दर सही कहा जा सकता है। इसी प्रकार हमें इण्डिका में चन्द्रगुप्त मौर्य से श्री विष्णु के काल तक की अवधि दी गयी है, वह प्राप्त हुई। निश्चित रूप से इसे किसी भारतीय ग्रन्थ से प्राप्त किया गया होगा। इसमें कुछ अशुद्धियाँ थीं, जिनका निराकरण कर मैंने देव-वंश के प्रमुख व्यक्तियों की ऐतिहासिक तिथियों को प्राप्त करने का प्रयास किया। कश्मीरी ग्रन्थ नीलमत पुराण और राजतरंगिणी से मैंने महाभारत युद्ध की सटीक तिथि को प्राप्त किया। ये सब तिथियाँ भारत के अतीत को जानने के लिए बहुत सहायक सिद्ध हुई हैं। मैं उन प्रमुख तिथियों का नीचे उल्लेख कर रहा हूँ -

1. श्री बैकुण्ठ विष्णु द्वारा धर्म-संस्था की स्थापना : 3596 ई.पू.
2. श्री स्वयंभु मनु द्वारा विश्व और भारत में राज्य-संस्थापन : 3502 ई.पू.
3. श्री मनु वैवस्वत द्वारा हरियाणा में राज्य-संस्थापन : 3101 ई.पू.
4. श्री इन्द्र वैकुण्ठ द्वारा कश्मीर में देव-वंश का संस्थापन : 3076 ई.पू.
5. महाभारत युद्ध की सटीक तिथि : 1200 ई.पू.
6. महाप्रलय की तिथि : 3200-3100 ई.पू.

इसके अतिरिक्त प्राचीन-काल में निम्न दो संवत्सर जारी हुए -

1. कश्मीर का सप्तर्षि युग संवत् : 3076 ई.पू. से
2. कलि संवत् : 3101 ई.पू. से

अतएव हम कह सकते हैं कि हिमालय पार से भारत के मैदानी भागों तक ब्रह्मा-विष्णु-महेश के प्रतीक चिह्न के साथ आज से लगभग 6000 वर्ष पहले से एक भारतीय सभ्यता ने जन्म लिया था जो अबाध रूप से बिना किसी व्यतिक्रम के 1200 ई.पू. तक प्रवाहित होती रही। यह सभ्यता 3300 ई.पू. में एक अति उन्नत नगरीय सभ्यता में रूपान्तरित हुई तथा बीच के कालखण्ड 2600-1900 ई.पू. में पूर्ण विकास को प्राप्त करते हुए, सरस्वती के प्रवाह के क्रमिक ह्रास के साथ 1200 ई.पू. में महाभारत युद्ध के साथ अन्त को प्राप्त हुई। इसे ही आज के इतिहासकार सिन्धु घाटी की सभ्यता या हड़प्पा सभ्यता का नाम देते हैं। वस्तुतः यह सभ्यता का अन्त नहीं था, स्थानान्तरण था; सभ्यता सरस्वती क्षेत्र से गंगा-यमुना क्षेत्र में स्थानान्तरित हो गयी। इस सभ्यता का निर्माण मनुष्यों, देवों और शैवों ने किया था जो भारत की तीन मूल प्रजातियाँ थीं और आज भी बनी हुई हैं।

अध्याय-2

भारत के प्राचीन इतिहास का मूल-पाठ

भारतीयों के आदि पुरुष स्वयंभु मनु को पुराण भारत में प्रथम राजवंश के संस्थापक का मान प्रदान करते हैं। पुराणों ने इस राजवंश के लिए अलग से कोई नाम नहीं दिया है, इसलिए हम इस राजवंश को मनु से व्युत्पन्न होने के कारण मनुस् राजवंश का नाम देते हैं। मनु से मनुष्य शब्द की व्युत्पत्ति हुई है इसलिए उनकी सन्तति स्वतः ही मनुष्य कहलाने लगी। समय व्यतीत होने के साथ उनकी प्रजा अर्थात् वे लोग जो उनके राज्य क्षेत्र में रहते थे, स्वाभाविक रूप से मनुष्य कहे जाने के लिए अधिकृत हो गये। इस प्रकार, मनुष्य-वंश का यह कारवाँ बढ़ चला। जैसे-जैसे यह कारवाँ बढ़ता गया, काल की गति के साथ मनुस् राजवंश, स्वयंभु मनु और मनुष्य नाम की गौरवशाली परम्परा स्थापित होती गयी। यही हमारा अतीत है और इसकी गाथा हमारा इतिहास - आदिकालीन इतिहास। हम चाहें तो इसे भारत के सनातन इतिहास का पावन नाम दे सकते हैं। यहाँ मनुष्य की परिभाषा स्वयंभु मनु के वंशजों तथा उनकी प्रजा तक सीमित थी, अन्य मानव प्रजाति दूसरे नामों से जानी जाती थी, यथा देव, दानव, दैत्य आदि।

स्वयंभु की उत्पत्ति पुराण स्वयं ब्रह्मा से मानते हैं, जब उन्होंने अपने अवशिष्ट शरीर के अर्द्धभाग से एक पुरुष तथा दूसरे अर्द्धभाग से एक नारी बनाया तथा दोनों के युगल को पति-पत्नी की तरह जीवन जीने का आदेश दिया। वर्तमान सन्दर्भों में ब्रह्मा उस अज्ञात व्यक्ति का नाम है, जिसने मनुष्यवंश के उस प्रथम व्यक्ति को जन्म दिया जिससे मनुस् राजवंश तथा मनुष्य समाज का उद्भव हुआ। किसी वास्तविक नाम के ज्ञान के अभाव में पुराण 'स्वयंभु मनु' की संज्ञा से उनकी पहचान स्थापित करते हैं। ब्रह्मा के शरीर के सन्दर्भ में मैंने अवशिष्ट शब्द का प्रयोग इसलिए किया है कि स्वयंभु के पूर्व ये, अपने शरीर के दूसरे भागों से अन्य प्रजापतियों, रुद्रों तथा कतिपय पूर्वजों को जन्म दे चुके थे जो जनसंख्या वृद्धि को अपेक्षित गति देने में असमर्थ रहे थे। ऐसा प्रतीत होता है कि स्वयं ब्रह्मा से उनकी उत्पत्ति की अवधारणा के कारण उनका नाम स्वयंभु पड़ा और प्रशासक पद पर उनकी ब्रह्मा अनुदेशित नियुक्ति के कारण उन्हें मनु की उपाधि से अलंकृत किया गया; तब तक उनकी

भाषा में शासन-प्रशासन हेतु राजा शब्द की व्युत्पत्ति नहीं हुई थी। स्वयंभु को आदि मनु भी कहते हैं जो उनका नाम मनु होने का संकेत करता है। कालान्तर में यह नाम मनु एक अलंकरण बन गया जो उन्हें दिया गया जो समाज और संस्कृति के विकास में योगदान कर रहे थे। उनका राजा होना जरूरी नहीं था।

पुराणों ने स्वयंभु से एक संस्कारित समाज तथा सिद्धान्ताधारित राजतन्त्र के विकास का प्रारम्भ माना है लेकिन व्यावहारिक धरातल पर आकस्मिक रूप से ऐसा नहीं हुआ होगा क्योंकि राजतन्त्र एक बृहत समाज की आवश्यकता है। समाज और राजतन्त्र दोनों एक साथ एक व्यक्ति से उत्पन्न नहीं हो सकते हैं। पुराणों का कथन मात्र इतना है कि पुरातन-काल में किसी समय एक तथाकथित मनु ने भारत के एक अंचल में यत्र-तत्र बिखरे आदिम समाजों को या पूर्वजों के आदिम समाज को सुसंगठित किया तथा तद्निर्मित मनुष्य समाज में शान्ति, व्यवस्था, न्याय और अनुशासन बनाये रखने हेतु एक राजवंश की स्थापना किया जिसकी निरन्तरता आज भी बनी हुई है। हम उसी पुरातन समाज एवं राजवंश की वर्तमान इकाई हैं। तात्पर्य यह है कि पुराण अन्य समाजों एवं राजवंशों की विद्यमानता का खण्डन न करते हुए मनुष्य समाज की स्थापना का सन्देश देते हैं। मनुष्य समाज और राजवंश से इतर समाज और राजवंश रहे हो सकते हैं, नहीं भी हो सकते हैं; वस्तुस्थिति से हम बाद में अवगत होंगे।

मनुष्य शब्द आज विश्व के सभी मानवों के लिए हमारे द्वारा प्रयुक्त किया जाता है, परन्तु प्रारम्भ में ऐसा नहीं था। प्रारम्भ में यह केवल एक विशिष्ट समाज के लिए प्रयोग किया जाता था जो सन्तति या प्रजा के नाते आदि मनु से जुड़े थे अर्थात् मनुष्य शब्द एकमात्र मनुस्-वंश का वैशिष्ट्य था, उनकी परिसम्पत्ति था। मनु-वंश की यह शब्द सम्पत्ति कबीलाई स्थिति से प्रारम्भ कर बृहत्तर समाज बनने तथा आज तक इस वंश का सहयात्री बना हुआ है। क्यों न हो? आज भी भारत की सम्पूर्ण आबादी उनकी ही सन्तानें तो हैं। इस पावन शब्द की यात्रा ही भारत का इतिहास है तथा मनु शब्द से इसकी व्युत्पत्ति राजा स्वयंभु मनु की ऐतिहासिकता का प्रमाण-पत्र।

पुराणों में स्वयंभु मनु की एक अन्य पहचान आदि मनु से प्राप्त होती है। विद्वान् इतिहासकारों का मत है कि 'आदम' शब्द की व्युत्पत्ति इसी आदि मनु से हुई है और उनकी पत्नी शतरूपा के प्राकृत 'सउवा' से 'हौव्वा' शब्द बना होगा। सेमेटिक तथा हिब्रू राभ्यता में प्रचलित मानव समाज की उत्पति की 'आदम' और 'हौव्वा' की कहानी, आदि मनु और शतरूपा की कथा का उनकी भाषा में रूपान्तरण मात्र है। स्वाभाविक है जब स्वयंभु मनु की सन्तानें विश्व के अन्य भागों में गयी होंगी तब अपने साथ अपना नाम, अपनी संस्कृति, अपनी भाषा, अपना धर्म और अन्य पहचानों को भी ले गयी होंगी और उनकी पहचान कमोबेश हर उस समाज में जो आमतौर पर अपेक्षाकृत कम सुसंस्कृत थे, किसी-न-किसी रूप में प्रस्फुटित अवश्य हुई होंगी।

उनके सह-अस्तित्व में जो मिली-जुली संस्कृति विकसित हुई होगी, उसमें हमारी मूलभूत पहचानों के अनेक हस्ताक्षर स्वयमेव अक्षुण्ण बन गये होंगे। उनमें से एक मनु और शतरूपा से मानव समाज की उत्पत्ति की कथा भी है जिसका पश्चिमी सभ्यताओं में अंगीकृत हो जाना अति-स्वाभाविक है। स्वाभाविक है आदम और हौव्वा जनित ये सभ्यताएँ मनुस्-सभ्यता (जो कालान्तर में आर्य सभ्यता के नाम से जानी गयी) के बाद, बहुत बाद की हैं। 'मनु' तथा 'आदि मनु', इन दोनों शब्दों पर हम भारतवासियों का सर्वाधिकार (copy right) सुरक्षित है। मनु से 'मनुष्य' शब्द की तथा आदि मनु से 'आदिम' या 'आदम' शब्द की व्युत्पत्ति, उनकी सर्वस्वीकार्यता, व्यापकता तथा प्राचीनता, हमारे प्रथम पूर्वज स्वयंभु मनु की ऐतिहासिक प्रामाणिकता को मजबूत आधार प्रदान करते हैं।

अन्य पुराणों से इतर विष्णु तथा हरिवंशपुराण मनु-शतरूपा से एक अकेला पुत्र 'वीर' की उत्पत्ति का तथा उनसे प्रियव्रत और उत्तानपाद के जन्म लेने का सन्देश देते हैं। इस प्रकार स्वयंभु मनु के पुत्र वीर मनुस्-वंश के दूसरे पुरुष सिद्ध होते हैं। भारत में यह उनकी प्राचीनता का द्योतक है। कालान्तर में यह शब्द पुरुष के अर्थ में प्रयुक्त होने लगा, जिस प्रकार मनु से व्युत्पन्न मनुष्य शब्द मानव जात् के लिए। तब बोल-चाल की वाणी भी लोक-संवाद की भाषा का स्वरूप ले रही थी। यह पुरुष शब्द के उद्भव के बहुत पहले की घटना है। पुरुष शब्द का उद्भव वैवस्वत युग के राजा पुरूरवा-वंश की पाँचवीं पीढ़ी के राजा पुरु, जो राजा ययाति के पुत्र तथा पौरव-वंश के संस्थापक थे, के काल में हुआ जो प्रारम्भ में उनके वंशजों के लिए प्रयुक्त होता था। तब तक, जो छह मन्वन्तरों के अवधि के योग का काल है, गंगा में न जाने कितना पानी बह चुका था, के सुदीर्घ काल तक वीर शब्द पुरुष का पर्याय बना रहा और स्वदेश तथा दूसरे देशों की यात्रा करता रहा। प्रसिद्ध इतिहासकार डॉ0 पी0 गिल्स ने अपने शोध में, जो कैम्ब्रिज हिस्ट्री ऑफ इण्डिया, वाल्यूम-1, अध्याय-3 में प्रकाशित हुआ था, में जोर देकर यह उल्लेख किया है कि आर्यन् परिवार की भाषाओं को अभिव्यक्ति देनेवाले ये सम्बोधन इण्डो-यूरोपियन या इण्डो-जर्मनिक का परित्याग कर 'वीरास' (Wiros) का प्रयोग किया जाना चाहिए क्योंकि इस परिवार की अधिकांश भाषाओं में पुरुष (Men) के लिए वीरा (Wiro) शब्द का प्रयोग बहुतायत में किया गया है। निश्चित रूप से दूरस्थ देश की भाषाओं में यह शब्द मनुष्य-समाज से गया होगा। क्योंकि मनुष्य शब्द की तरह वीर शब्द भी हमारे देश और समाज की सम्पत्ति है तथा आज भी हमारे देश में भाई तथा बहादुर के अर्थ में प्रचलन में है, इसकी स्वदेशी उत्पत्ति तथा अद्यतन विद्यमानता प्रकारान्तर से स्वयंभु की ऐतिहासिकता को पुष्ट करते हैं।

स्वयंभु मनु की सन्तानें कुछ पीढ़ियों के उपरान्त अपने को 'क्षत्रिय' कहने लगीं। इस प्रकार मनुष्य-समाज में एक नवीन उपसमाज का जन्म हुआ जिसने समाज के

अनुरक्षण तथा उसे अनुशासित बनाये रखने हेतु बृहत्तर भूमिका का संवरण किया। मनुष्य-समाज में यह रेखांकित किये जाने योग्य परिवर्तन मनुवंशीय राजा पृथु वैन्य, जिन्हें राजसूय यज्ञ में पूजित किये जानेवाले राजाओं में 'प्रथम राजा' का सम्मान प्रदान किया गया, के शासन-काल में हुआ। मनीषियों ने बहुत सोच-विचारकर सत्ता के केन्द्रीभूत शक्ति को 'राजा' तथा उसकी शक्ति के निष्पादन करनेवाले वर्ग को 'क्षत्रिय' नाम दिया। इसके पूर्व प्रजापति, अधिपति या भूपति शब्द प्रचलन में थे जो अपने शाब्दिक अर्थों में सत्ता की केन्द्रीय शक्ति को प्रजा तथा भूमि पर स्वामित्व का अधिकार प्रदान करते थे। राजा शब्द को प्रजा के अनुरंजन के अर्थ में सम्बद्ध कर दिया गया जिसका तात्पर्य प्रजा की सुख-सुविधा-सुरक्षा-न्याय का रक्षक होने से है। इस प्रकार, सत्ता ज्यादा उदार तथा जिम्मेदार बनायी गयी।

मनुष्य-समाज में सम्पन्न इस उपविभाजन ने आगे के अन्य विभाजनों को गति प्रदान किया। स्वाभाविक रूप से क्रमशः वृहत्तर और विकसित हो रहे समाज में कुछ प्रबुद्ध जन पैदा हुए जो समाज को दिशा प्रदान कर रहे थे। ये लोग अध्ययन, अध्यापन, ब्रह्म-अध्यात्म, धर्म-शिक्षा इत्यादि क्षेत्रों को नये आयाम दे रहे थे। समाज और राज-परिवार भी इन्हें सम्मान दे रहा था। सभ्य-समाज की स्थापना का स्वप्न लिये इन लोगों ने अपने जैसे लोगों का वर्गीकरण कर उसे ब्राह्मण वर्ण का नाम दिया तथा खुद को पूर्वतम पूर्वज, ऐसा प्रतीत होता है, ब्रह्मा के नाम पर स्वयं को ब्राह्मण घोषित कर दिया। शेष प्रजा विशू के नाम से जानी जाने लगी। हम इसे मनु से उत्पन्न मनुष्य-समाज के विघटन के प्रारम्भ के रूप में देख सकते हैं जिसके गम्भीर परिणाम भविष्य में इस समाज को भुगतने पड़े। कालान्तर में, जब वस्तु-विनिमय के क्षेत्र में समाज ने एक व्यापारी वर्ग की आवश्यकता को महसूस किया तो एक वैश्य समुदाय का विकास हुआ तथा अवशेष जनता शूद्र नाम से पहचानी जाने लगी। प्रबुद्ध वर्ग द्वारा स्वयं की ब्रह्मा से उत्पन्न ब्राह्मण होने की व्याख्या ने व्यवसायजनित श्रेष्ठता की अवधारणा को जन्म दिया जो भारतीय समाज में आज तक बनी हुई है।

समाज का यह मोटा-मोटी स्वतः तथा स्वाभाविक विभाजन था। चूँकि समाज का यह वर्गीकरण, उसके सदस्यों द्वारा अपने रुचि के अनुरूप व्यवसाय के वरण करने के सिद्धान्त पर आधारित था इसलिए इस व्यवस्था के लिए वर्ग के स्थान पर वर्ण शब्द का चयन किया गया तथा यह व्यवस्था चतुर्वर्ण-व्यवस्था के नाम से प्रसिद्ध हुई। इस व्यवस्था में सदस्यों के लिए व्यवसाय-चयन की पर्याप्त स्वतन्त्रता थी; वह प्रथम तीन व्यवसायों - क्षत्रिय-ब्राह्मण-वैश्य में से कोई भी एक अपने गुण और कर्म के अनुसार चुन सकता था अन्यथा वह शूद्र वर्ण में गिने जाने को विवश था। वर्णों में किसी भेदभाव का अभाव स्पष्ट दिखता है, कम-से-कम प्रारम्भ में ऐसा ही था, लेकिन व्यवसाय (कर्म) में श्रेष्ठता का भाव अवश्य विद्यमान था। स्वाभाविक है ऐसा धीरे-धीरे हुआ होगा लेकिन व्यावसायिक श्रेष्ठता के भाव ने सामाजिक स्तरीकरण को

जन्म दिया, पाला-पोषा और कठोर स्वरूप प्रदान किया। कालान्तर में पुत्र-मोह ने इस व्यवस्था को आनुवंशिकी बना दिया, जातियाँ बनीं, जातियों की उप-जातियाँ बनीं और आज तक अपने स्वाभाविक कठोरता के साथ जिन्दा हैं।

यहाँ मेरा उद्‌देश्य सनातनकालीन वर्ण-व्यवस्था का मूल्यांकन करना नहीं है, यह बताना भी नहीं है कि प्रजा की माँग पर जो वर्ण-व्यवस्था उनके पूर्व से प्रचलन में थी, वैवस्वत मनु ने उसे सैद्धान्तिक रूप से मान्य किया और शासनादेश के माध्यम से समाज में लागू किया। इसके अपने राजनीतिक कारण भी थे जिसकी विवेचना हम बाद में करेंगे, मैं आपका ध्यान केवल और केवल इस बिन्दु पर आकर्षित करना चाहूँगा कि इस व्यवस्था ने मनुष्य-समाज और उसके राष्ट्रबोध को अपार क्षति पहुँचायी। सनातन-काल में मनुष्य-समाज में परिव्याप्त एक पूर्व पुरुष स्वयंभु मनु की सन्तान होने के पावन विचार से अनुप्राणित सामाजिक एकसूत्रता की विभावना सर्वथा लोप हो गयी और समाज चार खानों में बँटकर अपने-अपने पूर्व पुरुष की खोज करने लगा, अपने-अपने समाज के अस्तित्व तथा अस्मिता के तराने गाने लगा फलतः देश के राष्ट्रीयकरण की प्रक्रिया शिथिल हो गयी। यद्यपि कि इस वंश का शासन-प्रशासन देश के बड़े भूभाग पर वैवस्वत तक और उसके बाद भी जैसा हम आगे देखेंगे, पूर्ववत् क्रियाशील रहा। पुराणों ने वैवस्वत युग को नवीन सृष्टि का आरम्भ बताकर तथा उस युग के अवशेष राजाओं को येन-केन प्रकारेण वैवस्वत मनु की सन्तानें बताकर प्रकारान्तर से स्वयंभु मनु और उनकी सन्तति के इतिहास का अन्तिम अध्याय लिख दिया और मूर्द्धन्य इतिहासकारों ने इसे जानने-समझने तथा अपनी रचना का विषय-वस्तु बनाने से ही यह कहकर इन्कार कर दिया कि उनकी दृष्टि में यह कालखण्ड प्राक्-इतिहास से भी पूर्व का है जिसके बारे में पर्याप्त जानकारी का अभाव है जबकि पुराणों ने इस कालखण्ड की सांस्कृतिक-ऐतिहासिक घटनाओं की गाथा उसी संवेग से लिखा है जिस आकर्षक ढंग से उसके बाद के काल की घटनाओं को। इस प्रकार मेरी स्थापना यह है कि सुदूर अतीत में मनु, मनुष्य और वर्ण-व्यवस्था के अलग पहचान के साथ भारतवर्ष में एक सभ्यता का उदय हुआ था, तमाम झंझावातों के बावजूद उसकी पहचान के मूल तत्व आज भी यथावत् बने हुए हैं, यानी एक समाज जो तब था, आज भी जिन्दा है। यही आर्यसमाज था, यह निर्णय हम बाद में करेंगे।

अब हम इस प्रश्न का उत्तर ढूँढने का प्रयास करेंगे कि स्वयंभु के समकालीन, पूर्व या पश्चात् मनु से उत्पन्न राज-वंश था या नहीं? हम यह जानने का प्रयत्न भी करेंगे कि मनुष्य-समाज तथा राजवंशों का उन समाजों और राजवंशों के साथ कैसा सम्बन्ध था।

पौराणिक स्थापना यह है कि ब्रह्मा ने स्वयंभु मनु के भी पूर्व अपने जैसे कुछ प्रजापतियों, रुद्रों तथा पूर्वजों को उत्पन्न किया था जिनसे उनकी अपेक्षा थी कि वे

सृष्टि-विस्तार को गति प्रदान करेंगे लेकिन ऐसा सम्भव नहीं हो सका। इन तथाकथित प्रजापतियों में कुछ महत्त्वपूर्ण नाम इस प्रकार हैं - मरीचि, अत्रि, अंगिरा, पुलस्त्य, पुलह, क्रतु और वशिष्ठ। ये तथाकथित प्रजापति, ब्रह्म-ब्रह्माण्ड, जड़-चेतन, आत्म-अनात्म, सृजन-प्रलय आदि सृष्टि विषयक चिन्तन में लगे रहते थे। इसलिए पुराणों ने इन्हें ब्रह्मर्षि का नाम-मान देना उचित समझा। इन्हीं ब्रह्मर्षियों का उल्लेख वैदिक काल में ऋषि के रूप में किया गया है। वैदिक-काल का प्रारम्भ वैवस्वत मनु से माना जाता है जो स्वयंभु मनु की परम्परा में सातवें मनु माने जाते हैं। पौराणिक आख्यानों में अन्य कोई ऐसा साक्ष्य प्राप्त नहीं होता है जो ब्रह्मर्षियों को स्वयंभु से पूर्व पैदा होने का संकेत देता हो। हाँ, इनमें से कुछ को वैवस्वत से पूर्व उत्पन्न होने की ध्वनि अवश्य मिलती है। वैदिककालीन इन ऋषियों का प्रमुख कार्य वेद की ऋचाओं की रचना करने का था जिनका वे अपनी मानसी शक्ति से अपनी और पूर्वजों से प्राप्त स्मृतियों में झाँककर प्राप्त करते थे, जो पीढ़ी-दर-पीढ़ी हस्तान्तरित होता हुआ अन्ततः ऋग्वेद के रूप में संकलित हुआ। उनके इस कार्य में उनकी सन्तानें भी उनका सहयोग करती थीं। वे उनकी रचनाओं को कण्ठस्थ करती थीं, शुद्धतम उच्चारण के साथ गाती थीं तथा अपने सन्तति को हस्तान्तरित करती थीं। धीरे-धीरे ऋषि-कुल विद्यापीठ की तरह कार्य करने लगे जिनमें उनकी सन्तानों के अतिरिक्त समाज के अन्य वर्ग के व्यक्ति भी जुड़ने लगे। समाज के विकास के साथ अन्य विषय भी जुड़े। यज्ञ आदि धार्मिक कर्मकाण्डों का विकास हुआ। ऋषियों की सन्तानों तथा उनके शिष्यों की भूमिकाओं में भी नये आयाम स्थापित हुए। पौरोहित्य-कर्म एक नये व्यवसाय के रूप में उभरा जिसे इन लोगों ने अपना लिया। इस प्रकार उनकी भूमिकाओं का व्यवसायीकरण हुआ। फलतः एक विशुद्ध ब्राह्मण वर्ग, वर्ण या जाति का उद्भव हुआ जिन्होंने उक्त ऋषियों को अपने प्रथम पूर्वज का मान देते हुए अपने गोत्र के रूप में अपना लिया। गोत्र बनाने की यह प्रक्रिया और आगे बढ़ी। गोत्रों के उपगोत्र बने। नये गोत्र भी बने। कालान्तर में मनुष्य-समाज का प्रबुद्ध वर्ग भी मनपसन्द ऋषि के गोत्र को धारण कर या अपने किसी ऋषि पूर्वज को ऋषि का मान देकर, ब्राह्मण समुदाय से सम्बद्ध हो गया। इस प्रकार मनुष्य-समाज से इतर अस्तित्व रखनेवाली इन सप्तर्षियों, उनकी सन्तति तथा मनुष्य-समाज के प्रबुद्ध वर्ग से संयुक्त होती हुई तत्कालीन समाज में, परन्तु उसके समान्तर एक नयी व्यवस्था आकार ले रही थी जिसकी निष्ठा स्वयंभु मनु में नहीं थी अपितु देव-वंश से जुड़ी थी और मनुष्य समाज भी उससे प्रेरणा प्राप्त कर रहा था। वैदिक-काल में इसने आचार-प्रधान मनुष्य समाज को गहराई तक प्रभावित किया।

कुछ विद्वान् ऐसा सोचते हैं कि ये तथाकथित ब्रह्मर्षि या ऋषि स्वयंभु से उत्पन्न मनुष्य-समाज की ही उत्पत्ति हैं जिन्हें कालान्तर में ब्राह्मणों ने समाज में अपनी श्रेष्ठता को स्थापित करने के लिए अपने पूर्वजों को ब्रह्मर्षि की तरह स्थापित किया।

ब्रह्मर्षि से तात्पर्य उन ऋषियों से है जिनकी उत्पत्ति स्वयंभु की तरह ब्रह्मा से हुआ था। यह स्थापना उन्हें मनुष्य समाज से अलग और ऊँचा आसन प्रदान करती थी। लेकिन पुराणों में इस तरह की व्याख्या करनेवाला कोई अन्य आख्यान या साक्ष्य प्राप्त नहीं होता है। इनके न प्राप्त होने के पीछे उनका तर्क यह है कि यद्यपि पुराणों की मूल विषय-वस्तु सूतों तथा मगधों द्वारा तैयार की गयी है जो मनुष्य-वंश के एक यशस्वी राजा पृथु वैन्य द्वारा सृजित किये गये थे; जो अलग-अलग राजदरबारों में क्रियाशील थे; जो वंशावलियाँ तथा प्रशस्तियाँ की रचना एवं संरक्षण के लिए जिम्मेदार थे। लेकिन किसी केन्द्रीभूत संस्था के अभाव में समग्र समाज और सम्पूर्ण देश की कथावृत्त को समेकित रूप देने में पूर्णतः असमर्थ थे। इसलिए पुराण रचना के लिए आवश्यक सामग्री जुटाने तथा क्रमबद्ध ढंग से सुनियोजित और संकलित करने हेतु वे ब्राह्मणों के हाथ में आ गये जिससे वे उसे अपना रंग प्रदान करने में सक्षम और सफल हो सके। निश्चित रूप से पुराणों के इस अध्याय को इस तरह लिखा जाना ब्राह्मणों के हित में था और उन्होंने किया भी लेकिन उनका मूल उद्देश्य अपने अलग अस्तित्व जो स्वयंभु वंश का न होने के कारण था, उसे बरकरार रखना था।

मैं, विवेचनात्मक अशुद्धियों के बावजूद पार्जीटर की इस बात से सहमत हूँ कि ऋषि परम्परा जिनसे अन्यान्य ब्राह्मण वंशों का उदय हुआ, तत्कालीन मनुष्य समाज से सर्वथा पृथक् व्यवस्था थी जो उन्हीं के बीच किन्तु समान्तर व्यवस्था के रूप में क्रियाशील थी। इस बात से कोई फर्क नहीं पड़ता है कि वह उनसे पूर्व की थी या समकालीन थी। पार्जीटर ने इसलिए उन्हें अनार्य माना, जो पूर्णतः गलत था। उन्हें तब इस बात का भान भी नहीं था कि ये सप्तर्षि मनुष्य समाज के बाहर से आये थे क्योंकि उन्होंने अपने कृति की रचना वैवस्वत मनु से आरम्भ किया था तथा भारतीय इतिहास के तीन अध्यायों यथा स्वयंभु तथा अन्य मनुओं, देव-वंश तथा रुद्रगणों को पढ़ना जरूरी नहीं समझा था।

ऋषिगणों की निष्ठा स्वयंभु मनु में नहीं थी, उनकी निष्ठा अपने देव-वंश के नायकों यथा इन्द्र, वरुण, विष्णु आदि में थी। उन्हें नैसर्गिक रूप से सामाजिक प्रक्रिया के अन्तर्गत उत्पन्न देवताओं के साथ सम्बद्ध कर अपनी आराधना का विषय बना दिया था। उनकी प्रशस्ति में उन्होंने जो स्तुतियाँ लिखीं, वे उनकी बोल-चाल की भाषा में थीं, जिसे वे देववाणी कहते थे। उनकी देववाणी ही कालान्तर में इस देश की बोल-चाल की भाषा से संयुक्त होकर संस्कृत भाषा के रूप में अवतरित हुई। उनकी देववाणी का देव शब्द, उन्हें देव-वंश का होने का सबूत देता है।

ये सप्तर्षि, कहा जाता है तथा मत्स्यपुराण में इसका उल्लेख भी है, श्राद्धदेव (सत्यव्रत) के साथ, उनकी नौका में बैठकर, प्रलय-प्रवाह संग उत्तरी भारत विशेषतः सरस्वती क्षेत्र में बचते-बचाते आये। वे वैवस्वत आदित्य के पुत्र थे जो देव-वंश के

एक यशस्वी पुरुष थे। उनका देव-वंश प्रलय में समूल रूप से विनष्ट हो चुका था, अकेले उनके पुत्र वैवस्वत आदित्य बच रहे थे। यहाँ मनुष्य समाज के लोगों ने उनका स्वागत किया और ससम्मान सरस्वती क्षेत्र में अपना प्रभाव स्थापित करने का अवसर प्रदान किया। कालान्तर में पुराणों ने मनुष्य समाज की असाधारण उपाधि मनु से अलंकृत कर उन्हें वैवस्वत मनु बना दिया तथा उस समाज की स्थापित परम्परा के अनुरूप 7वें मनु का पदस्थान दे दिया जबकि यह परम्परा केवल मनु के वंशजों के लिए सुरक्षित थी। यही नहीं, स्वयंभु-वंश के तत्कालीन राजाओं को, येन-केन प्रकारेण वैवस्वत मनु से पुत्रवत् सम्बद्ध कर उनको भारत के पुनर्सृजन का स्रष्टा बना दिया और एक स्थानीय प्रलय को भारतव्यापी प्रलय का रूप देकर स्वयंभु मनु से उत्पन्न समाज और इतिहास को गौड़ बना दिया जबकि स्वयंभु के समाज और सम्बन्धित राजवंशों की क्रियाशीलता अभी विद्यमान थी। यहाँ से उन्होंने अपना इतिहास लिखना आरम्भ किया जिसमें स्वयंभु-वंश के राजवंशों का इतिहास भी वैवस्वत मनु के नाम से लिखा गया। यह प्रकरण इतना सशक्त था कि आज भी जब किसी मनीषी द्वारा भारत के अतीत का इतिहास लिखा जाता है, वह वैवस्वत मनु से आरम्भ किया जाता है और इस प्रकार भारत के गौरव का एक पन्ना छूट जाता है।

देव-वंश, इन्हीं सप्तर्षियों का उत्पाद है। सप्तर्षियों में प्रथम मरीचि के पुत्र कश्यप के पुत्रों ने इसकी स्थापना किया था। कश्यप के कई पुत्र हुए जिन्होंने अपने-अपने राजवंश स्थापित किये। यथा अदिति-पुत्रों ने आदित्य-वंश, दिति-पुत्रों ने दैत्य-वंश, दनु-पुत्रों ने दानव-वंश, विनता से गरुड़-वंश और कद्रु से नाग-वंश इत्यादि। प्रारम्भ में, ऐसा प्रतीत होता है, ये सभी राजवंश दो संवर्गों में विभक्त थे - असुर-वंश तथा नाग-वंश। असुर-संवर्ग में दैत्य-दानव-आदित्य वंश था और दूसरे संवर्ग में गरुड़ तथा नाग-वंश। समय के साथ सभी राजवंश एक-दूसरे से पृथक् हो गये तथा परस्पर सुदीर्घ-काल तक आपसी संघर्षों में आबद्ध रहे। कालान्तर में गरुड़-वंश आदित्यों के साथ जुड़ गया, नाग-वंश कई शाखाओं में विभक्त हो गया जो सबसे शक्तिशाली था। शेषनाग-शाखा विष्णु के साथ जुड़ गया, कुछ शाखाएँ शिव के साथ सम्बद्ध हो गयीं, कुछ अलग-थलग पड़ गयीं जिनके साथ दानव-वंश की एक शाखा जुड़ गयी। पारस्परिक युद्धों में आदित्यों को मनुष्यों की उत्तानपाद शाखा का सहयोग प्राप्त हुआ जो पुराणों के अनुसार ब्रह्मर्षि अत्रि के संरक्षण में क्रियाशील था। अन्ततः आदित्य विजयी हुए और उन्हें विशाल भूभाग का राज्य-क्षेत्र प्राप्त हुआ। आदित्यों के अन्तिम राजा थे, वैवस्वत आदित्य, जो विवस्वत आदित्य के पुत्र थे। इन्हीं के राज-काल में चाक्षुषकालीन तथाकथित पौराणिक महाप्रलय आयी जिसमें वे अकेले बच रहे थे। उन्होंने ही सरस्वती क्षेत्र में अपना राज्य स्थापित किया जो वस्तुतः आदित्य-वंश था। आदित्यों को सूर्य भी कहा जाता है इसलिए पुराणों ने इसे सूर्य-वंश के नाम से प्रचारित किया, इसलिए कि सूर्य-शब्द आदित्य शब्द से ज्यादा

व्यावहारिक और धर्म-निरपेक्ष था। वस्तुतः वैवस्वत मनु सूर्य-वंश के नहीं थे। उनके तथाकथित पुत्र इक्ष्वाकु-वंश राजा पृथु के वंशज होने के नाते सूर्य-वंश की परम्परा में आते हैं।

तथाकथित वैवस्वत पुत्री इला की कथा विवादास्पद है। विवादास्पद इसलिए कि जहाँ पुराण पुत्र-प्राप्ति यज्ञ से प्राप्त ज्येष्ठतम पुत्र इल को शिव से शापित हो इला नाम्नी कन्या बनने तथा पुनः किंपुरुष सुद्युम्न बन प्रतिमाह नारी-पुरुष में बदलते रहने की बात करते हैं, वहीं अन्य ग्रन्थ (वेद) प्रलय से अभिशप्त मनु को इड़ा/इला नाम की युवती के प्राप्त होने तथा उन्हें नैराश्य से विमुक्त कर जीवन जीने हेतु प्रेरणा देती हुई चित्रित करते हैं। जो भी हो, उस इला का संसर्ग सोम आत्रेय के पुत्र बुध आत्रेय से होता है जिससे पुरूरवा ऐल उत्पन्न होते हैं, जिन्होंने स्वयं का एक राजवंश स्थापित किया। बुध-सोम ब्रह्मर्षि अत्रि के वंशज थे इसलिए इस वंश का नाम आत्रेय-वंश होना चाहिए था, लेकिन पुराणों ने सोम के नाम पर चन्द्र-वंश रखा, जो सोम का दूसरा नाम माना जाता है। कारण पूर्ववत्-सा लगता है। चन्द्र, सोम तथा आत्रेय के सापेक्ष ज्यादा व्यावहारिक (सेक्युलर) था। पुरूरवा का एक गन्धर्व कन्या से विवाह होना तथा राज्य-संस्थापन के हेतु गन्धर्वों से अग्नि प्राप्त करना उनके देव-वंश का अंग होने का साक्ष्य प्रस्तुत करता है। आगे का भारतीय इतिहास देव-वंश के इन दोनों राजवंशों - सूर्य-वंश तथा चन्द्र-वंश की कहानी है या इसी रूप में व्यक्त की गयी है। दोनों ही वंशों में कतिपय ऐसे अप्रतिम राजा हुए हैं, जिन्होंने देश की सीमा को अखण्ड भारत का स्वरूप प्राप्त करने में अहम् योगदान किया तथा भारतीय समाज को सकारात्मक ढंग से प्रभावित किया। यथा चन्द्र-वंश के भरत दुष्यन्ती जिनके नाम पर इस देश का नाम भारत पड़ा, कृष्ण वासुदेव जिन्हें विष्णु के एक अवतार का मान प्राप्त हुआ, महाराज युधिष्ठिर जिनका यशोगान महाभारत की कथा गाती है। इसी प्रकार सूर्य-वंश में मर्यादा पुरुषोत्तम श्री राम जिन्होंने ब्रह्मर्षि पुलस्त्य के वंशज, राक्षस-राज दुराचारी रावण का अन्त कर भारतीय संस्कृति को श्रीलंका तक पहुँचाया। हमारा यह सौभाग्य है कि हम इन पुण्य आत्माओं की सन्तान हैं।

प्रारम्भ में असुर और देव एक ही थे और एक ही संज्ञा 'असुर' से सम्बोधित किये जाते थे। कालान्तर में उनमें मतवैभिन्य प्रस्फुटित हुआ। उनका आन्तरिक विरोध वैचारिक तथा सैद्धान्तिक था। उनमें स्वत्व तथा आत्म-तत्व को लेकर विवाद था। एक पक्ष जीवत्व (जीव में अन्तर्निहित चेतनता) को शरीरस्थ अर्थात् देह-जनित मानता था और दूसरा पक्ष देह से सर्वथा पृथक्, पूर्णतः असम्पृक्त तथा चैतन्यमात्र आत्म-तत्व को स्वीकार करता था। चैतन्य को देहजनित अर्थात् स्वत्व माननेवाले असुर समाज का दैत्य-दानव उपवर्ग था तथा पृथक् आत्म-तत्व माननेवाले आदित्य उपवर्ग के जन। इसलिए आदित्यों ने असुरों से भिन्न दिखने

के लिए देव कहना आरम्भ किया और इस प्रकार 'देव' कहलाने लगे। बाद में समान विचार के लोग एक या दूसरे उपवर्ग के साथ जुड़ते गये और असुर समाज जो पूर्व में एक समरस समाज था, सैद्धान्तिक आधार पर दो पूर्णतः भिन्न समाजों में बँट गया। समय के साथ उनमें स्वाभाविक प्रतिस्पर्द्ध और विवाद उत्पन्न हुए। युद्ध भी हुए और युद्ध सुदीर्घ काल तक चले। वेदों और पुराणों ने इस 'देवासुर-संग्राम' का सजीव चित्रण अति सुन्दर ढंग से किया है। युद्ध के नायकों को देवता बना दिया और कालान्तर में वे उनकी पूजा करने लगे। ऋग्वेद उन्हीं देवतास्वरूप पूर्वजों के स्तुति-गान का संग्रह मात्र है जिसे अवशेष समाज ने अपने कल्याण की कामना के लिए गाया। असुर समाज के विभाजन की प्रतिध्वनि ऋग्वेद में भी सुनायी पड़ती है। ऋग्वेद ने अपने देवताओं को जो वस्तुतः उनके पूर्वज थे, पहले असुर शब्द से अलंकृत किया और बाद में देव कहने लगे। देवासुर-संग्राम में अन्तिम विजय देवों की हुई थी और असुरों को मूलस्थान छोड़ना पड़ा था। अतएव जो इतिहास लिखा गया, वह देवों का इतिहास है और जो संस्कृति समाज में प्रभावी हुई, वह देवों की आध्यात्मिक संस्कृति है।

देवों की आध्यात्मिक अवधारणा का दर्शनशास्त्र आगे चलकर कपिल मुनि ने लिखा। उन्होंने सृष्टि-रचना के प्रमुख कारक तत्व के रूप में त्रिगुणात्मक प्रकृति, जो तीन गुण तत्वों - सत्त्व-रज-तम की साम्यावस्था का नाम है, को 'प्रधान' तत्व की मान्यता प्रदान किया और तज्जनित 19 सूक्ष्म तत्वों के संयोग से उत्पन्न पंच-महाभूत यथा क्षिति, जल, पावक, गगन और समीर, जो स्थूल तत्व हैं, से देह-रचना के सिद्धान्त का निरूपण किया। उनके अनुसार इस समस्त भौतिक जगत् का सृजन इन तथाकथित कुल 24 तत्वों से हुआ है, जिनके मूल में प्रकृति है। इसलिए उन्होंने प्रकृति को 'प्रधान' माना है। प्रकृति निर्मित सम्पूर्ण सृजन क्योंकि चैतन्यशून्य अर्थात् जड़ होता है इसलिए उन्होंने एक स्वतन्त्र तथा निरपेक्ष तत्व की अवधारणा प्रस्तुत किया जिसे उन्होंने 'पुरुष' नाम दिया। 'पुरुष' पूर्णतः चैतन्य तत्व है। इन दो भिन्न, एक-दूसरे से निरपेक्ष तथा स्वतन्त्र तत्वों के संयोग से जीव का सृजन होता है। पुरुष तत्व शरीर में किन्तु शरीर से अलग अपना अस्तित्व रखता है और जब वह उसे छोड़ता है, शरीर मृत अर्थात् जड़ हो जाता है। कपिल का यह पुरुष तत्व ईश्वरीय गुणों से पूर्णतः असम्पृक्त था इसलिए इसे एक धर्म निरपेक्ष जीवनदर्शन कहा जा सकता है जिसमें आत्म-तत्व तो है लेकिन वह परमात्मन् का अंश नहीं है। संख्या-आधारित कपिल का यह जीवनदर्शन सांख्य-दर्शन के नाम से प्रसिद्ध हुआ और इसी से भारतीय समाज में तत्व-चिन्तन-परम्परा का आरम्भ हुआ जो परिवर्तित-परिवर्धित होते हुए आज भी प्रवहमान है।

पुराण, कपिल को स्वयंभु की पुत्री देवहुति तथा कर्दम प्रजापति की सन्तान

होने का मान देते हैं। इस प्रकार, यह विचार दोनों ही समाजों - मनुष्य-समाज तथा देव-समाज की साझा सम्पत्ति है जो तत्कालीन समाज में घटित हो रही समन्वयीकरण की प्रक्रिया का द्योतक है और हम कह सकते हैं कि यह देश आदि काल से एक धर्म-निरपेक्ष समाज के निर्माण के पथ पर अग्रसर था।

ऋषि-परम्परा में उत्पन्न प्रजापति कश्यप को भी पुराण प्रायः कपिल की तरह मुनि शब्द से सम्बोधित करते हैं। मुनि तथा ऋषि दो भिन्न परम्पराएँ हैं। मुनि-परम्परा में साधक, अपने शरीर को एक निश्चित अनुशासन में सुस्थिर कर, मन को आराध्य में केन्द्रित कर, ध्यानावस्था में, उनके नाम का बार-बार जाप करते हुए तपस्या करता है और उनसे इच्छित वर की याचना करता है जबकि ऋषि-परम्परा में एक ऋषि अग्निहोत्र के माध्यम से घी सहित कुछ खाद्य-पदार्थ, जिन्हें वह स्वयं खाता है, को अपने इष्ट-देवता का स्तुति-गान/आह्वान करता हुआ अग्नि में इस विश्वास के साथ समर्पित करता है कि वह खाद्य-पदार्थ उन तक पहुँचता है जिसे पाकर देवता पुष्ट होगा और आराधक का कल्याण करेगा। ऋषि-परम्परा इस प्रकार प्रकारान्तर से पूर्वज-पूजा का संकेत देती है जो सम्भवतः प्रलय-प्रवाह में उनके पूर्वजों के समाधिस्थ हो जाने के बाद पुष्ट हुई होगी। दोनों ही प्रथाएँ निश्चित रूप से धार्मिक क्रियाएँ थीं लेकिन व्यक्तिपरक थीं, सामूहिक नहीं थीं इसलिए यह काल धार्मिक सम्प्रदायीकरण से प्रायः मुक्त रहा। कालान्तर में दोनों परम्पराओं को भारतीय समाज ने समान भाव से स्वीकार कर लिया।

प्रजापति ऋषियों में प्रमुख नाम ब्रह्मर्षि मरीचि का है। उनके पुत्र कश्यप मारीचि थे जिन्हें प्रजापति दक्ष ने अन्यों की तरह कई कन्याएँ प्रदान किया था। कहते हैं कश्यप मारीचि हिमालय पार कर कश्मीर आ गये और जीवनपर्यन्त कश्मीर में ही रह गये। वहाँ उनकी विविध पत्नियों से अनेक प्रजातियों का जन्म हुआ यथा दैत्य, दानव, देव, नाग, गरुड़, गन्धर्व इत्यादि। पौराणिक संकेतों के अनुसार भारतीयों की मूल भूमि हिमालय के उस पार का क्षेत्र था जहाँ सिन्धु के उस पार स्वयंभु मनु के वंशज रहते थे, जिसे वे उत्तर-कुरु (वाराह क्षेत्र) कहते थे और इस पार हिरण्यमय में ब्रह्मर्षि और उनके वंशज रहते थे। यह आज का लद्दाख क्षेत्र है। कश्मीर क्षेत्र को कश्यप मारीचि ने आबाद किया इसलिए उसका प्राथमिक नाम कश्यपसीर पड़ा जो बाद में कश्मीर हो गया। समय के साथ उनमें शक्ति के दो प्रमुख केन्द्र स्थापित हुए। एक असुर शक्ति और दूसरा देव शक्ति। असुर शक्ति का नेतृत्व हिरण्यकश्यप कर रहा था और देव शक्ति के नेतृत्वकर्त्ता आदित्य थे। देव शक्ति का नेतृत्व तब वरिष्ठों के एक समूह द्वारा किया जाता था। राजतन्त्र तब तक स्थापित नहीं हुआ था। सर्वप्रथम लद्दाख क्षेत्र में हिरण्यकश्यप ने राजतन्त्र स्थापित किया। देवों ने उसका विरोध किया। यह सभी काश्यपों के पूर्वजों का क्षेत्र था। युद्ध अपरिहार्य हो गया। यह देवासुर-संग्राम का

प्रथम चरण था। लगभग 300 वर्षों तक यह युद्ध चला और अन्ततः दैत्यराज बलि को पलायन करना पड़ा। प्रकारान्तर से यह युद्ध राजतन्त्र बनाम प्रजातन्त्र का था और प्रजातन्त्र विजयी हुआ। दूसरा चरण मयासुर बनाम त्रिपुरारि शंकर के बीच हुआ। शंकर ने मयासुर के त्रिपुर का विध्वंस कर दिया। यह युद्ध 120 वर्षों तक चला, जब तक देवों ने कश्मीर में अपना राज्य स्थापित नहीं कर लिया। यह देवों की जीत परन्तु प्रजातन्त्र की हार थी। देवासुर-संग्राम का तीसरा चरण राजा ययाति के काल में सम्पन्न हुआ। यह युद्ध वैचारिक अन्तर्विरोधों पर आधारित था। असुर पक्ष का नेतृत्व भार्गव शुक्राचार्य कर रहे थे, दूसरी और बृहस्पति अंगिरस। इस बार भी असुर पक्ष को पराजय का मुँह देखना पड़ा और उनके विचार असुरों के साथ ईरान जाकर समृद्ध हुए तथा भारत देव संस्कृति से आप्लावित हुई।

आज जहाँ आबाद कश्मीर घाटी है वहाँ उच्च हिमालय तथा पीर-पांजाल की पहाड़ियों से आवृत्त एक सरोवर था जिसे स्थानीय लोग सतीसर या कश्मीरा कहते थे। कश्यप के आने के बाद सम्भवतः उसका नाम कश्यपमीर पड़ा जो बाद में घिसते-घिसते कश्मीर हो गया। यह सामान्य सरोवर या झील नहीं था। लगभग 16000 वर्ग मील में फैला था। समुद्र-तल से 5000-6000 फीट की ऊँचाई पर अवस्थित था। सामान्यतया 300-400 फीट गहरा था। कहीं-कहीं हजारों फीट की गहराई थी। यह झील खारे पानी की थी, सम्भवतः कभी यह उत्तर-सागर का एक अंग रही होगी। कश्मीर की ऊलर तथा डल झील इसी सरोवर के वर्तमान अवशेष हैं। कश्मीर में अक्सर ही भूकम्प आते रहते हैं। लगता है ऐसे ही किसी भूकम्प में बारहमूला के पास की पहाड़ी से एक चट्टान खिसक गयी। बड़े वेग से जल-धारा फूट पड़ी। बारहमूला मूल शब्द 'वारि-मूल' का अपभ्रंश लगता है जिसका अर्थ जल का उद्गम होता है। इस उद्गम स्थल से निकलती हुई वेगवती धारा को प्रवाह देने में वितस्ता पूर्णतः असमर्थ थी। सतीसर का अथाह जल प्रलय-प्रवाह के साथ सम्पूर्ण कश्मीर मण्डल में फैल गया। जहाँ जगह मिली, वहाँ से पानी तीव्र गति से बह चला। पानी के साथ आबादी तथा अन्य जीव-जन्तु भी बह गये। कुछ दिनों के बाद सतीसर का लगभग सारा जल सिन्धु के रास्ते अरब सागर में समा गया और सतीसर का भू-तल जगह-जगह कुछ झीलों के साथ उभर आया जिसका वर्तमान स्वरूप आज की कश्मीर घाटी है, लेकिन कश्मीर मण्डल लगभग जन-शून्य हो गया। डॉ0 काले के शब्दों में नाग वंश का विनाश हो गया और पिशाच वहाँ से पलायन कर गये लेकिन मेरी समझ से जिस वंश का लगभग सम्पूर्ण विनाश हुआ था, वह कश्यप-वंश था और पुराणों के अनुसार उस वंश का अकेले एक व्यक्ति बच गया था जो एक नाव में सप्तर्षियों के साथ सप्त-सैन्धव क्षेत्र के बाहर शरण लिया। वहाँ अपना राज्य स्थापित किया, नया संवत्सर चलाया, पुराणों ने उनसे नव-सृजन का सूत्रपात् माना। आप जानते हैं, उस प्रसिद्धतम व्यक्ति का

नाम - मनु वैवस्वत था। मेरी सम्मति में यह पुराणों में उल्लिखित चाक्षुष-मन्वन्तर काल में घटित महाप्रलय था जिसके बाद वैवस्वत मन्वन्तर के उदय की बात कही जाती है। मेरे आकलन में यह प्रलय 3102-3101 ई.पू. में घटित हुआ था।

ब्रह्मा इस स्वरचित सृष्टि की मन्थर वृद्धि से फिर भी सन्तुष्ट नहीं थे। एक दिन जब वे अत्यन्त क्रोध की अवस्था में थे उस समय उनके क्रोध सन्तप्त ललाट की लालिमा से नील-लोहित रुद्र की उत्पत्ति हुई। उनका अति प्रचन्ड तेजस्वी शरीर आधा नर और आधा नारी रूप में था। तब उस रुद्र ने स्वेच्छया अपने शरीरस्थ पुरुष और स्त्री को अलग कर पुरुष और नारी का भिन्न स्वरूप तथा अस्तित्व प्रदान किया। फिर, पुरुष भाग को ग्यारह विभाग में बाँटकर ग्यारह रुद्र उत्पन्न किया। इसी प्रकार स्त्री-विभाग से सौम्य-क्रूर, शान्त-अशान्त और श्याम-गौर वर्ण की अनेक नारियों की प्राप्ति किया। इस प्रकार पृथ्वी पर ग्यारह रुद्र और उनकी सन्तति से कुछ काल उपरान्त रुद्रों के ग्यारह गण बने। हर गण का एक गणपति होता था। सबसे शक्तिशाली गण का गणपति सभी गणों का प्रधान होता था। अन्यान्य ग्रन्थों में उनकी अलग संख्या और नाम दिये गये हैं। उनके विश्लेषण से प्राप्त ग्यारह प्रारम्भिक गणों के नाम इस प्रकार हैं - 1. रुद्र, 2. शर्व (शिव), 3. पशुपति, 4. भीम, 5. ईशान, 6. महादेव, 7. भव, 8. त्र्यम्बक, 9. महाकाल, 10. नैऋत, 11. भैरव। कालान्तर में रुद्रगणों का उनकी भिन्न पूजा-पद्धतियों के आधार पर सम्प्रदायीकरण हुआ और उनकी एकजुटता अनेक सम्प्रदायों में बँट गयी जिनसे समय के व्यतीत होने के साथ अनेक जातियाँ-उपजातियाँ पैदा हुई जिनमें से ज्यादातर मनुष्य तथा देव-समाज में विलीन हो गयीं। इनमें से कुछ अपने देश में जगह-जगह अपनी सुविधानुसार बस गयीं (आज ये जातियाँ संविधान के अनुसार जन-जाति या आदिवासी जाति में परिगणित की गयी हैं) तथा कुछ दूसरे देशों को प्रस्थान कर गयीं। रुद्र भी देवों (देवताओं) की तरह हमारे समान मनुष्य थे। भूत, पिशाच, वानर, ऋक्ष, हनुमान आदि उनकी जातियों के नाम थे, उनके स्वरूप की पहचान नहीं। उनको इस रूप में पहचान दिया जाना हमारी ऐतिहासिक भूल है, विडम्बना है। इनके नायकों यथा महादेव, शंकर, शिव, गणेश, स्कन्द तथा विभिन्न ज्योतिर्लिंगों आदि को देवों के नायकों की तरह पूजा जाता है। पुराणों के अनुसार, रुद्रों की रचना ब्रह्मा ने स्वयंभु मनु के पूर्व तथा ब्रह्मर्षियों के बाद किया था। देवों की तरह इनकी भाषा भी प्राकृत संस्कृत थी।

वैदिक-वाङ्मय में रुद्रों का निवास-स्थान मुजावत् या मुंजवान् पर्वत बताया जाता है। सम्भतः यह हिन्दूकुश पर्वत के उत्तरी-पूर्वी भाग का पर्वतीय अंचल था। यह वही मुंजवान् पर्वत है जहाँ सबसे उत्कृष्ट किस्म की सोम प्राप्त होती थी। सोम देवों विशेषकर देव-प्रमुख इन्द्र को बहुत प्रिय था। शिव के भाँग-धतूरे के प्रति लगाव को हम इस रूप में देख सकते हैं। मुंजवान् पर्वत के बाद वे गिलगिट-बाल्टिस्तान क्षेत्र के पर्वतीय अंचलों

में बसे जहाँ से मेरु पर्वत होते हुए कैलास पर्वत तथा उसके आस-पास के पर्वतीय क्षेत्रों में रहने लगे। गिलगिट-बाल्टिस्तान में रहते हुए वे एक साथ मनुष्यों तथा देवों के सम्पर्क में आये। परिणामतः उनमें आपसी संघर्ष प्रारम्भ हुआ। शंकर के विरुद्ध असुरों के कई युद्धों का वर्णन पुराणों में मिलता है यथा त्रिपुरासुर, अन्धकासुर वध आदि। देव भी पहले असुर कहे जाते थे और जब देव असुरों से अलग हुए तब शंकर तथा देव साथ आ गये। कई युद्धों में शंकर ने देवों का साथ दिया तथा देवों ने शंकर का। रुद्रगण जहाँ देवों के पश्चिमी पड़ोसी थे, उसी प्रकार मनुष्यों के उत्तरी पड़ोसी थे। इसलिए रुद्रों तथा मनुष्यों में संघर्ष होना स्वाभाविक था और हुआ। किसी युद्ध-विशेष का विवरण तो प्राप्त नहीं होता है लेकिन एक सन्धि की ध्वनि जरूर सुनायी देती है। क्योंकि, न चाहते हुए भी दक्ष प्रजापति को अपनी प्रिय पुत्री सती का विवाह रुद्रगणों के तत्कालीन प्रमुख महादेव के साथ करना पड़ा था। यह इस बात से भी सत्य प्रतीत होता है कि विवाह के कुछ समय बाद जब दक्ष ने राजसूय यज्ञ किया तो महादेव को आमन्त्रित नहीं किया जबकि समकालीन सभी राजाओं को सम्मिलित होने के लिए निमन्त्रित किया गया था। शिवपुराण के मतानुसार सती-महादेव का प्रथम मिलन नंगा के पर्वतीय अंचल में हुआ था जब वे उत्तम वर की प्राप्ति हेतु उसकी आराधना में तल्लीन थीं। नंगा शृंगवान् श्रेणी की सबसे ऊँची चोटी है जिसके ठीक उत्तर रुद्रों की जन्म-भूमि मुंजवान् या मुजावत् है जो आज बदख्शां (अफगानिस्तान) नाम से जाना जाता है।

यह अनुष्ठान दक्ष प्रजापति के द्वारा और उनके घर पर हुआ था जो महादेव के श्वसुर लगते थे। परम्परानुसार ऐसे अनुष्ठानों में किसी श्वसुर के लिए दामाद को सम्मान दिया जाना धर्मानुकूल था। लेकिन दक्ष ने ऐसा करना आवश्यक नहीं समझा जो एक धर्म-विरुद्ध आचरण था। महादेव को भी यह बात बहुत अपमानजनक लगी और इससे वे बहुत आहत थे। दक्ष-पुत्री सती ने फिर भी पिता के घर जाने की जिद्द किया और महादेव ने ऐसा होने दिया। सती की सुरक्षा को ध्यान में रखकर उन्होंने अपने दो प्रमुख गणों - वीरभद्र तथा नन्दी को उनके साथ कर दिया और स्वयं नहीं गये। पति की अनुमति के बिना वहाँ जाकर तथा पति को वहाँ अपमानित किये जाते हुए देखकर पश्चाताप से अभिभूत हो वह यज्ञ के अग्नि-कुण्ड में कूद पड़ी तथा अपने को अग्नि के आगोश में समर्पित कर दिया और, वह जलकर सती हो गयीं। आक्रोशित रुद्रगणों ने उनके यज्ञ का विध्वंस कर दिया तथा दक्ष को क्षत-विक्षत। अन्ततः दुबारा सन्धि हुई। इस बार ग्यारह रुद्रगणों को बारह आदित्यों की तरह समादृत किया गया और देवताओं की सूची में उन्हें समान स्थान प्रदान किया गया तथा उनके लिए भी यज्ञ-भाग सुनिश्चित किया गया। सती की अकाल मृत्यु ने देवी पूजा का विकास किया जिसे आगे चलकर कई पन्थों ने अंगीकार किया।

कालान्तर में, एक बार पुनः इतिहास ने अपने आपको दुहराया। इस बार रुद्रगणों के प्रमुख शिवगण के मुखिया शंकर थे। उन्होंने कई रुद्रगणों को, उनसे

उत्पन्न जातियों प्रमुखतः भूतों तथा पिशाचों को और कश्यपवंशीय कुछ नागवंशियों को एक सूत्र में नियोजित किया जिसके लिए उन्हें भूतेश्वर, पिशाचमोचन तथा नागेश्वर नाम से विभूषित किया गया था। इस सम्मिलित शक्ति के सम्मुख मनुष्य समाज नतमस्तक था। उन्होंने हिमाचल के राजा हिमाचल की पुत्री उमा का विवाह रुद्रों के नायक, शिवगण के शंकर के साथ कर पुरानी सन्धि को पुनर्जीवित कर लिया। इस बार उमा-शंकर का विवाह धूम-धाम के साथ सम्पन्न हुआ और मनुष्यों-देवों सबको स्वीकार्य था। फलस्वरूप, मनुष्यों-देवों-रुद्रों, इन तीनों संस्कृतियों में समन्वयीकरण की प्रक्रिया प्रारम्भ हुई और बाद के कालों में उसी जिजीविषा के साथ जारी रही। रुद्र-समाज़ की देश को भेंट की गयी सबसे अनुपम देन लिंगोपासना है जो प्रकारान्तर से जीवन की निरन्तरता की आराधना को समर्पित है। उस काल में जब सन्तति अपने सकारात्मक अर्थों तथा भूमिका में समुदाय के लिए सर्वोत्कृष्ट सम्पत्ति की तरह था, तब इस आराधना-पद्धति की सहजता ने इसे सर्वसमावेशी बना दिया और विभिन्न समाजों-समुदायों के एकीकरण की प्रक्रिया को आसान।

भारतीय परम्परा में ब्रह्म, प्रकृति, प्रकृति की अन्यान्य शक्तियाँ तथा प्राकृतिक घटनाओं को मानवीकृत कर उन्हें रूपक के रूप में अभिव्यक्ति देने का एक रिवाज रहा है। जैसा कि ब्रह्मा तथा उनके सृजन के सन्दर्भ में हम देख सकते हैं। ब्रह्म या परम् ब्रह्म अर्थात् सम्पूर्ण ब्रह्माण्ड के सूक्ष्मतम बिन्दुसम स्वरूप में परिव्याप्त चैतन्य के मानवीकृत स्वरूप सच्चिदानन्दघन विष्णु के नाभि-कमल के परागकणों से प्रादुर्भूत ब्रह्मा को पुराणों ने सृष्टिकर्त्ता का मान दिया है। ब्रह्मा ने पंचमहाभूत निर्मित अपने स्थूल शरीर के विभिन्न अंगों से संकल्प के द्वारा मानसी प्रजा का निर्माण किया जिसे मनीषी अयोनिज-सृजन का नाम देते हैं। अयोनिज सृजन के माध्यम से तीनों मूल-वंशों के मूल पुरुषों की ब्रह्मा द्वारा उत्पत्ति की इस पौराणिक अवधारणा का मूल उद्‌देश्य तीनों समाजों की उत्पत्ति के एक मूल-स्रोत की पृष्ठभूमि तैयार करना था जिससे समाजों के एकीकरण को सैद्धान्तिक रूप प्रदान किया जा सके। इसकी चरम परिणति वसुधैव कुटुम्बकम् की उदात्त भारतीय विभावना में प्रकट होती है।

अयोनिज-सृजन की परिकल्पना एक विज्ञानसम्मत विचार है। यदि हम यह विचार करें कि प्रारम्भ में, पृथ्वी पर जीवन, जीव विनिर्माण हेतु आवश्यक पदार्थों के स्थान-विशेष पर अनुकूल परिस्थितियों की आकस्मिक उपलब्धता की स्थिति में, सम्पन्न हुई प्राकृतिक रासायनिक क्रियाओं के माध्यम से स्वतः हुआ होगा। मेरी सम्मति में, जड़ और चेतन दोनों ही अभिन्न (एक प्रकार का) पदार्थ है और प्रकृति अपने आन्तरिक शक्तियों के अधीन उनका आपस में रूपान्तरण स्वतः करती रहती है। कपिल के सांख्य-योग के अन्तर्गत भी 'प्रधान' (प्रकृति) और

'पुरुष' जीव-रचना के दोनों तत्व भी प्रकृतिस्थ हैं, जो इसी तथ्य की ओर संकेत करते हैं। तात्पर्य यह है कि पुराणों ने ब्रह्मा को चाहे जिस रूप में परिभाषित किया हो, हम उसे यथावश्यक प्रकृति के अर्थ में प्रयुक्त कर सकते हैं और ब्रह्मा से उत्पन्न तीनों समाजों के प्रथम पुरुषों को इस रूप में स्वीकार कर सकते हैं कि पुराणों को भी इन समाजों के लिए उनके पूर्व पुरुषों का ज्ञान नहीं था। इन समाजों के वे प्रथमतम व्यक्ति थे जिन्हें वे जानते थे। इनसे पूर्व के कुछ उनके पूर्वजों को वे जानते अवश्य थे, जिनका इन वंशों से कोई सम्बन्ध नहीं था, उनके बाद उनकी कोई वंश-परम्परा भी स्थापित नहीं हुई थी लेकिन समाज में उन्होंने महत्त्वपूर्ण योगदान किया था, उनको 'पूर्वजों के भी पूर्वज' का मान देकर प्रतिष्ठित किया। यथा सनत्, सनन्दन, सनातन, सनत्त कुमार आदि।

हमारी यहाँ तक की यात्रा की पौराणिक स्थापना यह है कि सुदूर पूर्व-काल में स्वयंभु मनु, ब्रह्मसम नौ देव, ग्यारह रुद्रगण तथा उनकी सन्तानों ने भारत के आदि इतिहास के रंगमंच की पटकथा लिखी, जो हिमालय और उसके उत्तर के पर्वतीय अंचल तथा नदियों द्वारा निर्मित द्वीपों-द्वाबों में रहते थे। इन तीनों शक्तियों के परस्पर भिन्न समाज थे, भिन्न संस्कृति थी, सम्भवतः भिन्न प्रजाति थी, वाणी भी भिन्न थी, भिन्न परम्पराएँ एवं रिवाज स्थापित हो रहे थे, भिन्न धर्म थे, तीनों ही आपस में तथा अपनों में अनवरत युद्धरत थे फिर भी, समाजों के आपसी समन्वयीकरण से कालान्तर में एक एकीकृत समाज तथा संस्कृति का अभ्युदय हुआ जो आज भी अपने सनातन मूल्यों, मर्यादाओं एवं आदर्शों के साथ चरैवेति-चरैवेति के आह्वान के साथ निरन्तर गतिमान है। प्राचीन भारतीय संस्कृति का एक एकीकृत स्वरूप तीन मूल देवों अर्थात् ब्रह्मा-विष्णु-महेश के प्रतीक चिह्न में प्रतिध्वनित होता है।

यहाँ इस बात का उल्लेख किया जाना समीचीन होगा कि मैंने वैवस्वत मनु से पूर्व के काल को पूर्व-काल या पुरातन-काल कहा है तथा वैवस्वत के बाद के काल को वर्तमान-काल। वर्तमान-काल मेरे आकलन में 3101 ई.पू. से आरम्भ होकर आज भी वर्तमान है और पुराण जिसे पुरातन-काल कहते हैं वह स्वयंभु मनु से शुरू होता है और वैवस्वत मनु तक खत्म हो जाता है। इससे भी पहले का काल पुराणों की दृष्टि में अनादि-काल या सनातन-काल है। हम सनातन-काल का आरम्भ 8000 बी0सी0 से मान सकते हैं, जब चौथे हिमयुग का अन्त हुआ था। आमतौर पर इसी काल से मानव गतिविधि के पद-चिह्न प्राप्त होते हैं। तिब्बत के रहनेवाले तिब्बत को पद्म-नाभि कहते थे, जिसका अर्थ होता है पद्म है जिसकी नाभि में वह। पद्म तिब्बत की पहचान है। तिब्बत को एक अन्य नाम बैकुण्ठ भी दिया गया है। बैकुण्ठ नाम तिब्बत को उसी प्रकार दिया गया है, जिस प्रकार कश्मीर को कश्यप नाम दिया गया है। जिस प्रकार कश्मीर की सभी प्रजातियाँ

कश्यप की सन्तानें मानी जाती हैं, उसी प्रकार सभी बैकुण्ठवासी बैकुण्ठ के पुत्र कहे जाते हैं। इस प्रकार तथाकथित देश-पिता के नाम पर स्थान का नाम रखा जाना प्राचीन भारतीय परम्परा है।

तिब्बत को आदिनारायण भी कहते हैं। आदिनारायण का अर्थ है आदि जन्म-स्थान और आदि जन्म स्थान की पूजा करना भी प्राचीन भारतीय परम्परा है। वाल्मीकि रामायण में यक्षों के बारे में यह स्पष्ट उल्लेख किया गया है कि वे अपने मूल जन्म-स्थान की पूजा करते थे। कालान्तर में पुराणों ने तिब्बत को मनुष्य प्रजाति की 'नाल-भूमि' मानते हुए विष्णु रूप में प्रतिष्ठित किया। विष्णु चित्र में उनके एक हाथ में पद्म का होना इसी तथ्य की ओर संकेत करता है। यह हमारी प्राचीन आस्था है और पुराण आदिनारायण विष्णु के माध्यम से यही सन्देश देते हैं। यहीं पर ब्रह्मा ने सृष्टि-सृजन का कार्य किया, विष्णु की नाभि से प्रादुर्भूत पद्म की पंखुरियों पर बैठकर। सृष्टि-रचना की यही भारतीय अवधारणा है कि विश्व में प्रथमतः मानव प्रजाति की उत्पत्ति बैकुण्ठ में हुई है जहाँ से विश्व के अन्य भूभागों में वे गये। ब्रह्मा के चार मुख चारों दिशाओं के प्रतीक हैं यानी इसी काल में चारों दिशाओं में मनुष्य प्रजाति प्रकाश में आयी। कालान्तर में उनसे ही उत्पन्न दक्ष-प्रजापति प्रजा की वृद्धि में ब्रह्मा के सबसे बड़े सहायक हुए। हजारों-लाखों पुत्र उत्पन्न हुए। नारद ने उनका पथ प्रदर्शन किया। उन्हें निर्देश दिया कि पहले वे पृथ्वी को समझें, उसके बाद सन्तानोत्पत्ति में लगें। वे नदियों के किनारे से आगे बढ़े, जहाँ उचित लगा, बस गये। उन्हें आदेश था जैसे नदियाँ कभी वापस नहीं लौटती हैं, वे भी नहीं लौटे। सम्भवतः सम्पूर्ण एशिया महाद्वीप इस प्रकार पौराणिक दृष्टि में एक ब्रह्मा की सन्तानें हैं। वहाँ से भारतीय यूरोप और विश्व के अन्य देशों में गये। हमारी यह मान्यता है कि विश्व-मानव का मूल स्रोत एक आदिनारायण विष्णु हैं, यह हमारी वसुधैव कुटुम्बकम् की विभावना है। यह हिमालय-पार का क्षेत्र था जो हिमालय के आकस्मिक निर्मित हो जाने के लाखों वर्ष पूर्व से अस्तित्व में था। इसलिए मानव-उत्पत्ति के आदि क्षेत्र के रूप में पुराणों का तिब्बत को मान देना सैद्धान्तिक दृष्टिकोण से भी सही लगता है। तिब्बत को पुराणों द्वारा उसका आदिनाम त्रिविष्टप देना इस सिद्धान्त को बल प्रदान करता है। त्रिविष्टप से तात्पर्य तीन चरणों में निर्मित होना है और ज्ञान के विकास-काल के आरम्भ में ही इस प्रक्रिया को भली-भाँति जानना और समझना यहाँ के रहनेवाले ही कर सकते हैं।

तिब्बत में प्रथमतः विष्णु-पीठ की स्थापना की गयी। यह धर्म-संस्था है जिसे सनातन धर्म कहा गया। इसके दो उद्देश्य निर्धारित किये गये। प्रथमतः धर्म-संस्था की स्थापना और दुष्टों का समूल विनाश। देवासुर-संग्राम काल में इस निमित्त श्री विष्णु को चार अवतार लेने पड़े। इस परिक्षेत्र का प्रतीक चिह्न ब्रह्मा-विष्णु-महेश है। इस कालखण्ड का संक्षिप्त चित्रण निम्न सारणी में किया गया है -

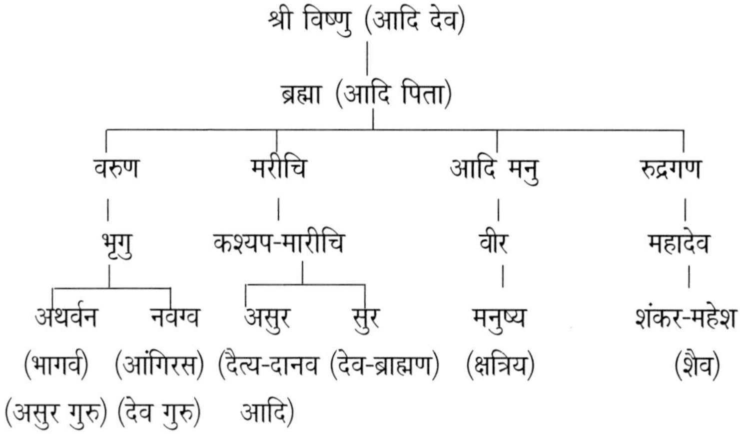
श्री विष्णु (आदि देव)
ब्रह्मा (आदि पिता)
वरुण
मरीचि
आदि मनु
रुद्रगण
भृगु
कश्यप-मारीचि
वीर
महादेव
अथर्वन (भागवी) (असुर गुरु)
नवग्व (आंगिरस) (देव गुरु)
असुर (दैत्य-दानव आदि)
सुर (देव-ब्राह्मण)
मनुष्य (क्षत्रिय)
शंकर-महेश (शैव)

अध्याय-3

भारत के अतीत की अप्रतिम तिथियाँ

सन् 3101 ई.पू. से भारत में एक संवत्सर कमोबेश प्रचलन में है। हम इसे कलि संवत् या कलियुग कहते हैं। इसकी खोज प्रसिद्ध भारतीय ज्योतिर्विद् आर्यभट्ट ने किया है। ज्ञात तथ्यों के आलोक में यह भारत का प्रथम पंचांग कहा जा सकता है।

डॉ. पी. एल. भार्गव की पुस्तक 'इण्डिया इन वैदिक एज' के अध्याय 'क्रोनोलोजी ऑफ वैदिक एज' पृष्ठ सं. 247 पर इस सम्बन्ध में कुछ इस प्रकार कहा गया है - 'गुजरात में प्राचीन द्वारका स्थल के सन्निकट डॉ. एस0 आर0 राव ने एक सामूहिक अभियान किया था और स्पष्ट रूप से यह स्थापित किया कि द्वारका शहर कम-से-कम 12वीं शताब्दी में अस्तित्व में था। तदनुसार महाभारत-युद्ध की तिथि 1100 ई.पू. के बाद की नहीं हो सकती है। वैवस्वत मनु से महाभारत युद्ध तक भारत में कालक्रमानुसार कुल 100 राजाओं ने राज्य किया है। उसी (पूर्वानुमानित) 20 वर्ष प्रति राजा औसत काल के औसत से 100 राजाओं का कुल राज्य-काल 2000 वर्ष आता है। इस प्रकार हमें 3100 ई.पू. की तिथि प्राप्त होती है। यह तिथि आश्चर्यजनक रूप से तथाकथित कलियुग के 3102 ई.पू. (कुछ विद्वानों के अनुसार 3101 ई.पू.) तिथि से मेल खाती है जो मूलरूप से महाप्रलय और वैवस्वत मनु तथा आर्यों के आगमन के लिए सुनिश्चित की गयी है।'

डॉ. भार्गव द्वारा अभिव्यक्त उस अवतरण का भावार्थ यह है कि भारत के अतीत की तीन प्रमुखतम् ऐतिहासिक घटनाओं की एक ही काल-खंड की है। वे तीन घटनाएँ हैं - 1. कलि संवत्सर का प्रारम्भ, 2. वैवस्वत मनु तथा आर्यों का आगमन, और 3. महाप्रलय, तथा वह तिथि है 3101 ई.पू.। पुराण इसे चाक्षुष मन्वन्तरकालीन प्रलय कहते हैं। मन्वन्तर का अर्थ है दो मनुओं के अन्तर की अवधि। सन्दर्भित महाप्रलय चक्षुष मनु और वैवस्वत मनु के बीच के काल में घटित हुई थी। यह तथाकथित महाप्रलय कश्मीर में आयी थी, उस काल में भारत में चक्षुष वंश के राजाओं का शासन था और प्रलय के उपरान्त मनु वैवस्वत भारत के एक क्षेत्र के राजा बने थे और उन्हें मनु घोषित किया गया था।

डॉ. भार्गव की यह उपपत्ति प्रामाणिक नहीं हो सकती है क्योंकि यह कतिपय तीन अनुमानों पर आधारित है। वे तीन अनुमान निम्नवत् हैं -

1. दोनों तिथियों (3101 ई.पू. - 1100 ई.पू.) के बीच 100 राजाओं की गणना
2. राजाओं का औसत काल और
3. महाभारत युद्ध की तिथि का अनुमानित होना।

डॉ. भार्गव द्वारा निर्मित सूची को पुराणों का आधार प्राप्त है, ऋग्वेद का समर्थन प्राप्त है। डॉ. पार्जीटर द्वारा पूर्व निर्मित सूची से मिलान से उत्पन्न प्रश्नों का सन्तोषजनक प्रमाण प्रस्तुत किया गया है। इसलिए इसकी प्रामाणिकता पर कोई सन्देह व्यक्त नहीं किया जा सकता है और मेरी दृष्टि में आज की तिथि में इससे प्रामाणिक सूची कोई और नहीं है। हाँ, महाभारत युद्ध की तारीख हम अपने ढंग से निकालेंगे।

कल्हण रचित राजतरंगिणी एवं नील मुनि द्वारा लिखित नीलमत पुराण, दोनों ही कश्मीरी ग्रन्थ हैं और उनसे मुझे निम्न सूचनाएँ प्राप्त हुई -

- पुराणों के अनुसार गोनन्द ने कश्मीर में गोनन्द वंश की स्थापना किया था। राजतरंगिणी उसे गोनन्द प्रथम कहता है।
- गोनन्द प्रथम मथुरा युद्ध में मारा गया। महाभारत युद्ध का मथुरा युद्ध से यह सम्बन्ध है कि महाभारत का युद्ध मथुरा युद्ध से 20 वर्ष बाद लड़ा गया था।
- गोनन्द प्रथम की मृत्यु के बाद उसका पुत्र दामोदर गद्दी पर बैठा। वह महाभारत युद्ध के कुछ समय पूर्व श्रीकृष्ण द्वारा मारा गया। जब दामोदर की मृत्यु हुई तब उसकी पत्नी यशोवती गर्भवती थी। श्रीकृष्ण के अनुरोध पर कश्मीरी पण्डितों ने उस गर्भस्थ शिशु का अभिषेक कर दिया जो शास्त्रानुकूल नहीं था।
- धार्मिक अनुष्ठानों के अवसर पर शास्त्रीय परम्परा में अनुष्ठानकर्ता के नाम का उच्चारण करना अनिवार्य होता है। यहाँ स्थिति दूसरी थी, अनुष्ठानकर्त्ता अस्तित्व में ही नहीं था। किसी स्थापित नाम के अभाव में ब्राह्मणों ने गोनन्द का नाम उच्चारित किया जो उस भावी शिशु के बाबा का नाम था। और जिन्होंने गोनन्द वंश नाम से कश्मीर में राजतंत्र का प्रारम्भ किया था। इसमें कुछ भी अस्वाभाविक नहीं था। कश्मीरी इतिहासकारों ने उसे गोनन्द द्वितीय नाम दिया।
- महाभारत युद्ध के समय गोनन्द द्वितीय सद्यः उत्पन्न शिशु था इसलिए उसने इस युद्ध में भाग नहीं लिया। नीलमत पुराण का आरम्भ इसी प्रश्न के साथ होता है। महाभारत युद्ध में कश्मीर के राजा ने भाग क्यों नहीं लिया?

नोट--देखिए नीलमत पुराण, 'लोक सं. 3-10 तक।

मेरे अभिमत में गोनन्द द्वितीय जब वयस्क हुआ, हम कह सकते हैं 18 वर्ष की अवस्था प्राप्त कर लेने के उपरान्त उसका पुनः राज्याभिषेक हुआ। अब वह सही अर्थों में राजा बना। नाम वही गोनन्द बना रहा, पुराण भी उसे केवल गोनन्द ही कहते रहे लेकिन इतिहासकारों ने उसे गोनन्द तृतीय मान लिया। उन्हें तो अलग-अलग इतिहास लिखना था।

प्रसिद्ध इतिहासकार स्तीन ने अभिमन्यु के बाद गोनन्द वंश के राजाओं की सूची में गोनन्द तृतीय का नाम दिया है जो अभिमन्यु का पुत्र नहीं था। राजतरंगिणी के भाष्याकार श्री रघुनाथ सिंह गोनन्द तृतीय के सम्बन्ध में पृष्ठ सं. 252 पर निम्न सूचना देते हैं - 'वैबुद्दीन कहता है। गोनन्द राजा बनाया गया था। वह अभिमन्यु का पुत्र नहीं था।' और अभिमन्यु के बारे में पृष्ठ सं. 241 पर लिखता है - 'अभिमन्यु कौन था? किस वंश का था? किस प्रकार कश्मीर का राजा बना? इस पर कल्हण कोई प्रकाश नहीं डालता है।' गोनन्द तृतीय के सम्बन्ध में पुनः पृष्ठ 252 पर इस प्रकार सूचना देता है - 'गोनन्द तृतीय कौन था? उसकी वंश परम्परा क्या थी? उसे राज्य कैसे प्राप्त हुआ? आदि, इन बातों की ओर किंचित मात्र संकेत कल्हण नहीं करता है।' तात्पर्य यह कि कल्हण ने इन दो नामों के पूर्ण परिचय से अनभिज्ञ रहते हुए इन नामों का उल्लेख किया है, इसलिए इनके नाम और स्थान सही नहीं हो सकते हैं। मेरे अभिमत में अभिमन्यु महाभारत का अर्जुन पुत्र अभिमन्यु था जो शिशु गोविन्द द्वितीय का समकालीन था और वही गोविन्द द्वितीय वयस्क होने पर कश्मीर के सिंहासन पर आरूढ़ हुआ और इतिहासकार उसे गोनन्द तृतीय नाम देते हैं। नीलमत पुराण भी गोनन्द तृतीय के पूर्व मात्र गोनन्द प्रथम, दामोदर और गोनन्द द्वितीय (या यशोवती) का नाम देते हैं। इससे सिद्ध होता है कि गोनन्द द्वितीय ही वयस्क होने पर गोनन्द तृतीय नाम से जाना गया।

महाभारत युद्ध के काल-निर्णय के निमित्त राजतरंगिणी के तीन कथन अत्यन्त निर्णायक हैं। वे तीन कथन निम्नवत् हैं -

1. राजतरंगिणी का कथन है कि कश्मीर में जब गोनन्द प्रथम राजा था, कौरव और पाण्डव पृथ्वी पर अवतरित हुए थे।
2. कश्मीर का राजा अपनी शैशवावस्था के कारण महाभारत युद्ध में भाग नहीं लिया था।
3. गोनन्द तृतीय से राजतरंगिणी के लेखन-काल तक कुल राजाओं की कुल अवधि 2330 वर्ष है। राजतरंगिणी का लेखन कल्हण ने 1148 ई. में आरम्भ किया था। अतएव गोनन्द तृतीय के राज्य का आरम्भ 2330-1148 = 1182 ई.पू. में हुआ था।

नोट--देखिए राजतरंगिणी, श्लोक सं. 51, 52, 53, 54, 60, 63, 64, 70, 76 और 82। श्लोक सं. 63 के बाद टिप्पणी में पृष्ठ 104 पर उल्लेख किया गया है - 'इस युद्ध (मथुरा युद्ध) के 20 वर्ष बाद महाभारत का युद्ध हुआ था।'

हमारी उपर्युक्त विवेचना के अनुसार गोनन्द द्वितीय ही कश्मीर में अपने जन्म के 18 वर्ष बाद गोनन्द तृतीय नाम से अपने दादा गोनन्द प्रथम की गद्दी पर आसीन हुआ जिसके जन्म-काल में भारत में महाभारत का युद्ध हो रहा था। अर्थात् -

महाभारत युद्ध की तारीख है : 1182 ई.पू. + 18 वर्ष = 1200 ई.पू. और यह अब तक की सबसे सटीक गणना पर आधारित है।

यदि हम महाभारत की वास्तविक तिथि 1200 ई.पू. तथा वैवस्वत मनु की तिथि 3101 ई.पू. लें तो इस कालखण्ड के 100 राजाओं का औसत का पूर्व अनुमानित 20 वर्ष के स्थान पर मात्र 19 वर्ष ही आती है। इसलिए इनका परीक्षण आवश्यक हो जाता है। सर्वप्रथम हम पार्जीटर तथा भार्गव की तालिकाओं का तुलनात्मक अध्ययन करते हैं। दोनों की सूचियाँ वैवस्वत मनु से प्रारम्भ होती हैं और महाभारत पर अन्त। पार्जीटर की सूची में इक्ष्वाकु-वंश के कुल 95 तथा भार्गव की सूची में कालक्रमानुसार 100 राजाओं के नाम हैं। महाभारत युद्ध के बाद चन्द्रगुप्त मौर्य तक चन्द्रगुप्त को सम्मिलित करते हुए पार्जीटर 38 तथा भार्गव 33 राजाओं की गणना करते हैं। इस प्रकार चन्द्रगुप्त मौर्य से वैवस्वत मनु तक दोनों ही 133 कुल राजाओं की सूची देते हैं। भार्गव ने अपनी सूची में इक्ष्वाकु-कुल के राजाओं की सूची में पार्जीटर की सूची के अतिरिक्त 5 नाम जोड़े हैं, उन पर पुनर्विचार की आवश्यकता है। वे 5 नाम हैं - 1. दुर्गहा 22वीं पीढ़ी, 2. गिरीक्षित 23वीं, 3. विष्णु वृद्ध 28वीं, 4. हस्त 32वीं और 5. विजय 42वीं। डेविड फ्राउले दुर्गहा को पुरुकृत्स की पत्नी और मान्धातृ की माँ मानते हैं। राजाओं की संख्या 95 कर देने पर राजाओं का औसत-काल पुनः 20 वर्ष आ जाता है। इस प्रकार कुल राजाओं की कुल अवधि 1900 वर्ष होती है और तदनुसार मनु वैवस्वत की राज्यारोहण की तिथि 3101 ई.पू. सिद्ध होती है। कुल योग 3100 (1200+1900) के विरुद्ध मैंने 3101 ई.पू. इसलिए लिया क्योंकि इस तिथि से कलियुग का प्रारम्भ माना गया है और किसी महत्त्वपूर्ण ऐतिहासिक घटना से एक पंचांग का प्रारम्भ होना स्वाभाविक स्थिति है।

उक्त प्रकरण में एक गम्भीर प्रश्न का उत्तर देना अभी शेष है। राजतरंगिणी के अनुसार 628 सप्तर्षि संवत् में गोनन्द वंश के संस्थापक गोनन्द प्रथम ने कश्मीर में अपना राज्य स्थापित किया था और उसी काल में कौरव और पाण्डव पृथ्वी पर अवतार लिये थे। 628 स.सं. = 653 कलि सं. = 2448 ई.पू.। भार्गव की सूची के अनुसार उस काल के प्रसिद्ध राजा थे, हैहय-वंश के दुर्दम, आनव-वंश

के शिवि औशिनर, भारत-वंश के तृत्सु और काशी के दिवोदास। उनसे हजार वर्ष तक महाभारत युद्ध का कहीं नाम नहीं था। यह कथन कश्मीरी इतिहासकारों की किसी भूल का परिणाम लगता है। इसलिए गोनन्द प्रथम की राज्यारम्भ की तिथि बहुत बाद की होनी चाहिए जैसा महाभारत युद्ध की तारीख की गणना में हमने देखा है। यह महाभारत युद्ध की तारीख 1200 ई.पू. से 20 वर्ष के कुछ वर्ष पूर्व की घटना है यानी 1220-1240 ई.पू.। 2448 ई.पू. और उसके बाद तक कश्मीर में देवों का आधिपत्य था, क्योंकि उनके प्रमुख इन्द्र का उल्लेख इसके बाद भी पुराणों में मिलता है।

डॉ. सुवास काक की पुस्तक 'The Astronomical Code of the Rigved' के अध्याय 'Chronology of the Vedic Texts' पेज सं. 66 पर दो यूनानी इतिहासकारों प्लिनी तथा एरियन के निम्न दो स्वर्णाक्षरों में लिखे जाने योग्य उद्धरण दिये गये हैं-

'From Father Liber to Alexander the Great, they recon the number of their Kings to have been 154 and they recon (the time as) 6451 years and 3 months.' (Pliny, Naturals Historia 6.59-60)

'From Dionysos to Sandrocottos (Chandra Gupta) the Indians count 153 kings, and more than 6042 years; and during this time, thrice for liberty... this for 300 years, the other for 120 years.' (Arrian, Indice 9.9)

यहाँ Father Liber का अर्थ है देवगुरु बृहस्पति तथा Dionysos का अर्थ इन्द्र है। पहली गणना यूनानी मनीषियों द्वारा किया गया है और दूसरी भारतीय पण्डितों द्वारा। प्रथम गणना देवगुरु बृहस्पति से आरम्भ की गयी है और दूसरी गणना देवराज इन्द्र से शुरू किया गया है। प्रथम गणना सिकन्दर पर समाप्त होती है और दूसरी चन्द्रगुप्त मौर्य पर। दोनों सिकन्दर और चन्द्रगुप्त मौर्य समकालीन राजा थे। अर्थात् दोनों गणनाएँ एक की कालखण्ड की हैं। दोनों की अवधि 6451 तथा 6042+300+120=6462 वर्ष है। दोनों गणनाओं में राजाओं की संख्या का अन्तर 1 राजा का है और अवधि का अन्तर 11 वर्ष का है। हम जानते हैं पहले इन्द्र राजा बने, उसके बाद बृहस्पति देवगुरु। बृहस्पति राजा नहीं थे, वे देव गुरु थे इसलिए भारतीयों ने उन्हें गणना में नहीं लिया और राजाओं की उनकी गणना 1 कम होकर 153 रह गयी और बृहस्पति का चयन 11 वर्ष बाद हुआ इसलिए यूनानियों द्वारा की गयी अवधि 11 वर्ष कम रह गयी। तात्पर्य यह कि दोनों कथन पूर्णतः समान हैं।

इण्डिका ने चन्द्रगुप्त मौर्य से देवों के प्रथम अधिपति तक की जो 6462 वर्ष की कुल अवधि दी है वह दो खण्डों में विभाजित है। प्रथम खण्ड जो 6042 वर्ष का है, वह चन्द्रगुप्त मौर्य से देवों का शासन स्थापित होने तक की अवधि

है और उसके बाद 420 वर्ष की अवधि देवासुर-संग्राम का है जिसके उपरान्त ही वे अपना एकच्छत्र राज्य स्थापित कर पाये थे। इसीलिए इण्डिका उसे लिबर्टी तथा अन्य युद्ध का नाम देता है जिसका सन्देश यह है कि 420 वर्षों के युद्ध के उपरान्त उन्होंने पृथ्वी (अपनी पितृ-भूमि) को दैत्यों-असुरों के आधिपत्य से मुक्ति प्रदान किया। इण्डिका ने चन्द्रगुप्त मौर्य के राज्यारम्भ की तिथि 314 ई.पू. से यह गणना आरम्भ किया अर्थात् देवों ने अपना प्रभुत्व 6776 ई.पू. में स्थापित कर लिया था यद्यपि कि सत्ता उन्हें 420 वर्ष बाद यानी 6356 ई.पू. में मिली। लेकिन यह गणना ऐतिहासिक तिथियों से मेल नहीं खाती है।

उपरोक्त युनानी स्रोतों से प्राप्त सूचना निश्चित रूप से किसी भारतीय ग्रन्थ से ही प्राप्त की गयी होगी लेकिन अब यह किसी भारतीय ग्रन्थ में नहीं मिलती है। इस सूचना के अनुसार भारत में राजतन्त्र की स्थापना से चन्द्रगुप्त मौर्य तक राजाओं की कुल संख्या 153-154 होनी चाहिए और उनके कार्य-काल की कुल अवधि 6451 या 6462 वर्ष होनी चाहिए। तद्नुसार प्रतिराजा औसत 42 वर्ष से भी अधिक आता है जिसे स्वीकार नहीं किया जा सकता है। आधुनिक इतिहासकारों के अनुसार यह अवधि 20 वर्ष से ज्यादा नहीं होना चाहिए। भागर्व प्रदत्त राजवंशों की सूची के अनुसार यह 19 वर्ष आता है तथा पार्जीटर की सूची के आधार पर 20 वर्ष होता है। अर्थात उपरोक्त आंकड़ों में कहीं न कहीं कोई भूल हुई है। हमने पाया कि राजाओं की प्रदत्त कुल संख्या 153-154 पुराणों में प्राप्त वंशावलियों के अनुकूल है। इसलिए स्वाभाविक है कि यह भूल अवधि की गणना में हुई है।

इंडिका सम्पूर्ण अवधि को दो भागों में बांटकर प्रस्तुत करती है। प्रथम 420 वर्ष का काल-खण्ड जिस अवधि में वे दैत्यों तथा दानवों से युद्ध कर अपनी पृथ्वी को उनसे मुक्त करने में लगे रहे और उसके बाद वे उस सरजमीं पर निर्वाध रूप राज्य स्थापित किये। प्रारम्भ के 420 वर्ष बाद का वर्ष जब देवों ने अपना खुद का राज्य स्थापित किया था उनके लिए अत्यन्त महत्त्वपूर्ण था इसलिए वे उसे किसी न किसी रूप में अभिव्यक्ति जरूर दिये होंगे और मैंने उसे खोजने का निर्णय किया।

चूँकि आर्यों ने यह मुक्ति-संग्राम कश्मीर मंडल में लड़ा था इसलिए मैंने कश्मीर के इतिहास में इसे प्राप्त करने की ओर उन्मुख हुआ।

कनिंघम जब वे कश्मीरी पंचांगों का अध्ययन कर रहे थे उन्होंने पाया कि कश्मीर के सारे पंचांग 3076 ई.पू. से प्रारम्भ होते हैं जिसे वे सप्तर्षि युग कहते थे। अर्थात् कश्मीरियों के अपने इतिहास में 3076 ई.पू. में एक महत्त्वपूर्ण संवत है अन्यथा वे इसी वर्ष से पंचांग जारी नहीं करते। हम इस संवत को ही उनके मुक्ति संग्राम के अन्त और राज्य संस्थापन के प्रारम्भ की तिथि मानकर इसका

परीक्षण करते हैं। स्वाभाविक रूप से इससे 420 वर्ष पूर्व यानि 3496 ई.पू. में आर्यों का देवासुर-संग्राम आरम्भ हुआ होगा।

यह गणना आरम्भ से शुरू होकर चन्द्रगुप्त मौर्य पर समाप्त होती है और यह कि चन्द्रगुप्त के लिए वे 314 ई.पू. की तिथि स्वीकार करते हैं जबकि भारतीय गणना में उनके राज्यारोहण की तिथि 320 ई.पू. मानी जाती है। यह 6 वर्ष सम्भवतः चन्द्रगुप्त के राज्यरोहण तथा यूनानियों के अपने दूतावास के स्थापन की तिथियों का अन्तर है। इसे समायोजित करने पर हमें 3502 ई.पू. का संवत प्राप्त होता है जो भारतीय आर्यों के राज्य-संस्थापन की वर्ष है और इसे मैंने इस पुस्तक के अध्याय 4 मनुष्य राजवंश और सिन्ध घाटी की सभ्यता में स्थापित किया है। भारत में मनुष्य-वंश के प्रथम राजा-स्वयंभु या आदि मनु ने इसी तिथि पर भारत के शृंगवद्वर्ष (उत्तर-कुरु) में प्रथमतः राजतंत्र की स्थापना किया था। और बार्हस्मति को अपनी राजधानी बनाया था। इस भूक्षेत्र को आदि मनु को प्राप्त कराने में उन्हें देवों ने सहयोग किया था। उस समय देवों के इन्द्र वराह विष्णु थे जिन्हें श्री विष्णु के प्रथम अवतार के मान से सम्मानित किया गया है। दो भिन्न सूचनाओं (1. इंडिका से प्राप्त तथा 2. पुराणों से प्राप्त राजवंशों की तालिका से कुल अवधि की गणना करके) से आश्चर्यजनक रूप से समान निष्कर्ष प्राप्त होना इस विवेचना की प्रामाणिकता को पुष्ट करता है।

मेरे अभिमत में यह गलती देवराज इन्द्र के काल में 420 वर्ष जोड़ने में हुई है। उन्होंने 420 वर्ष को 4020 वर्ष ले लिया, इस प्रकार 3600 वर्ष की अधिक अवधि की गणना की गयी है। 3600 वर्ष की इस गलती का सुधार करने पर 6776-3600 = 3176 ई.पू. का अंक प्राप्त होता है जब से इण्डिका ने देव-वंश के राजाओं की गणना आरम्भ किया था तथा उनका मुक्ति-संघर्ष इस तिथि से 420 वर्ष पूर्व से आरम्भ हुआ था अर्थात् 3596 ई.पू. में आरम्भ हो गया था। यह तिथि स्वयंभु के राज्यारम्भ की तिथि 3502 ई.पू. के परिप्रेक्ष्य में काफी सही लगती है। 3496 ई.पू. की तिथि इसलिए सही नहीं हो सकती है क्योंकि यह स्वयंभु के बाद की तिथि है और पुराणों के अनुसार देवों के सौजन्य से ही उन्हें वाराह तीर्थ की भूमि प्राप्त हुई थी जहाँ उन्होंने मनुष्य-वंश को सर्वप्रथम आबाद किया। इस प्रघटना को पुराण विष्णु के प्रथम अवतार वराह अवतार का मान देते हैं। इस प्रकार हम कह सकते हैं कि 3502 ई.पू. में देवों के अधिपति वराह विष्णु थे। मेरे अभिमत में वहाँ के निवासी जो स्वयं वराह कहते थे और उन्होंने हिरण्याक्ष की निरंकुशता से या तत्कालीन अराजकजता से इस प्रखंड को मुक्त कराकर एक व्यक्ति को राज्य सस्थापन हेतु दिया होगा जिसे पुराण आदि मनु या स्वयंभू मनु की पहचान देते हैं। इस वराह प्रजाति को पुराणों में समेकित कर ब्रह्मा नाम दिया गया और कालान्तर में जब पुराण लिखे गये उन्हें (वराह) विंशु के प्रथम अवतार

का मान दिया गया होगा। पुराणों में यहाँ पर उनकी 5 पीढ़ियों के राज्य करने का वृत्तान्त प्राप्त होता है।

इण्डिका देवों के उत्थान की गणना 3596 ई.पू. से प्रारम्भ करता है। अतएव यह सिद्ध होता है कि आदि विष्णु ने इसी संवत्सर से तिब्बत में देव-वंश की स्थापना किया था और धर्म-संस्था स्थापित हुई थी। देव 400 वर्षों से ज्यादा दैत्यों के साथ लद्दाख में उलझे हुए थे इसलिए वे कश्मीर का रुख नहीं कर पाये। कश्मीर में वे देर से आये, 3076 ई.पू. में जब इन्द्र बैकुण्ठ ने कश्मीर घाटी में राजतन्त्र स्थापित किया, उस समय उन्होंने कश्मीर में प्रथमतः संवत्सर प्रारम्भ किया। यह कश्मीर में देवों द्वारा राज्य और राजतन्त्र स्थापित करने की स्मृति में जारी किया गया था। श्रीविष्णु ने तिब्बत में 3596 ई.पू. में राजतन्त्र नहीं अपितु धर्म-संस्था स्थापित किया था जो बाद में सनातन धर्म कहलाया। विष्णु उस काल में देवों के इन्द्र माने गये थे।

जम्मू-कश्मीर में लद्दाख क्षेत्र में आनेवाला प्रथम व्यक्ति ऋषि कश्यप मारीचि थे। उन्हीं के नाम पर इस अंचल का नाम कश्यप मीर पड़ा। जो इस प्रखण्ड का आदि नाम है। उनके लगभग 100 वर्ष बाद ब्रह्मर्षि अत्रि भी आये थे। उनकी वंश-परम्परा में तीन व्यक्ति कश्यप मीर के राजा हुए हैं। वे हैं सोम, बुध और पुरूरवा। पुरूरवा इन्द्र के समकालीन राजा थे। सोम एक प्रतापी राजा थे। उन्होंने एक देवासुर-संग्राम का नेतृत्व किया था जो तारकामय युद्ध के नाम से जाना जाता है। बृहस्पति इनके ही काल के थे क्योंकि यह युद्ध बृहस्पति की पत्नी तारा के लिए ही हुआ था। इस प्रकार सोम उस कालखण्ड में देवों के इन्द्र थे। लगता है इण्डिका ने जिस इन्द्र से कश्मीर के राजाओं की गणना किया है वह सोम थे। इस प्रकार यह सिद्ध होता है कि सोम ने राज्यारम्भ 3176 ई.पू. में किया था और इण्डिका ने देव राजाओं की गणना का आरम्भ उन्हीं से किया है। एरियन ने काल-गणना बृहस्पति से दिया है जो तारकामय युद्ध में चन्द्र के प्रतिद्वन्द्वी थे। सम्भवतः एरियन की गणना इस युद्ध से आरम्भ हुई हो। यह युद्ध एक वर्ष तक चला था और अनिर्णीत रहा था। इस प्रकार हम कह सकते हैं कि अति-प्रसिद्ध तारकामय युद्ध सोम के राज्यारम्भ के 11 वर्षों बाद 3165-64 ई.पू. में लड़ा गया था।

देवासुर-संग्राम का प्रथम चरण कुल 300 वर्षों की अवधि का था और मुख्य रूप से हिरण्यकश्यप और उसके 4 वंशजों द्वारा लड़ा गया था। यह कालखण्ड 100 वर्ष से ज्यादा का नहीं होना चाहिए। यह युद्ध का अन्तिम चरण था जो 3200 ई.पू. में समाप्त होता है। इस प्रकार हिरण्यकश्यप का काल 3300 ई.पू. है। यही कालखण्ड नरसिंह का भी है क्योंकि उन्होंने हिरण्यकश्यप का वध किया था। अतएव नरसिंहावतार 3300 ई.पू. में हुआ था। कश्यप अवतार और वामन अवतार राजा बलि के समय हुआ था, यानी 3200 ई.पू. के आस-पास।

इस प्रकार भारत के अतीत की कतिपय महत्त्वपूर्ण घटनाओं की आकलित तिथियाँ निम्नवत् हैं -

1. देवों के इतिहास के उत्थान का प्रारम्भ : 3596 ई.पू.
2. मनुष्यों के इतिहास के उत्थान का प्रारम्भ : 3502 ई.पू.
3. कश्यप मारीचि के कश्मीर आगम की तिथि : 3300 ई.पू.
4. सोम आत्रेय (चन्द्र) के राज्यारम्भ की तिथि : 3176 ई.पू.
5. मनु वैवस्वत के राज्यारम्भ की तिथि : 3101 ई.पू.*
6. इन्द्र वैकुण्ठ के राज्यारम्भ की तिथि : 3076 ई.पू.
7. महाभारत युद्ध की तिथि : 1200 ई.पू.
8. कलि संवत् का आरम्भ : 3101 ई.पू.

* कुछ विद्वान् इतिहासकार कलि संवत् का प्रारम्भ 3102 ई.पू. मानते हैं।

नोट-हिरण्यकश्यप, महर्षि कश्यप का पुत्र माना जाता है इसलिए हम कश्यप का कश्मीर आगमन 3300 ई.पू. के आस-पास मान सकते है। मेरे अनुमान से हिमालय के इस ओर का कश्यप सारे नामकरण चतुर्थ अवतार वामन विष्णु के कार्यकाल 3200 ई.पू. के बाद हुआ होगा क्योंकि उन्हीं के काल में सर्वप्रथम सांस्कृतिक अभ्युदय हुआ प्रतीत होता है। उसी समय ब्राह्मण ने तिब्बत में विष्णु-पीठ की स्थापना की होगी तथा उसे बैकुण्ठ नाम दिया होगा। उसी काल-खण्ड में वहाँ रहने वाली विविध जातियों को कश्यप की संतान का मान दिया गया होगा और आदित्य दैत्य-दानव, नाग आदि सभी कश्यप की संतान हो गये। उनकी यह उपाधि कश्यप देश के नाम पर है न कि कश्यप ऋषि के पुत्र के नाते।

अध्याय-4

मनुष्य राजवंश और सिन्धु घाटी की सभ्यता

स्वयंभु मनु ने जिस राजवंश की स्थापना किया था, वह वंशवाद के सिद्धान्त पर आधारित था अर्थात् राजा की मृत्यु के उपरान्त उसका ज्येष्ठ पुत्र राजगद्दी प्राप्त करता था, यदि उसमें कोई विशेष अयोग्यता न हो तो। छोटे भाई बड़े भाई के राज्य में महत्त्वपूर्ण राज-पद प्राप्त कर सकते थे या पिता राजा स्वेच्छया अपना राज्य-क्षेत्र सभी पुत्रों में बटवाँरा कर सकता था। छोटा भाई चाहे तो वह ज्येष्ठ भ्राता को प्राप्त उसके राज्य-क्षेत्र से अलग, अपने पौरूष से अपना राज्य स्थापित कर सकता था। तात्पर्य यह है कि राज-पद आनुवंशिकी था, एक ही व्यक्ति और उसके परिवार (वंशज) का शासन दीर्घ काल तक तथा बढ़ते हुए क्षेत्र में क्रियाशील रहता था, जब तक कोई अन्य व्यक्ति या वंश उसे पदच्युत कर अपना अधिकार न स्थापित कर ले। समय के साथ यह रिवाज बन रहा था कि विजयी राजा विजित राजा का उच्छेद न करते हुए अधीनस्थ राजा के रूप में उसे और उसके प्राधिकार को सुरक्षित करता था जिससे राजनैतिक स्थिति दीर्घ काल तक अपरिवर्तनीय बनी रहती थी।

स्वयंभु के दो पुत्र थे - प्रियव्रत और उत्तानपाद। ज्येष्ठ पुत्र प्रियव्रत को उनका राज-पद प्राप्त हुआ। उत्तानपाद ने उनसे अलग अपना राज्य स्थापित किया। प्रियव्रत ने अपने 10 पुत्रों में से 7 महात्मा पुत्रों में अपना राज्य-क्षेत्र बाँट दिया। ज्येष्ठ पुत्र आग्नीध्र को अपने राज्य का मूल-क्षेत्र जम्बू द्वीप प्रदान किया और अन्य भाइयों को क्रमशः मेधातिथि को प्लक्ष, वपुष्मान् को शाल्मल, ज्योतिष्मान् को कुशद्वीप, द्युतिमान् को क्रौंच द्वीप, भव्य को शाकद्वीप और सवन को पुष्कर द्वीप का राज्य दिया। ये द्वीप जम्बू द्वीप के आस-पास के क्षेत्र हो सकते हैं तथा जम्बू द्वीप दक्षिण एशिया में स्थित भारतवर्ष के अंचल-विशेष का नाम है जो ब्रह्मा-विष्णु-महेश के प्रतीक चिह्न से अलंकृत था।

आग्नीध्र जो जम्बू द्वीप के अधिपति थे, अपने 9 पुत्रों में से ज्येष्ठ पुत्र नाभि को हिमालय (शिवालिक) के दक्षिण का हिमवर्ष, जो बाद में भरत-खण्ड नाम से प्रसिद्ध हुआ, हिमवर्ष के उत्तर का क्षेत्र हेमकूट वर्ष किंपुरुष को, उसके उत्तर का

नैषधवर्ष हरिवर्ष को, इलावृत्त वर्ष जिसके मध्य में मेरु पर्वत है इलावृत्त को, मेरु के उत्तर नीलांचल से लगा वर्ष रम्य को, इसका उत्तरवर्ती श्वेतवर्ष हिरण्यवान् को, इसके उत्तर के शृंगवान् पर्वत का उत्तरी क्षेत्र कुरु को, मेरु पर्वत के पूर्व का वर्ष जो गन्धमादन पर्वत से आवृत था भद्राश्व को तथा मेरु के पश्चिम का वर्ष जो माल्यवान् पर्वत से सीमांकित था केतुमाल को दिया। ये सभी वर्ष (क्षेत्र) हिमालय पर्वतमाला के आर-पार के विभिन्न अंचल हैं। वर्तमान में हम नील, श्वेत तथा शृंगवान् पर्वत को क्रमशः जास्कर, लद्दाख, कराकोरम पर्वत के नाम से जानते हैं तथा नैषध, हेमकूट और हिमवर्ष पर्वतों को क्रमशः महा हिमालय, लघु हिमालय तथा निम्न हिमालय या शिवालिक पर्वतों की संज्ञा से पहचानते हैं। हिमालय के उत्तर का क्षेत्र मोटे तौर पर परेण हिमालय, पार हिमालय या उत्तर कुरु कहा जाता था। इस प्रकार जम्बू द्वीप पश्चिम में हिन्दूकुश से लेकर पूर्व में तिब्बत तक फैले हिमालय और उसके पार्श्व की तीन पर्वतमालाओं के क्षेत्र को कहते थे। जम्बू द्वीप हम भारतीयों की प्राचीनतम पहचान है, हमारे अतीत का गौरव है, हमारी प्राचीनता और निरन्तरता का अमिट हस्ताक्षर है। यही आज का भारत है। समय और जम्बू द्वीप ने साथ-साथ कदम बढ़ाये और कालान्तर में जम्बू द्वीप भारत बन गया (भागवत पुराण भुवनकोष नामक अध्याय)।

तथाकथित हिमवर्ष जो शिवालिक पहाड़ियों के आर-पार फैला हुआ था, उसमें एक प्रसिद्ध नदी बहती थी जो मेरु-मन्दर (मन्दराचल) से निकलकर इस भू-क्षेत्र को उर्जस्वती रखती थी। प्रारम्भ में लोग इसके किनारे बसे होंगे। इस नदी का नाम जम्बू या जम्बो था जिसके नाम पर इस द्वीप का नाम जम्बू द्वीप पड़ा। हम आज इस क्षेत्र को जम्मू-तवी के बीच के द्वीप के रूप में पहचान कर सकते हैं। इसके करीब में ही कश्मीर की एक प्रसिद्ध नदी चन्द्रभागा (चिनाव) बहती है। इसके किनारे पर सिन्धु-सरस्वती सभ्यता का एक प्राचीन स्थल प्राप्त होता है जिसका नाम माँदा है। अनुमानतः यही राजा नाभि की राजधानी रही होगी।

नाभि को मेरु देवी से एक महात्मा पुत्र उत्पन्न हुआ जिसका नाम ऋषभ रखा गया। कुछ विद्वानों के अनुसार इस काल-खण्ड में प्रवृत्तिमार्गी सनातन धर्म में निवृत्तिमार्गी तत्वों का अवतरण होता है। समय-समय पर सनातन समाज में अनेक ऐसे सम्प्रदायों का उदय हुआ जिन्होंने मानव-समाज के इस मूल-धर्म को कई बार गम्भीर चुनौती पेश किया लेकिन इनमें से ज्यादातर जैन, बौद्ध आदि धर्म इस प्राचीन धर्म की मूल-भावना : सदाचार को यथावत् बनाये रखा और जो विपरीतगामी सम्प्रदाय उभरे वे इस समाज को प्रभावित करने में पूर्णतः असमर्थ रहे। ऋषभदेव की जयन्ती से एक प्रतापी पुत्र भरत पैदा हुए। उनके नाम पर हिमवर्ष का नाम भरत-खण्ड पड़ा जो समय के साथ सरस्वती तक विस्तीर्ण हुआ और बाद में सम्पूर्ण भारतवर्ष तक। आज भी धार्मिक अनुष्ठानों में अनुष्ठानकर्त्ता जब अनुष्ठान को

सम्पूर्ण करने का संकल्प लेते हुए तथा संकल्प की पूर्णाहुति पर अपना पहचान स्थापित करने हेतु अपना, पिता का, गोत्र का, स्थान का नाम व्यक्त करते हुए भरत-खण्डे, जम्बू दीपे आर्यावर्त देशे का नाम भी उच्चारित करता है जो हमें हमारे मूल स्रोत की याद दिलाता है। महात्मा भरत ने सनातन धर्म को पुनः प्रतिष्ठित किया और जीवन के अन्तिम चरण में पुलह के आश्रम हरिहर क्षेत्र, बिहार जो चक्रनदी (गण्डकी) के किनारे स्थित था, वहाँ चले गये। भरत के पंचजनी से कई पुत्र हुए जिन्होंने उनके राज्य को परुष्णी (रावी) नदी तक विस्तृत किया। इसके बाद 15-16 पीढ़ियों तक उनके वंश का राज्य रहा। ऐसा प्रतीत होता है कि राज्य समय के साथ कई खण्डों में बँट गया और सत्ता की केन्द्रीय शक्ति कमजोर हुई फिर भी राज्य अलग अस्तित्व के बावजूद प्रभावशाली बने रहे।

आगे बढ़ने के पूर्व इस परिवार द्वारा स्थापित वैवाहिक सम्बन्धों की विवेचना आवश्यक हो जाती है। मनुष्य-वंश के प्रथम राजा के रूप में स्थापित प्रियव्रत जो तत्कालीन विश्व के ज्ञात सभी 7 द्वीपों के अधिपति थे, का विवाह विश्वकर्मा की पुत्री बर्हिष्मती से हुआ था। उनके ज्येष्ठ पुत्र आग्नीध्र जो जम्बू द्वीप के अधिपति थे, जो हिमालय (शिवालिक) जिसे वे हिमवान् या हिमवन्त् कहते थे, के दोनों ओर, उत्तर तथा दक्षिण, कराकोरम श्रृंखला के उत्तर के प्रदेश से लेकर शिवालिक के दक्षिण के मैदानी भागों तक विस्तृत था, ने पितृ-लोक मन्दराचल की एक अप्सरा पूर्वचित्ति से सम्बन्ध स्थापित किया था। उनके ज्येष्ठ पुत्र नाभि जिन्हें हिमवर्ष प्राप्त हुआ था, जो आगे चलकर भरत-खण्ड और फिर भारतवर्ष के नाम से प्रसिद्ध हुआ, ने मेरु-पुत्री मेरु देवी से विवाह किया था जो प्रकारान्तर से पितृ-कन्या थी। नाभि के पुत्र महामना ऋषभदेव ने इन्द्र की पुत्री जयन्ती संग पाणिग्रहण किया था जिनसे प्रतापी पुत्र भरत पैदा हुए थे, का विवाह एक सामान्य कन्या पंचजनी से हुआ था जिससे बहुत-से पुत्र उत्पन्न हुए थे। पुराणों का मत है कि प्रियव्रत को उनकी दूसरी पत्नी से, जिसके नाम आदि का ज्ञान पुराणों को भी नहीं है, तीन पुत्र और एक कन्या हुई। पुत्रों के नाम पर तीन मन्वन्तरों का नाम क्रमशः उत्तम, तामस और रैवत दिया गया तथा कन्या उर्जस्वती का विवाह शुक्राचार्य से हुआ था। प्रियव्रत की पत्नी का अनामी होना तथा उर्जस्वती से उत्पन्न शुक्राचार्य-पुत्री तथाकथित देवयानी का विवाह वैवस्वतकालीन ययाति से हुआ बताया जाना, कालक्रम की दृष्टि से सही नहीं है इसलिए यह वह शुक्राचार्य नहीं हो सकते हैं जिनकी पुत्री देवयानी का विवाह ययाति से हुआ। फिर भी यह स्थापित होता है कि तत्कालीन भारत में मनुष्य, देव और अन्य लोग साथ-साथ रह रहे थे। मेरे अभिमत में प्रियव्रत की दूसरी पत्नी एवं शुक्राचार्य का वर्णन पौराणिक मिथक है।

मनुष्य-वंश की दूसरी शाखा, ऐसा कहा जाता है, स्वयंभु मनु या उनके पुत्र या वंशज वीर के पुत्र उत्तानपाद से प्रारम्भ होती है। अधिकतर पुराण इन्हें स्वयंभु के

द्वितीय पुत्र और प्रियव्रत के अनुज की पहचान देते हैं लेकिन ऐसे भी पुराण हैं यथा हरिवंश और विष्णुपुराण, जो दोनों को स्वयंभु पुत्र वीर की सन्तान होने का स्पष्ट उल्लेख करते हैं; अन्य पुराणों में भी स्थान-स्थान पर दोनों समाजों के लिए 'वीर-समाज' का उल्लेख आता है। अतएव, वीर के अस्तित्व को हम नकार नहीं सकते हैं और उनकी वंश-परम्परा में प्रस्थिति प्रियव्रत तथा उत्तानपाद के पूर्व की बनती है। उत्तानपाद की दो पत्नियाँ थीं - सुनीति और सुरुचि। इन दोनों की वंश-परम्परा, गोत्र आदि का उल्लेख पुराणों में नहीं मिलता है। यह उत्तानपाद के मूल क्षेत्र छोड़ने का सन्देश देते हैं। पुराण उत्तानपाद को महर्षि अत्रि द्वारा उन्हें गोद लेने का सन्देश देते हैं। वे हिमालय आ गये थे। मत्स्यपुराण में एक कथा है, राजा पुरूरवा पूर्व जन्म में अपने पूर्वज अत्रि के दर्शन हेतु इरावती नदी के किनारे-किनारे हिमालय गये थे। उत्तानपाद और अत्रि की कथा का यहाँ उल्लेख करने का तात्पर्य यह है कि उत्तानपाद बहुत पहले मूल-स्थान उत्तर कुरु छोड़कर हिमालय आ गये थे और इरावती (रावी) के किनारे रहने लगे थे। सुनीति से ध्रुव तथा सुरुचि से उत्तम उत्पन्न हुए। ध्रुव अग्रज थे लेकिन पिता ने अपनी प्रिय रानी और उत्तम की माता के जिद के कारण उनके पुत्र को राजगद्दी प्रदान किया। उत्तम यक्षों के साथ एक युद्ध में मारा गया और ध्रुव को सिंहासन प्राप्त हुआ। ध्रुव ने यक्षों के विरुद्ध युद्ध छेड़ दिया। पुराण लिखते हैं कि स्वयंभु मनु के अनुरोध पर यक्षों का महाविनाश रोकने के लिए, ध्रुव ने भूत-प्रेत-पिशाच आदि यक्षगणों के विरुद्ध अपने अभियान को समाप्त घोषित कर दिया और यक्षराज कुबेर ने, जो अलकापुरी (हिमालय के पूर्वी अंचल) के अधिपति थे, उन्हें सत्यनिष्ठ होने का आशीष प्रदान किया। विष्णुपुराण के अनुसार, ध्रुव की राजवंश परम्परा में ध्रुव के बाद उनकी पत्नी काम्या से शिष्टि, उनके बाद सुच्छाया से उनका पुत्र रिपु, तत्पश्चात् बृहती से उत्पन्न उनका पुत्र चक्षु और चक्षु के उपरान्त वरुण कुलोद्भवा, प्रजापति वीरण की पुत्री पुष्करिणी से महामना मनु उत्पन्न हुए जिन्हें पुराण चक्षुष मनु के नाम से जानते हैं और उनके नाम से छठे मन्वन्तर का नामकरण करते हैं।

चक्षुष मनु के, जैसी कि परम्परा रही है, पुराण अन्य मनुओं की तरह चक्षुष के 10 पुत्रों का उल्लेख करते हैं जिनके नाम हैं - उरु (या कुरु), पुरू, शतद्युम्न, तपस्वी, सत्यवान्, शुचि, अग्निष्टोम, अतिरात्र, सुद्युम्न तथा अभिमन्यु। ये सभी महातेजस्वीं पुत्र मनु से प्रजापति वैराज की पुत्री नड़वला से उत्पन्न हुए थे। परम्परानुसार, ज्येष्ठ पुत्र उरु को मूल गद्दी प्राप्त हुई। उरु को आग्नेयी से अंग, अंग की मृत्यु की पुत्री सुनीधा से वेन; वेन से मानस-पुत्र (अंग के मृत अंग के मन्थन से उत्पन्न) पृथु; पृथु को अन्तर्धान; अन्तर्धान को शिखण्डिनी से हविर्धान; हविर्धान को धीषणी से प्राचीन बर्हि; प्राचीन बर्हि को समुद्र की कन्या सवर्णा से प्रचेता नाम के 10 प्रचेता और प्रचेताओं से वृक्ष की कन्या मारिषा से दक्ष प्राचेतस् जिन्हें प्रजापति का सम्मानजनक

पद प्राप्त है। दक्ष प्राचेतस के पश्चात् इस वंश का अलग से कोई इतिहास प्राप्त नहीं होता है लेकिन स्वयंभु मनु से प्रारम्भ कर दक्ष तक मानव-वंश की इस शाखा की निरन्तरता बिना किसी अपवाद या व्यतिक्रम के बनी हुई है। मेरे अभिमत में अस्मत देश के राजा इक्ष्वाकु (ऋ. x-60) दक्ष प्राचेतस के वंशज हैं। वेन पृथु और हविर्धान ऐतिहासिक राजा रहे हैं जिन्होंने ऋग्वेद की ऋचाएँ लिखी हैं।

उपर्युक्त विवेचना के आधार पर उत्तानपाद के मानव-वंश की शाखा की पीढ़ी-दर-पीढ़ी वंशानुक्रम इस प्रकार निर्धारित किया जा सकता है - 1. स्वयंभु मनु, 2. वीर या वीरा, 3. उत्तानपाद, 4. उत्तम, 5. ध्रुव, 6. शिष्टि, 7. रिपु, 8. चक्षुष मनु, 9. उरु या कुरु, 10. अंग, 11. वेन, 12. पृथु, 13. अन्तर्धान, 14. हविर्धान, 15. प्राचीनबर्हि, 16. प्रचेता, तथा 17. दक्ष प्राचेतस। दक्ष के उपरान्त उनकी कन्या अदिति से उत्पन्न विवस्वान् आदित्य के पुत्र मनु वैवस्वत ने सरस्वती के किनारे एक नवीन राज्य की स्थापना किया। इस प्रकार तीन और पीढ़ियों यथा अदिति, विवस्वत् और मनु वैवस्वत को जोड़ देने से मनु स्वयंभु के राजवंश की निरन्तरता अक्षुण्ण रहती है। और कुल राजाओं की संख्या 20 स्थापित होती है। राजाओं के औसत राज्य-काल पूर्ववत् 20 वर्ष प्रति राजा की दर से इन राजाओं की कुल अवधि 400 वर्ष होती है। हम जानते हैं, हमारी गणना के अनुसार मनु का राज्याभिषेक 3101 ई.पू. में हुआ था (अध्याय-3)। इस प्रकार, हम यह कह सकते हैं कि भारत में ऐतिहासिक युग का प्रारम्भ 3501 ई.पू. से हुआ है या हुआ होगा। कुछ विद्वान् इतिहासकार कलियुग का प्रारम्भ 3102 ई.पू. मानते हैं तदनुसार मनु वैवस्वत की तिथि 3102 ई.पू. तथा स्वयंभु मनु (भारतीय इतिहास के आरम्भ) की तिथि 3502 ई.पू. होती है। आगे हम देखेंगे कि भारत में ऐतिहासिक युग की यह गणना, सरस्वती-सिन्धु सभ्यता से अद्‌भुत और अविश्वसनीय साम्यता रखती है। विश्व के इतिहासकारों को, जो उच्चकोटि की इस नगरीय सभ्यता के मूल स्रोत के लिए विश्व की कुछ प्राचीन सभ्यताओं की ओर देखते हैं जो इस मनुष्य-सभ्यता की उत्कृष्टता तथा प्राचीनता के सम्मुख नतमस्तक हैं, उनकी अब तक अनसुलझी बनी हुई पहेली का समाधान प्रस्तुत करती है। कश्मीरी पंचांग से सन्दर्भित अध्याय में हम देखेंगे कि वे अपने पंचांग के आरम्भ में 3600 वर्षों का एक अज्ञात-काल जोड़कर अपने राजनैतिक इतिहास की छवि देखते हैं तदनुसार हमें 7100 ई.पू. का वह आदिकाल प्राप्त होता है जबसे भारत का इतिहास अँगड़ाई लेने लगा था। इस सन्दर्भ में हमें दो सटीक उदाहरण प्राप्त हैं। प्रथम सरस्वती-सिन्धु सभ्यता का बलोचिस्तान में स्थित एक प्रमुख स्थल - महेन्द्रगढ़ जिसके बारे में पुरातत्ववेत्ताओं की स्थापना है कि 7000 ई. पू. के पहले से यहाँ सभ्यता आकार लेने लगी थी और दूसरा ईरानी धार्मिक ग्रन्थ अवेस्ता में संगृहीत वह आख्यान जिसमें अहुरमज्दा जरथ्रुष्ट को यह बताते हैं कि पूर्वकाल में आसन्न हिमप्रलय से आर्य-बीज को बचाने के लिए आर्यों के प्रथम राजा

यिम विवहन्त को बाड़ा बनाने का आदेश दिया था। अवेस्ता का यह आख्यान भारतीय इतिहास को चतुर्थ हिमयुग अर्थात् 8000 ई.पू. के पार ले जाता है। ऋग्वेद अहुरमज्दा को वरुण तथा यिम विवहन्त को यम वैवस्वत के नाम से पहचान देते हैं तथा उन्हें मनु वैवस्वत के अनुज के रूप में जानते हैं। मेरे अभिमत में यह सत्य नहीं है। इसका परीक्षण हम बाद में करेंगे। मेरे अभिमत में यह सत्य नहीं है। इसका परीक्षण हम बाद में करेंगे।

इस अनुच्छेद में हमने दो मनुओं का उल्लेख किया है। स्वयंभु, जो प्रथम मनु हैं और चक्षुष, जो छठे मनु माने जाते हैं, बीच के चार मनुओं का वर्णन अभी शेष है। वे हैं - स्वरोचिष, उत्तम, तमस एवं रैवत जो क्रमशः द्वितीय, तृतीय, चतुर्थ और पंचम मन्वन्तर के मनु कहे जाते हैं। पुराणों में इनके कार्य-क्षेत्र तथा कार्य-अवधि का उल्लेख नहीं मिलता है, केवल अनुमान किया जा सकता है। ऐसा कहा जा सकता है कि अग्नि-पुत्र स्वरोचिष मनु का कार्य-क्षेत्र उत्तर-कुरु तथा कश्मीर का पश्चिमी भू-भाग था और वे अन्यों में सबके अग्रज थे। उत्तम ने उस पार के पंजाब तथा उसके उत्तर के क्षेत्र, जिनकी पश्चिमी सीमा हिन्दुकुश तक जाती है, को प्रभावित किया था। तमस ने सिन्ध-बिलोचिस्तान का तथा रैवत ने आनर्त (गुजरात) का समाजीकरण किया था। जैसा कि पहले कहा जा चुका है ये तीनों सगे भाई और प्रियव्रत के पुत्र थे, इसलिए हमउम्र थे। मनु-परम्परा में स्थापित छठे चक्षुष मनु जो स्वयंभु के द्वितीय पुत्र उत्तानपाद की राजवंश-शाखा के एक प्रतापी राजा थे, उन्होंने तथा उनके वंशजों ने परुष्णी (रावी) से सरस्वती तक विस्तृत भूभाग पर प्रत्यक्ष शासन किया तथा परुष्णी के उत्तर के भू-क्षेत्र उनके भाई प्रियव्रत के वंशजों के अधीन थे। इस प्रकार लगभग एक ही कालावधि 3501-3101 ई.पू., अर्थात् वैवस्वत मनु के सरस्वती-दृश्यद्वती क्षेत्र में अपना राज्य स्थापित करने तथा उसके बाद भी दीर्घकाल तक (जैसा कि हम आगे देखेंगे) उत्तरी भारत के पश्चिमी अंचल में जो पश्चिम में पूर्वी अफगानिस्तान तक विस्तृत था, मनुष्य-राजवंश, मनुष्य-समाज और मनुष्य-संस्कृति का परचम अबाध गति से लहराता रहा था। यही वह राजवंश था, यही वह समाज था और यह उनकी ही संस्कृति थी, जिसने तथाकथित सरस्वती-सिन्धु या हड़प्पा या सिन्धु घाटी की सभ्यता का निर्माण किया था, यह नगरीय सभ्यता उनसे जुदा नहीं है अपितु उनके सांस्कृतिक विकास के निरन्तरता की आत्म-कथा है।

भारतीय वाङ्मय में कभी भी शब्द मनु अकेले शासक के अर्थ में प्रयुक्त नहीं हुआ है और सदैव ही उस व्यक्ति की पहचान के लिए प्रयोग किया गया है जिसने समाज को एक नया आयाम दिया था। तात्पर्य यह है कि एक शासक भी मनु हो सकता था और एक मनु शासक नहीं भी हो सकता था। मनु-परम्परा, ऐसा कहा जा सकता है कि स्वयंभु के मनुष्य-समाज की अपनी व्यवस्था थी जिसे बाद में देव-कुल ने भी अपना लिया। प्रथम पाँच मनुओं में चार मनुओं का स्वयंभु-वंश से

सम्बन्धित होना, इसी ओर संकेत करता है। ऐसा प्रतीत होता है, जब देव-कुल के वैवस्वत ने सरस्वती-क्षेत्र में अपना राज्य स्थापित किया जो आर्यावर्त के राजनैतिक क्षितिज पर पीढ़ी-दर-पीढ़ी अमिट हस्ताक्षर करता हुआ बड़े वेग से आगे बढ़ रहा था, देव-कुल ने तब मनुष्य-समाज में अपनी स्वीकार्यता को मजबूत बनाने के लिए उनकी परम्परा का सर्वश्रेष्ठ अलंकरण मनु से उन्हें विभूषित करने का निर्णय लिया होगा और तब अपने कुल के पूर्व नायक स्वरोचिष को भी इस उपाधि से अलंकृत कर उन्हें आयु आधारित वरीयताक्रम में दूसरे स्थान पर स्थापित किया होगा। स्वरोचिष को अग्नि का पुत्र माना गया है। इस प्रकार वे दोनों वंशों के पूज्य थे। इसलिए उन्हें एक निरपेक्ष व्यक्ति कहा जा सकता है। मनु और मन्वन्तर में मौलिक भेद है। मनु जहाँ समाज के परम यशस्वी व्यक्तियों के नाम हैं वहीं मन्वन्तर सुदीर्घ कालावधि मापन की इकाई मात्र है जिसकी एक सुनिश्चित अवधि होती है जिसके क्रमबद्ध चरण का नाम मनु-शृंखला के क्रमवार मनुओं के नाम पर रखा गया है। मन्वन्तर को उनकी भूमिका, उनके कार्यकाल और ऐतिहासिकता से कोई मतलब नहीं है। मन्वन्तर एक बहुत बड़ी इकाई है जो लाखों वर्षों का होता है। वस्तुतः मन्वन्तर कल्प मापने की इकाई है जो ब्रह्मा के एक दिन के बराबर होता है जो अरबों-खरबों वर्ष का होता है, जिसे 14 कल्पित मन्वन्तरों में बाँटकर गिनने का पौराणिक विधान है। ऐतिहासिक तिथियों की गणना में इसकी कोई भूमिका नहीं है। इन बड़े-बड़े नामों से हमें भ्रमित होने की कोई जरूरत नहीं है। यथा चाक्षुष मन्वन्तर से हमारा मतलब सिर्फ चक्षुष मनु तथा उनके वंशजों के इतिहास को जानने भर से है, जितना पुराणों और अन्य वैदिक ग्रन्थों में मिलता है।

अतिरात्र, चक्षुष-पुत्रों में सबसे ज्यादा महत्त्वाकांक्षी थे। कहा जाता है कि उन्होंने एक बार उत्तर कुरु को जीतने का प्रयास किया था। ए. ए. मैकडोनाल्ड ने इसका उल्लेख वैदिक इण्डेक्स में किया है। स्वाभाविक है उत्तर कुरु को जीतने की महत्त्वाकांक्षा पंजाब में अपनी स्थिति मजबूत करने के बाद ही किया होगा। सम्भावना यह बनती है कि इसके लिए पहले अतिरात्र ने आस-पास के क्षेत्रों पर अपना आधिपत्य स्थापित किया होगा, रावी तट पर अपनी नयी राजधानी बनाया होगा और बहुत अधिक सम्भावना है कि उसका नाम अतिरात्र नगर रखा हो जो कालान्तर में अर्राट नाम से जाना जाने लगा होगा या विदेशी (सुमेरियन) उसे अर्राट कहने लगे हों। एक अति प्राचीन सुमेरियन उपाख्यान है जो 2300 ई.पू. की एक पट्टिका पर कीलाकार लिपि में निबद्ध है, के अनुसार उरुक के राजा इम्मर्कर ने अर्राट जीतने की मन्शा से बहुमूल्य उपहारों के साथ एक सन्देशवाहक के हाथ अर्राट के राजा को कुछ सन्देश भेजा था जो इसलिए सम्भव नहीं हो पाया कि सन्देशवाहक उस सन्देश के बहुलांश को ही भूल गया जो उन तक उसे पहुँचाना था तथा अर्राट के राजा से प्राप्त जो सन्देश उसे अपने राजा को देना था। पट्टिका में यह आख्यान इस सन्दर्भ

में वर्णित है कि इस घटना ने इम्मर्कर को तथ्यों को लिपिबद्ध करने के लिए प्रेरित किया जिसने सुमेरियन लिपि को जन्म दिया। हमारे लिए यह इस प्रकार से महत्त्वपूर्ण है कि यह उद्धरण अर्राट (भारत) तथा सुमेरिया के सम्बन्धों को 3000 ई.पू. तक पहुँचा देता है। इस उद्धरण का विधिवत् उल्लेख डेविड फ्राउले ने ऋग्वेद और भारतीय इतिहास के पृष्ठ 226-227 पर किया है।

इसी अध्याय में हम यह स्थापित कर चुके हैं कि उत्तानपाद राजवंश (मनुष्य वंश की दूसरी शाखा) लगभग 3502 ई.पू. से आरम्भ हुआ था जिसके अन्तर्गत अतिरात्र 10वीं पीढ़ी में आते हैं। अतिरात्र मनु के ज्येष्ठ पुत्र नहीं थे, उन्हें अपना राज्य बनाने में समय लगा होगा। इसके मद्देनजर हम यह अनुमान कर सकते हैं कि वे अपनी पीढ़ी के अन्त तक राजा बन गये होंगे। 20 वर्ष के औसत से यह समय लगभग 200 वर्षों का होता है। अर्थात्, अतिरात्र 3300 ई.पू. के आस-पास अतिरात्र या अर्राट राज्य के अधिपति बने होंगे और तभी अपनी राजधानी का नव-निर्माण किये होंगे। सन् 1921 में रायबहादुर दयाराम साहनी ने पंजाब (पाकिस्तान) में रावी नदी के बायें तट पर स्थित हड़प्पा नामक स्थल की खुदाई किया और प्राप्त पुरातात्विक अवशेषों की विवेचना से विद्यमान तत्कालीन सभ्यता से भिन्न इसे एक नवीन सभ्यता माना जो हड़प्पा या सिन्धु घाटी के नाम से जानी गयी। बाद में, सरस्वती नदी के दोनों किनारों पर सैकड़ों स्थल प्राप्त होने के फलस्वरूप इतिहासकार इसे सरस्वती-सिन्धु सभ्यता कहना ज्यादा उचित समझते हैं। बाद में, हड़प्पा-स्थल की और गहराई तक खुदाई करने पर इस सभ्यता के निरन्तर विकास के पाँच चरणों की कहानी उजागर हुई। यथा, प्रारम्भिक काल 3300-2600 ई.पू. तक जिसके अन्तर्गत प्रथम चरण 3300-2800 ई.पू. (हड़प्पा फेज-1) तथा द्वितीय चरण 2800-2600 ई.पू. (हड़प्पा फेज-2) आते हैं। पूर्ण विकसित कालः 2600-1900 ई.पू. तक जिसके अन्तर्गत प्रथम चरण 2600-2400 ई.पू. (हड़प्पा फेज-3ए), द्वितीय चरण 2400-2200 ई.पू. (हड़प्पा फेज-3बी), तृतीय चरण 2200-1900 ई.पू. (हड़प्पा फेज-3सी) कुल 3 फेज आते हैं। उत्तर हड़प्पा चरणः 1900-1300 ई.पू. तक जिसके अन्तर्गत प्रथम चरण 1900-1700 ई.पू. (हड़प्पा फेज-4) और द्वितीय चरण 1700-1300 ई.पू. (हड़प्पा फेज-5) कुल दो चरण आते हैं। इस प्रकार नगरीय हड़प्पा-सभ्यता इतिहासकारों के अनुसार 3300 ई.पू. में आरम्भ होती है, 2600 ई.पू. में प्रौढ़ता प्राप्त करती है, 700 वर्षों तक पूर्ण विकसित अवस्था में रहते हुए 1900 ई.पू. से अवनति की ओर प्रयाण करती है और 1300 ई.पू. में अन्त को प्राप्त करती है। 1300 ई.पू. में इसके अन्त को हम ऋग्वैदिक-काल तथा सदानीरा सरस्वती के अन्त के साथ सम्बद्ध करके देख सकते हैं। इस विवेचना से यह स्थापित होता है कि हड़प्पा-सभ्यता एवं अतिरात्र का शासन-काल एक साथ, एक समय 3300 ई.पू. में, एक स्थान अतिरात्र नगर या वर्तमान हड़प्पा से प्रस्थान करते हैं।

क्या यह इस बात का संकेत नहीं है कि मानव-सभ्यता जिसका निर्माण आदि मनु या स्वयंभु मनु के वंशजों ने किया था, जिनका उस कालखण्ड में उस क्षेत्र पर अधिकार था और कोई भी स्थानीय या वाह्य सभ्यता उनकी सभ्यता से उत्कृष्ट नहीं थी। इसलिए सिन्धु घाटी सभ्यता या हड़प्पा सभ्यता उसी मनुष्य-सभ्यता के प्रवाह के एक कालखण्ड का नाम है। देव सभ्यता उनसे सैकड़ों वर्ष बाद वहाँ आयी थी।

मैकडोनल ने अपनी पुस्तक वैदिक माइथोलोजी के पृष्ठ सं0 86 पर सरस्वती के लिए 'पावीरवी' (Paviravi) विशेषण का प्रयोग किये जाने की बात लिखा है और इसका तात्पर्य उनके अनुसार 'वीर की पत्नी' से किया गया है। वीर, मनुष्यों के एक पूर्वज का नाम था, मैकडोनल सम्भवतः इस तथ्य से अवगत नहीं थे; इसलिए उन्होंने वीर का अर्थ नायक (Hero) लेते हुए सरस्वती को सारस्वत की पत्नी माना, जो उस क्षेत्र का नाम है। ऋग्वेद 6-49-7 में उद्धृत पावीरवी के द्वारा सरस्वती को मनुष्यों के पूर्वज वीर की पत्नी के रूप में प्रयोग किया गया है। सरस्वती को वीर की पत्नी की उपाधि से सम्बोधित किये जाने का अर्थ उन्हें वीर के पुत्रों (वंशजों) की माता होने की स्वीकृति है। तात्पर्य यह कि उस काल में जो लोग सरस्वती तट मुख्यतः उसके दायें किनारे पर आबाद थे, वे वस्तुतः वीर के वंशज थे जो स्वयं आदि मनु (स्वयंभु) के पुत्र थे जिन्होंने मनुष्य समाज को स्थापित किया था। अतएव वीर-समाज मनुष्य समाज का एक अंग था। हम जानते हैं कि उत्तानपाद जो स्वयंभु या वीर के द्वितीय पुत्र थे, अत्रि के साथ हिमालय आ गये थे और उन्होंने हिमालय के दक्षिण में अपना राज्य स्थापित किया जिसे उनके वंश-परम्परा में उत्पन्न चक्षुष मनु और उनके पुत्रों ने उसे विस्तार दिया था। प्रतीततः चक्षुष मनु ने रावी के तट पर वीर-वंश की स्थापना किया और अतिरात्र ने अतिरात्र नगर, अर्राट या हड़प्पा में इस साम्राज्य की राजधानी बनाया। परुष्णी का स्थानीय नाम रावी होना पावीरवी की ओर संकेत करता है क्योंकि रावी पावीरवी से व्युत्पन्न शब्द प्रतीत होता है। वैदिक ऋषियों ने इसे परुष्णी नाम दिया है, स्थानीय लोगों ने नहीं। तात्पर्य यह कि रावी को भी स्थानीय लोग वीर की पत्नी तथा स्वयं को वीर का पुत्र मानते थे। इस प्रकार वीर-समाज मुख्यतः रावी तथा सरस्वती के बीच आबाद था जिसकी पश्चिमी सीमा को अतिरात्र ने सिन्धु तक पहुँचाया तथा उनके वंशजों ने एक उत्कृष्ट सभ्यता को जन्म दिया। इस प्रकार इस राज्य में अखण्ड पंजाब, हरियाणा तथा राजस्थान सम्मिलित था। ये वे क्षेत्र हैं जहाँ हड़प्पा सभ्यता के स्थल बहुतायत में पाये गये हैं। अतएव, हम कह सकते हैं कि हड़प्पा सभ्यता का निर्माण वीर-समाज ने किया। पुराणों ने प्रियव्रत वंश के लिए भी वीर-समाज का प्रयोग किया है। ऐसा इसलिए कि वीर दोनों के पूर्वज थे। अतएव वीर-समाज मनुष्य-समाज का ही समानार्थी शब्द है और मनुष्य-समाज जम्मू से लेकर सरस्वती तक तथा पश्चिमी उत्तर-प्रदेश से लेकर पश्चिम में बिलोचिस्तान तथा पूर्वी अफगानिस्तान तक फैला था और इन सभी क्षेत्रों में कमोबेश

हड़प्पा सभ्यता के नवीन तथा प्राचीन स्थल पाये गये हैं। क्योंकि हरियाणा-पंजाब के इस अंचल में जहाँ सिन्धु घाटी सभ्यता के स्थल बहुतायत में पाये जाते हैं, वहाँ उस कालखण्ड में वीर-समाज आबाद था और उसने ही इस सभ्यता को जन्म दिया इसलिए इसे वीर-सभ्यता कहा जाना ही सर्वथा उचित होगा।

अतिरात्र के बाद चाक्षुष-वंश की पाँचवीं पीढ़ी में वीर-समाज में एक यशस्वी राजा पृथु वैन्य शासक हुए जिनका कार्य-काल 3200 ई.पू. के आस-पास रहा होगा। पृथु वैन्य को भारतीय इतिहास का प्रथम राजा होने का गौरव प्राप्त है जहाँ राजा का अर्थ प्रजा का अनुरंजन करना निर्धारित किया गया था। यह राजा के पद की प्रथम चारित्रिक अभिव्यक्ति थी। राजा पृथु ने आचार-प्रधान सनातन धर्म को नवजीवन प्रदान करने का पुनीत कार्य किया। उन्होंने राजसूय यज्ञ की परम्परा का आरम्भ किया जिस कारण से उनकी गणना पुराणों में राजसूय यज्ञ करनेवाले राजाओं में प्रथम राजा के रूप में की जाती है। अतएव यह कहा जा सकता है कि राजसूय-यज्ञ की परम्परा वीर-समाज की परम्परा थी जो वैदिक-काल तक अप्रभावित रही। पृथु का एक महत्त्वपूर्ण कार्य था शासन-व्यवस्था में दो ऐतिहासिक पदों का सृजन। वे पद हैंः सूत और मागध। इनका प्रमुख दायित्व था : देवताओं, राजाओं और ऋषियों (बाद में) की वंशावलियों का अनुरक्षण, यशस्वी राजाओं के लोक-कल्याण के कार्यों का संग्रहण, महत्त्वपूर्ण घटनाओं के आख्यानों का संरक्षण एवं समय-समय पर जनता के बीच इनका बखान करते रहना आदि। यह आनुवंशिकी व्यवस्था थी जिसने कालान्तर में जातिगत स्वरूप प्राप्त किया। इन्होंने अन्यान्य राज-दरबारों में सर्व-स्वीकार्य प्रवेश प्राप्त किया, ऋषियों-महर्षियों-मनीषियों से सान्निध्य स्थापित किया और उनसे प्राप्त जानकारियों को संरक्षित किया तथा पीढ़ी-दर-पीढ़ी आदि से अन्त तक की कथा पूर्ण निष्पक्षता के साथ, उसे अद्यतन रखते हुए समाज को प्रदान किया। यही वह कड़ी थी जिसने भारत के अतीत को हम तक पहुँचाने का पुनीत कार्य किया। पृथु का सर्वाधिक रेखांकित किये जाने योग्य कार्य था : भूमि का समतलीकरण, वनों से ढकी जमीन को उनका उच्छेद कर कृषि योग्य बनाना तथा प्रजा को कृषि-कार्य हेतु प्रेरित करना। उनके इस पुनीत कार्य को चिरस्मरणीय बनाने हेतु मनीषियों ने वसुधा का नाम उनके नाम पर 'पृथ्वी' रखा। इसे हम भारत में कृषि-युग के विधिवत् आरम्भ की दृष्टि से देख सकते हैं और कह सकते हैं कि भारत में जिस कृषि-युग का आरम्भ 3200 ई.पू. के आस-पास हुआ जिसने 500-600 वर्षों बाद एक नगरीय सभ्यता को जन्म दिया जिसे हम हड़प्पा सभ्यता के नाम से जानते हैं। इन्हीं के काल में क्षत्रिय नाम से जाति-विशेष का अभ्युदय हुआ जिन्होंने राजपद पर वर्चस्व अपितु एकाधिकार स्थापित किया।

स्वाभाविक रूप से पृथु की राजधानी भी अतिरात्र नगर या अर्राट ही रही होगी जो चाक्षुष-वंश की मूल राजधानी थी। तथापि उनका सरस्वती से निकट का सम्बन्ध

रहा था। पुराणों के अनुसार पृथु ने जहाँ सरस्वती पूर्व दिशा की ओर मुड़ती है, उस स्थान पर अनेक राजसूय यज्ञ किया था। यह वह स्थान था, जहाँ मारकण्डा सरस्वती से संयुक्त होती थी। इसकी स्मृति में इस स्थान का नाम पृथुदक पड़ा जो आज पहेवा के नाम से जाना जाता है। यह इस बात का भी संकेत है कि पृथु का साम्राज्य सरस्वती तक विस्तृत था और वे पूर्व दिशा की ओर आगे बढ़ रहे थे या बढ़ना चाहते थे। यशस्वी पृथु को पुराणों ने चक्रवर्ती सम्राट् के मान से अलंकृत किया है।

इस वंश-परम्परा के तीसरे यशस्वी राजा दक्ष-प्राचेतस थे जो उत्तानपाद मानव-वंश के 17वीं तथा चाक्षुष-वंश के 9वीं पीढ़ी के राजा थे। पुराणों के अनुसार उनकी राजधानी कनखल (हरिद्वार) उत्तराखण्ड में थी। इससे यह प्रतीत होता है कि उनके काल तक या तो वीर-वंश कई राज्यों में विभाजित हो गया था या उन्होंने अपनी नयी राजधानी बनायी थी या वीर-समाज गंगा की ओर प्रस्थान कर रहा था। जो भी हो दक्ष प्राचेतस की गणना मनुष्य-वंश के प्रतापी राजाओं में की जाती है। दक्ष-काल की सबसे महत्त्वपूर्ण घटना है, कश्मीर मण्डल का मानवीकरण जो उन्होंने मानव ऋषि कश्यप के माध्यम से किया। ऐसा लगता है कि दक्ष की मन्त्रणा से कश्यप ने स्थान-स्थान पर बसे अनेक कबीलों को उनकी अपनी विशिष्ट पहचान दिया तथा मनुष्य-संस्कृति से उन्हें सम्बद्ध करने का प्रयास किया। पुराणों में ऐसे अनेक दृष्टान्त मिलते हैं जब किसी ऋषि ने किसी कबीलाई समाज को सुसंस्कृत करने तथा मानव-सभ्यता से जोड़ने का प्रयास किया हो। यथा सुप्रसिद्ध ऋषि अगस्त्य। पुराणों ने इसे आदि रचना के एक रूपक के माध्यम से इस अंचल के विभिन्न जातिगत समूहों को कश्यप मारीचि की 13 पत्नियों के माध्यम से उत्पन्न दिखाया है जो उन्हें दक्ष प्रजापति से प्राप्त हुई थी। मेरे अभिमत में दक्ष प्राचेतस तथा यही समकालीन कश्यप ऋषि ही ऐतिहासिक व्यक्ति हैं, जिन्हें पुराणों ने आदि संरचना को स्पष्ट करने के लिए दक्ष प्रजापति तथा कश्यप मारीचि नाम से उद्धृत किया है। इसी कश्यप ऋषि की तीसरी पीढ़ी में मनु वैवस्वत हुए जिन्होंने सरस्वती-दृशद्वती तट पर राज्य स्थापित किया। दक्ष प्राचेतस का काल हमारी गणना से 3180 ई.पू. के आस-पास बैठता है। इसी काल को हम कश्मीर में देव-वंश के उदय का काल मान सकते हैं।

दक्ष प्राचेतस के पश्चात् वीर-वंश के किसी राजा-विशेष का उल्लेख नहीं मिलता है। पुराणों का मौन महाप्रलय तथा वैवस्वत मनु के राज्यारोहण के स्वर में प्रस्फुटित होता है। लेकिन मेरा दृढ़ मत है कि महान् इक्ष्वाकु अर्राट नगर के मनुष्यवंशीय राजा थे जिनका कार्य-काल वैवस्वतकालीन या उनके ठीक बाद का काल हो सकता है। इक्ष्वाकु किसी प्रकार से वैवस्वत के पुत्र नहीं हो सकते हैं। वे जब रावी के तट पर शासन कर रहे थे, उसी समय सरस्वती के पूर्वी-क्षेत्र जो दृशद्वती तक विस्तृत था, का राज्य मनुपुत्री इला के पुत्र पुरूरवा ऐल को प्राप्त हुआ होगा। यही वह पुरूरवा

का छोटा-सा राज्य था जिसने समय के साथ धीरे-धीरे सम्पूर्ण उत्तरी-पश्चिमी भारत पर आधिपत्य स्थापित किया और खुद को मुख्यतया भरत के समय में 'आर्य' घोषित किया। इस प्रकार आर्य केवल और केवल भारतीय थे, भारत के कश्मीर अंचल से महाप्रलय के द्वारा उद्वासित होकर सरस्वती क्षेत्र में शरण प्राप्त किया और अन्ततः भारत के राजा बने। भारतीय इतिहास के इस महत्त्वपूर्ण अंश की विवेचना हम बाद में करेंगे।

ये तथाकथित आर्य जब हिमालय के पर्वतीय अंचल से देश के मैदानी भाग में आये, बसे और राज्य-विस्तार प्रारम्भ किया, उसके सैकड़ों वर्ष (लगभग 400 वर्ष) पहले से एक मानव-सभ्यता आकार ले रही थी। इस सभ्यता के वाहक मनुष्यवंशीय (स्वयंभु मनु के वंशज) क्षत्रिय थे जिन्होंने उस काल तक सम्पूर्ण उत्तरी-पश्चिमी भारत पर विभिन्न राजवंशों के माध्यम से अधिकार प्राप्त कर लिया था। इस सभ्यता के निर्माता थे, मनुष्य-वंश के चारों वर्ण जिन्होंने अपनी भूमिकाओं का सम्यक् निर्वहन किया तथा एक समरस समाज की स्थापना की जो नियमों, मूल्यों, परम्पराओं तथा आदर्शों द्वारा अनुशासित था। उन्होंने पहले एक मजबूत कृषि अर्थव्यवस्था को जन्म दिया जिसने उन्हें उन्नत नगरीय सभ्यता के द्वार तक पहुँचा दिया। 3500 ई.पू. से आरम्भ हुई यह मनुष्य-सभ्यता 3100 ई.पू. के आस-पास देव तथा कुछ काल बाद शैव समाज के सम्पर्क में आयी। खुद से उन्हें प्रभावित किया तथा उनसे खुद को परिवर्तित किया। तीनों में एकरूपता का आविर्भाव हुआ। यह समन्वित संस्कृति परस्पर सम्पर्क-संघर्ष से एक नवीन सभ्यता का जन्म हुआ जिसे हम आज आर्य संस्कृति या आर्य सभ्यता के नाम से जानते हैं। वस्तुतः वह प्राचीन मनुष्य सभ्यता का समय के साथ परिष्कृत होता हुआ सर्वमान्य स्वरूप है; वह एक है दो नहीं। समय और परिस्थितियों के साथ अनुकूलन इस सभ्यता का मूल-मन्त्र था। हम चाहे इसे मनुष्य-सभ्यता कहें, हम चाहे इसे हड़प्पा या सिन्धु घाटी की सभ्यता कहें या सरस्वती-सिन्धु सभ्यता कहें, बात एक ही है। सबसे बेहतर होगा हम इसे सनातन सभ्यता कहें जो समय और परिस्थिति के अनुरूप अनुकूलन करना जानती है तथा जो ब्रह्मा-विष्णु-महेश की त्रिदेव संस्कृति की प्राचीनता से सम्पन्न है।

अध्याय-5

कश्मीर एवं प्रलय प्रसंग

आज जो कश्मीर है, केवल कश्मीर नहीं अपितु कश्मीर मण्डल अर्थात् जम्मू+कश्मीर+लद्‌दाख जिसमें सम्मिलित हैं, उत्तर में अक्साई चिन-सियाचिन; शिनझियांग (चीन) उत्तर-पश्चिम में गिलगित-बाल्टीस्तान तथा पाक अधिकृत कश्मीर, दक्षिण में सम्भवतः उत्तरी पंजाब, हिमाचल और उत्तराखण्ड एवं पूर्व में उच्च हिमालय की पूर्वी पर्वतश्रेणी उसे, सभ्यता के आदिकाल में जम्बू द्वीप कहते थे। यह भारत के भौगोलिक वाङ्मय में चिरस्मरणीय आदिकालीन नामों में एक, आज भी बड़े आदर के साथ याद किया जाता है। प्रत्येक धार्मिक अनुष्ठान के अवसर पर, प्रारम्भ में जब पुरोहित संकल्प-सूक्त का पाठ करता है, अनुष्ठानकर्त्ता के वर्तमान परिचय के साथ, तीन भौगोलिक नामों का ससम्मान उल्लेख करता है। वे स्वनामधन्य तीन नाम हैं: जम्बू द्वीपे, भरत-खण्डे और आर्यावर्त देशे, जबकि आज के भूगोल में ये तीनों नाम अपना अस्तित्व खो चुके हैं। कम-से-कम उत्तरी भारत में यह आज भी प्रचलन में हैं, अवशेष भारत के बारे में मैं कुछ कहने की स्थिति में नहीं हूँ। प्रश्न है - क्यों वह ब्राह्मण हमें इन नामों का स्मरण कराना चाहता है? क्या इन तीनों भौगोलिक स्थानों का सम्बन्ध हमारे अतीत से है? हमारी पहचान के साथ इन नामों का जोड़ा जाना और वर्तमान से इनका कोई सम्बन्ध न होना यह स्पष्ट संकेत करता है कि इनका सम्बन्ध हमारे अतीत से ही है। वह अतीत क्या है? मनुस्मृति के अध्याय 2, श्लोक 22 में आर्यावर्त देश की परिभाषा दी गयी है। भारतवर्ष का वह भू-भाग जो विन्ध्य के उत्तर में तथा हिमालय के दक्षिण में, पूर्व और पश्चिम में समुद्र-पर्यन्त विस्तृत है, वह आर्यावर्त है। अर्थात् पूर्व में बंगाल से लेकर पश्चिम में पाकिस्तान तक। यानी आज का उत्तरी भारत प्राचीन-काल का आर्यावर्त है। अतएव इस आर्यावर्त देश के जम्बू द्वीप नामक प्रखण्ड में कोई भरत-खण्ड नामक प्रभाग हमारा अतीत है, जहाँ कभी हमारे पूर्वज रहते थे। जम्बू द्वीप और भरत-खण्ड की सूचना हमें मनुस्मृति में प्राप्त नहीं हुई लेकिन मत्स्यपुराण में प्राप्त हुई जो उपरोक्त है। मत्स्यपुराण तीन सबसे पुराने पुराणों में एक है जबकि मनुस्मृति उसके बहुत बाद की रचना है। हो सकता है तब तक जम्बू द्वीप

और भरत-खण्ड अपना अर्थ खो दिये थे। मनुस्मृति के लेखन का उद्देश्य इतिहास वर्णन नहीं था जबकि इतिहास पुराणों के पाँच प्रमुख अंगों में एक महत्त्वपूर्ण अंग था जिसे स्थान देना पुराणों के लिए अनिवार्य था। इसलिए सम्भवतः इनकी व्याख्या करना आवश्यक नहीं समझा गया था।

आज इसे याद करना किसी अनुष्ठान से कम पावन नहीं है। मैं, वीरेन्द्र कुमार पाण्डेय आत्मज श्री इन्द्रनाथ पाण्डेय, बारोडीह-सदर जहाँपुर-गाजीपुर, उ0प्र0, अपने वर्तमान निवास-स्थान म0न0 एम0आयी0जी0 2-296, आवास विकास कॉलोनी, झूँसी, प्रयागराज-211019 के अपने अध्ययन कक्ष में आज दिनांक 21 अक्टूबर 2019 को प्रातः 6 बजकर 01 मिनट पर अपने पूर्वजों यथा इन्द्र, वरुण, मित्र और नासत्य द्वय के साक्षित्व में अपनी प्रिय पत्नी स्वर्गीया श्रीमती चित्रा पाण्डेय का स्मरण करते हुए यह संकल्प लेता हूँ कि मैं अपनी रचना 'भारत के अतीत की खोज' जिसमें भारत के पूर्वजों का इतिहास वर्णित होगा, को आसन्न एवं सम्भावित सभी व्यवधानों का निराकरण करते हुए सम्पूर्ण करूँगा तथा इसके लेखन में मैं पूरी विश्वसनीयता एवं निष्पक्षता व्यवहृत करूँगा।

कश्मीर में एक बहुत बड़ी झील थी। लगभग 16000 वर्ग मील में फैली थी। औसत गहराई लगभग 400 फीट थी लेकिन कहीं-कहीं हजारों फीट गहरी थी। लोग इसे समुद्र भी कहते थे। वरुण को जिस सागर का अधिपति कहा जाता है वह सम्भवतः यही था। ऋग्वेद जिसे शर्यणावत सरोवर नाम से पुकारता है, वह शायद यही था। यह वही सरोवर था, जहाँ पुरूरवा को उनकी खोयी हुई पत्नी उर्वशी मिली थी। नीलमत पुराण उसे सतीसर कहता था। प्रश्न हैः पुराणों का वह वरुण सागर, ऋग्वेद का शर्यणावत सरोवर और पुरूरवा की वह झील, जहाँ उन्हें उनकी उर्वशी मिली थी और नीलमत का सतीसर, वह कहाँ था? कश्मीर घाटी के भूगोल को ध्यान से देखिए। उत्तर से पूर्व तक सुदृढ़ हिमालय की बर्फ से ढंकी ऊँची-ऊँची चोटियाँ हैं और पश्चिम से दक्षिण में पीर-पांजाल की अपेक्षाकृत कम ऊँची पर्वत माला है जो पूर्व में हिमालय से मिलती है। इस प्रकार समुद्र तल से 5000-6000 फीट की ऊँचाई पर एक स्वनिर्मित पोखर बना जिसे बारहों माह जल से लबालब भरा रहना स्वाभाविक था। प्रश्न हैः इतना विशाल सरोवर आज दिखायी क्यों नहीं देता है? कहाँ गया वरुण का वह समुद्र, ऋग्वेद का शर्यणावत, उर्वशी की वह झील जहाँ वह अन्य अप्सराओं संग जल-क्रीड़ा करती पुरूरवा को मिली थी और नीलमत का सतीसर जहाँ देवता पर्यटन पर आते थे। आज तो यहाँ घनी आबादी का एक प्रदेश है जिसमें अनेक नगर बसे हैं, कुछ सुन्दर झीलें हैं, रमणीक उपवन हैं, सेब के बगीचे हैं, केसर के खेत हैं, अनेक फसलों की खेती होती है, अनेक रंगों के मनमोहक फूलों की क्यारियाँ हैं, पर्वतों पर देवदार-चिनार के ऊँचे-ऊँचे वृक्ष हैं, धवल आभा की ऊँची चोटियाँ हैं और धरती का स्वर्ग है, हमारा कश्मीर है। यह सब कैसे हुआ?

उस काल में भी जब यहाँ एक विशाल सरोवर था, यह पर्यटन का एक मनोरम स्थल था। स्थानीय लोग यहाँ आते रहते थे। ऐसे ही एक अवसर पर जब देवराज इन्द्र अपनी पत्नी शचि पौलोमी के साथ उस सरोवर के किनारे विहार कर रहे थे, कामातुर दैत्यराज संग्रह शचि के अपहरण की इच्छा से प्रकट हुआ और दोनों में युद्ध होने लगा। लम्बे युद्ध में उसे परास्त कर इन्द्र तो स्वधाम चले गये और संग्रह वहीं अचेत पड़ा रहा। उससे संग्रह का पुत्र जलोद्भव हुआ। कहते हैं वह सरोवर के जल में उत्पन्न हुआ था। अचेत संग्रह की स्खलित ऊर्जा सरोवर के जल में गिर गयी, उससे उत्पन्न हुआ था। इसलिए वह जलोद्भव कहलाया। वह भीमकाय था। उसके शरीर का दो-तिहाई भाग अनवरत जल में डूबा रहता था। वह लगातार सरोवर में चक्कर लगाता रहता था, जिस कारण से सरोवर में जल-क्रीड़ा कर रहे लोग उससे टकराकर मरने लगे। सरोवर के किनारों पर नाग प्रजाति के लोग रहते थे। उनके राजा नील थे, वे शिवभक्त थे, लिंग पूजा करते थे। उनकी प्रार्थना पर भगवान शंकर उसके वध के लिए तैयार हो गये। उन्होंने अपने त्रिशूल से जलोद्भव पर अमोघ प्रहार किया। त्रिशूल सरोवर की दीवार से टकराया। उस प्रहार से एक शिलाखण्ड टूटकर अलग हो गया। सरोवर का जल बड़ी तेजी से बाहर निकला, जम्बू-द्वीप के उस प्रखण्ड में महाप्रलय आ गयी। जलोद्भव मारा गया और सरोवर की तलहटी से कश्मीर निकल आया। नीलमत पुराण के अनुसार सरोवर के एक किनारे, ऊँची पहाड़ी पर एक मन्दिर था, मन्दिर एक देवी का था जिसे कश्मीरा कहते थे, उन्हीं के नाम पर इस भू-भाग का नाम कश्मीर पड़ा। जम्बू द्वीप में हिमालय के इस प्रभाग में सोम आत्रेय की सत्ता थी। चाक्षुष-वंश भरत-खण्ड में पदासीन था। उसके तत्कालीन राजा दक्ष प्राचेतस ने कई कन्याओं के साथ कश्यप मुनि को इसे आबाद करने के लिए भेजा, उन्होंने कश्मीर को आबाद किया। कुछ विद्वानों का मत है कि उनके नाम पर यह कश्यपसीर कहा जाने लगा। सीर का कश्मीरी पर्याय मीर बना और कश्यपमीर धीरे-धीरे कश्मीर बन गया। इन्द्र ने इसे स्वर्ग नाम दिया, इस भूमि में एक स्थान पर अपनी राजधानी बनाई। उसे अमरावती नाम दिया। उस काल की अमरावती आज का श्रीनगर है, यह मेरा अभिमत है। वर्तमान में, जम्बू-द्वीप का हिमालय के इस पार का प्रखण्ड जम्मू-कश्मीर नाम से तथा उस पार का लद्दाख नाम से जाना जाता है।

हम मान सकते हैं कि नीलमत पुराण में वर्णित संग्रह और जलोद्भव की कथा एक मिथक है और दोनों नाम पौराणिक हैं; लेकिन हर पौराणिक मिथकों का एक विशेष संकेत-सन्देश होता है और इस कथा का सन्देश यह है कि वह तथाकथित जल-दैत्य जलोद्भव, एक विशाल हिमखण्ड था जो सरोवर के जल के जम जाने के कारण स्वतः उत्पन्न हुआ था और उसने सरोवर की दीवारों को तोड़ दिया था, अत्यन्त वेग से अथाह जल-राशि बाहर निकली और जम्बू द्वीप (कश्मीर प्रखण्ड) में प्रलय

मचा दिया। हर सृजन अपने विनाश की पटकथा स्वयं रचता है, यह प्रकृति का नियम है। सतीसर ने भी ऐसा ही किया। ऋग्वेद उसकी अति-सुन्दर प्रस्तुति करता है। उसके देव महान् इन्द्र ने दधीचि के हड्डियों से बने वज्र से वृत्तासुर (वृत्त रूपी असुर) जिसने अथाह जल को कैद कर लिया था, का वध कर (तोड़कर) जीवन-जल को उन्मुक्त किया और सात नदियों का सृजन किया। उसका संकेत सरस्वती-सिन्धु क्षेत्र की नदियों से है। इन प्रबल प्रवाहवाली बारहमासी नदियों ने एक क्षेत्र-विशेष का नवनिर्माण किया। देवराज इन्द्र ने इसे आर्यों को दिया। इस क्षेत्र-विशेष का नाम पड़ा सप्त-सिन्धु, ऋग्वेद इसी नाम से इस क्षेत्र-विशेष को पहचान देता है। पंजाब और हरियाणा इसके प्रमुख अंग थे। ईरानी ग्रन्थ अवेस्ता इसे 'हप्त-हिन्दु' कहता है। वह इससे उत्तर के तीन अन्य अंचलों का भी नाम देता हैः वरेन्, रन्हा और अर्यना वीजो। वरेन वरुण का देश है जहाँ वरुण सागर था अर्थात् कश्मीर, रन्हा (रसा) कोई और नहीं सिन्धु नदी है जो हिमालय पार के क्षेत्रों को दो भागों में विभाजित करती है। वे क्षेत्र हैंः दक्षिणवर्ती लद्दाख और उत्तरवर्ती 'अर्यना वीजो'। लद्दाख के निवासी दैत्य कहलाते थे। वहाँ प्रारम्भ में दैत्यराज हिरण्यकशिपु की सत्ता थी, सिन्धु के उस पार मनुष्य जाति आबाद थी जो स्वयंभु मनु के वंशज थे। इसकी सीमा तिब्बत से मिलती थी जो एक अलग द्वीप था, वहाँ विष्णु के वंशज देव रहते थे। इस प्रकार जम्बू द्वीप में एक साथ मनुष्य, देव और दैत्य रहते थे। उनकी सम्मिलित संस्कृति का नाम ही आर्य संस्कृति है।

सतीसर की दीवार दरकने से आहूत महाप्रलय में वह एक जो अकेला बच गया था, उसका पूरा नाम था सत्यव्रत वैवस्वत मनु। सत्यव्रत उसका माँ-बाप द्वारा प्रदत्त नाम था, वैवस्वत उसका पैतृक नाम था जो उसके पिता विवस्वत् या विवस्वन्त के नाम पर आधारित था और मनु एक अलंकरण था जो उसे बाद में उसकी योग्यता के आधार पर प्रदान किया गया था। पुराण ऐसा ही कहते हैं, महाप्रलय चूँकि जम्बू द्वीप के कश्मीर प्रखण्ड में आयी थी इसलिए स्वाभाविक है वे कश्मीर से आये थे, मलय द्वीप से नहीं जैसा कि भागवत उन्हें मलय द्वीप (द्रविड़ देश) से आया हुआ बताता है। उन्होंने सरस्वती के दायें किनारे पर 'स्थान' नामक स्थान पर अग्नि स्थापित किया; मेरी सम्मति में आज का स्थानेश्वर इस प्रघटना की स्मारिका है। उनका राज्य दृशद्वती तक फैला था जो उससे पूर्व में कुछ दूरी पर उसके समान्तर बहती थी और स्थानेश्वर से कुछ आगे मिल जाती थी। इसे वे इलायास्पद (इलावर्त) कहते थे। मत्स्यपुराण और भागवत के अनुसार सत्यव्रत की नाव एक विशाल आकृतिवाली मछली के सींग से बँधकर एक सुरक्षित स्थान तक पहुँची थी, वह एक सामान्य मछली नहीं अपितु भगवान् विष्णु स्वयं थे, जिसे वे विष्णु के पाँचवें अवतार का मान देते हैं। वस्तुतः यह इलावर्त था। कालान्तर में 'मत्स्याकृत' इलावर्त ने ही आर्यावर्त का स्वरूप प्राप्त किया। यह घटना चक्षुष मनु काल के अन्तिम दिनों मनु

वैवस्वत के उदय-काल के कुछ पूर्व में घटित हुई थी। इसलिए पुराण इसे चाक्षुष मन्वन्तरकालीन प्रलय कहते हैं।

मैंने भारत के अतीत की कथा का आरम्भ जम्बू द्वीप से किया है जो उत्तर-कुरु (कराकोरम पर्वत-माला का उत्तरवर्ती प्रदेश) और भरत-खण्ड (शिवालिक का दक्षिणवर्ती प्रदेश) के बीच के भौगोलिक क्षेत्र को प्रतिबिम्बित करता है। यहाँ बसनेवाली मनुष्य प्रजाति की प्रमुख जातियाँ थीं: मनुष्य, दैत्य, दानव, देव, नाग, गरुड़, पणि, यक्ष, रक्ष, रुद्र (जिनके 11 गण थे), गन्धर्व, अप्सराएँ, किन्नर, मानव (नारी मनु से उत्पन्न सन्तानें) और कुछ अन्य जो अपरिभाषित थे। मुख्य रूप से इनके तीन बड़े समाज थे। वे थेः प्रथम असुर-देव समाज, द्वितीयतः मनुष्य समाज और तृतीयतः रुद्र समाज। ये तीनों समाज जम्बू द्वीप में, उसके विभिन्न अंचलों में, समूह बनाकर रहते थे। इन्हें हम कबीलाई समाज कह सकते हैं। रेखांकित किये जाने योग्य बात यह है कि यहाँ बसनेवाले सभी जन अपने को ब्रह्मा की सन्तान मानते हैं या पुराण इन्हें ऐसा ही प्रदर्शित करना चाहता है। इस प्रकार, ब्रह्मा उस अनाम व्यक्ति का नाम है जिसे दैत्य-दानव, मनुष्य और रुद्रगण एक साथ अपना पूर्वज मानते हैं।

जम्बू द्वीप के बाजू में तिब्बत का पठार है। तब उसे वैकुण्ठ कहते थे। इसे तपस्वी विकुण्ठ के पुत्र वैकुण्ठ ने आबाद किया था। इसीलिए यह वैकुण्ठ कहलाता था। पुराण इस वैकुण्ठ को ही विष्णु का मान देते हैं। श्री विष्णु देवों के आराध्य थे। पुराण कश्यप को विष्णु का तीसरा अवतार मानते हैं। समुद्र-मन्थन इन्हीं कश्यप विष्णु के काल में हुआ था। अदिति के वंशज देव या आदित्य कहे जाते थे। वे ऋषि भी कहे जाते थे। अनुमानतः वे जिन्होंने मानवता के विकास में विशेष योगदान किया था, वे विष्णु मान से अलंकृत किये गये, वे जिन्होंने राजपद अंगीकार किया, देव कहलाये और जिन्होंने धर्म-संस्कृति-भाषा आदि को अपना विषय बनाया, ऋषि और ब्राह्मण कहे गये तथा अवशेष विभिन्न जातियों में बँट गये। निर्विवाद रूप में वैकुण्ठ उस काल में, जिसे हम मानवता के विकास का आदिकाल कह सकते हैं, सत्ता, संस्कृति और धर्म के सूर्य की तरह था जिसकी प्रखर रश्मियों ने विश्व के बहुलांश का (कम-से-कम वृहत्तर एशिया) अँधेरा दूर किया था और इसकी उन्होंने समुचित व्यवस्था की थी। यह दायित्व मरुतों को प्रदान किया गया था।

वैकुण्ठ विष्णु ने समाज को संयमित और संगठित रखने के लिए कुछ अनुशासन बनाये, व्यक्ति और समाज दोनों के लिए। इसे वे धर्म कहते थे। तब धर्म की परिभाषा ही अनुशासन था, कुछ भी और नहीं। अनुशासन भंग करने पर सजा का प्रावधान था। एक दिन उनके दो पार्षदों ने कुछ अतिथियों का उपहास किया जिससे नाराज होकर वैकुण्ठ विष्णु ने उन्हें वैकुण्ठ से देश-निकाला दे दिया। देश निकाले के बाद दोनों पार्षदों ने जम्बू द्वीप में आश्रय लिया; जम्बू द्वीप के उत्तरी विभाग में यानी हिमालय के उत्तरवर्ती प्रदेश में। पुराण इसे परेण हिमालय या पार

हिमालय नाम से पहचान करता है। उस काल तक, मेरी समझ में, जिस जम्बू द्वीप ने विष्णु के पार्षदों जय-विजय को शरण प्रदान किया था, उसकी सीमा पौराणिक परेण हिमालय तक ही सीमित था। उन्होंने दिति तथा दनु से पुत्र उत्पन्न किये। दिति के वंशज दैत्य और दनु के दानव कहलाये। सम्मिलित रूप से दोनों असुर कहे जाते हैं। इस असुर शब्द से इसका विपरीतार्थी शब्द सुर बना जो देवों का पर्यायवाची शब्द बना। दैत्यों का नायक था हिरण्यकश्यप, उसने बहुत जल्द पूरे क्षेत्र पर अपना आधिपत्य स्थापित कर लिया। परिणामतः वैकुण्ठ के समान्तर एक सक्षम सत्ता स्थापित हुई और दोनों में संघर्ष होना स्वाभाविक था। और संघर्ष हुआ, दीर्घ काल तक चला, कहते हैं दोनों के बीच 300 वर्षों तक संघर्ष चला, कई युद्ध हुए, जिसका अन्त दैत्यराज बलि का स्वजनों के साथ पलायन से हुआ। पुराणों ने इसे देवासुर-संग्राम का नाम दिया है। इसकी ऐतिहासिक विवेचना इस पुस्तक के 'विष्णु के दस अवतारों में निबद्ध इतिहास' में सविस्तार दिया गया है।

जय-विजय के तथा विष्णु के वंशजों में वैमनस्य होना स्वाभाविक था। बहुत जल्द दैत्यराज हिरण्यकश्यप ने सम्पूर्ण हिमालय पार क्षेत्र को अधिकृत कर अपना साम्राज्य स्थापित कर लिया तथा खुद को एक निरंकुश शासक घोषित कर दिया। देव इससे और नाराज हुए। वे एकाधिकार शासन के सर्वथा विरोधी थे। उनके देश में धर्म का शासन था। वहाँ का प्रमुख धर्माध्यक्ष होता था, जिसका चयन होता था, यह व्यवस्था आनुवंशिकी नहीं थी। चयन का अधिकार वर्तमान धर्माधिकारी को था जो भविष्य का धर्माधिकारी नियुक्त करता था। वे सम्पूर्ण विश्व में इसी प्रकार की व्यवस्था को लागू करने की महत्त्वाकांक्षा रखते थे। लेकिन युद्ध का तात्कालिक कारण कुछ विशेष था। जम्बू द्वीप के सुदूरवर्ती क्षेत्र जो कराकोरम के उस पार का क्षेत्र है, वहाँ के लोग हिरण्याक्ष की निरंकुशता से मुक्ति चाहते थे। उनके नायक का नाम मनु था, बाद में वह आदि मनु और स्वयंभु मनु नाम से ज्यादा प्रसिद्ध हुए। मनु के अनुरोध पर तत्कालीन वैकुण्ठ विष्णु वराह ने हिरण्याक्ष का वध कर इस भू-प्रदेश को स्वतन्त्र घोषित कर दिया और धर्म-संस्था की स्थापना हेतु मनु को दे दिया। यहीं से देवासुर-संग्राम प्रारम्भ हुआ और दैत्यराज बलि के उच्छेद के साथ समाप्त हुआ। इसे हम देवासुर-संग्राम का प्रथम चरण कह सकते हैं। कुछ काल उपरान्त इस संग्राम का दूसरा चरण आरम्भ हुआ जब दानव शक्तिशाली हुए, उन्होंने नागों, यक्षों, रक्षों आदि को साथ मिला लिया। देवों के साथ रुद्र जुड़ गये जो विशेष रूप से गिलगित-बाल्टीस्तान में बसते थे। देवों के सेनापति कार्तिकेय बने जो रुद्र-वंश के थे। शंकर इस सम्मिलित शक्ति के महानायक थे। दानवों में मयासुर बड़ा शक्तिशाली था। उसने हिमालय के तीनों क्षेत्रों पर आधिपत्य जमाया और उनका एकीकरण कर उसे त्रिपुर नाम दिया। शंकर ने त्रिपुर का विध्वंस किया और त्रिपुरारि कहलाये। इस प्रकार हिमालय पार में शंकर का वर्चस्व स्थापित हुआ। लगातार

होनेवाले युद्धों ने आम जनता को पलायन करने के लिए विवश किया। लोग हिमालय के इस पार कश्मीर में बसने लगे। लोग अलग-अलग जत्थों में अलग-अलग समय पर आये। आनेवालों में सभी जातियों के लोग थे। मेरे अनुमान से यह पलायन सतीसर के टूटने के लगभग 100 वर्ष पूर्व में हुआ था।

मनुष्य-वंश ज्यादा समझदार निकला। वह प्रियव्रत के काल से ही कश्मीर में बसने लगा था। जम्मू-तवी क्षेत्र को उन्होंने मुख्य क्रीड़ा-स्थल बनाया। वे इसे हिमवर्ष कहते थे जिसे प्रियव्रत ने नाभि को दिया था। इसे ही राजा भरत के समय भरत-खण्ड कहा जाने लगा। इसी समय एक अप्रिय घटना घटी। देवों के राजा इन्द्र ने त्वष्टरि के एक पुत्र त्रिशिर का सिर कलम कर दिया। जनता नाराज हो गयी। इन्द्र को देश-निकाला दे दिया गया। इन्द्र अपने लोगों के साथ कश्मीर आ गये। मनुष्यों ने उनका स्वागत किया। इन्द्र कश्मीर में स्थापित हुए और मनुष्य क्रमशः दक्षिण की ओर आगे बढ़े तथा जल्द ही सप्त-सिन्धु में फैल गये। यहाँ उनकी दो शाखाएँ स्थापित हुईं। प्रियव्रत शाखा और उत्तानपाद शाखा जो क्रमशः रावी तथा सरस्वती के उत्तर में थीं। यही कारण है कि मनु वैवस्वत प्रलय से बचते-बचाते जब सप्त-सिन्धु में आये तो मनुष्य राजवंश की सीमा के बाहर सरस्वती-दृशद्वती-आपय क्षेत्र में अपना राज्य स्थापित किया। यह प्रारम्भ में राजस्थान-गुजरात तक फैला पुनः लगभग समस्त उत्तरी भारत में। मनुस्मृति की रचनाकाल तक इलावर्त आर्यावर्त बन गया था। हम इसे जम्बू द्वीप का विस्तार कह सकते हैं जिसने उत्तर-कुरु (अर्यना वीजो) से प्रारम्भ कर आर्यावर्त का स्वरूप प्राप्त किया। जम्बू द्वीप का आर्यावर्त में रूपान्तरण की कथा ही भारत का अतीत है।

कश्मीरी प्रलय की अनुमानित तिथि

यह प्रलय दक्ष के काल के बाद वैवश्वत मनु के राज्यारम्भ से पूर्व आयी थी। दक्ष का काल प्रतीततः 3180-3160 ई.पू. है। इसलिए प्रलय का काल 3160-3100 ई.पू. के बीच हो सकती हैं। अनुमानत 3140 ई.पू. माना जा सकता है।

अध्याय-6

विष्णु के 10 अवतारों में निबद्ध इतिहास

3596 ई.पू. से आज तक

विगत अध्याय में हम यह स्थापित कर चुके हैं कि स्वयंभु मनु ने, जो मनुष्य-वंश के प्रथम पूर्वज हैं, लगभग 3502 ई.पू. में मनुष्य राजवंश की स्थापना किया जिससे कालान्तर में मनुष्य समाज का विकास हुआ। उनसे उनके पुत्र या वंशज प्रियव्रत ने जो राज्य-क्षेत्र प्राप्त किया उसमें चतुर्दिक वृद्धि किया और उसके 7 द्वीपों को अलग-अलग अपने 7 पुत्रों में बाँट दिया। ज्येष्ठ पुत्र आग्नीध्र को जम्बू द्वीप (कश्मीर) प्राप्त हुआ। जम्बू द्वीप के मुख्यतः दो विभाग थे। हिमालय और उसके पार का क्षेत्र। पार हिमालय का क्षेत्र मुख्यतः तीन पर्वत-श्रेणियों से निर्मित है। वे तीन पर्वत श्रेणियाँ आज जास्कर, लद्दाख और कराकोरम नाम से जानी जाती हैं जो क्रमशः एक-दूसरे के समानान्तर तथा उत्तर में स्थित हैं। इन तीन पर्वत-श्रेणियों के द्वारा तीन आबादी क्षेत्रों का निर्माण हुआ। प्रथम जास्कर तथा लद्दाख के बीच का क्षेत्र जिसे रम्यक कहते थे, द्वितीय लद्दाख तथा कराकोरम के बीच का क्षेत्र लद्दाख या हिरण्यमय नाम से जाना जाता था और तृतीय कराकोरम के उत्तर का उत्तर कुरु या वाराह क्षेत्र। कुरुक्षेत्र में शिनझियांग भी सम्मिलित है जो आज चीन का एक प्रान्त है।

हिमालयी क्षेत्र के भी मोटे तौर पर तीन विभाग थेः वृहत् हिमालय तथा मध्य हिमालय के बीच का नैषध वर्ष, मध्य हिमालय तथा शिवालिक के बीच का हेमकूट वर्ष तथा शिवालिक तथा उसके दक्षिणवर्ती विभाग हिमवर्ष जो क्रमशः वृहत् हिमालय के दक्षिण में स्थित है जिसे वे हिमवान् या हिमवन्त कहते थे। हिमवर्ष में आज के उत्तराखण्ड, हिमाचल और उत्तरी पंजाब के हिस्से आते हैं। हिमवर्ष ही कालान्तर में राजा भरत के काल में भरत-खण्ड नाम से जाना गया। वृहत् हिमालय के पूर्व और पश्चिम गन्धमादन तथा माल्यवान् पर्वतों से सीमांकित क्षेत्र क्रमशः भद्राश्व तथा केतुमाल नाम से जाने जाते थे। वृहत् हिमालय के बीच स्थित क्षेत्र-विशेष को इलावृत्त कहते थे जिसके केन्द्र में मेरु पर्वत है जिसकी भौगोलिक स्थिति अस्पष्ट है। यह

सम्पूर्ण भौगोलिक क्षेत्र, वाराह क्षेत्र से लेकर हिमवर्ष तक, जिसे पुराण जम्बू द्वीप कहते हैं, वह हम भारतीयों का मूल क्षेत्र है, आज भी हम भारतीय जम्बू द्वीपे, भरतखण्डे से अपनी पहचान ग्रहण करते हैं। इस जम्बू द्वीप को स्वयंभु मनु के प्रपौत्र आग्नीध्र ने अपने 9 पुत्रों में बाँट दिया। इलावृत्त में पुराणानुसार अकेले एक पुरुष शंकर रहते थे और इसे उमाशरवण भी कहा जाता था।

प्रियव्रत के ज्येष्ठ पुत्र आग्नीध्र ने अपने ज्येष्ठ पुत्र नाभि को जम्बू द्वीप का सर्वोत्तम प्रभाग, जिसे हिमवर्ष कहते थे, उन्हें शासन करने हेतु प्रदान किया। उनके बाद इस राजवंश में दो अन्य यशस्वी राजा हुए। ऋषभ और भरत। इन्हीं भरत के नाम पर इस प्रखण्ड का नाम भरत-खण्ड पड़ा। यह प्रारम्भ में शिवालिक तथा इसके समान्तर दक्षिणी भू-भाग तक सीमित था जो कालान्तर में दक्षिण में रावी-तट तक तथा पश्चिम में सिन्धु के पार तक फैला था। इस राजवंश के 15-20 पीढ़ियों की वंशावलि प्राप्त होती है। रावी के बायें तट पर प्रियव्रत के अनुज उत्तानपाद का राज्य था जो प्रारम्भ में निश्चित रूप से किसी हिमालयी क्षेत्र में ही स्थापित हुआ होगा लेकिन कालान्तर में रावी से सरस्वती के बीच इस राजवंश के अनेक राजा स्थापित हो गये थे। इन दोनों प्रियव्रत तथा उत्तानपाद शाखा के क्षेत्र को सम्मिलित रूप से सप्त सैन्धव या सप्त सिन्धु कहते थे।

गम्भीर प्रश्न यह है कि ब्रह्मा-पुत्र स्वयंभु ने अपना राज्य सर्वप्रथम कहाँ स्थापित किया? मत्स्य तथा विष्णु-पुराण की स्थापना यह है कि स्वयंभु के अनुरोध पर विष्णु ने वराह रूप धारण कर समुद्र से उसमें डुबोयी गयी पृथ्वी का उद्धार कर उसे स्वयंभु को हस्तगत कराया और यह कि यह क्षेत्र उत्तर कुरु था। उत्तर कुरु शृंगवान् या कराकोरम पर्वतमाला के समान्तर का उत्तरवर्ती क्षेत्र है जो कभी जलमग्न था और उत्तर सागर नाम से जाना जाता था। कराकोरम तथा उसके दक्षिण एवं उसके समान्तर पश्चिम से पूर्व तक फैली लद्दाख तथा नील पर्वतमालाओं के दक्षिण जहाँ आज हिमालय पर्वतमाला है वह क्षेत्र भी कभी उत्तर सागर के समान जलमग्न था और उत्तर सागर का ही दक्षिणी भाग था। यह दक्षिण में विन्ध्य पर्वत तक फैला था। इसे टेथिस सागर कहा जाता था। कालान्तर में लाखों वर्ष बीत जाने पर उपरोक्त तीनों पर्वतमालाओं से जो आज की तरह सदैव हिमाच्छादित रहते थे, बहनेवाली अनेकानेक नदियों से लायी गयी बालू-माटी से हिमालय पर्वतमाला तथा उसके दक्षिण में विन्ध्याचल तक की भूमि का निर्माण हुआ। इसी कालखण्ड में उत्तर सागर भी जो कभी भूमध्य सागर तक फैला था, धीरे-धीरे सूख गया और कराकोरम के उत्तर में भूमि का एक टुकड़ा प्रकट हुआ। यही वह भूमिखण्ड है जिसे मत्स्य तथा विष्णुपुराण के अनुसार भगवान् विष्णु ने वराह रूप धारण कर हिरण्याक्ष नामक दैत्य का वध कर प्राप्त किया, जिसने इस भूमिखण्ड को समुद्र में छुपा रखा था। यहीं वह उत्तर कुरु की भूमि है जिससे होकर भद्रा नदी उत्तर-सागर में गिरती थी। यही वह भूमि है जहाँ

स्वयंभु का मनुष्य-वंश सर्वप्रथम आबाद हुआ और अपना राजवंश स्थापित किया जिसकी पाँच पीढ़ियों का वर्णन पुराणों में प्राप्त होता है। यथा आदि मनु, वीर, प्रियव्रत, आग्नीध्र और कुरु। प्रश्न यह है कि पुराण इस घटना को विष्णु के प्रथम अवतार का नाम क्यों देते हैं?

स्वयंभु मनु का पौराणिक परिचय यह है कि वे पद्म-नाभि वैकुण्ठ विष्णु से सृष्टि को विस्तार देने हेतु उत्पन्न ब्रह्मा की प्रतिमूर्ति हैं और अब उन्हें वाराह तीर्थ की पावन भूमि प्रजा के विस्तार हेतु विष्णु द्वारा प्रदान किया गया। प्रश्न यह है कि भगवान् विष्णु को इस पुनीत कार्य हेतु वराह का रूप ही क्यों धारण करना पड़ा, कोई अन्य स्वरूप क्यों नहीं? दूसरे शब्दों में इस पौराणिक मिथक का वास्तविक अर्थ क्या है? पौराणिक मिथकों में सत्य का अनुसन्धान आसान नहीं है, अतीत में घटनाएँ स्वाभाविक रूप से विभिन्न कालखण्डों में घटीं और पुराण, उसके बाद, बहुत-बहुत बाद में लिखे गये जो मुख्यतया जन-श्रुतियों और जन-अवधारणाओं पर आधारित थे, जिन्हें और जिनकी सत्यता को प्रथम दृष्ट्या नकारा नहीं जा सकता है और न ही उन्हें मिथक मानकर त्याज्य किया जा सकता है। उनकी सम्यक् विवेचना आवश्यक है क्योंकि इनमें ही हमारा अतीत उल्लिखित है। इस मिथक में अन्तर्निहित है, हमारे अतीत की वह झांकी जो हमें अपने आदि-स्थान का स्मरण कराती है और यह सन्देश देती है कि हमारी उत्पत्ति का आदि उस कालखण्ड से है जब मानव पहली बार पहाड़ों की कन्दराओं से निकलकर समुद्र द्वारा खाली की गयी जमीन पर उतरा, अपना कबीला बनाया, अपना राजा चुना, धर्म-संस्था के रूप में अनुशासन स्थापित किया और एक सभ्यता की स्वतः स्फूर्त धारा प्रवहमान हुई जिसे आज हम आर्य-सभ्यता के नाम से जानते हैं। इस प्रकार इस मिथक का प्रथम सन्देश यह है कि मनुष्य-वंश (हम भारतीयों) की आदि भूमि उत्तर-कुरु है जिसे वे प्रथमतः वाराह तीर्थ कहते थे।

वाराह-तीर्थ के नामकरण की विवेचना करने से पूर्व यह ज्यादा प्रासंगिक होगा कि पहले यह विचार किया जाये कि समुद्र-जल के सूखने से प्राप्त हुई इस भूमि को उत्तर-कुरु क्यों कहा जाता है। पिछले अनुच्छेद में मैंने मनुष्य राजवंश की पाँच पीढ़ियों का क्रमानुसार उल्लेख किया है जिसमें पाँचवीं पीढ़ी के राजा का नाम कुरु है। सम्भवतः उन्हीं के नाम पर इस भूभाग तथा यहाँ रहनेवाले जन का नाम कुरु पड़ा। समय के साथ इस कुरु समाज से एक समूह हिमालय के दक्षिण सरस्वती-दृशद्वती के मध्य आबाद हुआ और उन लोगों ने वहाँ अपनी पूर्व पहचान बनाये रखते हुए कुरु-क्षेत्र नाम से एक राज्य स्थापित किया। अतएव दोनों क्षेत्रों को अलग पहचान बनाये रखने के लिए उत्तर के कुरु प्रदेश को उत्तर-कुरु की पहचान प्रदान की गयी। इस उत्तर-कुरु की राजधानी का नाम वर्हिष्मती था जहाँ से स्वयंभु मनु राज्य-कार्य देखते थे।

आर्यभट्ट ने जहाँ से यानी 3101 ई.पू. से कलियुग का आरम्भ माना है; मेरी विवेचना में उसी काल से वैवस्वत मनु के राजवंश का प्रारम्भ हुआ है जिसकी निरन्तरता आज तक विद्यमान है। इसे मैंने पिछले एक अध्याय में ऐतिहासिक साक्ष्यों के आलोक में आंकलित और स्थापित किया है। वैवस्वत कालीन सूर्यवंश के संस्थापक राजा इक्ष्वाकु जो मत्स्यपुराण के अनुसार मनुष्य राजवंश से सम्बन्धित थे, भारतीय राजवंशों की निरन्तरता को मनुष्य राजवंश के प्रथम राजा स्वयंभु मनु से जोड़ते हैं। मेरी गणना में स्वयंभु मनु ने 3502 ई.पू. में वाराह क्षेत्र में स्वराज्य स्थापित किया था। इस प्रकार प्राचीन भारतीय इतिहास का आरम्भ 3502 ई.पू. के आस-पास भारत के उत्तर-कुरु अंचल में आदि मनु द्वारा स्थापित किया गया जो दीर्घ काल तक वहाँ बना रहा। समय के साथ हिमालय के दक्षिणवर्ती अनुभाग हिमवर्ष यानी भरतखण्ड (जम्बू द्वीप) में समृद्ध हुआ और वैवस्वत मनु के इस क्षेत्र में आगमन तक सिन्धु से सरस्वती तक विस्तार प्राप्त किया और साथ ही जन्म-भूमि की प्रतिमूर्ति के रूप में वराह-स्वरूप विष्णु के मूर्ति की वन्दना सदैव करता रहा। इस प्रकार भारत के राजनैतिक इतिहास की प्रवहमान निरन्तरता लगभग 3502 ई.पू. से आरम्भ होकर बिना किसी व्यतिक्रम के वर्तमान इतिहास में विलीन हो गयी। उत्तर-कुरु ही वह क्षेत्र है जहाँ मानव वाणी का प्रथम विकास हुआ जिसे वे देववाणी कहते थे। यही कालान्तर में विकसित होकर भारतीय आर्यों की संस्कृत भाषा नाम से प्रसिद्ध हुई। संस्कृत भारतीय संस्कृति की अप्रतिम पहचान है।

वराह का दूसरा नाम शूकर होता है। शूकर किसी भी समाज में कभी भी सम्माननीय नहीं रहा है। उत्तर-कुरु एक अपवाद था। यहाँ शूकर मात्र माननीय ही नहीं था अपितु यहाँ के लोग वराह का पूजन-वन्दन भी करते थे। यह एक आश्चर्यजनक सत्य था कि वाराह तीर्थ के लोग वराह को विष्णु के अवतार का मान देते थे। वराह उनकी भूमि का आकार प्रतीत होता है और वे अपनी आदि भूमि को विष्णु मानकर पूजा करते थे। मेरे अभिमत में शब्द विष्णु का शब्द-मान समय के साथ बदलता रहा है। इसका प्राथमिक अर्थ था एक देश के निवासियों की अपनी जन्म-भूमि का विष्णु या उनके अवतार के नाम से पूजा-वन्दन। चूँकि उत्तर-सागर के सूखने से उत्पन्न हुई यह भूमि वराह आकार में प्राप्त हुई थी, इसलिए पुराण ने श्री विष्णु की संकल्पना शूकर रूप में किया तथा उस स्थान-विशेष को चिह्नित करने हेतु उनका समुद्र के अन्दर घुसकर पृथ्वी को अपने थूथन पर उठाकर लाने की बात कही जिसका भावार्थ है तत्काल में समुद्र-तल के ऊपर उठ आने से यह घटना घटी। अन्यत्र इसे श्वेत वराह कहा गया है और वर्तमान श्वेत वराह कल्प का प्रारम्भ माना गया है। कल्प के आरम्भ का संकेत इतिहास के आरम्भ से है, जो भारत में आदि मनु द्वारा 3502 ई.पू. में हुआ था। वराह के श्वेत होने से तात्पर्य एक ठण्डे देश के होने से है जो उत्तर-कुरु था, जहाँ की अराजकता के अन्त के लिए स्वयंभु मनु ने

राज्य-संस्था तथा धर्म-संस्था की स्थापना किया था। हिरण्याक्ष उस अराजकता का प्रतीक है, जिसका वराह अवतार में वध किया गया था। मेरे अभिमत में वराह वहाँ के निवासियों की प्रजाति का नाम था जिसका मानवीकरण कर पुराणों में उसे ब्रह्मा नाम दिया तथा उनके नायक मनु को उनका संतान मान दिया। स्वयं ब्रह्मा से उत्पन्न होने के कारण वे स्वयंभू तथा प्रथम राजा होने के कारण आदि मनु नाम से पहचान प्राप्त किये। अतएव यह कहा जा सकता है कि स्वयं ब्रह्मा ही विष्णु के प्रथम वराह अवतार थे और वराह ही भारत की प्रथम प्रजाति। अन्य सभी जातियाँ इसी वराह प्रजाति से उत्पन्न हुई हैं। प्रकारान्तर से आर्यों के प्रथम भूपति आदि मनु या स्वयंभु मनु द्वारा वाराह क्षेत्र (उत्तर कुरु) में धर्म राज्य का संस्थापन ही श्री विष्णु का प्रथम अवतार है।

हिरण्यकश्यप हिरण्यमय (जास्कर-लद्दाख) का राजा था जिसकी राजधानी हिरण्यपुर थी। यहाँ दैत्यवंश प्रतिष्ठित था जिसे पुराणों के अनुसार प्रजापति दक्ष की पुत्री दिति तथा कश्यप मारीचि के वंशजों ने स्थापित किया था। प्रजापति कश्यप ब्रह्मर्षि मरीचि के पुत्र थे जो ब्रह्मर्षियों में सबसे ज्येष्ठ थे। पुराणों के अनुसार ब्रह्मा ने सृष्टि-रचना का प्रारम्भ ब्रह्मर्षियों से किया था और स्वयंभु मनु को बाद में उत्पन्न किया। अर्थात् दैत्य-वंश, मनुष्य-वंश से पूर्व में स्थापित हुआ था। दक्ष पुत्री दनु से उत्पन्न सन्तानें दानव कही जाती थीं जो दैत्यों के सहयोगी थे, स्वाभाविक रूप से हिरण्यमय में ही आबाद थे। दानवों में प्रमुख थे हिरण्याक्ष, जम्भ, विप्रचित, शतबाहु, शम्बर, नमुचि, हयग्रीव, इलवल, पुलोमा इत्यादि। पुराणों ने अक्सर इन्हें इकट्ठा दिखाया है इसलिए इनका कालक्रम के अनुसार वर्णन करना सम्भव नहीं है। जबकि दैत्यवंश के प्राथमिक किरदारों का स्पष्ट उल्लेख किया है, यथा हिरण्यकश्यप, प्रह्लाद, विरोचन, बलि और बाण।

लद्दाख क्षेत्र में एक अतिप्रसिद्ध नदी बहती है जो तब भी उतनी ही प्रसिद्ध थी जितनी आज है। यह नदी मानसरोवर से निकलकर लद्दाख क्षेत्र को ऊर्जस्वती करती हुई, पाकिस्तान में प्रवेश करती है और तदन्तर अरब सागर में मिल जाती है। आज उसका नाम सिन्धु है। ऋग्वेद इसे 'रसा' नाम से जानता है, अवेस्ता इसे 'रन्हा' नाम से पहचान करता है तथा दैत्य-राजवंश ने इसे अपना नाम 'दैत्या' दिया था। तत्कालीन परम्परा में रसा उस नदी को कहते थे जो विशाल भूखण्ड को दो भागों में विभाजित करती थी यथा सिन्धु और नर्मदा। नर्मदा का भी आदि नाम रसा ही था जो बाद में अपभ्रंसित होकर 'रेवा' हो गया। यदि सिन्धु का नाम रसा नहीं था तो कम-से-कम उसका वह भाग जो लद्दाख में बहता था, उस काल में रसा कहलाता था। अनुमानतः वरुण और उनके वंशज इस नदी के दक्षिणी किनारे पर बसते थे और अदिति के वंशज उसके उत्तरी किनारे पर रहते थे। मेरे अभिमत में अदिति एक पुरुष नाम है और पुराणों ने भूलवश उसे नारी मान लिया। अदिति के वंशज आदित्य कहलाये यथा सवितुर, भग, धाता, अर्यमा, मित्र, अंशुमान, पुषन, त्वष्टा, पर्जून्य, विवस्वान् और सूर्य। कालान्तर में पुराणों ने वरुण, इन्द्र तथा विष्णु को भी आदित्य

वर्ग में सम्मिलित कर लिया। ये 12 देव आदित्य नाम से प्रसिद्ध हुए। समय के साथ इनके वंशज देव-वंश को समृद्ध किये। विवस्वान् के पुत्र शनैश्चर तथा सावर्णि मनु हुए जो संज्ञा के पुत्र माने जाते हैं तथा सूर्य को अश्विनी से दो पुत्र हुए, नासत्य तथा दस्र, जो जुड़वाँ थे और अश्विद्वय कहलाये। मनु सावर्णि जिसे पुराण वैवस्वत मनु के सावर्णि (समान वर्णी) मानते हैं वे वस्तुतः मनु स्वयंभु के सावर्णि थे अर्थात् उनका भी नाम मनु था और उन्हें स्वयंभु से अलग दिखाने के लिए सावर्णि जोड़ दिया गया है। स्वाभाविक रूप से आदित्यों का मूल क्षेत्र लद्दाख था। इस प्रकार वराह क्षेत्र मनुष्य लोक था, लद्दाख क्षेत्र ऋषि लोक था तथा जास्कर क्षेत्र दैत्य लोक था। बाद में इस परिभाषा में परिवर्तन हुआ। राजा बलि के पलायन के उपरान्त हिमालय पार का लगभग पूरा क्षेत्र मनुष्य लोक बन गया, उसके पश्चिम का गिलगिट-बाल्टीस्तान क्षेत्र यथावत रुद्रलोक या शिवलोक बना रहा, नरसिंह द्वारा वैकुण्ठ में विष्णु पीठ की स्थापना के बाद तिब्बत वैकुण्ठ लोक या देव लोक नाम से प्रसिद्ध हुआ।

पौराणिक मतों के विपरीत मेरे अभिमत में दिति, दनु और अदिति तीनों ही हिमालय-पार क्षेत्र के मूल पुरुष थे और ब्रह्मर्षि मरीचि के वंशज थे। तत्कालीन समाज में वंश-परम्परा का प्रारम्भ सदैव पिता से माना गया है, माता से नहीं। इस सामाजिक परिवेश में माताओं से दैत्यों, दानवों और आदित्यों की उत्पत्ति का माना जाना तर्कसंगत नहीं हो सकता है। यही नहीं वे मातृ-भूमि की पहचान भी पितृ-भूमि से करते थे। मूल जन्म-स्थान तिब्बत को आदिनारायण वैकुण्ठ विष्णु से अमिट पहचान दिया जाना इसी परम्परा की एक कड़ी है। एक पौराणिक कथा भी इसी ओर संकेत करती है। पुराण वैकुण्ठ के दो पार्षदों यथा जय और विजय को वैकुण्ठ से बहिष्कृत किये जाने तथा दिति और दनु के गर्भ से हिमालय पार के क्षेत्र में हिरण्यकश्यप, हिरण्याक्ष तथा अन्य दानवों के रूप में पुनर्जन्म प्राप्त करने की कथा के माध्यम से यही सन्देश दे रहे हैं। पद्म-नाभि की नाभि पद्म की पंखुरियों पर सृष्टिकर्त्ता ब्रह्मा को आसीन किया जाना, जिन्हें इस क्षेत्र के मानव प्रजाति का पूर्व पुरुष माना जाता है, इसी तथ्य को प्रतिबिम्बित करता है।

पामीर के पठार के दक्षिण तथा हिन्दुकुश के उत्तर का क्षेत्र मुंजवान् या मुजावत कहलाता था, वह रुद्रों का क्षेत्र था। अथर्ववेद में इसका उल्लेख मिलता है। यह रुद्र या शिव लोक वस्तुतः गिलगिट-बाल्टीस्तान का विस्तार था। इसे सोम क्षेत्र कहते थे। इन दोनों क्षेत्रों के दो उत्पाद उस काल में बहुत प्रसिद्ध थे। प्रथमतः वैदूर्य मणि, द्वितीयक सोम जो एक मादक पेय था। उत्कृष्ट किस्म का सोम इन्हीं क्षेत्रों से प्राप्त होता था। शिव की प्रतिमा में उस स्थान की तथा उस काल की सभ्यता के प्रतीक चिह्न पाये जाते हैं। सभ्यता का विकास अन्य क्षेत्रों की अपेक्षा वहाँ धीमी गति से हो रहा था। वे लोग आमतौर पर नंगे रहते या पशुओं की छाल पहनते थे, शिव भी प्रतिमा में मृगछाला पहने दिखते हैं। वे शरीर पर तरह-तरह से पेण्ट करते थे यथा

हनुमान सिन्दूर से और शंकर भस्म से, विशेष रूप में शमशान की भस्म से। मनुष्य समाज में शवों के जलाने की प्रथा थी इसलिए यह सहज ही उपलब्ध था। इन क्षेत्रों में सिन्दूर के वृक्ष भी बहुतायत में पाये जाते थे। सिर पर वे पशुओं के मुख का मुखौटा पहनते थे यथा गणेश हाथी का मुखौटा पहनते थे। गणेश अपने काल के गणपति थे, सम्भवतः यह गणपति का पहचान रहा हो। शिव का त्रिशूल उनके तीन सींगों-वाले शिरस्त्राण का प्रतीक है। नन्दी रुद्रों का एक गण था जो शिव के बहुत करीब था, वह हर समय एक विशेष कूबड़वाले बैल के रूप में उनके साथ रहता था। बैल रुद्रों की पसन्दीदा सवारी थी जिस पर आसीन होकर वे युद्ध में भाग लेते थे। शिव का नीलकण्ठ और उनके शीश का चन्द्र उनके दोनों प्राथमिक स्थानों क्रमशः मुजावत और सोम क्षेत्र का प्रतीक चिह्न है। मुजावत में नीले रंग का वैदूर्य प्राप्त होता था और चन्द्र, सोम का पर्यायवाची शब्द है। जब शिव काशी में रहने लगे, गंगा को उनकी जटा में स्थापित कर दिया गया। शिव के गले में नागों की माला उनकी नागवंशियों से सन्धि या मित्रता का प्रतीक है। इस प्रकार शिवप्रतिमा तत्कालीन शैव-संस्कृति और उसके फैलते विस्तार का प्रतिबिम्ब है। अर्थात् हिमालय-पार का भारतीय क्षेत्र तब मनुष्य-लोक, देव-लोक तथा शिव-लोक नाम से जाना जाता था।

इस अध्याय के प्रारम्भ में हम यह स्थापित कर चुके हैं कि पुराणों के अनुसार विष्णु का प्रथम अवतार वराह अवतार है, वाराह एक क्षेत्र-विशेष का नाम है जिसे उत्तर-कुरु कहा जाता था, जहाँ के आदि भूपति मनु थे जिन्हें पुराण आदि मनु या स्वयंभु मनु का नाम देते हैं। इसी स्वयंभु मनु के वंशज मनुष्य कहलाये जिन्होंने वराहों को संयुक्त कर मनुष्य समाज की स्थापना किया। वाराह-तीर्थ (क्षेत्र) जब विष्णु का एक अवतार है तब यह स्वाभाविक प्रश्न उठता हैः मुख्य विष्णु कौन हैं? पुराणों का सपाट उत्तर हैः तब वैकुण्ठ ही विष्णु था जिसकी पूर्ण अभिव्यक्ति वे आदिनारायण वैकुण्ठ विष्णु से स्पष्ट करते हैं। आदिनारायण का अर्थ है आदि नाल स्थल यानी मूल जन्म-स्थान। तात्पर्य यह कि वैकुण्ठ मानवों का वह प्रथम स्थान है जहाँ वे सर्वप्रथम पैदा हुए और वहाँ से अन्य स्थानों को गये। विष्णु के नाभि-कमल से ब्रह्मा की उत्पत्ति जिनसे मनुष्य और अन्य प्रजातियों का उद्भव होना बताया जाता है, इसी अर्थ का संकेत करता है। इस प्रकार मानवों के प्रथम या आदि स्थल के सम्बन्ध में पुराणों का सन्देश यही है कि वह वैकुण्ठ है जो तिब्बत का एक अन्य नाम है। भारत की प्राचीन परम्परा में घटना विशेष का मानवीकरण कर उसे देवत्व प्रदान किया जाना महत्त्वपूर्ण स्थान रखता है। किसी स्थल-विशेष को मानवों की मूल जन्म-भूमि की पहचान दिया जाना भी इतिहास की अभूतपूर्व घटना है और इसलिए इसका भी मानवीकरण किया गया और वैकुण्ठ इस प्रकार जन्म-स्थान का मानवीकृत नाम है जिन्हें तिब्बत का आदि पुरुष का मान देकर वहाँ से मनुष्यों की उत्पत्ति की अवधारणा प्रस्तुत की गयी। वैकुण्ठ के वंशज देव कहलाये, जिस प्रकार मनु के वंशज मनुष्य

कहलाते थे। एक अन्तराल के उपरान्त वैकुण्ठ को आदि देव विष्णु के मान से अलंकृत किया गया। कालान्तर में सनातन धर्म ने तत्कालीन धार्मिक-ऐतिहासिक परिस्थिति में श्रीविष्णु को मात्र तिब्बत का ही नहीं, अपितु सम्पूर्ण सृष्टि के सर्जक पद पर पदासीन किया जिनकी आभा में 'नारायण' तथा 'वैकुण्ठ' का मूल अर्थ तिरोहित हो गया। नारायण का अर्थ अब 'नर के भगवान्' तथा वैकुण्ठ उनका 'निवास-स्थान' के अर्थ में परिवर्तित हो गया जिस अर्थ में मानव के जन्म-स्थान के निमित्त उनकी खोज कठिन हो गयी। यद्यपि कि पुराणों ने शंख, चक्र, गदा, पद्य से अलंकृत उनका चित्र तथा पद्य-नाभि स्वरूप में उनकी पूजा की परम्परा बनाये रखा। यहाँ शंख, चक्र, गदा का संकेत उनकी प्राचीनता को तथा नाभि-पद्य सृजनशीलता को और पद्य तिब्बत की अभिव्यक्ति देता है जहाँ पद्य बहुतायत में पाये जाते हैं। वैकुण्ठ और विष्णु के एकाकार के माध्यम से इस प्रकार पुराण वैकुण्ठ को आदि जन्म-भूमि तथा विष्णु को आदि पिता के रूप में प्रस्तुत करते हैं। जिस प्रकार ब्रह्मा को मनुष्य-वंश अपना आदि पिता मानता है, उसी प्रकार देव-वंश विष्णु को आदि पिता या परम् आराध्य कहता है।

वैकुण्ठ विष्णु ने अपने देश में राजतन्त्र की स्थापना न करते हुए धर्म-संस्था स्थापित किया। धर्म तब सामाजिक अनुशासनमात्र था, उसमें किसी प्रकार के ईश्वरीय-तत्व का अभाव था, आस्था-अनास्था का कोई प्रश्न नहीं था, विशुद्ध रूप से धर्म-निरपेक्ष धर्म था, जिसमें सामाजिक अनुशासनों के माध्यम से सभ्य-समाज के विनिर्माण का संकल्प था। पुनश्च धर्म को अक्षुण्ण रखने की विभावना के अन्तर्गत विष्णु के अवतारवाद की अवधारणा विकसित हुई जिसका मूल-मन्त्र था 'जब-जब धर्म की हानि होती है, अधर्म का उत्थान होता है, तब-तब दुराचारियों के विनाश तथा धर्म-संस्था की पुनर्स्थापना के लिए मनुष्य रूप में विष्णु का अवतार होता है।' तत्कालीन विश्व के अन्य देशों में राजतान्त्रिक व्यवस्था थी। राज-पद सर्वोच्च था, राज-पद निरंकुश था, राजा की इच्छा ही कानून था। राजा प्रजा और भूमि दोनों का अधिपति था। प्रजा को नाममात्र का अधिकार प्राप्त था। जबकि वैकुण्ठ ने धर्म-चक्र-प्रवर्तन का संकल्प किया; ऐतिहासिक काल में उसी प्रकार सम्राट् अशोक ने किया था।

विष्णु के तथाकथित प्रथम सन्तान या वैकुण्ठवासियों में एक श्रेष्ठ नाम ब्रह्मा का है जिनके वंशजों ने तिब्बत के पारा तथा हिमालय के उत्तर के प्राचीनतर क्षेत्र में दो देशों का निर्माण किया जो क्रमशः मनुष्य-लोक और शिव-लोक नाम से जाने गये, शिव-लोक मनुष्य-लोक के पश्चिम में था। प्रतीततः शैवों की एक शाखा कालान्तर में कैलास-मानसरोवर क्षेत्र में रहने लगी। या इन लोगों ने शैव धर्म को अंगीकार कर दिया होगा। इन दोनों विशाल लोकों का प्रथम अधिपति प्रथम दैत्यराज हिरण्यकश्यप था जिसके पुराण कथित अनुज का वध कर वराह विष्णु ने उसके

अधीन पृथ्वी को मनुष्यों के पूर्वज मनु (स्वयंभु) को प्रदान किया था। स्वाभाविक था हिरण्यकश्यप का और उच्छृंखल हो जाना। उसने अपने साम्राज्य में यह मुनादी पिटवा दिया कि विष्णु तथा उसकी धर्म-संस्था को कोई मान नहीं देगा। जनता अराजक हो उठी, यहाँ तक कि उसका पुत्र प्रह्लाद भी। वह अपने अवज्ञा करनेवालों को कठोर दण्ड देता था, प्रह्लाद को तो उसने मृत्यु-दण्ड सुनाया लेकिन उसका हर प्रयास विफल हुआ। अन्ततः विष्णु को दूसरा अवतार लेना पड़ा। एक उग्र जन-आन्दोलन प्रारम्भ हुआ। जनता ने हिरण्यकश्यप का वध कर दिया और उसके पुत्र प्रह्लाद को जो विष्णु स्थापित धर्म-संस्था में विश्वास रखता था, राजा बनाया। वाराह क्षेत्र के बाद यह दूसरा अवसर था जब स्वयं जनता ने अपने अत्याचारी शासक का अन्त कर राज्य में धर्म-संस्था की पुनर्स्थापना किया था। इसलिए इस घटना को विष्णु का द्वितीय अवतार माना जाता है। प्रश्न है: इसे नरसिंह अवतार क्यों कहते हैं?

पौराणिक कथन यह है कि भगवान् विष्णु ने हिरण्यकश्यप के वध हेतु नरसिंह रूप धारण किया था क्योंकि उसे ब्रह्मा से किसी व्यक्ति (मनुष्य) के द्वारा न मारे जाने का वरदान प्राप्त था। इसीलिए विष्णु को नर-सिंह (आधा नर-आधा सिंह) स्वरूप धारण करना पड़ा। उनका शरीर नर का और शीश सिंह का, इस पौराणिक अवधारणा का विकास हुआ। मेरे अभिमत में यह घटना जिस काल की बतायी जाती है उस समय तक न तो सिंह शब्द का उद्भव हुआ था और न ही यह शब्द सिंह के अर्थ में व्यवहृत ही हो रहा था। हाँ एक पर्वतमाला का नाम शृंगवान् अवश्य था जिसके उत्तर और दक्षिण दोनों ओर मानव बस्ती थी। उत्तर में स्वयंभु का मनुष्य वंश था और दक्षिण में वरुण और आदित्य वंश, जो जास्कर के दैत्यराज हिरण्यकश्यप के अधीन था। शृंगवान् पर्वतशृंखला की ऊँची-ऊँची शृंगवत् चोटियाँ उसकी दिव्यता थी जिसके लिए उसे शृंगवान् (आज काराकोरम) कहा जाता था। भारत का सर्वोच्च पर्वत शिखर K_2 तथा नंगा पर्वत इस पर्वतमाला की चोटियाँ हैं। इसी शृंगवान् से उसके दक्षिणवर्ती देश का नाम नरशृंग पड़ा, जो समय के साथ नरसिंग और फिर नरसिंह जिसे पुराणों ने इसी रूप में अंगीकार कर लिया और इसे विष्णु के द्वितीय अवतार का मान दिया। मिस्र के पिरामिडों के पास सिंहल को स्फिनिक्स (sphinx) के विशाल स्थापत्य में जो मानव आकृति के साथ प्रशान्त मुद्रा में बैठे एक सिंह की मूर्ति प्रतिभासित होती है, वह अवश्य ही उस सिंह का प्रतिबिम्ब है जिसने उस नर (हिरण्यकश्यप) का वध किया था। ये दोनों ही प्रतीक विशुद्ध रूप से भारतीय प्रतीक हैं जो शुद्धतम रूप से नर-सिंह तथा सूर्य-पूजा के सह-सम्बन्ध को स्थापित करते हैं। मेरे अभिमत में समय के साथ नरसिंग (नरसिंह) देश से कुछ भारतीय मिश्र तक पहुँचे और वहाँ उन्होंने अपनी संस्कृति को इस रूप में स्थापित किया। नर और सिंह की इस संयुक्त मूर्ति से वे अपने मूल देश को अभिव्यक्ति देते हैं तथा सूर्य-पूजा की

परम्परा भी उन्हें अपने देश से ही प्राप्त हुई थी। पिरामिड निर्माण की परम्परा इस नये देश की स्थानीय परम्परा थी और इस प्रकार इन तीन प्रतीकों के साथ मिस्र ने अपनी संस्कृति का विकास किया जिसके दो तत्व भारतीय थे। मैं इस घटना को भारत से भारतीयों के विश्व के अन्य अंचल में बसने तथा भारतीय संस्कृति की स्थापना के ऐतिहासिक घटना का मान देना चाहूँगा, इस सम्भावना को नकारे बगैर कि वहाँ तक पहुँचने के पूर्व भारतीयों ने मध्य एशिया के एक बड़े भू-भाग को अपनी संस्कृति से आप्लावित अवश्य किया होगा।

इस प्रकार यह स्थापित होता है कि नरसिंह न तो किसी व्यक्ति का नाम था और न ही स्वरूप; अपितु यह उस भू-क्षेत्र में आरम्भ से बसनेवाली जनता का देशगत प्रतीक चिह्न था जिसे वे अपना आराध्य मानते थे। तब न जन्म-स्थान शब्द प्रचलन में था और न मातृभूमि अपितु जन्म-स्थान को वे आदिनारायण (आदि नाल स्थल) कहते थे तथा उसे पितृ-भूमि मानते थे और तथाकथित देशरूपी पिता का नाम देते थे यथा वैकुण्ठ, वराह, नरसिंह और तृतीय अवतार में कश्यप। समय के साथ वैकुण्ठ में विष्णु नाम से धर्म-संस्था की स्थापना हुई और वहाँ के लोग जहाँ कहीं बसे या जिस क्षेत्र को विजित किया उसे विष्णु के अवतार का मान इसलिए देते थे कि वे वहाँ वैकुण्ठ विष्णु द्वारा स्थापित मर्यादाओं का अनुपालन सुनिश्चित करते थे। पुराणों से यह ध्वनित होता है कि वैकुण्ठ में मूल विष्णु की स्थापना नरसिंह द्वारा या नरसिंह के काल में स्थापित हुई जब वे हिरण्यकश्यप को मारकर तीनों लोकों के अधिपति बने और विष्णु त्रिलोकीनाथ के अलंकरण से अलंकृत किये गये। यह सुनिश्चित किया गया कि विष्णु-लोक के देव या ऋषि जिन सामाजिक-धार्मिक अनुशासन के मानक तय करेंगे वह सर्वमान्य होगा। यही धर्म-संस्था, जब श्रीविष्णु सनातन पुरुष के मान से परिभाषित किये जाने लगे, उनके द्वारा स्थापित धर्म-संस्था सनातन धर्म के नाम से प्रसिद्ध हुई और आज भी इसी नाम से जानी जाती है। इस प्रकार 'विश्व-पुरुष' जिसे भारतीय 'विराट् पुरुष' के नाम से प्रतिष्ठित करते हैं उसके दोनों चरण भारतीयों ने तिब्बत-लद्दाख की पवित्र भूमि में स्थापित किया था। मेरे अभिमत में धर्म-संस्था या विष्णु पीठ की स्थापना चतुर्थ वामन अवतार के काल में किया गया था जब सनातम धर्म की अभिरक्षा तथा अभिवृद्धि ब्रह्मणों (वामनों) को प्रदान किया गया था। उन्होंने लद्दाख के स्थान पर तिब्बत को देवलोक का मान प्रदाग किया।

इस प्रकार नरसिंह क्षेत्र में सनातन धर्म का पुनर्स्थापन ही विष्णु का द्वितीय नरसिंह अवतार है।

पुराण आदिकालीन सृजन को अयोनिज सृजन का नाम देते हैं जिसका अर्थ योनिज सृजन का अभाव से है। उनके अनुसार दक्ष प्रजापति काल तक विश्व में सृजन की यही प्रक्रिया प्रचलित थी और मैथुनी सृजन की प्रक्रिया इसके बाद प्रारम्भ

हुई। दक्ष तक के काल तक उनके अनुसार कई स्वनामधन्य व्यक्तियों का निर्माण हुआ था यथा ब्रह्मा, कई प्रजापति तथा ब्रह्मर्षि, स्वयंभु मनु, रुद्र आदि जिनका वर्णन पिछले अध्याय में किया जा चुका है। उनके अनुसार ये लोग और इन लोगों के द्वारा मानसिक शक्तियाँ यथा संकल्प, संस्पर्श या उनके किसी अंग से प्रजा का प्रादुर्भाव हुआ। पुराण इस सृजन को मानसी सृजन का नाम देते हैं। इसका अर्थ दूसरे शब्दों में यह होता है कि पुराणों के ज्ञात इतिहास का आरम्भ इसी समय से होता है, इससे पूर्व की स्थिति का ज्ञान उन्हें भी नहीं था। इसलिए इसके पूर्व की अस्पष्ट स्थिति ब्रह्मा की पृष्ठभूमि में अन्तरित कर दी गयी।

वस्तुतः पुराणों ने वर्तमान के प्रसिद्ध ऋषियों को ही ब्रह्मर्षि प्रजापति बना दिया। वर्तमान से मेरा तात्पर्य है कि पुराणकारों ने जब पुराण लिखना आरम्भ किया तथा ब्रह्मर्षि प्रजापति वे ऋषि थे जो प्रजा-वृद्धि में सहायक हुए थे। प्रमुख रूप से ये 7 थे तथा सप्तर्षि नाम से प्रसिद्ध हुए। इनके नाम इस प्रकार हैंः मरीचि, अत्रि, अंगिरस, पुलस्त्य, पुलह, क्रतु और वशिष्ठ। आगे के अध्यायों में आप देखेंगे कि ये भिन्न काल के ऋषि हैं। केवल अत्रि और मरीचि ही वैवस्वत के पूर्व के हैं। पुलस्त्य, पुलह, क्रतु एवं वशिष्ठ काफी बाद के हैं। अंगिरस लगभग समकालीन हैं। वरुण, भृगु और उनके वंशज इस सूची में नहीं हैं, जबकि वे ऋषि भी थे और सन्तानोत्पत्ति करनेवाले भी थे। ऐसा इसलिए किया गया है कि वे आर्य वंश (देवों) से सम्बद्ध नहीं थे, अपितु असुरों से सम्बद्ध थे। ये सभी ऋषि कश्यप देश (जम्मू-कश्मीर) के रहनेवाले माने गये थे। ऐसा पुराणकारों ने इन ऋषियों के पूर्वजों की कोई विशिष्ट पहचान न प्राप्त होने के कारण किया है।

पुराणों के अनुसार उस काल तक भारतीय सभ्यता एक ऊँचे मुकाम तक पहुँच चुकी थी। इस काल तक वैकुण्ठ में धर्म-संस्था की स्थापना की जा चुकी थी, वाराह अंचल में आदि मनु का धर्मानुशासन व्यवस्थित हो चुका था, नरसिंह (लद्दाख) देश की जनता ने निरंकुश राजशाही का अन्त कर विष्णु-धर्म की मर्यादाओं के अन्तर्गत हिरण्यकश्यप के विष्णु-भक्त पुत्र प्रह्लाद को जास्कर-लद्दाख क्षेत्र का धर्म रक्षक नियुक्त किया जा चुका था और इस प्रकार सनातन धर्म की धर्म-ध्वजा इस पूरे मण्डल में फहराने लगी थी जो वैकुण्ठ के आदर्शों के अनुकूल था। इस प्रकार भारत के इस प्राथमिक भूखण्ड में देवों-मनुष्यों-दैत्यों की मिली-जुली संस्कृति का आविर्भाव हुआ।

प्रह्लाद और उसके पुत्र विरोचन का काल अपेक्षाकृत शान्ति और मिश्रित सभ्यता के विकास का काल था। विरोचन-इन्द्र के काल में धर्म के दर्शन का निर्माण करने का प्रयास हुआ। कठोपनिषद् में उस कथा का सविस्तार विवरण दिया गया है, जब विरोचन और इन्द्र एक साथ ब्रह्मा से इस विषय पर प्रकाश डालने का अनुरोध किया था। उनके परामर्श ने दोनों को अलग-अलग निष्कर्ष पर पहुँचाया। दैत्य-वंश में 'स्वत्ववाद' का विकास हुआ और शेष लोगों में 'आत्मवाद' का। स्वत्व के अनुसार

शरीर ही मूल तत्व था और चैतन्य उसकी अभिव्यक्ति जबकि आत्मवाद में पंच महाभूत निर्मित शरीर तत्व मात्र जड़-तत्व था जो स्वयं प्रकाश्य पुरुष तत्व से संयुक्त होकर जीव का निर्माण करता है। दोनों से दो भिन्न प्रकार के दर्शनों का विकास हुआ। प्रथम पदार्थ या भौतिकवादी चारूवाक दर्शन कहलाया और द्वितीय आध्यात्मवादी दर्शन सांख्य दर्शन नाम से प्रसिद्ध हुआ। दैत्यों में चारूवाक दर्शन का प्रसार हुआ एवं मनुष्यों तथा देवों में सांख्य दर्शन मान्य हुआ। दोनों ही दर्शन किसी भी ईश्वरीय तत्व से मुक्त और धर्म-निरपेक्ष थे लेकिन दोनों ने ही दो भिन्न प्रकार के समाजों का निर्माण किया। दैत्य समाज में दैत्यराज बलि जैसा स्वेच्छाचारी शासक हुआ, उसने एक बार पुनः त्रिलोकी में राजतन्त्र की स्थापना की ओर उन्मुख हुआ जिसका अन्य दोनों समाजों ने भरपूर विरोध किया। देवर्षि नारद ने बीच-बचाव का मार्ग अपनाया और उनका प्रस्ताव आया कि दोनों पक्ष मिलकर समुद्र-मन्थन करें जिससे अमृत मिलेगा, जिसका पान कर दोनों समाज अमर हो जायेंगे। अमृत पान की लालसा ने दोनों पक्षों को एकजुट होकर समुद्र-मन्थन के लिए तैयार कर दिया और समुद्र-मन्थन हुआ। समुद्र मंथन का अर्थ एक नये अंचल की खोज कश्यपसीर नाम से जाना गया।

पुराणानुसार विष्णु के तृतीय कच्छप अवतार का सम्बन्ध कश्यप से है, पुराण जिसे कश्यप मारीचि का नाम देते हैं। ब्रह्मर्षि मरीचि का पुत्र होने के नाते वे कश्यप मारीचि कहे जाते हैं। पुराण लद्दाख-उत्तर कुरु का सृजन स्वयं ब्रह्मा से मानते हैं तथा कश्मीर जो उसका बाद का नाम है, उनके पौत्र ऋषि कश्यप मारीचि से। यह ब्रह्मा की सृष्टि-सृजन के बाद का सृजन है, इसलिए पुराण इसे द्वितीय सृजन के रूप में प्रस्तुत करते हैं। पहले सृजन का सम्बन्ध मनुष्य-वंश के सृजन से था जो क्षत्रिय कहलाये और दूसरा सृजन ऋषि-वंश से जिसके वंशज ब्राह्मण कहे गये। प्रथम सृजन स्वयं ब्रह्मा और उनके पुत्र स्वयंभु मनु से आगे बढ़ा और दूसरा सृजन ब्रह्मा के पौत्र कश्यप मारीचि से। इसका स्पष्ट संकेत यह है कि कश्मीर को ब्रह्मा के एक वंशज ऋषि कश्यप ने आबाद किया। उनके नाम पर इस देश का नाम प्रथमतः कश्यपमीर पड़ा और तदुपरान्त कश्मीर। कश्यप मारीचि कश्यपमीर के देश-पिता थे, जिस तरह महात्मा गाँधी आज देश-पिता माने जाते हैं तथा बापू कहे जाते हैं। देश पिता के नाम पर देश का नाम रखा जाना एक प्राचीन भारतीय परम्परा है। पुराणों के अनुसार कश्यप मारीचि को प्रजापति दक्ष ने अपनी 13 कन्याओं के साथ कश्यप देश भेजा था जहाँ उन्होंने दक्ष के निर्देशानुसार प्रजा की वृद्धि किया था। उनसे उन्होंने कश्मीर में अनेक मानव कबीलों को सृजित किया था यथा दैत्य-दानव-आदित्य (देव)-नाग-गरुड़-किन्नर-गन्धर्व-अप्सरा- यक्ष-रक्ष-पणि इत्यादि। वस्तुतः यह तत्कालीन इतिहास के वास्तविक इतिहास की पौराणिक व्याख्या है जो दक्ष तथा कश्यप के मिथक के माध्यम से व्यक्त किया गया है। प्रकारान्तर से यह दो भिन्न देश और

दो भिन्न समाज की ऐतिहासिक-राजनैतिक स्थिति का निरूपण करता है। यह ब्रह्मा-पुत्र स्वयंभु द्वारा निर्मित मनुष्य समाज से भिन्न एक सामाजिक व्यवस्था थी जिसका एक अलग देश था और एक भिन्न संस्कृति थी। कालान्तर में जब यहाँ वैकुण्ठ (तिब्बत) के देवों का शासन आया, ये लोग देव कहे जाने लगे। इसी देश से हिरण्यकश्यप हिमालय के पार लद्दाख क्षेत्र का राजा बना था। यहीं से वैवस्वत मनु हरियाणा गये थे और वहाँ अपना राज्य स्थापित किया था।

कच्छप अवतार का सम्बन्ध समुद्र-मन्थन से है। समुद्र-मन्थन में कच्छप (कश्यप देश) वह मूल आधार है जिस पर मथानी टिकी हुई थी। मंदराचल जो इस भूमि की पहचान है, पुराणों के अनुसार मथानी थी। तात्पर्य यह कि पुराण कश्यप देश को समुद्र-मन्थन के स्थान के रूप में चिह्नित करते हैं। यानी समुद्र-मन्थन कश्यप-देश में हुआ था। समुद्र-मन्थन एक युद्ध सदृश था जो दैत्यों-देवों की संयुक्त शक्ति के विरुद्ध कश्यप की सन्तानों द्वारा लड़ा गया था। नागवासुकि के एक ओर दैत्यों को और दूसरी ओर देवों (तिब्बत) को चिह्नित करना यह संकेत करता है कि दोनों ने एक साथ योजनाबद्ध तरीके से आक्रमण किया था। नाग उस कालखण्ड में प्रमुख शक्ति थे और उन्होंने काफी शक्ति से प्रतिरोध किया था। कश्मीर के लिए यह आत्म-गौरव का युद्ध था इसलिए वहाँ की सभी जातियों ने पूर्ण योगदान किया। युद्ध का कोई परिणाम नहीं निकला। अन्त में तथाकथित अमृत के बँटवारे को लेकर दैत्यों और देवों में युद्ध हुआ। दैत्यराज बलि पराजित हुआ और दैत्य-सेना वापस लौट गयी और युद्ध समाप्त हुआ। कश्यप की सन्तानों की विजय हुई और कश्यप देश एक प्रमुख राजनैतिक शक्ति के रूप में स्थापित हुई, इसी घटना को पुराण विष्णु के तृतीय कच्छप अवतार का नाम देते हैं। यह युद्ध देवासुर-संग्राम के आरम्भ के 300 वर्ष बाद की घटना मानी जाती है इसलिए कहा जा सकता है कि यह युद्ध 3200 ई.पू. के आस-पास लड़ा गया था। अतएव अत्याचारी राजा बलि के आक्रमण से कश्यप देश के निवासियों द्वारा अपने राज्य और संस्कृति का संरक्षण ही विष्णु का तृतीय अवतार है।

ऋषि कश्यप के कश्मीर आबाद करने के बाद अन्य जगहों से अनेक ब्राह्मण परिवार कश्मीर आये। उन्होंने न केवल कश्मीर को आबाद किया बल्कि उसकी आध्यात्मिक चेतना को जगाया। उन्होंने देश की जनता को जड़ शरीर और चैतन्य पुरुष तत्वों का अन्तर समझाया। उन्होंने उनको शान्ति और अहिंसा का पाठ पढ़ाया। उन्होंने उनको अस्तेय और अपरिग्रह का अर्थ समझाया। उन्होंने सामाजिक और व्यक्तिगत नैतिकता के अनेक नियम-कानून बनाये और उनका अनुपालन सिखाया। समाज के सामने नैतिकता के ऊँचे मानक रखे। लद्दाख-उत्तर कुरु से आनेवाले

ऋषि-कुलों में प्रमुख थे : भृगु-वंश, अंगिरस-वंश, अर्यमा-वंश, अत्रि-कुल, वशिष्ठ-कुल और कश्यप-कुल (जो पहले से आबाद था)। इन छह ऋषि-कुलों ने सामाजिक सहिष्णुता, व्यावहारिक उदारता और भौतिकता से विमोह के सामाजिक आदर्शों की स्थापना किया। फलतः वे समाज के लिए आदरणीय बने। समय आने पर 3176 ई.पू. में अत्रि के पुत्र या वंशज सोम आत्रेय ने कश्यप देश में एक राज्य स्थापित किया। उन्हें ब्राह्मणों का राजा कहा जाता है। तब ब्राह्मण और कश्मीर (कश्यप-देश) एक-दूसरे के पर्यायवाची शब्द बन चुके थे। कश्मीर का अर्थ ब्राह्मण था और ब्राह्मण का अर्थ कश्मीर। इस वंश के कश्मीर में तीन राजा हुए हैं। सोम आत्रेय, बुध आत्रेय और पुरूरवा ऐल।

बाद में तिब्बत के देवों के इन्द्र ने कश्मीर घाटी में देवों का राज्य 3076 ई. पू. में स्थापित किया। उसी समय पुरूरवा को वैवस्वत पुत्री इला से हरियाणा का राज्य प्राप्त हुआ जहाँ उन लोगों ने कई हजार वर्ष राज्य किया और लगभग पूरे आर्यावर्त तथा दक्षिण-भारत के कुछ भागों पर उनका आधिपत्य कायम रहा। भारत के अन्तः प्रान्त में आने के बाद वहाँ पहले से परिव्याप्त मनुष्य-संस्कृति को अपने ढंग से इस प्रकार प्रभावित किया कि समय के प्रवाह में घुलते-मिलते दोनों एक हो गये और आर्य संस्कृति, आर्य सभ्यता के नाम से जाने गये। भारत की तत्कालीन परिस्थितियों में वे स्वयं को आर्य कहने लगे जो पहले ब्राह्मण कहे जाने में गौरव की अनुभूति करते थे।

भारत के अन्तः प्रान्त में, लद्दाख-उत्तर कुरु की पवित्र भूमि से आकर बसनेवालों में चन्द्र-वंश प्रथम नहीं था। उससे काफी पहले मनुष्य राजवंश की दो शाखाएँ भारत में आ चुकी थीं और अपना साम्राज्य भी स्थापित कर चुकी थीं। सबसे पहले मनुष्य-वंश की उत्तानपाद शाखा ने प्रस्थान किया तथा कुछ काल तक हिमालय के पहाड़ी क्षेत्रों में रहीं। उत्तानपाद के पुत्र उत्तम का यक्षों के हाथ मारे जाने की पौराणिक कथा इस तथ्य को पुष्ट करता है। बाद में वे रावी के तट पर बसीं और फिर सरस्वती तक अपना आधिपत्य जमा लिया जिसके दूसरे किनारे पर चन्द्रवंश के वैवस्वत वंश ने अपना राज्य स्थापित किया था। दूसरी शाखा मनुष्य-वंश की प्रियव्रत शाखा है जिसने कई पीढ़ियों तक लद्दाख-उत्तर कुरु क्षेत्र में राज्य किया था, फिर भारत आये। पुराणों में इस राजवंश के 5 पीढ़ियों का ही वृत्तान्त प्राप्त होता है जो यह संकेत करता है कि सम्भवतः उस काल के बाद उनका राजवंश समाप्त हो चुका था और वे वहाँ से प्रस्थान करने लगे थे। उत्तर कुरु देश का नाम मनुष्य-वंश के एक स्थानीय राजा कुरु के नाम पर रखा जाना इसका सशक्त प्रमाण है। इसके पूर्व इस स्थान का नाम वाराह क्षेत्र कहा जा सकता है। ये लोग पहले जम्मू में बसे जिसे वे जम्बू द्वीप कहते थे। वहाँ से उन्होंने रावी के तट तक अपना राज्य फैलाया। जब चन्द्रवंश इस अंचल में आया उस समय तक स्वयंभु के मनुष्य-वंश की दोनों

शाखाओं का सम्मिलित क्षेत्र पूर्व में यमुना तक, उत्तर में अस्किनी तक, पश्चिम में सिन्धु तक तथा दक्षिण में सरस्वती तक विस्तृत था। उत्तानपाद शाखा में एक अति प्रतापी राजा पृथु हुए, जिन्होंने सूर्य को अपना राजचिह्न बनाया था। आगे इसी पीढ़ी में इक्ष्वाकु नाम के एक प्रसिद्ध राजा हुए। उन्होंने सूर्यवंश के नाम से राजवंश स्थापित किया। इस प्रकार 3101 ई.पू. में जब मनु वैवस्वत भारत आये, यहाँ दो राजनैतिक शक्तियाँ सरस्वती के आर-पार एक साथ स्थापित हुई थीं। प्रथमतः इक्ष्वाकु का सूर्यवंश जो कई सौ वर्ष पहले से क्रियाशील था और दूसरा कश्मीर से आया चन्द्र-वंश जो नया-नया स्थापित हुआ था। दोनों का मूल स्थान एक था और वह उत्तर-कुरु था।

राजा पृथु का राज्य-काल पुराण प्रदत्त राजवंशों की तालिका में प्रारम्भ से 12वें स्थान पर आता है। इस प्रकार हम कह सकते हैं कि उनका शासन-काल 3280 ई. पू. में प्रारम्भ हुआ होगा। उनके महत्त्वपूर्ण कार्यों में एक उल्लेखनीय कार्य एक सैन्य-शक्ति का विकास था जो समाज में क्षत्रिय नाम से प्रसिद्ध हुए। यह लगभग वही कालखण्ड है जब कश्मीर में ब्राह्मण 3200 ई.पू. के आस-पास अपने उत्थान के चरम पर थे। सम्भवतः यह दोनों समाजों के आपसी सम्पर्क का परिणाम रहा हो। ऐसा चाहे उनके आपसी सम्पर्कों वश हुआ हो या स्वतन्त्र रूप से राजनैतिक-सामाजिक परिस्थितियों वश हुआ हो, तत्कालीन भारतीय समाज ने आज की दो प्रमुख जातियों को इस कालखण्ड में स्वरूप लेते देखा। यही भारतीय समाज में ब्राह्मण और क्षत्रिय नामक दो श्रेष्ठ जातियों की उत्पत्ति का सामाजिक दर्शन है।

स्वयंभु वंश के क्षत्रिय प्रधान समाज में और कश्मीर के कश्यप-वंश के ब्राह्मण समाज में कुछ मूलभूत अन्तर थे जो दोनों के स्वतन्त्र तथा भिन्न राजनैतिक परिस्थितियों में उत्पन्न होने के कारण पैदा हुए थे। मनुष्य समाज ने सामाजिक अनुशासनों पर ज्यादा जोर दिया था जबकि कश्मीर के ब्राह्मण समाज ने आध्यात्मिक विकास को प्रोत्साहित किया था। मनुष्य समाज ने चयन की स्वतन्त्रता के साथ चतुर्वर्ण-व्यवस्था लागू किया था जिनके अनुशासनों का पालन अनिवार्य था, व्यक्तिगत जीवन के सम्यक विकास हेतु उन्होंने चार आश्रम बनाये थे जिनका आमतौर पर अनुपालन किया जाता था। जीवन के सर्वांगीण विकास के लिए धर्म, अर्थ, काम और मोक्ष नाम से चार पुरुषार्थ थे, चौथा जो अन्तिम लक्ष्य था, उसका अर्थ था स्वत्व का समाज में विलीनीकरण। मनुष्यों ने कृषि जनित अर्थव्यवस्था की नींव को मजबूत किया जो एक नगरीय सभ्यता के विकास में उत्तरोत्तर वृद्धिगामी थी। राजनैतिक स्थिति उन्नत दशा में थी, प्रतिस्पर्द्धा अवश्य थी लेकिन प्रतिद्वंदिता नहीं थी, युद्ध अधिकांशतः राजाओं के उच्छेद में नहीं अपितु अस्तित्व बनाये रखने में निर्णीत होते थे। इस सामाजिक-आर्थिक-राजनैतिक परिस्थितियों में लगभग 200 वर्षों बाद सरस्वती के पावन तटों पर दो बन्धुओं से प्रादुर्भूत समाज एक-दूसरे से गले

मिल रहे थे। दोनों में कुछ बातें समान थीं यथा भाषा जो थोड़े बहुत अन्तर के साथ एक जैसी थी और दूसरे उनके कुछ देवता समान थे जो कश्मीर में बसने के पहले के थे। इन दो बातों ने दोनों को समझा दिया था कि दोनों मूलतः एक हैं, कभी एक साथ एक देश में रहते थे और सैकड़ों वर्षों तक साथ रहे। उत्तर-कुरु का चित्र उनके मन-दर्पण में उभर आया था। दोनों के संयुक्त प्रयास से एक नई सभ्यता का उदय हुआ जिसे जग आर्य सभ्यता कहता है।

सन् 3101 ई.पू. में जो लोग सरस्वती के दूसरे किनारे पर बसे, उन लोगों ने उस स्थान को (जो सम्भवतः स्थानेश्वर है), जहाँ अग्नि स्थापित किया, 'कुरु स्थान' और सरस्वती-दृशद्वती के द्वाब को कुरु-क्षेत्र कहा। यह मेरा अभिमत है, इतिहासकारों में मतभिन्नता है। ज्यादातर कौरव-वंश के प्रथम राजा कुरु के नाम पर रखा गया मानते हैं। लेकिन उस राजा का नाम कुरु नहीं था और कुरु एक व्यक्तिवाचक संज्ञा नहीं थी। वह एक जातिवाचक संज्ञा थी, एक जन-समूह स्वयं को कुरु कहता था। यद्यपि कि इसकी उत्पत्ति कुरु नाम के एक राजा के नाम से हुआ था। उसके ही नाम पर उस देश का नाम कुरु पड़ा जो इस नये देश की उत्पत्ति के साथ उत्तर कुरु हो गया। वहाँ के जन भी कुरु नाम से पहचाने जाने लगे थे। भार्गव अपने इसी पुस्तक के पृष्ठ संख्या 274 पर लिखते हैं 'The Kurus rallied under their King Parikshit I of the illustrious Bharat lineage. The King was also known as Kuru and Kauravya. He began to rule about 1480 BC' तात्पर्य यह कि कौरव-वंश के संस्थापक राजा का नाम परीक्षित (प्रथम) था, उसके पिता का नाम सम्भवतः सम्वर्ण था, कुरु उसका नाम नहीं था। कुरु उसका उपनाम था जिसका सीधा संकेत यह है कि वह कुरु मूल का था अर्थात् कुरु उसका देश था, उसकी जाति थी। इस प्रकार सरस्वती के उत्तर और दक्षिण उन लोगों का राज्य स्थापित हुआ, जो मूलतः उत्तर कुरु देश के रहनेवाले थे, परस्पर वान्धव थे। सरस्वती के उत्तर जो लोग पहले से सत्ता में थे वे मेरे विवेचना के अन्तर्गत मनुष्य थे और पुराण उन्हें क्षत्रिय कहता है एवं जो दूसरी तरफ बसे थे, मेरे अभिमत में वे ब्राह्मण थे, पुराण उन्हें कश्मीर के देवों के सन्दर्भ में 'देव' भी कहता है। जबकि ऐतिहासिक दृष्टि से ऋषि कुल था जो लद्दाख उत्तर-कुरु के रहनेवाले थे और देव तिब्बत के निवासी थे। देवों का राज्य कश्मीर तक सीमित रहा और ऐतिहासिक काल तक देश में कहीं और स्थापित नहीं हुआ। समग्र के साथ दोनों ही समाजों के राजकर्म से जुड़े लोग क्षत्रिय कहे जाने लगे तथा दोनों समाजों के एकीकरण की प्रक्रिया के अन्तर्गत दोनों समाजों के समान व्यवसाय के लोगों की एक जाति बन गयी। इसी ऐतिहासिक पृष्ठभूमि में भारत में व्यवसाय जिसे वे कर्म कहते थे, पर आधारित चतुर्वर्ण व्यवस्था का विकास हुआ। पहले आर्य शब्द की उत्पत्ति नहीं हुई थी, भरत के बाद के काल में लगभग 2650-2700 ई.पू. में भरतों ने अपनी विशेष राजनैतिक स्थिति के दृष्टिगत अपनी

जमात से भरत के पूर्व जिन्हें पौरव कहा जाता था, उन्हें आर्य कहने लगे। वस्तुतः यह ब्राह्मण-वंश के पंचजनों का बँटवारा था। इसके बाद पंचजन की अन्य चार जातियाँः यदु, तुवर्स, अनु और दृध्यु से उत्पन्न समाज आर्येत्तर जातियाँ कही जाने लगी। मनुष्य राजवंश तब भी मनुष्य था और बाद तक भी मनुष्य या क्षत्रिय कहा जाता रहा। इस प्रकार प्रारम्भ में ब्राह्मणों का एक छोटा सा समुदाय जो स्वयं को क्षत्रिय कहते था, केवल वही आर्य थे। समय के साथ जब भरत-वंश कमजोर हुआ और कई अन्य अपेक्षाकृत शक्तिशाली राज्य प्रभावी हुए तो उत्तर-भारत के सभी लोग आर्य कहे जाने लगे और उत्तर-भारत स्वयं आर्यावर्त बन गया। उत्तर भारत के आर्यावर्त बन जाने के बाद दक्षिण भारत का नाम द्रविण रखा गया जो निश्चित रूप से जातिगत आधार पर नहीं था। न उत्तर में आर्य कभी बहुमत में रहे न दक्षिण में द्रविण कभी प्रभावी रहे। आर्यावर्त और द्रविण देश, दोनों देशगत नाम हैं जिनके बीच रसा (आज की नर्मदा) बहती है। दोनों में मात्र भाषागत अन्तर है। आधुनिक इतिहासकारों ने भाषागत अन्तर से विश्व को समझने का प्रयास किया। उन्होंने उन सभी देशों को भाषाओं की समानता के आधार पर एक वर्ग में रखा जिसे वे आर्यों द्वारा प्रादुर्भूत मानते हैं। इस भाषा समूह की प्रजातियों को वे 'आर्यन्' कहते हैं। इस प्रकार उत्तर भारत की बोली जाने वाली सभी भाषाऐं इस आर्यन् परिवार में सम्मिलित कर ली गयी, प्रकारान्तर से उत्तर भारत के सभी लोग आर्यन् हैं। इस प्रकार भरत के कालखण्ड की स्थिति निम्नवत् बनती है -

मनुष्य = क्षत्रिय = आर्यन् और देव = ब्राह्मण = आर्य

नोट - भारत में 'आर्य' के समान्तर ईरान में 'अर्य या ऐर्य' शब्द विकसित हुआ।

सन् 3101 ई.पू. में आज से 5121 वर्ष पूर्व दो बिछुड़े हुए भाइयों के परिवार एक नदी के दो किनारों पर एक-दूसरे से अनजान इकट्ठे हुए थे। बोल-चाल की भाषा में एक क्षत्रिय कहलाता था और दूसरा ब्राह्मण। दोनों 400 वर्ष पहले एक देश में रहते थे तथा सैकड़ों वर्षों तक एक साथ रहे थे। एक लगभग 3300 ई.पू. में यहाँ आबाद हुआ था और दूसरा अब 3101 ई.पू. में आबाद होने का प्रयास कर रहा था। यहाँ पहुँचने के पहले दूसरे भाई के परिजन एक अन्य स्थान कश्मीर में लगभग 200 वर्षों तक रहे थे। दोनों में काल-भेद और स्थान-भेद के कारण सांस्कृतिक भिन्नता आ गयी थी। दोनों दो मार्गों पर चल पड़े थे। एक उदार भौतिकवादी सभ्यता का पथ प्रशस्त कर रहा था और दूसरा आध्यात्मिक पथ का विकास कर रहा था। लेकिन नदी एक थी। उस नदी का पुण्यप्रद नाम सरस्वती था। आज वह एक सूखी हुई नदी है जिसके मरूस्थल के नीचे एक जीवन्त सभ्यता सुरक्षित थी। आज की यह सूखी नदी कभी प्रबल प्रवाह और प्रखर वेग से बह रही थी। वह सिन्धु से महान और शक्तिशालिनी थी। अनादि काल से 2100 ई.पू. तक उसमें अथाह जल राशि और तीव्र गर्जना थी। अचानक 1700 ई.पू. तक उसकी जल राशि तीव्र गति से कम हुई

और 1200 ई.पू. तक वह अपना अस्तित्व लगभग खो चुकी थी। ऐसा दो प्रमुख नदियों यमुना और सतलज के मार्ग बदल लेने के कारण हुआ। यमुना को गंगा ने अपने साथ कर लिया और सतलज (शुद्ध नाम शतलज) रूठ कर सिन्धु से जा मिली। सिन्धु और गंगा ताकतवर हुई और सरस्वती काल के गाल में समा गयी। इसलिए वहाँ की दोनों वान्धवों की एकीकृत संस्कृति गंगा के मैदान में शरण लेने को बाध्य हुई। इस प्रकार, यमुना के साथ सरस्वती भी मिली और पुराण प्रयाग को इन तीन वेणियों के संगम का मान देते हैं। जिस प्रकार उत्तर-कुरु की कथा पुराणों ने विष्णु के चार अवतारों में निबद्ध किया है, उसी प्रकार कुरु-क्षेत्र के आर्यावर्त बनने तक की कथा भी विष्णु के 4 अवतारों में अभिव्यक्त है। हम आगे वर्णन करेंगे कि मत्स्यावतार उत्तर-कुरु की तरह 3100 ई.पू. में कुरु-क्षेत्र में हुआ था, जब सत्यव्रत वैवस्वत मनु ने वहाँ कुरु राज्य स्थापित किया था। हम जानते हैं इसी समय से कलि संवत का प्रारम्भ हुआ था। इस प्रकार सत्ययुग का प्रारम्भ सत्यव्रत से तथा समापन परशुराम से, त्रेता युग का अन्त 1750 ई.पू. में श्री राम के जल-गमनके साथ हुआ था तथा द्वापर में श्रीकृष्ण को बहेलिये का बाण लगा और उन्हीं के साथ उस युग का भी अन्त हो गया। दूसरे शब्दों में हम भारत के अतीत के इस कालखण्ड को श्री विष्णु युग का नाम दे सकते हैं, जो 3596 ई.पू. से आरम्भ होकर 1200 ई.पू. में समाप्त होता है। इसे हम सनातन युग और आर्य युग भी मान सकते हैं। इन्हीं के साथ वैदिक युग जिसे हम मनु वैवस्वत से प्रारम्भ मानते हैं, उसका भी समापन हो जाता है और नये कलेवर के साथ हिन्दु युग आरम्भ होता है।

मनुष्य-वंश ने सिन्धु सरस्वती क्षेत्र में, जिसे ऋग्वेद सप्त-सैन्धव कहता है, एक उत्कृष्ट मानव सभ्यता का विकास किया था। मोटे तौर पर हम इसका प्रारम्भ 3300 ई.पू. से मान सकते हैं। ऐतिहासिक दृष्टि से इसे हम चाक्षुष वंश के अतिरात्र का काल कह सकते हैं। इनका शैशव काल इससे सैकड़ों वर्ष पूर्व का है लेकिन इस काल तक यह प्रौढ़ हो चुका था। इस काल तक इसकी प्रौढ़ता और विशिष्टता के प्रमाण प्राप्त होने लगे थे। 3100 ई.पू. में मनुष्यों के बड़े भाई जिन्हें विश्व आर्य के नाम से आज भी ढूंढ रहा है, घूमते-घामते इस परिक्षेत्र में आ गये। दोनों के सांस्कृतिक एकीकरण से एक नवीन सभ्यता आकार लेने लगी। इसी समय तीसरे भाई जो वहीं रह गये थे, वे भी आस-पास में बस गये थे। वे अखण्ड भारत में लगभग हर जगह अपनी आभा बिखेरने लगे थे, वहाँ भी ये पाये जाते थे जहाँ मनुष्य और आर्य भी नहीं पहुँचे थे। इन्होंने राज्य नहीं स्थापित किया लेकिन समाज में इन्हें सम्मानजनक स्थान प्राप्त था। प्रारम्भ में ये रुद्र कहे जाते थे लेकिन अब शैव कहे जाने लगे थे। इनमें से कोई भी आक्रान्ता बनकर नहीं आया, सब बस अपना शरीर लेकर आये और जहाँ जगह मिली, रहने लगे। धीरे-धीरे पूरा हिमालय धरती पर आ गया था और उत्तर कुरु, कुरु-स्थान में बस गया था। इन तीनों की एक सम्मिश्र

संस्कृति सरस्वती के प्रवाह के साथ-साथ बही, उतनी ही शक्ति से बही जिस गति से सरस्वती बहती रही और जैसे सरस्वती पृथ्वी में समा गयी, जिस तरह क्षत्रिय वीरों ने महाभारत युद्ध में मृत्यु को वरण कर लिया उसी तरह यह सरस्वती संस्कृति एवं सभ्यता भी राजस्थान के मरूस्थल में दफन हो गयी। तब से धीरे-धीरे इतना समय बीत गया कि भारत के लोग यह भी भूल गये कि यहाँ पहले कोई उन्नत सभ्यता भी थी।

लगभग 3200 वर्षों बाद इस क्षेत्र की खुदाई हुई और हजारों स्थलों की खुदाई हुई। यह खुदाई हरियाणा, पंजाब, पश्चिमी उत्तर प्रदेश, जम्मू, सिन्ध, गुजरात, में हुई, जिन स्थानों पर उपर्युक्त सनातन सम्मिश्र संस्कृति कभी फूली-फली थी। इन स्थानों में कुछ महत्त्वपूर्ण स्थल हैंः मोहनजोदड़ो, हड़प्पा, रूपड़, कालीबंगा, रानीखेत, लोथल, धौलावीरा और अन्य। इन स्थलों से पूर्ण विकसित नगरीय सभ्यता का प्रकाश्य हुआ जो वर्तमान ग्रामीण सभ्यता के सापेक्ष अतुलनीय थी। कल्पना से परे था यह सोचना कि उस मरूस्थल में बालू के नीचे इतनी उन्नत सभ्यता दबी हुई है। विश्व आश्चर्यचकित था। जब उसके कालखण्ड की गणना की गयी तो यह लगभग 3300-1200 वर्ष पाया गया। वही स्थान और वही कालखण्ड जिसका अभी-अभी मैंने वर्णन किया है लेकिन इतिहासकार समझ नहीं पाए, क्योंकि भारत के इतिहास का वह पुराना पन्ना उस समय तक खुला नहीं था। आर्यों के इतिहास का आरम्भ तत्कालीन इतिहासकार जिनमें सबसे श्रेष्ठ मार्शल थे, वे 1500 ई.पू. से पूर्व का मानने को तैयार नहीं थे। स्थानीय निवासियों की वर्तमान अवस्था को देखते हुए वे यह सोच नहीं सकते थे कि उनके पूर्वजों ने कभी इतनी महान सभ्यता का निर्माण किया होगा। आधुनिक इतिहासकार, भारतीय या विदेशी आज तक यह निर्णय नहीं कर पाये हैं कि किस देश या सभ्यता के लोग यहाँ आये और इतनी विशाल और परिष्कृत सभ्यता का निर्माण किये, जितनी यह सिन्धु घाटी या हड़प्पा सभ्यता है और अचानक कहाँ चले गये? उनसे मेरा विनम्र निवेदन है कि जिस कस्तूरी की खोज आप कर रहे हैं, वह मृग भारत में है। पुराणों और अन्य भारतीय ग्रन्थों को ध्यान से पढ़िये तो। इस सभ्यता के निर्माणकर्ता न कहीं बाहर से आये थे और न कहीं बाहर गये। वे हिमालयी क्षेत्रों से आये थे, इन क्षेत्रों (सिन्धु-सरस्वती के मैदान) में हजारों वर्ष रहे, उनकी माता सरस्वती के देहावसान के बाद गंगा माँ की गोद में शरण लिये। अर्थात् हड़प्पा सभ्यता के पहले भी वे भारत के थे, आज भी भारत के हैं।

आर्यों के सम्बन्ध में मार्शल के विचार आज भी वैसे ही बने हुए हैं कि आर्य किसी अन्य देश से आक्रान्ता के रूप में घोड़े पर चढ़कर, हाथ में हथियार लेकर आये और स्थानीय निवासियों को विस्थापित कर आर्यावर्त की भूमि को अधिकृत किया। विस्थापित जन भारत के दक्षिणी विभाग में चले गये और द्रविण कहलाये। यह गलत

बात है और इसे भारतीयों के मन-मस्तिष्क से हटना जरूरी है। उनका यह भी कथन है कि आर्य दो शाखाओं में आये, दोनों के आगमन में लगभग 200 वर्षों का अन्तर था। बाद में आने वाली शाखा ने पहले आने वाली शाखा को पद्‌दलित और विस्थापित किया। तात्पर्य यह कि आर्यों का इतिहास रक्तरंजित इतिहास है। यह सच नहीं है।

विद्वान् इतिहासकारों का यह कथन सत्य है कि आर्य दो शाखाओं में भारत आये और दोनों के आगमन के बीच एक लम्बा अन्तराल था। हम अभी-अभी यह सिद्ध किये हैं कि तथाकथित आर्य दो शाखाओं में आये और उनके आगमनों में 200 वर्षों का अन्तराल है। प्रथम शाखा मनुष्यवंशी क्षत्रियों की थी और दूसरी शाखा ऋषिकुल के ब्राह्मणों की थी। जिस प्रकार पहले वे हिमालय के उस पार और इस पार रहते थे, वैसे ही भारत में सरस्वती के इस पार और उस पार आबाद हुए। दूसरी शाखा अकल्पित प्रलय के बाद आयी थी इसलिए पहले आने वाले लोगों ने उनका स्वागत किया, उनके आने का कोई विरोध नहीं किया। इन्द्र और दस्युओं के बीच हुए अनेक युद्धों के दृष्टिगत आर्यों के इतिहास को रक्तरंजित कहा जाना ऐतिहासिक भूल है। यह उनका वर्चस्व स्थापित करने का आपसी युद्ध था, किसी वाह्य आक्रमणकारी और प्रतिरोध करनेवाले स्थानीय लोगों के बीच का युद्ध नहीं था। बिना किसी प्रमाण के, केवल इस अनुमान पर कि सिन्धु घाटी जैसी सभ्यता स्थानीय आर्यों की क्षमता से परे है, इसे किसी अन्य देश की उन्नत सभ्यता द्वारा निर्मित बताना तथ्यपरक नहीं है। उन्होंने वस्तुस्थिति की जानकारी के अभाव में भारत के अस्मिता की हत्या किया है। उन्हें शायद भारत के तत्कालीन भूगोल का ज्ञान नहीं था। भारतीय हिमालय के उस पार के भाग को उत्तर-कुरु (कुरु-खण्ड) कहते थे, हिमालय के इस पार के क्षेत्र को भरत-खण्ड और भरत-खण्ड से लगे दक्षिणवर्ती सिन्धु-सरस्वती मैदान को सप्त सैन्धव कहते थे, जो कालान्तर में वास्तविक भारत बना। आर्यों का यह आगमन किसी वाह्य देश से भारत में आना नहीं था अपितु भारतीयों के ये आगमन उनका पर्यटन था, जो किसी नदी की तरह एक स्थान से निकले, जहाँ जा सके गये और जिस प्रकार नदी प्रस्थान के बाद पुनः वापस नहीं जाती है, वे भी उसी तरह वापस नहीं गये। नारद ने दक्ष की सन्तानों को यही सन्देश दिया था।

भरत-खण्ड में आज का कश्मीर भी आता है। इसे कश्यप देश भी कहते हैं। क्योंकि इस भूमि-खण्ड में हमारे सांस्कृतिक और आध्यात्मिक प्रथम पुरुष वैकुण्ठ विष्णु का तृतीय अवतार हुआ था। इसे कश्यप अवतार का नाम दिया गया है। इस अवतार की गाथा हम पहले ही लिख चुके हैं। कश्यप मारीचि ऋषि कुल से थे। उनसे ब्राह्मण वंश का अभ्युदय हुआ था। उन्होंने धीरे-धीरे तत्कालीन समाज में सर्वोच्च स्थान प्राप्त किया। प्रारम्भ में उन्हें वामन कहते थे। उन्होंने भारतीय समाज का सांस्कृतिक तथा आध्यात्मिक विकास की रूपरेखा प्रस्तुत किया और जनता को

तद्नुसार अनुशासनबद्ध जीवन जीने के लिए प्रेरित किया। उन्होंने सनातन धर्म का अवलम्बन किया तथा जीने की कला को प्रस्थापित किया। समाज में उनके महत्त्वपूर्ण योगदान को देखते हुए उन्हें आदि देव, आदिनारायण श्री विष्णु के चतुर्थ अवतार का मान प्रदान किया गया। इसका तात्पर्य मात्र यह रेखांकित करना है कि श्री विष्णु के तीन अवतारों के साथ यह चौथा अवतार भी सनातन धर्म और संस्कृति की स्थापना में उतना ही उल्लेखनीय है जितना अन्य तीन अवतार। इन चार अवतारों में सनातन धर्म तीन प्रमुख क्षेत्रों में समादृत हुआ और उसे अक्षुण्ण बनाये रखने का दायित्व ब्राह्मणों को दिया गया। इस दायित्व बोध से भारित ब्राह्मणों ने अपने लिए अपरिग्रह धर्म का चयन किया। सम्पत्ति के अर्जन के अधिकार का परित्याग कर दिया, आवश्यकता भर उपभोग के मार्ग का चयन किया तथा समाज के लिए समाज पर निर्भर हो गये। इस प्रकार सनातन धर्म के संरक्षण का दायित्व ब्राह्मणों को दिया जाना ही श्री विष्णु का चतुर्थ अवतार है।

पुराणों ने ब्राह्मणों के महिमामंडन हेतु एक पौराणिक कथा का सृजन किया जो इस प्रकार है - एक बार दैत्यराज बलि यज्ञ में दीक्षित होकर किसी अनुष्ठान के लिए संकल्पबद्ध थे। एक ब्राह्मण उनके सम्मुख प्रस्तुत हुआ और तीन पग जमीन की मांग की। तत्कालीन परम्परा में ब्राह्मण अवध्य थे और उनकी मांगों को पूरा करना किसी भी राजा का धर्म था। बलि ने वामन की मांग स्वीकार कर लिया। जलांजलियुक्त उनकी अभिस्वीकृति के बाद वामन ने कहा - हे राजन! मैं आदित्य हूँ और मेरे पग सूर्य के पग हैं। मेरा प्रथम पग सूर्योदय से मध्याह्न तक जाता है, दूसरा पग अस्ताचल पर विराम पाता है, यजमान! आप बताइये, तीसरा पग कहाँ रखूं। राजा बलि ने अपना सिर आगे कर दिया और वामन ने उसे भी माप लिया। बलि ने फिर अनुरोध किया - ब्राह्मन! मैं कहाँ रहूँ? वामन बोले - रसातल में, जहाँ मैं रात्रि विश्राम करता हूँ। बलि उसका अर्थ समझ गया और अपने परिजनों सहित पश्चिम की ओर चला गया। यह वामन अवतार की कथा है। मेरे अभिमत में इन्होंने ही श्री विष्णु को आदि नारायण तथा आदि देव के अलंकरण से अलंकृत किया, तिब्बत को वैकुण्ठ का नाम दिया, वहाँ विष्णुपीठ की स्थापना किया तथा सनातन धर्म के आयाम सुनिश्चित किये। इनके ही वंशज प्रथमतः देव कहलाये और बाद में ब्राह्मण और देव एकाकार हो गये। इन्हें ही हम वैकुण्ठ विष्णु कह सकते हैं। इस घटना का काल 3200-3180 ई. पू. के बीच अनुमान किया जा सकता है।

वामन अवतार के माध्यम से त्रिलोकी ने दो महत्त्वपूर्ण लक्ष्य प्राप्त किया। प्रथमतः दैत्यराज के निर्मूलन से त्रिलोक में धर्म-संस्था स्थापित करने की सारी बाधा दूर हो गयी और द्वितीयतः विशाल कश्यप देश में सनातन धर्म के संस्थापन का मार्ग प्रशस्त हो सका। अब प्रश्न यह है कि निष्कासन के उपरान्त बलि और उसका समाज कहाँ स्थापित हुआ? मेरी समझ में विपन्नता की इस अवस्था में दैत्यराज के

लिए सबसे आसान था कश्यप देश की सीमा के पार बैक्ट्रिया में अभय प्राप्त करना और राजनीति के मर्मज्ञ राजा बलि ने वैसा ही किया। श्री नन्दलाल डे के विचार से जो उन्होंने अपनी पुस्तक रसातल में व्यक्त किया है, राजा बलि देश निकाले की इस स्थिति में उस स्थान पर चला गया जिसे आज बलख या बल्ख कहते हैं और उसका पुरातन नाम बलिकालय था अर्थात् बलि का आलय। यह बल्ख ईरान के बैक्ट्रिया प्रान्त का अनुभाग है जहाँ उसने अघोषित राजा के रूप में अपने समाज के साथ बसने का निर्णय किया। वे बलि समाज के लोग थे जो छोटे-बड़े समूह में देश के उत्तर-पश्चिमी भाग में अपनी मूल पहचान छिपाकर यत्र-तत्र रह रहे थे और जब मनुष्य-वंश सप्त सैन्धव में अपना राज्य स्थापित करने का प्रयास कर रहा था तब इन लोगों ने उनका कड़ा प्रतिरोध किया था। इनकी वास्तविक पहचान से अनभिज्ञ लोग उन्हें दस्यु नाम से पुकारते थे। ऋग्वेद भी उन्हें इसी दस्यु नाम से पहचानता था। ऋग्वेद के अनेक स्तुतियों में उनके युद्धों के उद्धरण प्राप्त होते हैं। इनका संघर्ष दीर्घकाल तक चला। इक्ष्वाकु वंश के दो प्रतापी राजाओं ने उनके उन्मूलन में अहम् योगदान किया था। उनके प्रातः स्मरणीय नाम हैं - पुरुकुत्स एवं त्रासदस्यु। त्रासदस्यु को उनके दस्यु उन्मूलन की अहम् भूमिका निभाने के लिए अर्द्धदेव की उपाधि प्रदान किया गया क्योंकि उन्होंने मनुष्य-वंश में जन्म लेकर भी देवों के अधूरे कार्य को पूरा किया।

दैत्यराज बलि के साथ उनके पलायन में उनका पौरोहित्य समाज ने भी साथ दिया था और उनके साथ हो लिए थे। हम जानते हैं भृगु-अथर्वन शाखा उनके साथ सम्बद्ध थी। उनके साथ उनका पुरोहित संवर्ग भी गया। वे अपने साथ भारत की मिश्रित संस्कृति, धर्म और भाषा भी लेकर गये। वे असुरोपासना में विश्वास रखते थे और वरुण को अपना प्रथम पूर्वज मानते थे। तदन्तर उन्होंने वरुण को 'अहुर मज्द' जिसका अर्थ 'असुर महत्' होता था की उपाधि से अलंकृत किया और कालान्तर में अहुर मज्द उनके एकमात्र देवता बने। अग्नि-पूजा उनकी पूजा पद्धति में वैदिक जन की तरह अनुपम स्थान रखती थी। सोम-पान भी उनकी संस्कृति का अंग था जिसे वे होम कहते थे। वे वैदिक देवता तृत को सम्मान देते थे और इन्द्र से घृणा जो उनके प्रतिद्वन्दी वान्धव भृगु-अंगिरस शाखा के प्रमुख देवता थे। इन्द्र को वे वृत्रघ्न नाम से ज्यादा पहचान देते थे जिन्होंने वृत्रासुर का वध किया था। उनके द्वारा इन्द्र को अपमानित करना स्वाभाविक था क्योंकि उन्होंने ही असुर राज बलि को पराजित किया था तथा इसीलिए देवों का इन्द्र को सबसे प्रधान देवता का मान देना उतना ही स्वाभाविक था। वस्तुतः प्रारम्भ में दोनों एक ही समाज के अंग थे, समान रूप से अपने विशिष्ट पूर्वजों की पूजा करते थे और उन्हें 'असुर' कहते थे जिसका अर्थ शक्तिमान होता था। उनके विभाजन का कारण राजनैतिक था। समुद्र-मन्थन का युद्ध तथा वामन अवतार द्वारा उनसे उनका देश छीन लेना, ये

ऐतिहासिक घटनायें उन्हें भिन्न धर्म-संस्कृति की रचना के लिए विवश किया। इस प्रकार यह स्थापित होता है कि ईरानी सभ्यता सनातन भारतीय सभ्यता की सहोदरी है। इस तथ्य के आलोक में सत्य यही है कि ईरानी सभ्यता प्राचीनतर भारतीय सभ्यता का भिन्न काल तथा भिन्न स्थान का एक नवीन उत्पाद है जो राजा बलि के देश निकाले के कारण सम्भव हुआ।

हमारे लिए अतिसुखद बात यह जानना होगा कि ईरानी लोग किस देश को अपना मूल देश, अपनी पितृ-भूमि या मातृ-भूमि मानते हैं। ईरानियों का आदि ग्रन्थ अवेस्ता उनके समाज में वही महत्त्वपूर्ण स्थान रखता है जो भारतीय समाज में ऋग्वेद रखता है। अवेस्ता ने एक भौगोलिक क्षेत्र के 16 स्थानों का विवरण दिया है जिसके बारे में उसका कहना है कि वे लोग एक के बाद एक इन स्थानों में बसे और हर इन जगहों पर उन्हें आंग्र मैन्यु के विरोध का सामना करना पड़ा जिसके कारण उन्हें कई स्थानों को छोड़कर बसने के लिए अन्यत्र जाना पड़ा। अवेस्ता का आंग्रमैन्यु की ओर संकेत मेरे अभिमत में अंगिरस और मनु की ओर संकेत है जिनका सम्बन्ध उत्तर-कुरु से है, जहाँ स्वयंभु मनु तथा ऋषि अंगिरस और उनके वंशज प्रारम्भ में रहते थे। इस प्रकार अवेस्ता का संकेत यह है कि एक कालखण्ड में वे भी भारतीयों के साथ उसी क्षेत्र में रहते थे, जहाँ आंग्र मैन्यु रहते थे और आपसी विरोध के कारण उन्हें उस स्थान को छोड़ना पड़ा। इस प्रकार अवेस्ता प्रकारान्तर से भारत के उस अतीत की ओर संकेत करता है जो विष्णु के प्रथम चार अवतारों के माध्यम से व्यक्त किया गया है।

अवेस्ता ईरानियों के आबाद होने के जिन 16 विशिष्ट क्षेत्रों का वर्णन करता है, उनमें चार स्थल भारतीय हैं। उनके नाम हैं: 1. हप्त-हिन्दु, 2. वरेनू, 3. रन्हा, 4. अर्यना वीजो; जिन्हें वैदिक ग्रन्थ क्रमशः 1. सप्त-सिन्धु, 2. वरुण-लोक, 3. रसा और 4. उत्तर-कुरु, जो वस्तुतः आर्यों-मनुष्यों की आदि भूमि के रूप में जाना जाता है, कहते हैं। आधुनिक इतिहासकार सप्त-सिन्धु की पहचान सिन्धु से सरस्वती तक विस्तृत भू-क्षेत्र से स्थापित करते हैं। यह वह क्षेत्र है जहाँ से ईरानी आर्यों से अलग हुए थे। यह प्रमुख रूप से दशराज्ञ-युद्ध में पराजय के उपरान्त हुआ था। वरेनू की पहचान आधुनिक इतिहासकार वरुण-लोक से करते हैं जिसे कश्यप-देश और कश्मीर भी कहा जाता था। यहाँ दोनों - ईरानी और आर्य साथ-साथ रहते थे और समुद्र-मन्थन काल में देवों से पराजित होकर कश्मीर छोड़ने को विवश हुए थे। अवेस्ता में स्थलों का वर्णन जिस क्रम से किया गया है, इससे स्पष्ट होता है कि कश्मीर में वे रन्हा से आये थे जिसके पहले वे अर्यना वीजो में रहते थे।

ऋग्वेद नदी सूक्त में एक महत्त्वपूर्ण नदी को रसा नाम से उल्लेख करता है। इस नदी की अभी तक सर्वमान्य पहचान स्थापित नहीं हो पायी है। विद्वानों में मतभेद है। वैदिक-काल तक रसा उस विशाल नदी को कहा जाता था जो एक ही

क्षेत्र को दो खण्डों में विभाजित करती थी यथा सिन्धु और नर्मदा। नर्मदा दक्षिण भारत की वह प्रसिद्ध नदी है जो भारतीय प्रायद्वीप को दो खण्डों में बांटती है यथा उत्तर भारत और दक्षिण भारत जिसे वे आर्यावर्त और रसातल (रसा के नीचे के भाग) कहते थे। ऋग्वेद के नदी सूक्त में दक्षिण भारत की किसी नदी का उल्लेख नहीं प्राप्त होता है। इसलिए ऋग्वैदिक रसा बिना किसी विवाद के नर्मदा नहीं है। नदी सूक्त में केवल उत्तर भारत की हिमालय से निकलने वाली गंगा से क्रमशः उत्तर की नदियों का उल्लेख किया गया है, जिसमें कुछ सिन्धु की पश्चिमी सहायक नदियाँ यथा कुभा, मेहन्तु, गोमती तथा क्रुमु हैं। गंगा से सुदूर उत्तर की चार नदियाँ यथा त्रिश्तमा, सुशर्तु, रसा और श्वेता का उल्लेख है। निश्चित रूप से वे परेण हिमालय क्षेत्र की नदियाँ हैं, जिनका ज्ञान उन्हें उत्तर भारत की नदियों से पहले से था क्योंकि वह उनका मूल क्षेत्र था जहाँ से वे हिमालय के इस ओर आये थे और आज उन्हें पुराने नाम से सुनिश्चित करना मुश्किल बना हुआ है। हम जानते हैं कि अकेले सिन्धु नदी ही वह नदी है जो हिमालय पार के क्षेत्र को दो भागों में बांटती है। एक उसके दक्षिण का लद्दाख-जास्कर क्षेत्र तथा दूसरा उसके उत्तर का उत्तर-कुरु क्षेत्र। दक्षिणी विभाग पर दैत्यों-दानवों का अधिकार था जो इस नदी को अपना नाम दैत्या दिये थे, जिस नाम को वे अपने साथ भी ले गये और उसका उल्लेख अवेस्ता में मिलता है। उत्तरी विभाग में देव-मनुष्य रहते थे, इसलिए इस क्षेत्र को उत्तर कुरु के साथ देव-क्षेत्र भी कहते थे। दैत्यों-दानवों को एक अन्य नाम असुर से भी पुकारते थे इसलिए उनके तथा देवों के बीच जो अनेक युद्ध हुए उनको पुराणों ने देवासुर-संग्राम का नाम दिया है। पुराणों द्वारा इस क्षेत्र के सभी युद्धों को देवासुर-संग्राम का नाम देना और पुराणों द्वारा उनके निवास को उक्त तरीके से व्यक्त किया जाना इस विभाजन की सत्यता को प्रमाणित करता है। अतएव यह सिद्ध होता है कि क्षेत्र-विशेष को द्विभाजित करने वाली नदी को तब रसा कहा जाता था जिस पर विद्वानों में लगभग पूर्ण सहमति है, तब ऋग्वैदिक रसा कोई अन्य नदी नहीं अपितु केवल और केवल सिन्धु नदी या उसके लद्दाख क्षेत्र का भाग था। भार्गव त्रित्सोमा को आधुनिक गिलगित नदी की पहचान देते हैं और इस नदी के नाम में 'सोम' शब्द का समावेश इसकी सत्यता को प्रमाणित करता है। सुशर्तु और श्वेता भी इस प्रकार लद्दाख क्षेत्र में सिन्धु (रसा) की सहायिका नदियाँ हैं, श्वेता नदी का यह नामकरण भी उसके स्रोत को श्वेत पर्वत में होने का संकेत देते हैं जो लद्दाख पर्वत शृंखला का पौराणिक नाम है। यही वह क्षेत्र भी है जहाँ से ईरानी समाज के पूर्वज पलायन किये थे। इस प्रकार अवेस्ता का रन्हा निश्चित रूप से वैदिक रसा है और आधुनिक पाश्चात्य इतिहासकारों को इसे किसी अन्य देश में खोजने की कोई आवश्यकता नहीं रह जाती है।

इस प्रकार यह सिद्ध होता है कि रन्हा असुरों के यात्रा-पथ का एक प्रमुख पड़ाव था लेकिन वह स्थान नहीं था जिसे वे अपना मूल-स्थान कह सकें क्योंकि उसके बाद

के एक अन्य स्थान का भी वे उल्लेख करते हैं जिसे वे 'अर्यना वीजो' कहते हैं। अतएव अर्यना वीजो ही उनका मूल-स्थान था जहाँ से वे रन्हा क्षेत्र में आये, रन्हा से वे वरेन (कश्मीर) पहुँचे, कश्मीर से सप्त-सिन्धु जहाँ से वे अफगानिस्तान में प्रवेश लिए, वहाँ के विभिन्न स्थानों में बसे, कुछ काल तक रहे और समय-समय पर आगे बढ़ते रहे। अन्ततः बल्ख और ईरान तक गये जहाँ वे स्थायी रूप से रहने लगे। अवेस्ता में इस परिक्षेत्र के अर्यना वीजो के सिवाय, न उत्तर, न पूरब, न पश्चिम के किसी अन्य देश का उल्लेख मिलता है जो यह स्थापित करता है कि अर्यना वीजो ही वह स्थल है जिसकी खोज हम ईरानियों की मूल जन्म-स्थान जानने के लिए कर रहे थे और उनका धर्मग्रन्थ भी इसी नाम के स्थल के सन्देश देता है।

ईरानियों के मूल जन्म-स्थान जानने के प्रयास में हम अब तक सप्त-सिन्धु से क्रमशः उत्तर की ओर बढ़ते हुए रन्हा क्षेत्र तक पहुँचे जो उनके पड़ाव का प्रमुख स्थल है जो यह संकेत करता है कि उनका तथाकथित मूल-स्थान इस क्षेत्र-विशेष के उत्तर में होना चाहिए। हम जानते हैं कि इस क्षेत्र की सीमा जहाँ समाप्त होती है, वहीं से उत्तर-कुरु की सीमा आरम्भ होती है जिसे मनुष्य अपना मूल जन्म-स्थान मानते हैं। याद कीजिए विष्णु का प्रथम वराह अवतार जिसके माध्यम से मनुष्यों के पूर्वज आदि मनु को वाराह तीर्थ नाम से मनुष्य लोक का एक भाग प्राप्त हुआ था। मेरे अभिमत में उत्तर-कुरु ही मनुष्यों के साथ ईरानियों की भी जन्म-भूमि थी जिसे वे अर्यना वीजो कहते थे, जिसके बाजू में मूल सांस्कृतिक जन्म-भूमि तिब्बत स्थित है जिसे भारतीय आर्य 'आदि नारायण' कहते थे। दोनों का वास्तविक अर्थ आदि जन्म-भूमि से है।

मनुष्यों ने देव लोक तिब्बत को अनेक नाम दिये हैं यथा पद्य-नाभि, वैकुण्ठ, आदिनारायण, विष्णु, त्रिविष्टप। ये अलग-अलग नाम त्रिलोकी में, सभ्यता के विकास के अलग-अलग चरणों में दिये गये थे। विकास के प्राथमिक चरण में तिब्बत पद्य-नाभि था जिसका परम्परानुगत पितृ-रूप नाम वैकुण्ठ था। दूसरे चरण में जब वह परिक्षेत्र त्रिलोकी का स्वरूप प्राप्त कर रहा था, देव-लोक आदिनारायण जिसका पितृ नाम विष्णु से, इस अवधारणा के अन्तर्गत कि त्रिलोकी और विश्व मानव की उत्पत्ति का आदि स्थल वही है, परिभाषित किया गया तथा कालान्तर में तिब्बत के पठार की रचना का ज्ञान होने पर उसे त्रिविष्टप नाम दिया गया जो बाद में एक सरल नाम तिब्बत में बदल गया। इसी स्थल पर ब्रह्मा उत्पन्न हुए जिनकी कुछ सन्तानें हिमालय के उत्तर हिन्दुकुश और तिब्बत के बीच बसी जिनका वर्णन भारतीय पुराण करते हैं और कुछ सन्तानें हिमालय के किनारे-किनारे दक्षिण की ओर आगे बढ़ीं, मार्ग में एक प्रखर वेग वाली नदी मिली जिसे उन्होंने ब्रह्मपुत्र नाम दिया और आगे बढ़ीं, एक पहाड़ी क्षेत्र पर पहुँची, उन्हें भी अपना नाम दिया, वह ब्रह्मा (बर्मा) कहलाया, आज उसे म्यॉमार कहते हैं। यही वे लोग हैं जिनकी सन्तानों ने

चीन और उसके आस-पास के देशों को आबाद किया। यह विश्व की लगभग आधी आबादी की मूल उत्पत्ति की कथा है।

'अर्यना वीजो' का शाब्दिक अर्थ हैः अर्य बीज स्थल यानी अर्यों का मूल जन्म-स्थान। अर्य शब्द की व्युत्पत्ति त्रिलोकी में ही हुई थी, किसी अन्य देश में नहीं। अर्य शब्द का उल्लेख ऋग्वेद में दो बार हुआ है और ऋग्वेद आर्यों का वह ग्रन्थ है जिसकी रचना त्रिलोकी की पृष्ठभूमि में ही हुई है। त्रिलोकी के एक ऋषि अर्यमा थे जो देव थे और आदित्यों में गिने जाते थे। प्रतीततः उनके वंशज अपने समूह या तज्जनित समाज को प्रथमतः अर्य नाम से सम्बोधित करते थे। उनका सम्बन्ध-सम्पर्क असुरों और देवों दोनों से था। संभवतः अर्य समाज समय के साथ असुरों के संग रहने लगे और पलायन के बाद त्रिलोकी से बाहर जाते समय इस शब्द और इसकी परिभाषा कि यह एक समाज को सम्बोधित करता है, अपने साथ ले गये। अर्य से अर्यना और फिर ईरान बना इसलिए वे अपने वर्तमान बसाव के देश को ईरान कहने लगे और मूल देश को अर्यना वीजो। संभवतः यही अर्यमा के वंशज कालान्तर में कश्यप देश में बसे। यहाँ वे अपने को अर्यिक या आर्यिक कहते थे जिससे आर्जिक शब्द उत्पन्न हुआ। तत्कालीन कश्मीर में एक स्थान तथा पहाड़ का नाम आर्जिक था जहाँ रहनेवाले लोग अपने को आर्जिक कहते थे, इस क्षेत्र से होकर एक नदी बहती थी जिसे वे अर्जीकिया कहते थे। इस नदी का नामोल्लेख ऋग्वेद के नदी सूक्त में प्राप्त होता है। भार्गव इसकी पहचान वर्तमान हारो नदी से करते हैं। आर्जिक शब्द का प्रयोग ऋग्वेद में दो बार हुआ है। मेरी सम्मति में आर्य शब्द की उत्पत्ति इसी शब्द से हुई। इस प्रकार अर्य और आर्य, दोनों शब्दों का मूल एक है और इनसे निर्मित दोनों समूह एक ही मूल समाज के विभाग हैं, जैसा कि पूर्व में भी असुर-देव समाज की एकता को स्थापित किया गया है। एतदर्थ दोनों की मूल जन्म भूमि उत्तर-कुरु है जहाँ से वे रन्हा (रसा-पार) तथा फिर वरेन् (कश्मीर) में आबाद हुए, पुनश्च सप्त-सिन्धु में बसे। ईरानियों का अर्यना वीजो तथा आर्यों का आदि नारायण, दोनों का समान अर्थ है - मूल जन्म स्थान। यह अर्यना वीजो की कहीं अन्यत्र खोजने के किसी प्रयास को विराम देती है।

हमारी उक्त तथ्यपरक् विवेचना यह सन्देश देती है कि त्रिलोकी मुख्यतः तीन प्रजातियों की तीन भिन्न संस्कृतियों की आदि काल से संगम भूमि रही है जिन्हें वे त्रिदेव के प्रतीक चिह्न से अभिव्यक्ति देते हैं। ये त्रिदेव हैंः ब्रह्मा-विष्णु-महेश। इस प्रतीक चिह्न में प्रत्येक एक लोक विशेष तथा उसके प्रथम पूर्वज की अभिव्यक्ति देता है यथा ब्रह्मा मनुष्य लोक और उसके प्रथम पिता की, विष्णु देवलोक और आदि देव की एवं महेश शिव लोक और उसके आदि पुरुष की। इस प्रतीक चिह्न का यह चित्रण तत्काल की उस परम्परा के अनुसार हुई थी जिसमें जन्म-भूमि को पितृ-भूमि का मान दिया जाता था। तीन भिन्न संस्कृतियों का यह चित्रांकन कश्मीर को

लांघकर जब सिन्धु-सरस्वती के विशाल मैदान में प्रवाहित हुई तो स्थान और काल-भेद के अनुरूप सरस्वती-सिन्धु संस्कृति नाम से विकसित हुई जिसे आधुनिक इतिहासकारों ने सिन्धु घाटी की या हड़प्पा सभ्यता का नाम प्रदान किया। सरस्वती धीरे-धीरे सूखने लगी और अन्ततः सूख गयी। सरस्वती क्षेत्र के ये लोग जब गंगा-घाटी के प्रांगण में आये तो वहाँ की स्थानीय संस्कृतियों के एकीकरण से अपेक्षाकृत नवीन संस्कृति को जन्म दिया जिसे कुछ विद्वान् गंगा-यमुना-सरस्वती की त्रिवेणी संस्कृति और कुछ विद्वान् गंगा-यमुनी संस्कृति कहते हैं। सिन्धु-सरस्वती अंचल में सिन्धु क्षेत्र की व्यावहारिक तथा सरस्वती क्षेत्र की आध्यात्मिक संस्कृति का जो अन्तर्विरोध था वह गंगा की पावन धारा में विलीन हो गया तथा शंकर की जटाओं से निकलकर शक्तिमान शिव-संस्कृति की भागीरथी काशी में स्थापित होकर त्रिदेव की पहचान को स्थायित्व प्रदान किया तथा ज्यादा व्यावहारिक बनाया। इन तीन संस्कृतियों की एकीकृत संस्कृति गंगा-यमुनी संस्कृति के नाम से समूचे देश को अनुप्राणित करती है। इस प्रकार हमारी आदिकालीन संस्कृति का त्रिदेव प्रतीक चिह्न आज भी उतना ही प्रासंगिक है जितना वह आदि काल में था। साथ ही यह विशुद्ध सांस्कृतिक प्रतीक है और पूर्णतः धर्म-निरपेक्ष है। त्रिदेव मात्र हमारी सांस्कृतिक विरासत ही नहीं है अपितु यह सनातन धर्म की पावनता, अजेयता, प्राचीनता एवं निरन्तरता की अभिव्यक्ति है। याद रहे तब धर्म ही संस्कृति थी।

लेकिन असुर सनातन धर्म के वाहक नहीं थे, उनका तो जन्म ही सनातन धर्म के विरोध में हुआ था। असुर धर्म-संस्कृति स्वभावगत् शुद्ध भौतिकवादी थी और सनातन धर्म-संस्कृति विशुद्ध आध्यात्मिक। फिर भी दोनों में कई बातें समान थी और आदि काल से आज तक समान रूप में मान्य रहीं। एक ही वरुण को असुर 'अहुर मज्द' (असुर महान) और आर्य देव श्रेष्ठ मानते हैं। एक ही यम को अवेस्ता यिम विवहंत कहता है और उन्हें असुरों के प्रथम राजा का मान देता है, वहीं उसी यम वैवस्वत को पुराण और आर्य अपना प्रथम पूर्वज कहते हैं। तात्पर्य यह कि दोनों समाज असुर और आर्य अपनी धार्मिक और सांसारिक उत्पत्ति के एक मूल स्रोत को स्वीकार करते हैं और उसे एक ही वरुण और यम से अभिव्यक्ति देते हैं। इसका एक और संकेत है कि असुर आर्यों के अग्रज थे और भारतीय पुराण सनातन धर्म को असुर धर्म के पूर्व का मान देते हैं। पद्म-नाभि वैकुण्ठ में सनातन धर्म-संस्था की स्थापना पहले हुई और उसकी प्रतिक्रिया स्वरूप असुर-धर्म बाद में आया। यहाँ आर्य शब्द का प्रयोग मैंने देव के अर्थ में किया जो कालान्तर में अपने समाज को आर्य शब्द से सम्बोधित करने लगे और काल के अनन्त प्रवाह में किसी समय सभी भारतीय, विशेष रूप से संस्कृत भाषा-भाषी जन आर्य कहे जाने लगे। इन दोनों अतिवादी धार्मिक अवधारणाओं के बीच मनु का मनुष्य-वंश था जिसने मध्य-मार्ग चुना, वे न तो अति-भौतिकवादी थे और न अति-आध्यात्मिक। उनकी धार्मिक

अवधारणा कालान्तर में वैष्णव धर्म नाम से विख्यात हुई और यही वह वैष्णव धर्म था जिसने समन्वीकरण के माध्यम से हिन्दू धर्म के अवतरण का मार्ग प्रशस्त किया। यहाँ हमारा उद्देश्य भारतीय धर्मों की व्याख्या करना नहीं है, यह तो मैंने प्रसंगवश लिख दिया। हम तो असुर और आर्य समाजों की समानताओं और विषमताओं का तुलनात्मक अध्ययन कर रहे थे। ऐसी अनेक बातें हैं जो दोनों समाजों में समान रूप से मान्य थी वहीं कुछ बातों पर उग्र विरोध था। जैसे, अथर्व वेद और अथर्वन दोनों समाजों में समान रूप से आदरणीय थे लेकिन इन्द्र आर्य समाज को जितना प्रिय थे, आदरणीय थे, देवराज थे, परम आराध्य थे वहीं असुर समाज उनको घृणा की हद तक घृणा करता था क्योंकि उन्होंने उनके तत्कालीन राजा असुर श्रेष्ठ दैत्यराज बलि को पराजित किया था और उन्हें पलायन हेतु मजबूर किया था। तात्पर्य यह कि असुर और आर्य, दोनों वान्धव थे, एक पिता के पुत्र थे, उनकी पितृ-भूमि एक थी, चाहे उसे अर्यान वीज कहें या आदिनारायण, स्थान तो वही है।

यहाँ एक अन्य बात का उल्लेख करना अति-प्रासंगिक होगा। अवेस्ता असुरों के आदि देश अर्यना वीजो के सम्बन्ध में एक महत्त्वूपर्ण संकेत यह देता है कि उनके देश में ही उनके परम् शत्रु 'आंग्र मन्यु' (अंगिरस-मनु) भी रहते थे। 'आंग्र मन्यु' इस प्रकार अंगिरस और मनु एवं उनके वंशजों की उपस्थिति की ओर संकेत करता है। तात्पर्य यह है कि उनके साथ उनके देश में देव (आर्य) और मनुष्य समाज भी था या देवों और मनुष्यों के साथ उनके देश में असुर भी रहते थे। अर्थात् दोनों एक ही देश के वासी थे। आंग्र मन्यु को मैंने उन्हें अंगिरस और मनु के प्रतीक के रूप में व्यक्त किया है लेकिन मुझे ही यह ज्यादा सही लगता है कि उनका सन्देश अंगिरस और मनु के वंशजों से था। दोनों के भावात्मक अर्थ में विशेष अन्तर नहीं है लेकिन काल-भेद अवश्य है जो घटना-काल की स्थिति को निर्धारित करता है। अवेस्ता के अनुसार उनके विरोधी उन्हें भगाने के लिए 'सर्प' पैदा किये जिन्होंने उनके लिए वहाँ रहना दुर्भर कर दिया। विरोध से यहाँ तात्पर्य सैद्धान्तिक लगता है जो उनके धार्मिक अवधारणाओं में दिखते हैं। अब यह जानना आवश्यक हो जाता है कि वे सर्प किसे कह रहे थे। सर्प वस्तुतः सांप नहीं थे, जैसा कि पुराण कहते हैं, वे नाग जाति के मनुष्य थे, तथाकथित पौराणिक कश्यप देश के निवासी थे, जिस पर देवों ने समुद्र-मन्थन के युद्ध में सांस्कृतिक विजय अर्जित किया, उस देश के नागरिकों से मित्रतापूर्ण सम्बन्ध बनाया, उनका द्वार त्रिलोकवासियों के लिए तथा त्रिलोकी का द्वार उनके लिए खोल दिया गया था। समुद्र-मन्थन के युद्ध में दैत्य और नाग आमने-सामने की लड़ाई लड़े थे, पुराण भी यही कहते हैं कि वे बासुकि नाग के सम्मुख खड़े थे, नागों ने कड़ा प्रतिरोध किया था, दैत्यराज बलि घायल हो गये थे, उनकी सेना युद्ध में पराजित होकर वापस हो गयी थी, विजयश्री ने देवराज इन्द्र को वरण किया। फलतः उन्हें कश्यप

देश का स्वामित्व मिला और असुरों को अपने देश से पलायन करना पड़ा। अवेस्ता में असुरों के अतीत की यह समुद्र-मन्थन की कथा भारत के आदि इतिहास का एक अंक है जिसे पुराण भारत को विष्णु के चार अवतारों के माध्यम से अभिव्यक्ति देता है।

असुर राजा बलि के बल्ख में आबाद होने तथा एक भारतीय राज्य की स्थापना ने भारतीय संस्कृति को पश्चिम एशिया तक फैला दिया। बलि के साथ भृगु के अथर्वन शाखा तथा अन्य ऋषि-कुलों के ब्राह्मण भी गये थे। इन लोगों ने वहाँ असुर संस्कृति का विकास किया जो कमोबेश भारतीय थी। वे अपने साथ देववाणी भी ले गये थे। जैसे-जैसे उस क्षेत्र में असुर राज्य और संस्कृति का विकास होता गया, देववाणी भी उनकी स्थानीय संस्कृति और भाषा से मिलकर नये-नये रूप ग्रहण करती रही। कुछ अनाम लोगों ने उसे यूरोप के विभिन्न देशों में पहुँचा दिया। वहाँ से वह अमरीका महाद्वीप तक पहुँची। मैक्सिको में माया सभ्यता के अवशेषों की प्राप्ति इस बात को पुष्ट करता है। भारत से बाद के काल में भी अपदस्थ राजा और ब्राह्मणों का आना-जाना बना रहा। इस प्रकार विश्व के इस भूभाग पर एक नवीन भारत का अवतार हुआ। चूंकि असुर संस्कृति एक भौतिकवादी संस्कृति थी, उसने यहाँ भी भोगवादी संस्कृति का विकास किया। अनेक देशों में अनेक भाषाएं विकसित हुई जिनके मूल में देववाणी थी। मनीषियों ने सभ्यता के आधार पर निर्मित इन भाषाओं के समूह को आर्यन् भाषा परिवार का नाम देकर सबसे पुरानी भाषा की खोज कर उस देश की पहचान करना चाहते हैं जिसके बारे में उन्हें विश्वास है कि यह वह देश होगा जहाँ काल के किसी खण्ड में इस भाषाई परिवार के सदस्यों के पूर्वज एक साथ रहे थे और वहीं से समय-समय पर अलग हुए। मैं उनके इस सद्‌प्रयास के परिणाम को नहीं जानता हूँ लेकिन उनकी विद्वता को प्रणाम करते हुए उनसे विनम्र निवेदन करना चाहूँगा कि वे भारतीय पुराण और अन्य धार्मिक ग्रन्थों को पढ़ें, वे ज्ञान के भंडार हैं, वहीं से उन्हें उनके प्रश्न का उत्तर मिलेगा। मेरी यह पुस्तक इसी दिशा में मेरा एक प्रयास है और मेरा उत्तर है वह देश भारत है, विशेष रूप से हिमालय पार का जास्कर-लद्‌दाख-उत्तर कुरु का क्षेत्र। विश्व की अधिकांश आबादी का मूल क्षेत्र है, देवों-असुरों-मनुष्यों की आदि भूमि है और यही लोग समय-समय पर यहाँ से दूसरे देशों में गये, वहाँ स्थानीय लोगों से मिलकर नवीन संस्कृति और भाषा का निर्माण कर विश्व को विविधता प्रदान किया और उन्हें सभ्य बनाया।

पुराण श्री विष्णु के पंचम अवतार को मत्स्यावतार की संज्ञा प्रदान करते हैं। मत्स्यावतार का परम्परानुगत अर्थ है किसी मत्स्याकृति भूमि-खण्ड का अभ्युदय या उसकी खोज और उसके नाभि-स्थल पर अग्नि-स्थापन कर श्री विष्णु नाम के स्तवन के साथ सनातन धर्म-संस्था का संस्थापन। मत्स्यावतार के मर्म को समझने

के निमित्त प्रथमतः हमें उस स्थल की खोज करनी होगी और हम इसका संकल्प लेते हैं तथा यह विश्वास व्यक्त करते हैं कि हमारा संकल्पन उसी तरह सम्पूर्ण होगा जिस तरह श्री हनुमान द्वारा सीता की खोज।

पुराण मत्स्यावतार को एक प्रलय के आगमन के साथ सम्बद्ध करते हैं और उस महाप्रलय का चित्रण कुछ इस तरह करते हैं और यह भाव व्यक्त करते हैं जैसे वह सृष्टि-सृजन के निमित्त हुई हो। लेकिन हमें तो उस प्रलय के अस्तित्व की तलाश करनी है जो सृष्टि-सृजन के उपरान्त तथा श्री विष्णु के चार अवतारों के बाद आयी हो और वह तत्कालीन इतिहास में आगे की कड़ी की तरह जुड़ी हुई हो। ऐसे एक प्रलय का उल्लेख कश्मीर के कुछ ऐतिहासिक और धार्मिक ग्रन्थों में किया गया है यथा राजतरंगिणी तथा नीलमत पुराण में। ऐसा कहा जाता है कि ऐतिहासिक काल में किसी समय कश्मीर का सतीसर जो एक विशाल सरोवर था, अचानक एक दिन बारहमूला के पास टूट गया और विपुल जलराशि ने कश्मीर में प्रलय का ताण्डव मचा दिया। उस प्रलय में वह जो एक व्यक्ति बच गया था, वह वर्तमान भारतीय इतिहास का अमिट हस्ताक्षर है और उसकी माता का नाम शरण्यु था जो शर्यणावत सरोवर के नामकरण का संकेत देता है जो सतीसर का इससे पहले का नाम था। इससे यह स्पष्ट होता है कि पुराण जिस प्रलय का अतिशयोक्ति पूर्ण वर्णन करते हैं, वस्तुतः वह यही कश्मीरी प्रलय ही था।

इस महाप्रलय से जो एक व्यक्ति बच गया था उसका पौराणिक नाम मनु वैवस्वत बताया जाता है। इसके मनु नाम पर इतिहासकारों में विवाद है लेकिन इस नाम से एक बात स्पष्ट है वह यह कि उसके पिता का नाम विवस्वत् था, यह सत्य है अन्यथा इसका पैतृक नाम तत्कालीन परम्परा के अनुसार वैवस्वत नहीं होता। पुराण विवस्वत् और विवस्वान् को एक ही व्यक्ति मानते हुए विवस्वत् को विवस्वान् का पैतृक नाम आदित्य प्रदान करते हैं। विवस्वान् को सूर्य भी कहते थे लेकिन मेरे अभिमत में सूर्य न विवस्वान् थे और न विवस्वत् विवस्वान्। वस्तुतः ये तीनों तीन अलग-अलग व्यक्ति थे; तीनों की तीन अलग-अलग पत्नियाँ थीं, उनकी अलग वंश परम्परा थी, तीनों में काल-भेद था। पुराणों ने एक व्यक्ति विवस्वान् आदित्य, जो कश्यप मारीचि तथा दक्ष पुत्री अदिति के सन्तान कहे जाते हैं, को एक हास्यास्प्रद मिथक् के द्वारा सम्बद्ध कर सभी को आदित्य-वंश से जोड़ दिया जो पूर्णतः असत्य था। इस मिथक ने अकेले विवस्वान् के माध्यम से उन्हें अलग-अलग नाम देकर अलग-अलग पत्नियों से उत्पन्न सन्तानों को तीन समूहों में बांट कर प्रस्तुत किया। प्रथम सुरेणु या सरण्यु से मनु, यम और यमी, उसकी तथाकथित छाया संज्ञा से सावर्णि मनु तथा शनैश्चर और अश्विनी से उत्तर-कुरु के जंगलों में अश्विद्वय। कहते हैं सुरेणु उनके तेज को सह पाने की असमर्थता

के कारण अपनी छाया छोड़कर मायके चली गयी तब सूर्य (विवस्वान्) से दूसरे समूह के पुत्र हुए, यम की शिकायत पर जब वे वस्तुस्थिति से अवगत हुए तब अपनी पत्नी की खोज में त्वष्टरि के पास गये तो उन्होंने उनमें कांट-छांट कर उनके तेज को कम किया, अवशेष पदार्थ से इन्द्र के लिए वज्र बनाया, फिर वे अश्व रूप में अश्विनी जो स्वयं अश्व रूप थी, से पुत्र उत्पन्न किये। स्पष्टतः ये तीनों तीन अलग दम्पत्ति थे और सही इतिहास पाने के लिए हमें इसी रूप में देखना होगा। मेरा अभिमत है कि प्रथम विवस्वान् विवस्वत् थे, द्वितीय सूर्य तथा तृतीय विवस्वान्। आगे हम विवस्वत् और उनके दोनों पुत्रों मनु और यम की विवेचना करेंगे।

पुराण जहाँ विवस्वत् के दो पुत्रों मनु वैवस्वत और यम वैवस्वत का उल्लेख करता है वहीं अवेस्ता केवल एक पुत्र यिम विवहंत का नाम आगे करता है और उनके किसी अन्य पुत्र के होने या न होने का कोई संकेत नहीं देता है। अवेस्ता जहाँ यिम विवहंत को अपना प्रथम राजा घोषित करता है, वहाँ पुराण जिसे वह यम कहता है, उसे अपना प्रथम पूर्वज कहता है और मनु को अपना प्रथम राजा जबकि वह स्पष्ट रूप से यह स्वीकार करता है कि मनु विवस्वत् के ज्येष्ठ पुत्र थे। यह खुद में एक विरोधाभास है क्योंकि परम्परा इसकी अनुमति नहीं देती थी। पुराण किसी भी इस स्थिति में उन कारणों का उल्लेख करते हैं जिनके कारण ऐसी स्थिति बनती है लेकिन वर्तमान सन्दर्भ में ऐसी किसी भी उल्लेख का अभाव है। इसलिए दोनों के एक पिता का पुत्र होने के प्रति सन्देह होता है। अवेस्ता में यम-वरुण संवाद नाम का एक पाठ है जिसके माध्यम से उसने विश्व को उन 16 स्थलों से परिचित कराया जिसके सम्बन्ध में मूर्धन्य इतिहासकारों का मत है कि ये वे स्थल हैं जिन्हें ईरानी उस काल में जानते थे, उनमें कुछ भारतीय स्थलों के भी नाम हैं जिनके बारे में मैंने यह सिद्ध किया है कि ये वे स्थल हैं जहाँ आदि काल में ईरानी तथा भारतीय दोनों सैकड़ों साल तक एक साथ रहे थे। इस प्रकार यम और वरुण दोनों विशुद्ध भारतीय थे। यम-वरुण संवाद का एक अन्य अर्थ यह भी है कि दोनों में एक-दो पीढ़ियों से ज्यादा का अन्तर नहीं हो सकता है। पुराणों के अनुसार ब्रह्मा द्वारा रचित प्राथमिक सृजन मानसी था और प्रजापति दक्ष के बाद वास्तविक मैथुनी सृजन प्रारम्भ हुआ। दक्ष की अन्यान्य मानसी कन्याओं से कश्यप मारीचि द्वारा वास्तविक सृष्टि का सृजन और विस्तार हुआ था। कश्यप मारीचि के पुत्र थे जो दक्ष के समकालीन थे और उन्हीं की तरह प्रजापति यानी दक्ष की तरह उनकी भी उत्पत्ति ब्रह्मा से हुई थी। इस प्रकार भारतीय पुराणों के अनुसार ब्रह्मा के मन से उत्पन्न उनके तीन मानस पुत्रों - वरुण, दक्ष तथा मरीचि ने प्रथमतः भारत में मानव सृजन का प्रारम्भ किया। ये तीनों ही समकालीन माने जाते हैं जिनमें वरुण को अन्य दोनों से श्रेष्ठ पद प्राप्त था। दूसरे शब्दों में हम वरुण को सबका अग्रज मान सकते हैं। कश्यप ने अदिति से आदित्यों को उत्पन्न

किया जिनमें एक विवस्वान् या विवस्वत् थे। यम इन्हीं विवस्वान् या विवस्वत् के पुत्र कहे जाते हैं। लेकिन काल तथा स्थान भेद के कारण मनु वैवस्वत उनके भाई (अनुज या अग्रज) नहीं हो सकते और न ही विवस्वत्, इसी कारण से विवस्वान् या विवस्वंत्।

अत्रि भी मरीचि की तरह एक अन्य प्रजापति थे और उनके पुत्र सोम थे। वे सोम क्षेत्र के अधिपति थे इसलिए सोम नाम से ज्यादा प्रसिद्ध हुए। सोम को भी दक्ष ने 27 मानसी कन्याएं प्रदान किया था। उन कन्याओं से उत्पन्न किसी पुत्र का उल्लेख नहीं मिलता है। पुराणों ने यद्यपि कि सोम का अतिशय गुणगान किया है लेकिन उनके साथ एक मनोरंजक मिथक् भी जोड़ दिया है। कहा जाता है कि उन्हें बृहस्पति जो देवों के आचार्य थे उनकी पत्नी तारा भा गयी और उन्होंने तारा का बलात् अपहरण कर लिया। सोम एक विशाल क्षेत्र के अधिपति थे जिसे सोम क्षेत्र कहते थे। उनके क्षेत्र में विभिन्न प्रकार की वनस्पतियाँ प्रचुर मात्रा में उपलब्ध थीं। तात्पर्य यह कि उनका इलाका समृद्ध था। अकेले सोम (वनस्पति) सब पर भारी था। सोम से एक मादक पेय बनता था जो देवों को बहुत प्रिय था। इससे संजीवनी बूटी भी बनती थी जो मुर्दों में भी जान डाल देती थी। इन सब कारणों से तत्कालीन जगत में सोम एक बड़ा नाम था। उन्हें ब्राह्मणों का भी भरपूर समर्थन प्राप्त था। ब्राह्मण वामन विष्णु के वंशज समझे जाते थे। इसलिए समाज में उनका बड़ा सम्मान था। वे देवतुल्य समझे जाने लगे थे। उनके पास एक बड़ी सेना भी थी जिससे तत्कालीन राजशक्तियाँ भय खाती थीं। उनके सामने बृहस्पति की क्या बिसात थी। उनके अनुरोध को देवराज इन्द्र भी ठुकरा चुके थे। असहाय बृहस्पति शंकर के पास गये और उन्होंने सोम से युद्ध कर तारा वापस दिलाने का उनका अनुरोध स्वीकार कर लिया। बृहस्पति के अनुरोध पर असुर भी उनके साथ जुड़ गये। उनकी देखा-देखी देव सोम के साथ मिल गये। भारत के राजनैतिक इतिहास का यह अद्भुत परिदृश्य था। परस्पर शत्रु शक्तियाँ साथ खड़ी थीं तथा मित्र शक्तियाँ एक-दूसरे के विरोध में लड़ रही थीं। परस्पर विरोधी शिव-असुर शक्तियाँ साथ थीं और परस्पर मित्र देव और शैव एक-दूसरे के विरोध में योगदान कर रही थीं। वस्तुतः एक बार पुनः देवासुर-संग्राम लड़ा गया और पुराणों ने इसे इसी रूप में प्रस्तुत किया है। यह युद्ध देवासुर-संग्राम की शृंखला में प्रसिद्ध तारकामय युद्ध के नाम से जाना गया। लगभग एक वर्ष तक यह युद्ध चला लेकिन परिणाम नहीं निकला। अन्ततः ब्रहाा के हस्तक्षेप करने पर तारा बृहस्पति को मिलीं और उनका गर्भस्थ शिशु सोम को क्योंकि तारा ने उसे सोम का अंश बताया था। यही वह बुध आत्रेय हैं जिनके इला से पुरूरवा ऐल हुए; इला वैवस्वत की पुत्री थी। सोम के लिए तारा का वियोग असहनीय था, इसके लिए वह शंकर को जिम्मेदार मानते थे। अपने को वे कलंकित भी मानते थे, इसलिए पश्चाताप भी करना चाहते थे। ब्रह्मा की सलाह से वे शंकर की तपस्या करने

लगे और अन्ततः वे प्रसन्न हुए। शंकर ने उन्हें चन्द्र बनाकर आकाश में स्थापित कर दिया, उनकी 27 पत्नियों को 27 नक्षत्र बनाकर चन्द्र-पथ बना दिया जिससे प्रत्येक के साथ वे एक रात बिताते हैं। उनके अवशेष अंश को माथे पर लगा लिया। ब्रह्मा ने उनके अनुरोध पर तारा को 28वां अभिजीत नक्षत्र बनाकर खंडित काल के लिए उनकी पत्नी बना दिया जो कभी-कभी प्रभावी होता है। क्या इसका संकेत है भारतीय ज्योतिष शास्त्र का उदय-काल इतना प्राचीन है? यह 3200 ई.पू. से 3100 ई.पू. का काल था। तब से सोम का नाम चन्द्र ज्यादा प्रसिद्ध हुआ।

दैत्यराज बलि के निष्कासन के बाद हिमालय पार के क्षेत्र में दानवों का उत्कर्ष हुआ। अनेक बलशाली दानव एक साथ आगे आये। उनमें सबसे प्रतापी मयासुर था। उसने तीनों क्षेत्रों पर विजय प्राप्त किया और उसका एकीकृत नाम 'त्रिपुर' दिया। उसके बढ़ते प्रताप को रोकने के लिए रुद्रगण सामने आये। शंकर ने पहले अंधकासुर का वध किया और फिर त्रिपुर का विध्वंश किया। देवों ने बड़े आदर के साथ श्री शंकर को 'त्रिपुरारि' का मान प्रदान किया। इसके बाद इस क्षेत्र का त्रिपुर नाम समाप्त हो गया और कुरु नाम पुनः प्रतिष्ठित हुआ। मय दानव तत्कालीन विश्व का सर्वश्रेष्ठ शिल्पी था, प्रतीततः सिन्धु सभ्यता के नगरों का विनिर्माण इसके वंशजों ने किया था, स्वर्ण नगरी लंका का निर्माण भी कहते हैं इन्हीं लोगों ने किया था। मयासुर का नाम आज भी बड़े आदर के साथ लिया जाता है। इस युद्ध में पराजय के उपरान्त असुर फिर सिर नहीं उठा पाये, वे विखंडित होकर यत्र-तत्र सम्पूर्ण देश में जहाँ निरापद मिला बस गये। भेद, शम्बर, वृषपर्वा आदि इसी श्रेणी में आते हैं। 400 वर्षों से अधिक अवधि के युद्धकाल से आहत बहुत से लोग शान्ति की तलाश में हिमालय के इस ओर आये। ये लोग छोटे-बड़े समूहों में आये और जहाँ सुविधाजनक स्थान मिला, बस गये। आने वाले लोग सभी जातियों-प्रजातियों के थे। वे सभी एक पिता कश्यप मारीचि की दक्ष की विभिन्न कन्याओं से उत्पन्न सन्तानें थीं। वे भी पहले हिमालय के पार उत्तर-कुरु के निवासी थे जो यहाँ आ बसे थे। इनकी एक सामान्य पहचान थी कि वे सभी काश्यप थे जो उन सबका पैतृक नाम था और अपने नाम के साथ 'कश्यप' उपनाम धारण करते थे। प्राचीन परम्परा यह थी कि देश पिता के नाम पर देश का नाम रखा जाता था। इसलिए हिमालय के इस पार के देश का नाम कश्यप पड़ा। विवस्वत् के पिता के रूप में जिस कश्यप नाम को पुराण प्रचारित करते हैं वह वस्तुतः उनके देश का नाम प्रतीत होता है, उनके वास्तविक पिता का नाम नहीं है। कालान्तर में कश्यप देश का नाम कश्यप सीर (श्रेष्ठ) हुआ जो समय के साथ कश्यप मीर (श्रेष्ठ) बना और अन्त में उसका संक्षिप्तीकरण होकर वह कश्मीर हो गया। कश्मीर बनने की यही कहानी है। आगे चलकर 3076 ई.पू. में इन्द्र ने अपना राज्य स्थापित किया जिसे विस्तार के साथ हम इस पुस्तक के एक अध्याय में वर्णन करेंगे। देवराज इन्द्र ने कश्मीर में जब देवों

का एक राज्य स्थापित किया, उस समय कश्मीर के ही एक अनुभाग में, जिसे वे सोम क्षेत्र कहते थे, अत्रि के वंशजों का राज्य था। मेरी गणनानुसार उस समय बुध के पुत्र पुरूरवा ऐल का शासन था। दोनों के मैत्रीपूर्ण सम्बन्धों की अनेक कथाएं पुराणों में उद्धृत हैं।

अब प्रश्न हैः मनु वैवस्वत में मनु उनका वास्तविक नाम है या अलंकरण जो उनके पूर्व 6 अन्य महान व्यक्तियों को दिया गया था। यदि यह अलंकरण है तो भी निश्चित रूप से यह मानद पद काफी बाद में उनकी योग्यता के मद्देनजर प्रदान किया गया होगा तो उनका प्राथमिक नाम क्या था? वैवस्वत भी उनका पैतृक नाम है, वास्तविक नहीं। पुराण दो अन्य नाम सुझाते हैं, श्राद्ध देव और सत्यव्रत। श्राद्ध देव भी बचपन का नाम नहीं लगता है क्योंकि इसकी उपयुक्तता तो तभी है जब यह प्रलयोपरांत परिजनों के सामुहिक श्राद्ध करने के बाद उन्हें मानद रूप में प्रदान किया जाए और सत्यव्रत देवों के तत्कालीन उत्तर भारतीय नामों की तरह नहीं लगता है तथा उसका सम्बन्ध द्रविण देश, मलय द्वीप और सामुहिक प्रलय से है, भारत में जिसकी सम्भावना शून्य के बराबर है। इसलिए वैवस्वत का वास्तविक नाम मनु था, कुछ भी और नहीं। लेकिन पुराणों ने भ्रमवश वैवस्वत को 7वें मनु के रूप में प्रचारित किया और उनकी इस भूल ने भारतीय इतिहास को कितना नुकसान पहुँचाया, इसका वर्णन यहाँ प्रासंगिक नहीं होगा।

इसी मनु वैवस्वत को एक दिन एक छोटी मछली मिली जो किसी कमण्डल में रखी जा सकती थी। लेकिन वह बहुत तेजी से बढ़ने लगी और पोखर में रखने योग्य हो गयी। उसकी वृद्धि अभी रुकी नहीं और उसने जल्द ही एक नदी में समाने भर की आकृति प्राप्त किया। फिर तो वह इतनी तेजी के साथ विकसित हुई कि समुद्रवत् हो गयी या समुद्र तक पहुँच गयी। पुराण इसी को विष्णु का पांचवां और मत्स्यावतार का नाम देते हैं। हम जानते हैं कि इसके पूर्व के किसी अवतार का अर्थ है किसी भूमि-खण्ड का अभ्युदय या संज्ञान में लाना जिस पर देवों-मनुष्यों ने भौतिक या सांस्कृतिक विजय प्राप्त किया, दूसरे शब्दों में सनातन धर्म का प्रतिस्थापन किया। इसे भी एक ऐसा ही भू-खण्ड होना चाहिए। प्रलय-कथा से हम जानते हैं, कश्मीरी प्रलय के बाद 3101 ई.पू. में मनु वैवस्वत ने सरस्वती और दृशद्वती के द्वाब के बीच एक नन्हा सा राज्य स्थापित किया था और इसे उन्होंने कुरु-क्षेत्र का नाम दिया था। इस क्षेत्र को भी कुरु नाम दिया जाना, जैसा कि देवों ने वराह अवतार में उपार्जित भू-खण्ड को दिया था, का सांकेतिक अर्थ यह निकलता है कि सम्भवतः यह उनकी प्रजाति का प्राथमिक नाम है। जल्द ही कुरु-क्षेत्र को एक विशेष नाम प्राप्त हुआ और वह था इलावर्त जो मनु वैवस्वत की पुत्री इला के नाम पर आधारित था। सम्भवतः यह उस समय हुआ होगा जब कुरु राज्य इला को अपने पिता से हस्तांतरित किया गया होगा और इला से जब यह राज्य उसके पुत्र पुरूरवा ने प्राप्त

किया तो यह ब्रह्मावर्त कहा जाने लगा। मत्स्यावतार का उपर्युक्त रूपक वस्तुतः इलावर्त का आर्यावर्त बनने की सत्य ऐतिहासिक कथा है जिसकी सीमाएं दोनों ओर के समुद्र को छूने लगी थीं और कुरु-क्षेत्र की तत्कालीन भौगोलिक आकृति सम्भवतः मत्स्य सदृश्य थी, इसलिए इस भूखण्ड की प्राप्ति को मत्स्यावतार का नाम दिया गया। आज जबकि ये नदियाँ अपना अस्तित्व खो चुकी हैं, सेटेलाइट से प्राप्त रेखाचित्र एक छोटी मछली की आकृति की अभिव्यक्ति देता है। यदि नाव देखना चाहते हैं, कन्याकुमारी के किसी स्थल पर खड़े हो जाइये, भारत के मानचित्र में आपको नाव के दर्शन हो जाऐंगे। भारत स्वयं वह नाव था। अतएव मनु वैवस्वत विष्णु के पंचम अवतार कहे जा सकते हैं जिन्होंने कुरुक्षेत्र (हरियाणा) में आर्य राज्य की स्थापना किया था।

विष्णु का यह पाँचवां अवतार अन्य अवतारों से इस अर्थ में भिन्न है कि देवों ने पहली बार कुरु-क्षेत्र (हरियाणा) में देव-वंश का राज्य संस्थापित किया जबकि पूर्व में उन्होंने राज्य का अधिकार स्थानीय लोगों के हाथों में ही रहने दिया था और उनसे केवल धर्म-संस्था को बनाये रखने का आश्वासन प्राप्त किया। यथा वराह अवतार में वाराह देश को आदि मनु को दे दिया गया, नरसिंह अवतार में राजा के ही योग्य पुत्र प्रह्लाद को दिया गया, कश्यप अवतार में विभिन्न काश्यप प्रजातियों को यथावत बने रहने का अधिकार प्रदान किया गया और चतुर्थ वामन अवतार में सनातन धर्म के संरक्षण का दायित्व ब्राह्मणों को प्रदान किया गया।

आगे के पाँच अवतारों के लिए पुराणों ने पाँच महान व्यक्तियों का चयन किया जिन्होंने सनातन धर्म के संवर्धन के लिए महत्त्वपूर्ण योगदान किया था। वे हैंः श्री परशुराम, श्री राम, श्रीकृष्ण, श्री गौतम बुद्ध और कल्कि जिन्हें अवतार लेना अभी बांकी है। प्राथमिक सृजन के सम्बन्ध में भारतीयों की अवधारणा अयोनिज सृजन की है, पुराणों की कथाएं मनसा सृजन से प्रारम्भ होती हैं, वहीं रुद्रों का अर्द्धनारीश्वर यानी सृजनकर्ता ईश्वर आधा नारी है। अर्द्धनारीश्वर का व्यवहारिक पक्ष लिंग-पूजा के रूप में व्यवहृत हुई लेकिन संभ्रान्त वर्ग को यह पसन्द नहीं था। ऋग्वेद 'शिश्न-पूजा' का उपहास करता है। ऐसे समय में संभ्रान्त वर्ग के एक मनस्वी ने, जो शस्त्र और शास्त्र दोनों में पारंगत था, आगे बढ़कर शैव-संस्कृति को अंगीकार किया, लिंग-पूजा को शिरोधार्य किया और अन्य धर्मावलम्बियों के लिए शैव-धर्म की अभिस्वीकृति का मार्ग प्रशस्त किया। इस प्रकार श्री परशुराम ने शैव-धर्म को समादृत कर, सनातन-धर्म की तृतीय धारा को प्रतिष्ठित किया और सनातन धर्म की त्रिवेणी को प्रवाहमान किया। तत्पश्चात इस धर्म का इतना प्रवाह हुआ कि जब ब्रह्मा और विष्णु अपने सन्तानों (अनुयायियों) की संख्या गिन रहे थे, उनके बीच एक शिव लिंग प्रकट हुआ जिसका न आदि था न अन्त था।

अयोध्या के युवराज, भारत के गौरव, हिन्दुओं के आराध्य, मर्यादा पुरुषोत्तम श्री राम जब चौदह वर्ष के वनवास पर थे; तब दण्डकारण्य के जंगलों में, प्रत्येक वृक्ष की शाखाओं में, उसके पत्ते-पत्ते, पुष्पों, फूलों और फलों में; उसके कंकड़, पत्थर, चट्टानों, पहाड़ों-पहाड़ियों में; वहाँ की स्रोतस्विनियों, नदियों, सरोवरों, जलाशयों में, वहाँ की धूलि के कण-कण में, वहाँ के पक्षियों, पशुओं, प्राणियों में; उन्होंने शिव के विराट स्वरूप का दर्शन किया। पंचवटी से सीता-अपहरण के कारण शोक सन्तप्त श्री राम ने वहाँ के वनवासी जनजातियों में अपने प्रति जिस करुण संवेदनशीलता को अनुभव किया और अपने शत्रु के लिए उनकी आंखों में जो उन्होंने आक्रोश देखा, उसने उन्हें उनके आराध्य के प्रति श्रद्धावनत् किया। श्री राम द्वारा श्री रामेश्वरम में शिव-लिंग की स्थापना एवं पूजन वैदिक और शैव संस्कृति के संलयन के प्रति सनातन धर्म का हस्ताक्षर है जो आज भी शिव के शीश पर पूर्ण पावनता के साथ गंगा के रूप में विद्यमान है। श्री राम के इस पावन कृत्य की महानता दो विशाल समुदायों का एकीकरण मात्र नहीं है अपितु राष्ट्रवाद की दिशा में उठा सशक्त कदम है जो आज भी उसी जिजीविशा के साथ जीवन्त है। श्री राम महान हैं, श्री राम समदर्शी हैं, पतित-पावन हैं, उनकी प्रशस्ति में हर शब्द बौने हैं, मैं तो बस श्री विष्णु का स्तवन ही कर पाऊंगा - 'यदा-यदा हि धर्मस्य ग्लानिर्भवति भारतः, अभ्युत्थानम् अधर्मस्य तदात्मानम् सृजाम्यहम्। परित्राणाय च साधुनाम्, विनाशाय च दुष्कृताम्, धर्म संस्थापनार्थाय संभवामि युगे-युगे।' हे मर्यादा पुरुषोत्तम नमस्तुभ्यम्।

भारत में उपासना की तीन पद्धतियाँ प्राचीन काल से चली आ रही हैं। वे हैंः ज्ञान-पथ, कर्म-पथ और भक्ति-पथ। ज्ञान-मार्ग का अर्थ है परम् ब्रह्म का प्रज्ञान प्राप्त करना और और उसे स्व आत्मा में आत्मसात् करना। ब्रह्म का अर्थ हैः सोऽहम् अर्थात् वह मैं हूँ। इसके तीन मन्त्र हैंः अहम् ब्रह्मास्मि, तद् त्वम् असि, जगत् मिथ्या अर्थात् मैं ब्रह्म हूँ, वही तुम हो और यह जगत् मिथ्या है, असद् है, माया है, छलावा है। ब्रह्म के इसी अर्थ को आत्मसात् करना ही अध्यात्म है और अध्यात्म ज्ञान-मार्ग की उपासना पद्धति का नाम है। भारतीय दर्शन जगत् को ब्रह्म का प्रक्षेप मात्र मानता है यानी अवास्तविक मानता है। कर्म-मार्ग से तात्पर्य है शास्त्र विहित कर्म एवं धार्मिक कर्मकाण्डों का सम्पादन यथा व्रत, उपवास, अग्निहोत्र, संध्यावंदन, यज्ञ आदि एवं सदाचरण का निर्वहन। श्रीकृष्ण ने कर्म-योग के कर्म-सन्यास को निष्काम कर्म में परिवर्तित कर कर्म-पथ की व्याख्या में स्वरूपगत् परिवर्तन किया और इस प्रकार कर्म-मार्ग को जीवन-पथ से जोड़ दिया। निष्काम कर्म को उन्होंने इस मन्त्र से परिभाषित किया - 'कर्मण्येवाधिकारस्ते मा फलेषु कदाचन, मा कर्मफलहेतुभूर्मा ते संगोस्तिकर्मणि। अर्थात् तुम्हारा अधिकार केवल कर्म करने में है, कर्म-फल में तुम्हारा कोई अधिकार नहीं, तुम कर्म-फल की कामना या फलासक्ति की कामना मत करो और न तुम्हारी प्रवृत्ति कर्म न करने में हो।' इस प्रकार सनातन धर्म-दर्शन

जो प्रारम्भ से ही सदाचरण का धर्म था, श्रीकृष्ण के कर्तव्य-कर्म के जीवन-दर्शन से संयुक्त होकर पुनः जीवन्त हो उठा। भक्ति मार्ग के चार मार्मिक तत्व हैंः इष्टदेव का चयन, उसके प्रति व्यक्ति का सम्पूर्ण समर्पण, अपनी अगाध भक्ति का प्रदर्शन एवं 'त्वदीयं वस्तु गोविन्दं, तुभ्यमेव समर्पितम्' की विभावना से सांसारिक सुखों से विरक्ति। भक्तों के मन के भटकाव से विमुक्ति के लिए श्रीकृष्ण ने आह्वान किया - 'सर्वान् धर्मान् परित्यज, मामेकं शरणम् ब्रज'। अर्थात् अन्यान्न पंथों में न भटकते हुए मुझ एक की शरण में आओ। तात्पर्य यह कि किसी एक धर्म में स्थिर चित्त होकर व्यवहृत होओ, यही सनातन धर्म है। श्री विष्णु का यह अष्टम् अवतार माना गया है। श्रीकृष्णाय नमः।

बुद्धावतार विष्णु का नवम् अवतार माना जाता है। वह एक ऐतिहासिक व्यक्ति हैं। सद् धर्म की खोज में उन्होंने सत्ता, राज्य और परिवार का परित्याग किया था। कठिन तपस्या के उपरान्त उन्हें ज्ञान प्राप्त हुआ और वे बुद्ध कहलाये। उन्होंने विश्व को चार आर्य सत्य और अष्टांगिक मार्ग का सन्देश दिया। चार आर्य सत्य हैंः दुःख, दुःख समुदय, दुःख निरोध और दुःख निरोध मार्ग। अर्थात् संसार में दुःख है, दुःख उत्पन्न होता है, दुःख का निरोध किया जा सकता है और दुःख निरोध का सहज मार्ग हैः अष्टांगिक मार्ग और अष्टांगिक मार्ग है - 1. सम्यक् दृष्टि, 2. सम्यक् संकल्प, 3. सम्यक् वाक्, 4. सम्यक् कर्म, 5. सम्यक् आजीव, 6. सम्यक् व्यायाम, 7. सम्यक् स्मृति और 8. सम्यक् समाधि। यही वह निर्वाण-पथ है जिस पथ पर चलकर व्यक्ति बुद्ध की तरह निर्वाण प्राप्त कर सकता है, बुद्धत्व प्राप्त कर सकता है। यह पथ वस्तुतः जीवन जीने की कला है जो गरीब-अमीर सबके लिए समान रूप से प्रभावी है। बुद्ध के इस जीवन-पथ को अंगिकार कर सनातन धर्म भी धन्य हो गया। हे भगवान बुद्ध! तुभ्यं नमः।

पुराणों की भविष्यवाणी है कि दशम् अवतार कल्कि अवतार होगा जो वर्तमान कालखण्ड में होगा। आज की तिथि 9 अप्रैल 2020 है, रात्रि के 9 बजे हैं, मैंनें भी अन्य भारतीयों की तरह दरवाजे के बाहर दीपक जलाया और जब मैं 9 मिनट तक के लिए आंख बंद कर यह संकल्प ले रहा था कि मैं अकेला नहीं हूँ, 135 करोड़ भारतीय मेरे साथ हैं, हम सब एकजुट होकर कोरोना से लड़ रहे हैं, कोरोना हारेगा और भारत जीतेगा। उसी समय मेरे अन्तर्मन में मुझे एक देव-वाणी सुनाई दी। विष्णु का दशम् अवतार होना शेष नहीं है, वह हो चुका है, बस पहचाना जाना शेष है। उक्त चार अवतार भी तो बाद में पहचाने गये। मुझे यह आभास हो रहा है यह पहचान उस महान पुरुष से स्थापित होगी जिसने बुद्ध की तरह बहुत कम आयु में सांसारिक मोह से विमुक्त होकर परिवार का परित्याग किया होगा और देश-समाज निर्माण हेतु अपने जीवन की आहुति देने का निर्णय किया होगा, जो श्रीकृष्ण की तरह देश-सेवा के संकल्प के साथ निष्काम भाव से कर्तव्य-कर्म के पथ पर अग्रसर

हुआ होगा, जो राष्ट्र विरोधी भौतिक ताकतों तथा दैवीय आपदाओं के विरुद्ध श्री राम की तरह एक अमिट हस्ताक्षर हो एवं अपने संकल्प के प्रति उसकी सम्पूर्ण प्राप्ति तक परशुराम की तरह दृढ़ निश्चयी हो। वसुधैव कुटुम्बकम् जिसकी आत्मा हो और सर्वेभवन्तु सुखिनः जिसका दृष्टि-बोध हो। पूर्व के चारों अवतारी पुरुषों की संयुक्त शक्ति का समन्वयन ही कल्कि अवतार की पृष्ठभूमि बनेगी। वह एक स्थिरप्रज्ञ ही दशम् अवतार के रूप में चयन किये जाने का अधिकारी होगा।

अतएव विष्णु के 10 अवतारों में निबद्ध इतिहास सनातन धर्म के उन्नयन की आत्मकथा है।

अध्याय - 7

मनु वैवस्वत के वंशज

आधुनिक इतिहासकार वैदिक-युग का प्रारम्भ वैवस्वत मनु से मानते हैं जब उन्होंने और उनकी सन्तानों ने राज्य की स्थापना किया। पुराणों के अनुसार वैवस्वत मनु के 10 पुत्र थे, जिनके नाम हैं - 1. इल/इला (सुद्युम्न), 2. इक्ष्वाकु, 3. प्रांशु, 4. शर्याति, 5. धृष्ट, 6. करूष, 7. नरिष्यन्त, 8. प्रसिध्र, 9. नाभाग तथा 10. नाभागोदिष्ट। डॉ. भार्गव इनमें से प्रथम चार यथा इल/इला (सुद्युम्न), इक्ष्वाकु, प्रांशु तथा शर्याति को ही राजवंश के संस्थापक मानते हैं जबकि पार्जीटर प्रांशु के स्थान पर नाभानेदिष्ट को राजा मानते हैं। बाद के चार यथा ध्रष्ट या धृष्ट, करूष, नरिष्यन्त तथा प्रसिध्र को डॉ. भार्गव केवल नाम मानते हैं जिन्हें मनु पुत्रों को 10 की संख्या पूर्ण करने हेतु सम्मिलित किया गया है। परम्परानुसार पूर्व मनुओं के 10 पुत्र होने का उल्लेख पुराणों और अन्य वैदिक ग्रन्थों में प्राप्त होता है। ध्रष्ट और करूष दो व्यक्तियों या राजाओं के नाम नहीं हैं अपितु दो क्षत्रिय जातियों के कबीलों के नाम हैं जो क्रमशः बल्ख के आस-पास के क्षेत्र तथा गंगा के दक्षिण विन्ध्याचल की पहाड़ियों में रहते थे। मेरी सम्मति में वे दैत्य-वंश के लड़ाके थे जो राजा बलि के देश-निकाला दे दिये जाने के बाद इन क्षेत्रों में नाम छुपाकर बस गये थे। बलि के बाद इन्होंने किसी अन्य व्यक्ति को अपना राजा नहीं माना। नरिष्यन्त और उनके वंशज जो शक हो गये थे, बहुत बाद के हैं इसलिए उन्हें वैवस्वत का पुत्र होना नहीं माना जा सकता है। नाभाग और नाभागोदिष्ट को भार्गव गलती से जोड़ा गया नाम मानते हैं, जो सही है। नाभाग के बारे में कहा गया है कि उनको अम्बरीश नाम का एक पुत्र था। इसी नाम के नाभाग तथा उनके पुत्र अम्बरीश नाभागी को पुराण इक्ष्वाकु वंश के राजाओं में स्थान देते हैं। डॉ. भार्गव की सूची में उन्हें 53वाँ और 54वाँ स्थान दिया गया है तथा पार्जीटर की सूची में 47वें तथा 48वें स्थान पर अंकित किया है। दोनों वस्तुतः एक है और उनका काल वैवस्वत के बहुत बाद का है इसलिए नभाग या नाभाग भी वैवस्वत के पुत्र नहीं हो सकते हैं। यह स्थापना इस कथन से भी सत्यापित होती है जब पुराण ये कहते हैं कि नाभाग (वैवस्वत) के पुत्र अम्बरीश की तीसरी पीढ़ी ब्राह्मण हो गयी तथा रथीतर गोत्र की स्थापना किया जो इक्ष्वाकु वंश के

नाभाग के पुत्र अम्बरीश के बारे में सच है। ऐसा प्रतीत होता है कि रथीतर उनके पूरे नाम यानी नाभाग मानव जिन्हें वे अम्बरीश का पिता होने के नाते अपना पूर्वज मानते थे, उनके मानव उपनाम के कारण उन्हें वैवस्वत का पुत्र मान लिए, जो सही नहीं हो सकता है क्योंकि मानव उपनाम मनुष्यों का था और इसे हम पहले ही स्थापित कर चुके हैं। पुराणों ने ऐसी कई भूलें की हैं। इक्ष्वाकु को भी हम मनुष्य-वंशीय मानते हैं और इस पर हम आगे प्रकाश डालेंगे। इस प्रकार नाभाग को मानव उपनाम रखने का पूरा अधिकार था। 8वें तथाकथित पुत्र प्रसिध्र गुरू के गाय की हत्या के कारण शापवश शूद्र हो गये थे इसलिए उनसे किसी राजवंश की स्थापना की अपेक्षा नहीं की जा सकती है। ऐसी ही गलती पुराणों ने नाभागोदिष्ट मानव के नाम में भी किया है, ऐसा लगता है। वैवस्वत के तथाकथित 10वें स्थान पर यहाँ अंकित पुत्र नाभागोदिष्ट को मनीषी वैदिक नाभानेदिष्ट के नाम से पहचान करते हैं जिन्होंने पूरे नाम से ऋग्वेद में एक पूरा सूक्त लिखा है। उनका पूरा नाम नाभानेदिष्ट मानव दिया गया है। पुराणों के साथ-साथ डॉ. भार्गव, डॉ. पार्जीटर तथा अन्य इतिहासविद् इस पहचान से सहमति जताते हैं। पुराणों ने इन्हें राजवंश का प्रवर्तक माना है तथा इनके वंशजों में प्रांशु राजवंश को शामिल किया है। पार्जीटर ने नाभानेदिष्ट से वैशला या वैशाली राजवंश की उत्पत्ति माना है और डॉ. भार्गव ने इन्हें सावर्णि मनु का पुत्र माना है जो एक ग्रामणी थे। वस्तुतः डॉ. भार्गव सही हैं और उन्होंने ऋग्वेद की दो सूक्तियों यथा X 63 तथा IX 101 के माध्यम से यह स्थापना किया है। नाभानेदिष्ट स्वयं ऋग्वेद X 62-11 में स्पष्ट करते हैं कि वे सावर्णि मनु के पुत्र थे तथा ऋग्वेद X 62-10 में स्वयं को वे इस सूक्ति का लेखक भी बताते हैं। तात्पर्य यह कि इस सूक्त के रचनाकार नाभानेदिष्ट मानव सावर्णि मनु के पुत्र हैं, वैवस्वत मनु के नहीं। साथ ही उनके द्वारा अपने पिता सावर्णि को इस सूक्त में एक देवता के रूप में प्रतिष्ठित करना इस तथ्य को पुनर्स्थापित करता है। सावर्णि मनु ने भी ययाति तथा नहुष के साथ ऋग्वेद IX 101 सूक्त की रचना की है जिसमें उन्होंने यदु तथा तुर्वसु ययाति पुत्रों का उल्लेख किया है जिससे यह स्पष्ट होता है कि वे नहुष और ययाति के समकालीन थे। इसलिए भी नाभानेदिष्ट वैवस्वत के पुत्र नहीं हो सकते हैं। इन तथ्यों के आलोक में यह पौराणिक कथन है कि सावर्णि मनु विवस्वान् की एक अन्य पत्नी छाया से उत्पन्न हुए। छाया के बारे में यह कहा गया है कि सर्यण्यु ने स्वयं पिता-गृह जाते समय अपने स्थान पर एक नारी छाया छोड़ गयी थी, उससे ही सावर्णि की उत्पत्ति हुई थी, गलत सिद्ध होती है। पुराणों ने दो संज्ञाओं यथा विवस्वान और विवस्वत् को एक अर्थ में लेने की भूल की है। विवस्वान् का शाब्दिक अर्थ प्रभात का सूर्य होता है और पुराणों ने अनेक बार उन्हें सूर्य के अर्थ में प्रयोग किया है लेकिन यम की वैवस्वत उपनाम का अनुसरण करते हुए उन्होंने विवस्वान् को विवस्वत् का समानार्थी मान लिया। इस प्रकार पुराणों ने एक

साथ दो भूलें किया। एक तो विवस्वान् के पुत्र सावर्णि को विवस्वत् का पुत्र मान लिया तथा दूसरा विवस्वत् पुत्र वैवस्वत से आरम्भ हुए राजवंश को सूर्य वंश का नाम दे दिया जो विवस्वान् (सूर्य) नाम पर आधारित है। अतएव दोनों गलत हैं। विवस्वान् एक अन्य व्यक्ति हो सकते हैं, सावर्णि उनके पुत्र हो सकते हैं लेकिन वे विवस्वत् नहीं हो सकते हैं और न ही वैवस्वत वंश सूर्य वंश हो सकता है। अब सावर्णि वंश को हम इस प्रकार यथा विवस्वान्, सावर्णि मनु, नाभानेदिष्ट मानव, भलनन्द तथा वत्सपरि मान सकते हैं। अन्तिम दोनों ने भी वेद की ऋचाएं लिखी हैं। पुराणों का मानना है कि नाभानेदिष्ट के वंशज वैश्य थे जो बाद में ब्राह्मण हो गये, तात्पर्य यह कि वे राजा नहीं थे। अतएव पार्जीटर का नाभानेदिष्ट मानव को मनु-पुत्र मानना तथा राजवंश की स्थापना का दावा सही नहीं है। क्योंकि सावर्णि को पुराणों ने 8वें मनु का मान प्रदान किया है तद्नुरूप नाभानेदिष्ट ने सावर्णि के उपनाम मनु के आधार पर अपना मानव उपनाम धारण किया था, मनु वैवस्वत के आधार पर नहीं। इस प्रकार यह स्थापित होता है कि नाभानेदिष्ट वैवस्वत मनु के पुत्र नहीं हैं। विवस्वान् (सूर्य) सम्भवतः मनुष्य-वंश से थे, शायद इसीलिए उनके दोनों पुत्र नासत्य और दस्र को आसानी से देवत्व प्राप्त नहीं हुआ और इसके लिए महर्षि च्यवन को वीटो लगाना पड़ा था। विवस्वान् (सूर्य) उत्तर-कुरु के रहनेवाले थे जबकि वैवस्वत कश्मीर के। यम भी विवस्वान् के पुत्र माने जाते हैं। इस प्रकार यम और सावर्णि मनु समकालीन हुए। अभी हमने देखा है कि सावर्णि मनु नहुष के काल के हैं तो यम भी नहुष के काल के हुए और विवस्वान् आयु के काल के। फिर मनु वैवस्वत न तो यम के भाई हो सकते हैं और न विवस्वत् तथा विवस्वान् एक व्यक्ति हो सकते हैं। वस्तुतः ऋग्वैदिक यम पूर्व वैदिक काल के एक देवता थे, जिनकी पहचान मृत्यु के देवता के रूप में होती थी इसलिए पुराण उन्हें मनुष्यों का प्रथम पूर्वज मानता है और इन्हें किसी का पुत्र माना जाना एक मिथक् है।

वैवस्वत मनु के अवशेष चार पुत्रों जिन्हें डॉ. भार्गव राजवंशों का संस्थापक मानते हैं, उनमें सबसे पहले हम प्रांशु को लेते हैं। प्रांशु के सम्बन्ध में पुराण एक स्वर से उनके एक पुत्र प्रजापति को उनका वंशज स्वीकार करते हैं। उनके बाद उनकी वंशावलि में किसी अन्य व्यक्ति और राजा का कोई उल्लेख प्राप्त नहीं होता है। दूसरी महत्त्वपूर्ण बात यह है कि लगभग सभी पुराण उनकी वंशावलि को नाभानेदिष्ट मानव के राजवंश परम्परा में जोड़ कर बयान करते हैं जिनके बारे में हम पूर्व परिच्छेद में यह सिद्ध कर चुके हैं कि न वे और न उनके वंशज कभी राजा रहे हैं। अतएव प्रांशु का सम्बन्ध वैवस्वत वंश से नहीं हो सकता है स्वाभाविक रूप से वे मनुष्य वंश के एक राजा थे। अब हम शर्याति मानव के बारे में विचार करते हैं। शर्याति एक राजर्षि थे। उन्होंने शर्याति मानव नाम से वैदिक ऋचाऐं लिखी हैं। ऋग्वेद सूक्त X - 92 उनकी ही रचना है। शर्याति आधुनिक गुजरात के राजा कहे गये हैं। पुराण उनकी

पाँच पीढ़ियों का वर्णन करते हैं जो इस प्रकार है यथा शर्याति, आनर्त, रोचमान, रेवा और रैवत। शर्याति-पुत्र आनर्त के नाम पर इस राज्य का नाम आनर्त पड़ा जो गुजरात का एक प्राचीन नाम माना जाता है। इसकी राजधानी कुशस्थली थी जिसका एक प्राचीनतर नाम द्वारका या द्वारावती है जिसे बाद में श्रीकृष्ण ने अपनी राजधानी बनाया था।

पुराणों के अनुसार आनर्त और उनकी चार पीढ़ियों ने गुजरात में राज्य किया। इस वंश के अन्तिम पीढ़ी के राजा का नाम रैवत था जिन्हें रेवा का पुत्र कहा जा सकता है। रैवत के बारे में यह प्रसिद्ध है कि वे अपनी पुत्री रेवती के योग्य वर की तलाश में गन्धर्व लोक गये और ब्रह्मा के दरबार में सुमधुर संगीत सुनने में व्यस्त रहे और जब वे कुशस्थली वापस आये तब तक पृथ्वी पर इतना समय व्यतीत हो चुका था कि सब कुछ बदल गया था। यहाँ पर यादवों का शासन हो चुका था और उन्होंने द्वारकाधीश श्रीकृष्ण के भाई बलराम से अपनी पुत्री का विवाह कर दिया। स्वाभाविक रूप से यह एक मिथक् है जिसे रैवत से यदु-वंश के राज्य स्थापित होने तक की सुदीर्घ अवधि के खालीपन को भरने का प्रयास किया गया है। वस्तुतः यह रैवत एक यादव राजा थे जो बहुत बाद के थे, उनकी पुत्री जिसका नाम रेवती था, का विवाह बलराम के साथ हुआ था। इसलिए आनर्त से रैवत तक की चार पीढ़ियाँ यदु-वंश से सम्बद्ध है तथा शर्याति मानव के वंशज नहीं थे। डॉ. भार्गव की पुस्तक के पृष्ठ 149 पर यह संकेत प्राप्य है। शर्याति मानव ने अपनी पुत्री सुकन्या का विवाह प्रसिद्ध च्यवन ऋषि से उस समय किया था जब वे वृद्धावस्था में थे। पुराणों का कथन है कि अश्विनी कुमारौ ने उन्हें यौवन प्रदान किया था और बदले में च्यवन ने उन्हें वैदिक देवताओं में स्थान दिलाया था। मेरी गणना के अनुसार च्यवन आयु के समकालीन थे। अर्थात् नहुष के काल में उन्हें शर्याति की कन्या प्राप्त हुई होगी। इसलिए 5 पीढ़ियों के अन्तर के साथ शर्याति मनु वैवस्वत के पुत्र नहीं हो सकते हैं। मेरा अभिमत यह है कि मानव उपनाम वाले सभी राजा स्वयंभु मनु के वंश परम्परा में आते हैं, वैवस्वत परम्परा में नहीं। मानवों में वेद-सूक्तियों की रचना करने की परम्परा थी। शर्याति ने भी X - 92 सूक्ति की रचना की है। शर्याति के साथ ही उनका राज्य समाप्त हो जाता है।

इक्ष्वाकु वैवस्वत मनु के औरस पुत्र नहीं थे। पुराण स्वयं उन्हें उनका मानस-पुत्र मानते हैं। अचानक एक दिन उन्हें छींक की अनुभूति हुई, उन्होंने आऽछी-आऽछी किया और उससे नासिका क्षेत्र से एक पुत्र की उत्पत्ति हुई और इसलिए उसका नाम इक्ष्वाकु रखा गया। इस प्रकार उसका यह नाम रखे जाने का एक रूपक तो हो सकता है, सच नहीं हो सकता है। संकेत स्पष्ट है कि इक्ष्वाकु मनु के पुत्र नहीं हो सकते हैं। वे कोई अन्य व्यक्ति थे, राजा थे। पूर्व में हमने अतिराट्र या अर्राट नगर का उल्लेख किया है जिसे अब हड़प्पा कहते हैं। यह वीर-वंश के राजाओं की राजधानी

हुआ करता था। यह हड़प्पा सभ्यता का अप्रतिम स्थल है। इस स्थान पर या इसके समीपवर्ती क्षेत्र में यह सभ्यता पुरातत्वविदों के कथनानुसार 3300 ई.पू. से 1300 ई.पू. तक प्रचलित थी। अवधि 3300-2800 ई.पू. तक इसका प्रारम्भिक चरण था। तात्पर्य यह कि वैवस्वत मनु के वाह्य सरस्वती क्षेत्र में स्वराज्य की स्थापना वर्ष 3100 ई.पू. में यहाँ पर वीर वंश का कोई राजा राज कर रहा था। सम्भवतः वह इक्ष्वाकु था। उसी को पुराणों ने वैवस्वत का पुत्र बना दिया। उपर्युक्त रूपक अपने अन्तर्निहित अर्थ में इसी ओर संकेत करता है। पुराणों की एक दृष्टि थीः तत्कालीन सभी राजाओं को वैवस्वत मनु से जोड़ना। शायद वे यह सिद्ध करना चाहते थे कि भारत का इतिहास उन्हीं से आरम्भ होता है। वे तो यह तक साबित करने का प्रयास करने लगते हैं कि सम्पूर्ण मनुष्यों की उत्पत्ति का आदि-स्रोत वही हैं। जबकि यह सच नहीं है। हमने प्रारम्भ में ही स्थापित कर दिया है कि मनुष्य, मानव, मानुष आदि शब्दों की व्युत्पत्ति स्वयंभु मनु से हुई है। पार्जीटर ने भी स्पष्ट रूप से इसे नकारते हुए वैवस्वत मनु से केवल राजवंशों का प्रारम्भ माना है। अन्य आधुनिक इतिहासकारों ने भी ऐसा ही किया है। लेकिन पुराणों ने मानव उपनामधारी ऋषियों, राजाओं, व्यक्तियों को वैवस्वत मनु का पुत्र मान लिया बिना काल-भेद का चिन्तन किये जैसा हमने अभी-अभी नाभानेदिष्ट मानव तथा शर्याति मानव के सन्दर्भ में देखा है। पुराणों की यह भूल अक्षम्य है। इसने भारत का आदि इतिहास जो उसका गौरव था, उसी छवि धूमिल कर दिया। यह विश्व इतिहास का प्राचीनतम अंश था जो विश्व एवं भारत के सामने आने से वंचित रह गया।

अब हम ज्येष्ठ पुत्र सुद्युम्न की कथा सुनाते हैं। पुराण कहते हैं - वैवस्वत को कोई पुत्र नहीं था। पुत्र प्राप्ति हेतु उन्होंने पुत्रेष्टि यज्ञ का अनुष्ठान किया। लेकिन उन्हें एक पुत्री प्राप्त हुई जिसका नाम इला रखा गया। मनु को इस प्रकार से जो इला प्राप्त हुई थी वह शिशु नहीं थी अपितु युवती थी। ऐसा हमें पुराण ही बताते हैं। ऐसे में क्या वह वैवस्वत की पुत्री हो सकती है? इस तरह से तो दत्तक सन्तानें प्राप्त की जाती हैं। तात्पर्य यह कि इला उनकी औरस पुत्री नहीं थी। अन्य वैदिक ग्रन्थ यह बताते हैं कि मनु को प्रलयजनित विवाद के दिनों में एक युवती मिली थी जो आगे चलकर उनकी शिक्षिका या पथ-प्रदर्शिका बनी। ऋग्वेद में उनका नाम इड़ा/इला मिलता है। सम्भवतः यही वह इला है, पुराण जिसकी पहचान मनु-पुत्री इला बताते हैं। यही बुध आत्रेय की जीवन संगिनी बनती है जिससे पुरूरवा ऐल उत्पन्न होते हैं जो सर्वप्रथम बतौर वैवस्वत के उत्तराधिकारी के रूप में वाह्य सरस्वती क्षेत्र के राजा बनते हैं। वाह्य सरस्वती इसलिए कि यह सरस्वती के पार का क्षेत्र था और इस क्षेत्र में वीर-वंश का शासन अभी तक स्थापित नहीं हुआ था। इस प्रकार पुरूरवा ऐल वैवस्वत वंश के नहीं कहे जा सकते हैं। अनुमानतः इस पौराणिक मिथक का उद्देश्य मात्र महान आत्रेय वंश से सम्बन्ध स्थापित करना भर था।

पुराणों के अनुसार पुत्रेष्टि यज्ञ के माध्यम से मनु वैवस्वत को एक पुत्री इला प्राप्त हुई। लेकिन मनु को एक पुत्र की कामना थी। पुराण कहते हैं कि उन्होंने ऋषि वशिष्ठ से प्रार्थना किया और वशिष्ठ के माध्यम से शिव के आशीर्वाद से नारी इला पुरुष इल हो गयी। किसी अभियान में वे अज्ञानतावश उमा-शरवण में प्रवेश कर गये जिसे शिव का शाप था कि कोई पुरुष इस शरवण में पांव रखते ही नारी हो जायेगा। इल के साथ भी ऐसा ही हुआ। वे पुनः नारी इला बन गये। पुनश्च बुध आत्रेय के संसर्ग से नारी इला को पुरूरवा हुए। इल से इला बनने की इस कथा को पहले भी पुराण प्रजापति कर्दम के पुत्र इल के सन्दर्भ में कह चुके थे। पुनः यह कथा वैवस्वत इल के सम्बन्ध में दुहराई जाती है। वशिष्ठ को जब यह ज्ञात हुआ तो उनके अनुरोध पर शिव ने पुनः उन्हें किंपुरुष बना दिया। इस अवस्था में इला सुद्युम्न नाम से जाने गये और मनु के पुत्र घोषित किये गये। वैवस्वत के बाद सुद्युम्न उनके वंश के राजा हुए और डॉ. भार्गव के अनुसार उनकी कोई सन्तान नहीं थी इसलिए उन्होंने इला पुत्र पुरूरवा ऐल को अपना दत्तक पुत्र मानते हुए उस क्षेत्र का राजा बना दिया। एक सीधी सरल बात कि वैवस्वत की तथाकथित पुत्री इला से उत्पन्न पुत्र पुरूरवा उनके उत्तराधिकारी बने, पुराणों ने इसे घुमा-फिरा कर इसलिए कहा कि वे सुद्युम्न नामक एक राजा को उनका पुत्र सिद्ध कर सकें। सम्भवतः सुद्युम्न प्रजापति कर्दम वंश के तत्कालीन मनुष्यवंशी राजा थे। सम्भवतः वे वाह्लीक देश के एक प्रतापी राजा थे। उनके पुत्र हर्यश्व को उस क्षेत्र के राजा होने का कथ्य इसे पुष्ट करता है। सम्भवतः वे उत्तर-कुरु से आये थे। एक तो इसलिए कि वे अन्तिम दिनों में उत्तर-कुरु चले गये थे और दूसरा यह कि कर्दम का सम्बन्ध भी स्वयंभु मनु की तरह उत्तर-कुरु से रहा है। पुराण सुद्युम्न के दो अन्य पुत्रों का भी उल्लेख करता हैः गय और उत्कल। गय बिहार के गया क्षेत्र तथा उत्कल उड़ीसा के स्वामी कहे जाते हैं। तीन पुत्रों में किसी को भी कुरु-क्षेत्र का राजा न बनाया जाना यह सिद्ध करता है कि सुद्युम्न मनु वैवस्वत के पुत्र नहीं थे।

भारत के आदि इतिहास के बारे में पुराणों ने दो महत्त्वपूर्ण बातें कही हैं, यदि हम वैवस्वत से मनुष्यों की उत्पत्ति की निराधार कथन को छोड़ दें तो। वे हैंः प्राचीन भारत के सभी राजवंशों का वैवस्वत से प्रारम्भ होना तथा उनके 10 पुत्रों का पृथ्वी का राजा बनना। पृथ्वी से उनका तात्पर्य उनके अधीनस्थ क्षेत्र से था जिसमें वे मनुष्यवंशीय भूपतियों के राज्य-क्षेत्र को भी सम्मिलित करते थे जबकि वैवस्वत का क्षेत्र वाह्य सरस्वती का एक छोटा सा भूभाग था। दुःखद यह है कि आधुनिक इतिहासकारों ने भी, इसमें भारतीय इतिहासकार भी सम्मिलित हैं, पुराणों के इन दोनों कथनों को लगभग इसी रूप में स्वीकार कर लिया। उन्होंने नीर-क्षीर विवेक का प्रयोग नहीं किया। उन्होंने इसके पूर्व-काल का इतिहास पढ़ने और इस काल से उसे सम्बद्ध करने का प्रयास नहीं किया जबकि लगभग सभी पुराणों में यह इतिहास प्राप्य है,

जो हमने इस ग्रन्थ के अध्याय 'विष्णु के दशावतार में निबद्ध प्राचीन इतिहास' में दिया है। इससे भारतीय इतिहास की प्राचीनता और निरन्तरता दोनों ही प्रभावित हुई और विश्व सही इतिहास जानने से वंचित रह गया।

इस प्रकार, मनु वैवस्वत की केवल एक पुत्री तथाकथित इला थी, वह भी औरस पुत्री नहीं थी। फिर जोड़-तोड़ करके उनके 10 पुत्र क्यों बताये गये। यह क्षम्य हो सकता है, लेकिन यह क्षम्य नहीं हो सकता है कि उन्होंने (पुराणकारों ने) स्वयंभु के वंशज राजाओं को वैवस्वत कुल का राजा बना दिया। पुराणों का यह खेल यह संकेत देता है कि उन्होंने भारतीय जनता के साथ आपराधिक छल किया और केवल इसलिए कि वे मनु वैवस्वत कुल की गरिमा को सर्वोच्चता प्रदान करा सकें। उनकी यह गलती कि उन्होंने मनु वैवस्वत को वैवस्वत मनु बना दिया था, भारत के राजनैतिक समाज का 7वाँ मनु, उसे छुपाने के लिए सम्भवतः उन्हें ऐसा करना पड़ा हो। वस्तुतः मनु उनका नाम हो सकता है, अलंकरण नहीं।

अध्याय - 8

वैवस्वत युग का प्रारम्भ

वैवस्वत मनु से ययाति तक

(3101 ई.पू. से 3000 ई.पू. तक)

हम अब तक यह स्थापित कर चुके हैं कि प्रलय के पश्चात वैवस्वत मनु भारत के मैदानी भागों में आये तथा कुरु-क्षेत्र, हरियाणा में एक राज्य स्थापित किये। यह क्षेत्र वर्तमान हरियाणा में सरस्वती-आपय-दृशद्वती नदियों से सिंचित जल-क्षेत्र है, जो अब सूख चुका है। आज इन स्थलों की खुदाई से हजारों ऐसे स्थल मिले हैं जो तत्कालीन सिन्धु-घाटी सभ्यता या हड़प्पा सभ्यता (इतिहासकारों द्वारा दिये गये नाम) के प्रामाणिक स्थल हैं और उनमें कई नगर रहे हैं यथा कालीबंगा और राखीगढ़ी आदि। इनमें हड़प्पा कालीन नगरीय सभ्यता की उन्नत छवि दिखती है। यहाँ की खुदाइयों में प्राप्त हड़प्पा कालीन सभ्यता-स्थलों की सर्वाधिक बहुलता एवं उत्कृष्टता के दृष्टिगत आधुनिक इतिहासकार इसे सरस्वती या सरस्वती सिन्धु सभ्यता का नाम देना ज्यादा व्यवहारिक मानते हैं। यह सभ्यता भारतीय मनुष्यों (मनुष्य राजवंश) एवं आर्यों (कश्मीरी ब्राह्मणों) द्वारा निर्मित हुई थी, कोई देश के बाहर की किसी सभ्यता द्वारा नहीं।

हम अब तक यह भी स्थापित कर चुके हैं कि मनु वैवस्वत कश्मीर में सतीसर सरोवर का एक बांध अचानक टूट जाने से आये प्रलय के उपरान्त कुरु-क्षेत्र हरियाणा में आये और वहाँ अन्य ऋषियों के साथ आबाद हुए। ये ऋषि-कुल मूल रूप में उत्तर-कुरु-लद्दाख क्षेत्र के रहनेवाले थे और कश्मीर में बस गये थे। प्रलय ने इन्हें भारत के मैदानी भागों में आने के लिए विवश किया। अपने राज्य संस्थापन के स्थान का नाम उत्तर-कुरु (इस नाम में उत्तर शब्द नवीन कुरु देश बनने के बाद जोड़ा गया) के नाम पर कुरु-क्षेत्र रखा जाना, इस कथन का प्रमाण है। हम जानते हैं उत्तर-कुरु ही वह देश है जिसे मनुष्य-वंश, जो स्वयंभु मनु से प्रादुर्भूत है, अपना मूल स्थान कहता है। तात्पर्य यह कि दोनों मनुष्यों और कुरुओं का एक ही मूल देश उत्तर-कुरु

है। कश्मीर भी मुझे ऐसा प्रतीत होता है कुरु शब्द से आविर्भूत हुआ होगा। मनु वैवस्वत और ऋषि-कुल संयोगवश सरस्वती के जिस किनारे पर बसे, उसके सामने वाले किनारे पर मनुष्य-वंश पहले से आबाद था। यह पवित्र सरस्वती दोनों बिछुड़े हुए भाईयों के मिलन स्थल के रूप में प्रसिद्ध होना चाहिए। मनुष्यों ने उत्तर-कुरु की त्रिदेव संस्कृति को जिन्दा रखा था और समस्थानिक ऋषियों के मिलन से वह और समृद्ध हुई और आज सिन्धु-घाटी की सभ्यता या हड़प्पा सभ्यता या सरस्वती सभ्यता या सरस्वती-सिन्धु सभ्यता या आर्य सभ्यता नाम से जानी जाती है। एक ही देश एवं समुदाय से दो शाखाओं में भारत के मैदानी भागों में आकर बसने की इस प्रक्रिया को ही आधुनिक इतिहासकार आर्यों का कालान्तर के साथ दो शाखाओं में आने की बात कहते हैं। ये लोग आर्य को आर्यन् कहते हैं और उन्हें समभाषी समूह से परिभाषित करते हैं।

हम यह भी पहले स्थापित कर चुके हैं कि प्रलय ने सन् 3102-01 ई.पू. में कश्मीर को तबाह किया था, तदोपरान्त सन् 3101 ई.पू. में मनु वैवस्वत ने कुरु-क्षेत्र में राजतन्त्र स्थापित किया था और इन्हीं दो घटनाओं की स्मृति में एक संवत्सर आरम्भ हुआ था जिसे हम कलि संवत् या कलियुग के नाम से जानते हैं। यह संवत्सर भी 3101 ई.पू. से जारी हुआ था और भारतीय अपने अतीत की याद रही घटनाओं को इसी तारीख से जोड़कर देखते हैं। पूर्व के अध्यायों में यह स्पष्ट किया जा चुका है कि मनु वैवस्वत में मनु उनका व्यक्तिगत नाम है और वैवस्वत परम्परानुगत पैतृक नाम है तथा पुराणों द्वारा उन्हें प्रदान किया जाने वाला सत्यव्रत तथा श्राद्ध देव नाम काल्पनिक है। श्राद्ध देव प्रलयोपरान्त पितरों के सामूहिक श्राद्धजनित प्रतीत होता है और सत्यव्रत एक ऐसे प्रलय से जुड़ा नाम है जो अपने वर्णन के स्वरूप से ही काल्पनिक लगता है। यह श्री विष्णु के मत्स्यावतार की किसी काल्पनिक घटना का चित्रांकन लगता है। पुराणों ने मनु वैवस्वत नाम के मनु शब्द को सही अर्थों में नहीं लिया। उन्होंने भूल से उन्हें मनु वैवस्वत से वैवस्वत मनु बना दिया। मनु मनुष्य-वंश का एक अलंकरण था जो कुछ प्रमुख लोगों को दिया गया था। अब तक कुल 6 व्यक्तियों को दिया गया था। इनमें कुल दो ऐतिहासिक व्यक्ति थे, स्वयंभु मनु और चक्षुष मनु। स्वयंभु मनु में स्वयंभु उनका नाम है और मनु उनकी उपाधि। इसी प्रकार चक्षु या चक्षुष उनका नाम है और मनु उनका अलंकरण। लेकिन वैवस्वत मनु में दोनों शब्द वैवस्वत और मनु उपाधि और अलंकरण है, वास्तविक नाम नहीं हैं और क्योंकि एक नाम के दोनों शब्द अलंकरण नहीं हो सकते हैं इसलिए आवश्यक रूप से मनु वैवस्वत का नाम है। पुराणों ने मनु वैवस्वत के मनु नाम के कारण भूलवश उन्हें 7वाँ मनु मान लिया और इस प्रकार भारत के इतिहास को गहराई से प्रभावित किया। इससे सबसे ज्यादा प्रभावित तत्कालीन इतिहास हुआ, जब तत्कालीन सभी ज्ञात स्थानीय राजाओं को मनु वैवस्वत

का पुत्र बना दिया गया। परम्परा में स्वयंभु मनु तथा चक्षुष मनु के 10 पुत्रों के होने की बात लिखी गयी थी, जिसे तत्कालीन राजाओं तथा अन्य प्रसिद्ध व्यक्तियों के नाम को जोड़कर पूरा किया गया। इसका सविस्तार वर्णन अध्याय-7 में किया गया है।

पुराणों ने दूसरी भूल यह किया कि मनु के वैवस्वत पैतृक नाम के कारण उन्हें विवस्वान् का पुत्र बना दिया। विवस्वान् से पैतृक नाम वैवस्वन्त् या विवस्वन्त् बनता है जो यम के साथ प्रयुक्त होता है। यह नाम शुद्धता के साथ अवेस्ता को याद था, क्योंकि वह यम को यिम विवहंत् कहता है। विवस्वान् या विवस्वन्त् आदित्य कहे जाते थे इसलिए कुछ पुराण यम को आदित्यों की सूची में रखते हैं लेकिन मनु वैवस्वत को नहीं। वैवस्वत विवस्वत् से उपजा पैतृक नाम हो सकता है लेकिन विवस्वत् का नाम आदित्यों में नहीं है। इस प्रकार न मनु वैवस्वत सूर्य-वंश के हो सकते हैं और न उनके तथाकथित ज्येष्ठ पुत्र इक्ष्वाकु। इक्ष्वाकु मनुष्य-वंश के प्रतापी राजा पृथु के वंशज होने के नाते सूर्य-वंश के कहे जाते हैं, मनु वैवस्वत के पुत्र होने के नाते नहीं। पुराणों द्वारा उन्हें मनु वैवस्वत का पुत्र तथा उनके पिता के आदित्य उपनाम जिसका अर्थ सूर्य भी होता है से नहीं। विगत् अध्याय में मैंने यह स्पष्ट किया है कि मनु वैवस्वत की अकेली एक पुत्री इला थी।

पुराणों द्वारा मनु वैवस्वत को मनुष्य-राजवंश के अप्रतिम अलंकरण से सम्मानित किये जाने तथा चाक्षुष-वंश के प्रतापी इक्ष्वाकु को, तत्कालीन अन्य 9 राजाओं को मनु-पुत्र घोषित किये जाने के बाद भारत के राजनैतिक इतिहास का सम्पूर्ण परिदृश्य ही बदल गया। स्वयंभु का मनुष्य राजवंश जो लगभग 3502 ई.पू. से कायम था, राजनैतिक इतिहास के क्षितिज से ओझल हो गया। स्वयंभु मनु का स्थान वैवस्वत मनु ने ले लिया। फिर से भारतीय इतिहास नये सिरे से लिखा जाने लगा। इतिहास लेखन में मनुष्य-वंश के राजाओं को छोड़ दिया गया या चाक्षुष वंशी इक्ष्वाकु की तरह उन्हें वैवस्वत वंश का घोषित कर दिया गया। यथा सुद्युम्न, प्रांशु और शर्याति। मनु वैवस्वत के आने तक और उसके बाद भी दीर्घकाल तक मनुष्य-वंश का प्रताप धरातल पर कायम रहा। इक्ष्वाकु-वंश तो आर्य राजाओं के समान्तर तथा समान रूप से शक्तिशाली बना रहा। श्री राम इसी कुल में उत्पन्न हुए। इक्ष्वाकु वंश हिमालय के इस पार ही नहीं, अपितु उस पार भी कायम था। पुराण इक्ष्वाकु और उनके पुत्र विकुक्षि के बारे में यह सूचना देते हैं कि उनके 100 पुत्र थे जो उत्तरी भारत के विभिन्न भागों में और हिमालय के पार के क्षेत्रों के राजा थे। इस प्रकार वे स्पष्ट रूप में यह सन्देश देते हैं कि स्वयंभु के मानव-वंश का साम्राज्य सप्त-सिन्धु से उत्तर-कुरु तक विस्तृत था। जब वैवस्वत का सरस्वती क्षेत्र में आगमन हुआ और उन्होंने ऋषि-कुल का राज्य स्थापित किया, उस समय भी इक्ष्वाकु तथा उनके मनुष्य-वंश के राजाओं का आधिपत्य कश्मीर से सरस्वती तक तथा यमुना से सिन्धु तक फैला

था। कुछ पुराण उनके वंशजों का राज्य दक्षिणापथ में भी स्थापित बताते हैं। इसके समान्तर मनु वैवस्वत का कुरु-क्षेत्र में स्थापित राज्य कमण्डल में समाने भर मछली के बराबर था। उनके वंश के केवल दो राजाओं के नामों का उल्लेख पुराण करते हैं। प्रथम मनु वैवस्वत स्वयं और दूसरी उनकी पुत्री इला। इसके बाद उनका राज्य आत्रेयों के हाथों में चला गया। फिर क्यों मनु वैवस्वत को पुराणों ने इतना महत्त्वपूर्ण बना दिया कि वे स्वयंभु मनु से भी ज्यादा महत्त्वपूर्ण हो गये। इसके दो कारण थेः प्रथमतः पुराणों ने उन्हें मनु वैवस्वत के स्थान पर वैवस्वत मनु पढ़ लिया और द्वितीयतः पुराण रचना का कार्य भी ऋषियों और ब्राह्मणों के हाथ सम्पादित हुआ। पुरूरवा आत्रेय को वैवस्वत पुत्री इला से उत्पन्न पुत्र बताना इसका सर्वाधिक उपयुक्त प्रमाण है। इसका तात्पर्य यह था कि आगे का इतिहास भी वैवस्वत के नाम किया जा सके।

पुराणों ने टुकड़े-टुकड़े में प्राप्त भारतीय इतिहास सम्बन्धी सूचनाओं को चाहे जिस रूप में पढ़ा और लिखा, धरातल पर इतिहास अपने यथार्थ रूप में गतिमान रहा। धरातल पर इक्ष्वाकु-वंश का गौरवपूर्ण इतिहास जो 3502 ई.पू. में आरम्भ हुआ था, वैवस्वत के आने के बाद भी कमजोर नहीं पड़ा था। लगभग 3250 ई.पू. के आस-पास प्रतिभाशाली राजा पृथु वैन्य ने मनुष्य समाज को क्षत्रिय समाज में बदल दिया था। क्षत्रिय राजन्य वर्ग कहा जाता था, वे वस्तुतः सैनिक थे तथा युद्धों में भाग लेते थे। यह तो नहीं कहा जा सकता है कि सम्पूर्ण मनुष्य समाज क्षत्रिय हो गया था, लेकिन जो राजा या सैनिक थे, वे क्षत्रिय कहे जाते थे। लगभग इसी समय 3200 ई.पू. और इसके आस-पास कश्मीर में कश्यप मारीचि के वंशज जो ऋषि कर्म से आबद्ध थे, ब्राह्मण कहे जाने लगे। कश्मीर वस्तुतः ब्राह्मण बाहुल्य क्षेत्र था। समाज में उनका वर्चस्व था। वहाँ सबसे पहले अत्रि ऋषि के वंशजों ने राज्य स्थापित किया। उनमें प्रथम थे, सोम आत्रेय। उसके बाद उनके पुत्र बुध और पुरूरवा ऐल कश्मीर के राजा बने। ये तीनों ब्राह्मणों के राजा कहे जाते थे। तात्पर्य यह कि वे केवल कश्मीर के ब्राह्मणों के राजा थे, अन्य कुलों के राजा दूसरे थे। तब वहाँ ब्राह्मणों के अतिरिक्त दैत्य, दानव, नाग आदि जातियाँ भी थीं और उनके अधिपति उन जाति के लोग थे। चूंकि सोम = चन्द्र एक प्रतापी राजा सिद्ध हुए थे इसलिए उन्हें अनुमानतः कश्मीर का ब्राह्मण राजा कहा जा सकता है। चन्द्र ने 3176 ई.पू. (सटीक तिथि) में कश्मीर में अपना राज्य स्थापित किया था। तात्पर्य यह कि ऐतिहासिक दृष्टि से लगभग एक ही काल में मगर दो भिन्न समाजों में क्षत्रिय और ब्राह्मण जातियों की उत्पत्ति हुई थी।

पुराणों ने वैवस्वत के आदित्य-वंश तथा चन्द्र के आत्रेय-वंश की वंश परम्परा इस प्रकार दिया हैः कश्यप - विवस्वत् - मनु वैवस्वत एवं इला तथा अत्रि - सोम (चन्द्र) - बुध - पुरूरवा ऐल। एतदर्थ कश्यप और अत्रि, विवस्वत् एवं सोम, मनु वैवस्वत तथा बुध और इला तथा पुरूरवा समकालीन थे। पुरूरवा इला के पुत्र माने

जाते हैं लेकिन इला जब कुरु-क्षेत्र के सिंहासन पर आसीन हुई, लगभग उसी समय पुरूरवा कश्मीर के राजा बने थे। बाद में इला ने अपना कुरु-क्षेत्र का राज्य भी उन्हें समर्पित कर दिया। वैवस्वत और पुरूरवा दोनों ही कश्मीरी ब्राह्मण थे, इस प्रकार कुरु-क्षेत्र में प्रारम्भ से ब्राह्मण-वंश स्थापित हुआ। इस काल में सप्त-सिन्धु में क्षत्रिय-वंश का शासन था जो काफी पहले से क्रियाशील था। इन दोनों राजवंशों की प्रतिस्पर्धा ने जातीय श्रेष्ठता की विभावना को जन्म दिया जिसने समाज के स्तरीकरण को प्रेरित किया।

पुराणकारों का प्रमुख उद्‌देश्य था मनु वैवस्वत का मान-वर्द्धन करना, इसके लिए उन्होंने दो तरीके अपनाये। प्रथमतः उन्होंने एक काल्पनिक कहानी के माध्यम से तत्कालीन तीन प्रमुख वंशों से वैवस्वत-कुल को जोड़ने का प्रयास किया। इस कहानी में इल-इला-सुद्युम्न तथा बुध को जोड़ा गया है। इल मनु वैवस्वत के पुत्र होते हैं जो एक शापवश स्त्री इला बन जाते हैं, सोम के पुत्र बुध आत्रेय से उनका संसर्ग होता है और पुरूरवा ऐल पैदा होते हैं। फिर इला किंपुरुष बन जाती है, एक माह वे पुरुष रहती हैं और एक माह नारी। इस काल में उनका नाम सुद्युम्न होता है। पुरुष सुद्युम्न से तीन पुत्र होते हैं। हर्यश्व, गय और उत्कल। तीनों उस काल के राजाओं में गिने जाते हैं। इला फिर भी वैवस्वत की पुत्री बनी रहती हैं और कुरु-क्षेत्र का राजा बनती हैं। इसका एक मात्र उद्‌देश्य तीन परिवारों यथा वैवस्वत-सुद्युम्न-आत्रेय को वैवस्वत परिवार से सम्बद्ध करना था।

उनका दूसरा कृत्य था मनुष्य-वंश के समकालीन यशस्वी राजाओं को इतिहास में स्थान न देना या उनके साथ पुत्रवत् सम्बद्ध कर देना। जैसा उन्होंने इक्ष्वाकु, सुद्युम्न, प्रांशु तथा शर्याति के साथ किया। इसके अतिरिक्त कश्मीर के यशस्वी चन्द्र-वंश के प्रसिद्ध राजाओं की छवि धूमिल करने का प्रयास किया गया। यथा चन्द्र द्वारा तथाकथित बृहस्पति, जिनके अस्तित्व का कोई पुख्ता प्रमाण प्राप्त नहीं होता है, की पत्नी का अपहरण कराये जाने की बातें, बुध को अनैतिक संसर्ग की कहानी से प्रचारित करना, आयु को ब्राह्मण विरोधी साबित करना, नहुष द्वारा इन्द्र की पत्नी को कुदृष्टि से देखने की बात करना तथा त्रिशंकु बनाया जाना और ययाति? वे चन्द्र-वंश के प्रथम चक्रवर्तिन राजा के रूप में भारत के राजनैतिक क्षितिज पर निष्कलंक चन्द्र की तरह स्थापित हुए। उनके पाँच पुत्र हुए जो पंचजन कहलाये तथा आगे का भारतीय इतिहास उनके नाम पर लिखा गया। इतिहास में यह राजवंश चन्द्र-वंश नाम से प्रसिद्ध हुआ, इसकी स्थापना भारत में पुरूरवा ऐल ने किया था। पुरूरवा का ऐल उपनाम पुराणों के अनुसार मातृपरक् है, जो उनकी माता इला के नाम पर आधारित है। पह परम्परा के विपरीत है, क्या यह इल के नाम पर रखा गया है? क्योंकि इल से उपनाम ऐल ही बनता है तथा वैवस्वत के ज्येष्ठ पुत्र का नाम भी इल बताया जाता है। पुराण इस विषय में मौन हैं। इल के इला बनने से ही

तत्कालीन इतिहास के तीन प्रमुख परिवार एक में जुड़ सकते हैं। यदि इला ही सुद्युम्न थे और उनके तीन पुत्र थे तो कुरु-क्षेत्र का राज्य सुद्युम्न के किसी पुत्र को क्यों नहीं दिया गया। तात्पर्य यह कि वैवस्वत की एक ही पुत्री इला थी।

इस प्रकार भारतीय इतिहास के प्रारम्भिक कालखण्ड में सरस्वती के आमने-सामने कुरु-क्षेत्र और सप्त सिन्धु में दो प्रख्यात राजवंश स्थापित हुए थे जिनमें से एक को सूर्य-वंश तथा दूसरे को चन्द्र-वंश कहा जाता था। इक्ष्वाकु का राजवंश सूर्य-वंश कहा जाता था और पुरूरवा ऐल का राजवंश चन्द्र-वंश नाम से जाना जाता था। इक्ष्वाकु का सूर्य-वंश राजा पृथु वैन्य (3250 ई.पू.) का परम्परागत राजवंश था। मत्स्य पुराण के अनुसार वैवस्वत काल में पृथु के वंशज सूर्य-वंश के नाम से शासन करेंगे। तद्नुसार वैवस्वत काल में इक्ष्वाकु वंश अकेले सूर्य-वंश कहा गया। पुरूरवा ऐल राजवंश उनके पूर्वज कश्मीर के राजा सोम आत्रेय = चन्द्र (3176 ई.पू.) के नाम के कारण चन्द्र-वंश कहलाता था। पुराण इन्हें चाहे जिस नाम से पुकारें वस्तुतः धरातल पर वे ब्राह्मण-क्षत्रिय राजवंश की प्रस्थिति में ही जाने जाते थे। कालान्तर में जब ब्राह्मण-वंश के राजा भी क्षत्रिय कहे जाने लगे तब समाज में कर्म (व्यवसाय) आधारित एकीकरण का सूत्रपात हुआ तथा व्यवसाय-जनित जातियों का प्रादुर्भाव हुआ और यह चक्र सम्पूर्ण समाज में हुआ। इस प्रकार भारत में अनेक जातियाँ बनी और तदोपरांत समय के साथ उनमें श्रेष्ठता का भाव जगा और ऊँच-नीच की श्रेणियों में समाज का विभाजन हुआ। भारत में जातियों के निर्माण का यही चक्रव्यूह है जिसे आज तक तोड़ा नहीं जा सका। इसीलिए चतुर्वर्ण व्यवस्था को गुण-कर्म के अनुसार विभाजन कहा जाता है।

उस काल में चतुर्वर्ण व्यवस्था के अतिरिक्त दो अन्य जातियाँ भी थीं जो दस्यु और दास नाम से जानी जाती थीं। मेरे अभिमत में ये जातियाँ हिरण्यकश्यप और राजा बलि के वंशज थे। उत्तर-कुरु में ये दैत्य-दानव कहे जाते थे लेकिन राजा बलि के पराजय और पलायन के बाद हिमालय के इस पार आ गयी थीं और पहचान छुपाकर रह रही थीं। ऋग्वेद वास्तविक पहचान के अभाव में उन्हें दस्यु कहता था। जो दस्यु सनातन धर्म को अंगीकार कर लिये वे दास कहे जाने लगे तथा शूद्र वर्ग में सम्मिलित कर लिए गये तथा जिन्होंने इसे स्वीकार नहीं किया वे पहाड़ों तथा जंगलों में अपना निवास बनाकर रहने लगे। कालान्तर में वे दक्षिण भारत में चले गये तथा राक्षस समाज में सम्मिलित हो गये।

यही वह कालखण्ड है जब कश्मीर में प्रलय आयी जिसे पुराण चक्षुष कालीन प्रलय कहते हैं। इस प्रलय के बाद सतीसर जब सूख गया और रहने लायक हो गया, तिब्बत के देवों ने उस पर अपना अधिकार कर लिया और देव-वंश का राज्य स्थापित किया। मेरे अभिमत में वह देवों के राजा इन्द्र वैकुण्ठ थे जिन्होंने 3106 ई.पू. में इस संस्थापन की स्मृति में उसी वर्ष से एक संवत्सर भी चलाया था। इन्द्र की पत्नी

को इन्द्राणी कहते थे। उनके पुत्र देवेन्द्र कहे जाते थे जिनकी पत्नी शचि पौलोमी थी जिनसे जयन्त नाम के पुत्र हुए। वे इन्द्र के बाद कश्मीर के राजा बने।

कश्मीर में प्रथम राज्य सोम आत्रेय ने 3176 ई.पू. में किया था जिनके बाद उनके वंशज बुध और पुरूरवा ऐल राजा बने। सोम आत्रेय सोम तथा ब्राह्मणों के राजा कहे जाते हैं। सोम वहाँ एक पौधा था जिससे एक मादक पेय तैयार होता था और लोग प्रसन्नता के साथ उसका पान करते थे। सोम आत्रेय के सोम क्षेत्र को ऋग्वेद ने अपने श्लोक VIII-29 तथा VII 64-11 में संकेत देता है। यह तीन पर्वतों यथा शर्यणावत, सुशोम और आर्जिक नाम से व्यक्त किया गया है। शर्यणावत आज के कश्मीर घाटी के पश्चिम का क्षेत्र है, सुशोम वह पहाड़ी क्षेत्र है जहाँ से सुशोमा नदी बहती थी तथा आर्जिक से आर्जीकिया नदी अपना उद्गम प्राप्त करती थी। डॉ. भार्गव के अनुसार मुरी पहाड़ियों के दक्षिण तथा झेलम के पश्चिम का क्षेत्र सुशोम क्षेत्र है तथा मुरी के उत्तर का क्षेत्र आर्जिक है। हम इसे सोम क्षेत्र का भाग कह सकते हैं। सोम का क्षेत्र वस्तुतः जम्मू तथा उसके आस-पास का क्षेत्र था क्योंकि कश्मीर घाटी में अभी भी सतीसर वर्तमान था। प्रतीततः बुध के काल में कश्मीर में सतीसर के टूटने से प्रलय आयी तथा लोग विस्थापित हुए। बुध के बाद पुरूरवा ऐल को कश्मीर का राज्य मिला। उनका तत्कालीन देवराज से मिलना इसका प्रमाण है। आत्रेय-वंश प्रतीततः नहुष के काल तक सत्ता में रहा जब उन्हें ब्राह्मणों के दबाव के कारण कश्यप देश से हटना पड़ा और राज्य तत्कालीन देवराज को प्राप्त हुआ और वहाँ उनके वंशजों ने दीर्घ काल तक राज्य किया।

अनुमान किया जा सकता है कि पुरूरवा को सोम-क्षेत्र के राजा की प्रस्थिति में कुरु-क्षेत्र का राज्य प्राप्त हुआ। पुरूरवा के कई पुत्रों में दो प्रमुख थेः आयु और अमावसु। आयु को कुरु-क्षेत्र का राज्य मिला तथा अमावसु ने, कहते हैं, कान्यकुब्ज में राज्य स्थापित किया। आयु के नहुष को मूल गद्दी प्राप्त हुई और उनके बाद ययाति को, जो एक यशस्वी राजा हुए।

अब हम अत्रि परिवार के वैवाहिक सम्बन्धों पर दृष्टिपात् करते हैं। हम जानते हैं पुरूरवा को कश्मीर के राजा इन्द्र के द्वारा उपहार में एक उर्वशी नाम की अप्सरा प्राप्त हुई थी जिसे उन्होंने अपनी पत्नी बनाया। पुरूरवा के पुत्र आयु का विवाह दानव स्वरभानु की पुत्री प्रभा से हुआ था, और नहुष की पत्नी विरजा एक पितृ-कन्या। थी। ये सभी नारियां, सोम तथा बुध की पत्नियाँ तारा तथा इला सहित कश्मीर की रहनेवाली हैं। नहुष पुत्र ययाति का विवाह भी दानव वृषपर्वा की पुत्री शर्मिष्ठा तथा शुक्राचार्य की पुत्री देवयानी के साथ हुआ था। वृषपर्वा माउंट आबू क्षेत्र के असुर राजा थे तथा शुक्र-भार्गव अनके आचार्य। हम जानते हैं असुर भी कश्मीर क्षेत्र से इन्द्र वैकुण्ठ के वहाँ राज-संस्थापन के पश्चात भारत के अन्तः प्रान्त में आये थे। शुक्राचार्य का विवाह इन्द्र की पुत्री जयन्ती से हुआ था और ययाति की पत्नी देवयानी जयन्ती

की पुत्री थी। स्वयं इन्द्र की पत्नी शचि पौलोमी दानव पुलोमा की पुत्री थी। प्रकारान्तर से कुरु-क्षेत्र का राजवंश कश्मीर का ऋषि-कुल था जो प्रलयाघात से बचने के लिए सरस्वती क्षेत्र में बसे और अपना राज्य स्थापित किया। लगभग 100 वर्षों तक प्रतीततः मनुष्य-वंश से वैवाहिक सम्बन्ध स्थापित नहीं हुआ था।

तत्कालीन राजनैतिक स्थिति का संक्षिप्त इतिहास निम्नवत् दिया जा सकता है -

भारत का मैदानी-भाग			जम्मू-कश्मीर	
मनुष्य-वंश (सप्त-सिन्धु)	सूर्य-वंश (सप्त-सिन्धु)	चन्द्र-वंश (सरस्वती-पार कुरुक्षेत्र)	आत्रेय-वंश जम्मू क्षेत्र	देव-वंश कश्मीर घाटी
1. अज्ञात	अज्ञात	मनु वैवस्वत	बुध आत्रेय	-
2. प्रांशु	इक्ष्वाकु	इला वैवस्वती	पुरूरवा ऐल	इन्द्र वैकुण्ठ
3. -	काकुत्स्थ	पुरूरवा ऐल	पुरूरवा ऐल	इन्द्र वैकुण्ठ
4. प्रजापति	अनेना	आयु आत्रेय	आयु	देवेन्द्र
5. -	पृथु	नहुष मानव	नहुष	देवेन्द्र
6. खनित्र	विस्तराश्व	ययाति	जयन्त	जयन्त

अध्याय-9

पंचजन का उद्‌भव एवं विकास

(सन् 3000 ई.पू. से 2560 ई.पू. तक)

पुराण ययाति को एक चक्रवर्ती सम्राट का मान देता है। चक्रवर्ती वह राजा होता था जो अपने राज्य सीमा के बाहर दिग्विजय के द्वारा अन्य राज्यों पर प्रत्यक्ष या परोक्ष शासन करता था। तात्पर्य यह कि ययाति ने अपने पुश्तैनी क्षेत्र सरस्वती-दृशद्वती क्षेत्र का चतुर्दिक विस्तार किया था। यह इस कथन से भी पुष्ट होता है कि उन्होंने अपने पुश्तैनी क्षेत्र के अतिरिक्त अन्य क्षेत्र भी अपने पुत्रों में बांटे थे। ययाति की दो पत्नियाँ थी। शर्मिष्ठा असुर राजा वृषपर्वा की पुत्री थी और देवयानी असुर गुरू शुक्राचार्य की। देवयानी उनकी पटरानी थी। उससे दो पुत्र उत्पन्न हुए। यदु और तुर्वसु। शर्मिष्ठा से तीन पुत्र हुए - द्रुह्यु, अनु और पुरू। राजा ने अपने जीवित रहते अपना राज्य-क्षेत्र अपने पांचों पुत्रों में बांट दिये थे। पुश्तैनी क्षेत्र सबसे छोटे प्रिय पुत्र पुरू को दिया, उसके दक्षिण-पूर्व का क्षेत्र तुर्वसु को, दक्षिण-पश्चिम का क्षेत्र ज्येष्ठ पुत्र यदु को, उत्तर का क्षेत्र अनु को तथा पश्चिम का क्षेत्र द्रुह्यु को दिया। इन पांचों पुत्रों ने अपना राजवंश स्थापित किया। ऋग्वेद में ये पंचजन के नाम से प्रसिद्ध हुए। पुराणों ने प्रथमतः इन्हीं को आर्य माना। इनके क्षेत्र की सीमाओं का वर्णन नहीं मिलता है लेकिन हम सहज अनुमान कर सकते हैं। पुरू को मूलतः सरस्वती-दृशद्वती का क्षेत्र मिला। इसका प्राथमिक नाम ब्रह्मावर्त था। बाद में कुरु-क्षेत्र पड़ा। इसके दक्षिण-पूर्व यानी दृशद्वती तथा यमुना के बीच का क्षेत्र तुर्वसु को मिला। इसके दक्षिण-पूर्व सरस्वती के दक्षिणी किनारे से लगा राजस्थान का भू-भाग यदु को मिला होगा। सरस्वती से उत्तर का क्षेत्र, जिसकी उत्तरी सीमा सतलज को स्पर्श करती रही होगी, अनु को तथा उसके पश्चिम सरस्वती-सतलज के बीच का क्षेत्र जिसमें पंजाब के पूर्वी अंचल का कुछ भाग आता था, द्रुह्यु को मिला होगा। बाद में इन पंचजनों ने अपने-अपने क्षेत्रों का जिधर सम्भव हुआ, विस्तार किया। यदु के उत्तर में इक्ष्वाकु का राज्य था जो रावी के पार तक फैला था, उसके पूर्व सतलज-रावी के बीच प्रांशु-वंश का शासन था।

इस प्रकार, इस कालखण्ड के प्रमुख राजवंश निम्नवत् हैं -

1. इक्ष्वाकु-वंश 2. प्रांशु-वंश 3. शर्याति मानव	इक्ष्वाकु से प्रारम्भ प्रांशु से प्रारम्भ शर्याति से प्रारम्भ	मानव-वंश या क्षत्रिय-वंश आदि मनु के वंशज
4. यादव-वंश 5. हैहय-वंश 6. तुर्वसु-वंश 7. आनव-वंश 8. द्रुह्यु-वंश 9. पौरव-वंश	यदु-पुत्र कोश्तु से प्रारम्भ यदु-पुत्र सहस्रजित से प्रारम्भ तुर्वसु से प्रारम्भ अनु से प्रारम्भ द्रुह्यु से प्रारम्भ पुरु से प्रारम्भ	ऋषि-वंश या ब्राह्मण-वंश अत्रि ऋषि के वंशज पुराण इन वंशों के राजाओं को भी क्षत्रिय कहता था।
10. देव-वंश	इन्द्र से प्रारम्भ	कश्मीर का राज्य, जिसके सभी राजा इन्द्र नाम से सम्बोधित किये जाते थे।

इस कालखण्ड में हमारी विवेचना के अनुसार इक्ष्वाकु-वंश तथा प्रांशु-वंश मनुष्य-वंश के प्रमुख घटक थे जो देव-वंश के पूर्व से इस भारतीय क्षेत्र में स्थापित थे। इनके अतिरिक्त इस वंश के अन्य अनेक राजा सम्प्रभु तथा अधीनस्थ की प्रस्थिति में जगह-जगह कार्यरत थे। राजा पृथु के काल से राजतन्त्र पर जाति विशेष क्षत्रियों का विशेषाधिकार स्थापित था और वे ही सैनिक तथा राजा होते थे। वैवस्वत काल में भी इस व्यवस्था में कोई परिवर्तन नहीं हुआ था। अपितु इसी मान्यता के तहत पुराण देव-वंश के राजाओं को भी क्षत्रिय मानने लगे थे। देव-वंश वस्तुतः ऋषि-पुत्रों द्वारा स्थापित किया गया था जो कालान्तर में ब्राह्मण कहे जाते थे इसलिए देव-वंश मूलतः ब्राह्मण-वंश था। सम्भवतः इसीलिए उन्होंने स्वराज्य के मूल-क्षेत्र सरस्वती-दृशद्वती क्षेत्र का नाम ब्रह्मावर्त रखा था। इन दोनों राजवंशों में परस्पर सम्पर्क-संघर्ष था। कश्मीर में देवराज इन्द्र के नेतृत्व में तिब्बत के देवों के देव-वंश का प्रभुत्व पूर्ववत् कायम था। प्रारम्भ में केवल तिब्बती ही देव कहे जाते थे परन्तु उनके वंशज भी वामन या ब्राह्मण कहे जाते थे। वे उन्हीं ऋषियों के वंशज थे जो लद्दाख से ही तिब्बत चले गये थे। काफी कुछ सूख जाने के कारण कश्मीर-घाटी में भी लोग बसने लगे थे। इनमें अन्य वंशों के साथ रुद्र-वंश के लोग भी थे। ये लोग गणों में रहते थे जिसका मुखिया गणपति कहलाता था। इनमें से ज्यादातर अपनी सांस्कृतिक पहचान बनाये रखते हुए मनुष्य या देव-वंश में समाहित हो जाते थे। वे भी उन्हीं ऋषियों के वंशज थे जो लद्दाख से तिब्बत गये थे।

इस कालखण्ड के राजवंशों के प्रमुख राजाओं को निम्न तालिका में प्रस्तुत किया जाता है (डॉ. भार्गव द्वारा प्रदत्त तालिका के अनुसार) -

वंश पीठिका	प्रांशु वंश	इक्ष्वाकु वंश	यादव वंश	हैहय वंश	द्रुह्यु वंश	आनव वंश	पौरव	तुर्वसु
7			यदु	यदु	द्रुह्यु	अनु	पुरू	तुर्वसु
8			क्रोस्तु	सहस्रजित				
9								
10		श्रावस्त						
11		वृहदाश्व						
12		कुवलाश्व						
13								
14								
15								
16				हैहय				
17	करन्धम						रुद्राश्व	
18	अविक्षित							
19	मरूत	प्रसेनजित	चित्ररथ				मतीनर	करन्धम
20		युवनाश्व II	शशविन्द				तम्सु	
21	दम	मांधातृ			अंगार		धर्मनेत्र	मरूत
22		दुर्गहा			गन्धार		दुष्यन्त	
23		गिरिक्षित					भरत	वरूथ
24		पुरुकुत्स					विदथ	
25		त्रासदश्यु				महाशाल	भुवमन्यु	अंदिर
26							वृहत्क्षेत्र	
27							सुहोत्र	
28								

प्रमुखतः यह कालखण्ड जिसकी अवधि 3000 ई.पू.-2600 ई.पू. मोटे तौर पर आंकी जाती है, उपर्युक्त राजाओं के क्रियाकलापों का इतिहास है। इस काल का इक्ष्वाकुवंशीय प्रथम उल्लेखनीय राजा 10वीं पीढ़ी का श्रावस्त हो सकता था जिसके बारे में पुराणों का कथन है कि उसने अयोध्या के सन्निकट श्रावस्ती नगर बसाया। लेकिन यह सच प्रतीत नहीं होता है। आधुनिक इतिहासकार इससे भिन्न मत रखते हैं। स्वयं वायु 83,199-200, ब्रह्माण्ड III 190-200 रामायण VII 108,4 ने श्री राम के पुत्र लव द्वारा इस नगर के निर्माण की बात करते हैं। यह ज्यादा सटीक है क्योंकि श्री राम तथा उनके भाइयों के पुत्रों को अनेक शहरों की स्थापना का श्रेय प्राप्त है तथा श्रावस्त के समय तक इक्ष्वाकु-वंश अयोध्या में स्थापित नहीं था। लेकिन 12वीं पीढ़ी का कुवलाश्व एक प्रतापी राजा था जिसने राक्षस धुन्धु को मार कर धुन्धुमार

की उपाधि प्राप्त किया था। धुन्धु को पुराणों ने राक्षस शब्द से सम्बोधित किया है। लेकिन यह सन्देहास्पद है। प्रतीततः दैत्यराज बलि के बहुत से वंशज उनके पलायन के बाद हिमालय के इस पार जगह-जगह बस गये थे जो बहुत उत्पात करते थे। उन्हें ही लोग कभी दैत्य, कभी दस्यु और कभी राक्षस कहने लगे थे। दैत्य अन्ततः रक्ष धर्म स्वीकार कर राक्षस हो भी गये थे। धुन्धु जिस स्थान पर निवास करता था, वह बालू भरे सागर के नजदीक था जिसे उजल्का कहा जाता था। यह राजस्थान के पुराने सारस्वत सागर का भाग था जिसमें सरस्वती गुम हो जाती थी। कुवलाश्व उत्तंक ऋषि के सहायतार्थ वहाँ पहुँचा था। स्वाभाविक रूप से उसने यदु के क्षेत्र का अतिक्रमण किया होगा।

डॉ. भार्गव अपनी पुस्तक 'इण्डिया इन वैदिक एज' के पृष्ठ 253 पर लिखते हैं और जैसा कि उपर्युक्त तालिका से भी स्पष्ट है, कुवलाश्व के बाद 6 पीढ़ियों में किसी भी राजवंश में कोई प्रभावशाली राजा उत्पन्न नहीं हुआ। तदन्तर, राजवंशों की 18वीं पीढ़ी में प्रांशु राजवंश में मरूत आविक्षित नामक एक चक्रवर्ती राजा उत्पन्न हुआ। वह राजा अविक्षित का पुत्र था। शतपथ ब्राह्मण में उन्हें आयोगव कहा गया है। प्रतीततः यह उनकी राजधानी का नाम था। प्रसिद्ध अंगिरस ऋषि के वंशज बृहस्पति और संवर्त उनके राज-पुरोहित थे। उनके प्रतिनिधित्व में उन्होंने कई बड़े यज्ञों का सम्पादन किया। वह एक महान विजेता थे जिन्होंने यमुना तक युद्ध लड़ा था। अंगिरस गोत्रीय ब्राह्मणों का मनुष्य-वंश के राजाओं के साथ सम्बद्ध होना, उनकी प्राचीन सहजीवी प्रगाढ़ता का द्योतक है।

यदु चक्रवर्तिन् राजा ययाति के ज्येष्ठतम पुत्र थे। उनकी अनुशासनहीनता के कारण ययाति ने उन्हें पूर्वजों का राज्य-क्षेत्र नहीं दिया था। जल्द ही उनका राजवंश दो भागों में बँट गया। मूल राज्य ज्येष्ठ पुत्र क्रोस्तु को मिला और उसके दक्षिण का भाग उनके दूसरे पुत्र सहस्रजित को। क्रोस्तु का वंश यदु के नाम पर यादव-वंश के नाम से जाना गया और सहस्रजित का राजवंश 16वीं पीढ़ी के प्रसिद्ध राजा हैहय के नाम पर हैहय-वंश नाम से प्रचलित हुआ। इस अवधि में यादव-वंश में एक प्रतापी राजा शशविन्दु चैत्ररथ 20वीं पीढ़ी में पैदा हुआ जो एक चक्रवर्तिन् राजा था। उसने अपनी पुत्री का विवाह ऐक्ष्वाकु-कुल में किया।

शशविन्दु के चक्रवर्तिन् कहे जाने से तात्पर्य यह निकाला जा सकता है कि उसने आस-पास के क्षेत्रों को अधिकृत किया होगा। उसके पूर्व में पौरवों का राज्य था जहाँ तम्सु आत्मज मतीनर राजा थे जिनकी पुत्री गौरी का विवाह ऐक्ष्वाकु राज युवनाश्व द्वितीय से हुआ था। उसके उत्तर में द्रुह्यु-वंश का शासन था, जिसके तत्कालीन राजा का नाम तो प्राप्त नहीं होता है लेकिन उसका पुत्र अंगार एक प्रसिद्ध राजा हुआ। निश्चित रूप से शशविन्दु ने इन दोनों राज्यों को प्रभावित किया होगा। पौरव शक्ति जहाँ कमजोर हुई, वहीं अनुमानतः द्रुह्यु पंजाब के अन्तःप्रान्त में जाने

को विवश हुए। उसकी मृत्यु के उपरान्त राज्य उसके अनेक पुत्रों में बँट गया जिनमें से कोई भी महत्त्वपूर्ण नहीं था। यही वह काल था जब ऐक्ष्वाकु राजा मान्धातृ प्रभावशाली हो रहे थे।

मान्धातृ यौवनाश्वि ऐक्ष्वाकु राजा युवनाश्व के पुत्र थे तथा उनका मातृपक्ष पौरव-वंश से सम्बद्ध था। उनकी पत्नी बिन्दुमती यादववंशी शशविन्दु की पुत्री थी। इस प्रकार एक साथ वे ब्राह्मण-वंश के दो राजाओं से जुड़े हुए थे। वे एक प्रतापी राजा और महान विजेता थे। प्रतीततः उनका प्रथम विवाद द्रुह्यु राजा अंगार से हुआ जो इस समय यादव राजा शशविन्दु के आघात से मुक्त हो गये थे तथा राज्य को पुनर्गठित कर चुके थे। एक लम्बे संघर्ष के उपरान्त मान्धातृ विजयी हुए, अंगार मारे गये, उनका राज्य-क्षेत्र छिन गया और उनके जन पंजाब के उत्तरी भाग की ओर पलायन को उन्मुख हुए। इस युद्ध में प्राप्त विजय से उत्साहित हो वे पूर्व की ओर बढ़े और बहुत से राजाओं पर विजय प्राप्त किये। उनके द्वारा पराजित राजाओं में प्रमुख हैं: आनव-वंश के राजा जनमेजय, पौरव राजा धर्मनेत्र तथा तुर्वसु राजा मरूत। प्रतीततः उन्होंने प्रांशु-वंश के राजा दम को भी हराया था। अकेले यादव-वंश को उन्होंने छोड़ दिया था, सम्भवतः इसलिए कि वे रिश्ते में उनके बहनोई लगते थे। प्रांशु-वंश के चक्रवर्तिन् राजा मरूत आविक्षित की तरह उन्होंने भी यमुना तक युद्ध किया और यज्ञ किया तथा चक्रवर्तिन् राजा की उपाधि धारण किया। उन्हें त्रैलोक्य विजयी कहा गया है। साथ में यह भी कहा गया है कि उन्होंने इन्द्र के आधे सिंहासन पर कब्जा कर लिया था अर्थात् कश्मीर का कुछ भाग, सम्भवतः जम्मू-तवी का क्षेत्र।

पुराण मान्धातृ के तीन पुत्रों का उल्लेख करते हैं। उनके नाम हैं: पुरुकुत्स, अम्बरीश और मुचुकुन्द। परम्परानुसार मान्धातृ या उनके पुत्रों ने नर्मदा तट तक आक्रमण किया था। विष्णु I 2,9; VI 8,44। पुरुकुत्स की पत्नी का नाम नर्मदा था। इस सम्बन्ध में एक कहावत भी है कि नागों ने नर्मदा नदी के माध्यम से मौनेय गन्धर्वों के विनाश के लिए उन्हें प्रेरित किया था जिन्होंने उन्हें उजाड़ दिया था। मुचुकुन्द भी एक प्रसिद्ध राजा हुए थे जिन्होंने इस नदी के पथरीले किनारे पर जहाँ विन्ध्य तथा ऋक्ष (सतपुड़ा) पर्वत मालायें मिलती हैं, उनके पद-स्थल पर एक किलाबद्ध नगर आबाद किया था जिसका नाम माहिष्मती था जिसकी पहचान आज के मान्धाता से की जाती है जो नदी के एक टापू पर बसा हुआ है। उन्हें एक अन्य नगर पुरिका के निर्माण का भी श्रेय दिया जाता है।

पार्जीटर ने राजवंशों की अपनी सूची में पुरुकुत्स को बतौर मान्धातृ के पुत्र और उनके उत्तराधिकारी के रूप में स्थान दिया है लेकिन डॉ. भार्गव ऐसा नहीं मानते हैं। भार्गव ने ऋग्वेद के श्लोक संख्या RV IV 42,8 तथा RV V 33,8 का उल्लेख करते हुए, जिनमें पुरुकुत्स को दौर्गह तथा त्रासदस्यु को पौरुकुत्सा के साथ गैरिक्षिता कहा गया है, यह स्थापित किया है कि मान्धातृ तथा पुरुकुत्स के बीच दुर्गह तथा

गिरिक्षित नाम के राजाओं का स्थान बनता है। इस प्रकार ऋग्वेद में उल्लिखित इन राजाओं को जिन्हें पुराणों ने छोड़ दिया है, जोड़कर उन्होंने राजवंश तालिका को ठीक किया है जिससे यह सिद्ध होता है कि पुरुकुत्स और अन्य मान्धातृ के पुत्र न होकर उनके वंशज थे जिन्होंने नर्मदा तक इक्ष्वाकु-वंश का परचम लहराया था। जबकि डेविड फ्राउले दुर्गह को पुरुकुत्स की मां के रूप में चित्रित करते हैं। एक अध्याय में मैंने यह स्पष्ट किया है कि क्यों इस पर पुनर्विचार की जरूरत है।

मान्धातृ के देहावसान के उपरान्त ऐक्ष्वाकु वंश में उनके उत्तराधिकारी दुर्गह तथा गिरिक्षित सामान्य राजा थे और प्रतीततः राज्य के प्रभुत्व वृद्धि में कोई बड़ा अभियान नहीं चलाया। इसी बीच द्रुह्यु-वंश में अंगार के उत्तराधिकारी गन्धार एक शक्तिशाली राजा सिद्ध हुए। उन्होंने अपने राज्य का पुनर्गठन किया और उसे विस्तार दिया। वे पश्चिम की ओर बढ़े, सिन्धु को पार किया, एक बड़े भूभाग को अधिकृत किया और उसे अपना नाम दिया - गांधार। यह आज के पेशावर और उसके आस-पास का क्षेत्र था। ऋग्वेद तथा अथर्ववेद (क्रमशः ऋ0 I 126,7 तथा आयु. V 22,14) इसे गन्धारी कहते हैं। यह वह प्रथम अवसर माना जा सकता है जब भारतीय (आर्य) पश्चिम में इतनी दूर तक राज्य स्थापित किये थे। इस समय तक इस क्षेत्र में हिमालय पार के भी बहुत जन आ चुके थे जिनमें भृगु तथा अर्यमा के वंशज भी शामिल थे जिन्होंने इस समाज को अपने ढंग से सुसंस्कृत किया।

मान्धातृ ने पुरू राज्य जो अब तक सरस्वती क्षेत्र का तथा ब्राह्मण या देव-वंश का सबसे शक्तिशाली, समृद्धशाली और मूल-राज्य था तथा जिसे देवराज इन्द्र की अनुकम्पा और सैन्य सहायता प्राप्त थी, को भी अपने युद्धों से प्रभावित किया था। उसे भी सुसंगठित होने का सुअवसर प्राप्त हुआ। यह पुनीत कार्य पौरव राजा दुष्यन्त, उसके पुत्र यशस्वी भरत और उनके वंशजों ने किया। इन लोगों ने भरत-वंश को अतुलनीय ऊँचाईयों तक पहुँचा दिया जो आज भी भारत के अतीत के गौरव के रूप में स्थापित है।

राजा दुष्यन्त की पत्नी तथा भरत की माता का नाम शकुंतला था। वही शकुंतला जिसने संस्कृत के महान रचनाकार कालीदास को अभिज्ञान् शाकुन्तलम् लिखने के लिए प्रेरित किया। उन्होंने तथा कई पुराणों ने शकुंतला को ऋषि विश्वामित्र की पुत्री बताया है। लेकिन यह सत्य नहीं हो सकता है क्योंकि ऋषि विश्वामित्र राजा दुष्यन्त या भरत के बहुत बाद उत्पन्न व्यक्ति हैं। वे भरत से 15 पीढ़ी बाद उसी वंश के राजा माने गये हैं। इसलिए उनकी पुत्री किसी तरह से भरत की माता नहीं हो सकती है। यह या तो पौराणिक भूल है या जानबूझ कर उन्हें बदनाम करने का प्रयास। प्रतीततः तत्कालीन ब्राह्मण-समाज उन्हें ऋषि या ब्रह्मर्षि का मान नहीं देना चाहता था। महर्षि वशिष्ठ से उनका कलुष था। इस पद को प्राप्त करने के लिए उन्हें वशिष्ठ के निर्देश पर तपस्या द्वारा ब्रह्मर्षि कहे जाने योग्य सिद्ध करना पड़ा था। लेकिन उन्हें

क्षत्रोपेत ब्राह्मण नहीं कहा जा सकता है क्योंकि वे भी उन्हीं ऋषियों के वंशज थे जिनके वशिष्ठ और अन्य ऋषि थे। यद्यपि कि उनके पूर्वज क्षत्रिय-जनित कर्म अपनाने के कारण क्षत्रिय समझे जाने लगे थे। प्रतीततः शकुंतला अज्ञात कुलशीला है जिसे पुराणों ने ऋषि कण्व से सम्बद्ध कर एक पहचान देने का प्रयास किया है।

पुराणों के अनुसार तुर्वसु-वंश के अनन्तिम राजा मरूत जिनकी कोई सन्तान नहीं थी, अपना राज्य पौरव राजा दुष्यन्त को हस्तगत करा दिया था और यह सत्य प्रतीत होता है क्योंकि मरूत के बाद इस वंश के राजा का नाम पुराणों में वरूथ दिया गया है जो निश्चित रूप से भरत का अपभ्रंश लगता है। इस वंश में इसके बाद भी एक राजा अंदिर का नाम आता है जो इस वंश के पुनर्स्थापन का असफल प्रयास भर लगता है। प्रतीततः यहीं से तुर्वसु राजवंश का अन्त हो जाता है और वह अब से मूल पौरव राजवंश में समाहित हो जाता है। लेकिन परम्परा में इस बात का उल्लेख मिलता है कि अंदिर के बाद उनके वंशज दक्षिण चले गये और कहा जाता है कि वहाँ उन्होंने पाण्ड्य, केरल, चोल और कुल्य नाम से राज्य स्थापित किये। यद्यपि यह विवादित सत्य है।

भरत दुष्यन्ती एक चक्रवर्तिन् राजा थे। तात्पर्य यह कि उन्होंने चहुदिश अपने राज्य का विस्तार किया था। विशेष रूप से दक्षिण तथा पूर्व में। शतपथ ब्राह्मण के अनुसार उन्होंने दक्षिण में सतवन्तों को हराया था तथा पूर्व में उन्होंने वहाँ तक आक्रमण किया था, जहाँ तक अभी तक इनसे पूर्व का कोई आर्य राजा नहीं पहुँचा था। उन्हें प्रथम स्थापित आर्य राजा होने का श्रेय प्राप्त है जिन्होंने यमुना पार कर गंगा तक प्रभुत्व स्थापित किया था। ऐतरेय ब्राह्मण और महाभारत ने उनके द्वारा सरस्वती, यमुना तथा गंगा के किनारे अनेक यज्ञ करने का संज्ञान लिया है। गंगा किनारे का परिदृश्य उनके लिए कितना सुखद रहा होगा, हम इसकी मात्र कल्पना ही कर सकते हैं। उनके आगमन से गंगा कितनी अभिभूत हुई होंगी यह आगे का इतिहास बताता है; जब वह आर्यों के प्रयास से भारत की सर्वस्तुत्य नदी बनीं। यहाँ पर अवगत कराना प्रासंगिक होगा कि ऋग्वेद केवल पुरू-वंश को ही आर्य शब्द से सम्बोधित करता है और भरत उस वंश के 23वीं पीढ़ी के एक सर्वमान्य यशस्वी राजा थे।

ऐतरेय ब्राह्मण के अनुसार भरत का महा ऐन्द्राभिषेक हुआ था। यह महाभिषेक यशस्वी ऋषि दीर्घतमस द्वारा सम्पन्न किया गया था जो उकत्थ्य ऋषि के पुत्र थे और उकत्थ्य स्वयं ऋषि उसिज के पुत्र थे। पुराणों के अनुसार उनके दो भाई और थे जिनका नाम बृहस्पति और सम्वर्त था। इसी बृहस्पति के पुत्र महान ऋषि भारद्वाज थे जिनके पुत्र विदथ या विदाथिन थे जिसे भरत ने गोद लिया था और वे उनके उत्तराधिकारी बने थे। ये सभी ऋषि उकत्थ्य-बृहस्पति-संवर्त अंगिरस के वंशज बताये जाते हैं। अंगिरस-वंश के सम्बन्ध में हम यह पहले बता चुके हैं कि यह ऋषि-वंश

वरुण के पुत्र भृगु-वारूणि के पुत्र अंगिरस से प्रादुर्भूत हुआ है और इनका प्राथमिक कार्य-क्षेत्र हिमालय के पार प्रमुख रूप से उत्तर-कुरु का क्षेत्र था जहाँ ये तथा इनके वंशज मनुष्यों तथा देवों के पौरोहित्य कर्मों का सम्पादन करते थे। हम यह भी बता चुके हैं कि राजा बलि के पलायन के साथ भृगु-अथर्वन शाखा के ऋषि जो दैत्यों का पौरोहित्य कर्म करते थे, हिमालय के इस पार चले आये और वहाँ बस गये। वहाँ इन लोगों ने स्थानीय जनों को सुसंस्कृत किया तथा समय के साथ आनवों और द्रुह्युओं के पुरोहित भी बने। लेकिन अंगिरस गोत्रीय ऋषि वहीं रुक गये और हिमालय पार के क्षेत्रों को अपनी कर्मभूमि बनाये रखे। उनमें से एक ऋषि उसिज प्रतीततः अब हिमालय के इस पार आये। उनके पुत्र उकत्थ्य सम्भवतः ऐक्ष्वाकु राजा मान्धातृ के पुरोहित बने तथा सम्वर्त प्रांशु राजा मरूत आविक्षित के। दीर्घतमस ने राजा भरत का राजतिलक अनुष्ठान सम्पन्न कराया तथा भरत ने भारद्वाज के पुत्र विदथ को अपना उत्तराधिकारी नियुक्त किया। इसके पूर्व ययाति-काल में अंगिरस गोत्रीय बृहस्पति तथा भार्गव गोत्रीय शुक्र और उनके विवाद का वर्णन हम कर चुके हैं।

परम्परानुसार यशस्वी एवं महान विजेता राजाओं का महा-ऐन्द्राभिषेक होता था। यथा भरत और सुदास। ऐतरेय ब्राह्मण भारत के विभिन्न क्षेत्रों का, उनके देवता और राज्य-प्राधिकार जो उन्हें प्राप्त था, का वर्णन करता है। यह देवों के राजा इन्द्र के राज्याभिषेक की विधा थी जिसे पुराहितों ने अपने राजा को जनता की ओर से प्राधिकार प्रदान करने हेतु अपना लिया था। यह उल्लिखित ब्राह्मण में वर्णित पंचविंश संस्कार विधि के द्वारा सम्पन्न होता था। महा-ऐन्द्राभिषेक प्राप्त करना देव-वंश के राजाओं के लिए सम्मान का विषय था। खास बात यह थी कि इस महायज्ञ में उत्तर-कुरु का भी प्रतिनिधित्व होता था।

पौरव-वंश के चक्रवर्तिन् राजाधिराज महान भरत के उत्तराधिकारी ऋषि-कुल के विदथ या विदाथिन के समकालीन ऐक्ष्वाकु-वंश के पुरुकुत्स इस कुल के यशस्वी राजा मान्धातृ के पुत्र या परपौत्र थे। ऋग्वेद ने कई स्थलों पर उनकी प्रशंसा किया है। उनका पुत्र त्रासदस्यु पौरुकुत्स वैदिक युग का अत्यन्त प्रतापी राजा था। त्रासदस्यु नाम का अर्थ है वह जिसने दस्युओं को त्रास (तकलीफ) दिया था। संकेत यह मिलता है कि इस कालखण्ड में दस्युओं का उपद्रव ज्यादा बढ़ गया था। उनका दमन करते हुए वह सुवास्तु तक पहुँचा और सम्भवतः उस क्षेत्र को अपने राज्य में मिला लिया। ऋ0 VIII 19, 36-37। ऋषि सौभरि कण्व ने इस सूक्त में उनकी दानशीलता का वर्णन करते हुए 50 वधुओं के देने का उल्लेख किया है। रोथ इसका अर्थ स्त्री, पशु तथा सायण घोड़ियों से लगाते हैं। ऋग्वेद मण्डल 4 का सूक्त संख्या 42 उन्होंने स्वयं रचा है जिसमें उन्होंने स्वयं को क्षत्रिय और क्षत्रियों को राष्ट्र का स्वामी कहा है। वह अकेले क्षत्रिय राजा हैं जिन्हें अर्द्धदेव कहा गया है। यानी, आधा ब्राह्मण।

यह उनकी चारित्रिक योग्यता तथा पौरव-वंश से उनके परिवार (मान्धाता) के वैवाहिक सम्बन्धों और दस्यु दमन के कारण सम्भव हुआ होगा। महान त्रासदस्यु परिवार का उल्लेख ऋग्वेद के मण्डल IV, V, VIII में प्रमुखता से किया गया है। मण्डल VI, VII में उनका ठीक-ठाक उल्लेख मिलता है, मण्डल I में अगस्त्य भी उनका उल्लेख करते हैं। केवल मण्डल II तथा III में ऐसा नहीं है। पुराण मान्धाता पुत्रों को नर्मदा तक शस्त्र ले जाने की बात करते हैं। संक्षेप में यह इक्ष्वाकु-वंश के गौरवशाली कालों में एक था। इनका ऋग्वेद में उल्लेख पाना इनके शौर्य, पराक्रम एवं दानशीलता को व्यक्त करता है।

इसी कालखण्ड में आनव-वंश में महाशाल नामक एक प्रसिद्ध राजा हुए। उन्होंने आनव-वंश को सुसंगठित किया तथा उनके वंशजों ने उनका राज्य पंजाब तक फैलाया। इसका वर्णन हम अगले अध्याय में करेंगे। त्रासदस्यु की मृत्यु के उपरान्त पौरव-वंश भरत के वंशज सुहोत्र अतिथिना के नेतृत्व में पुनः इस अंचल के सबसे शक्तिशाली राजा बने। उनकी गणना महाभारत में भरत आदि की तरह 16 चक्रवर्तिन् राजाओं में की गयी है। इसी समय प्रांशु राजवंश का अन्त हो जाता है। इस वंश के अन्तिम राजा वेगवन्त सुहोत्र के समकालीन थे। अनुमान किया जा सकता है कि यह राज्य भी तुर्वसु-वंश की तरह पौरव-राज्य में विलीन हो गया। हमारी विवेचना के अनुसार यह मनुष्य-वंश का राज्य था। उसके अन्त के बाद अकेला इक्ष्वाकु-वंश मनुष्य-वंश का राज्य रह गया।

संक्षेप में, भारत के प्राचीन इतिहास का यह कालखण्ड मोटे तौर पर 3000-2600 ई.पू. तक सीमित है। पुरातात्विक दृष्टि से यह हड़प्पा सभ्यता का प्रथम चरण (3300-2600 ई.पू.) है जब कृषि-जनित अर्थव्यवस्था ने अपना स्वर्णिम अध्याय लिखना प्रारम्भ किया था जिससे व्यापार-जनित उच्च कोटि की नगरीय सभ्यता का अभ्युदय हुआ जिसकी आज भी विश्व भूरि-भूरि प्रशंसा करता है। ऐतिहासिक दृष्टि से यह वैवस्वत मनु राजवंश के गौरवशाली राजा ययाति के पाँच पुत्रों द्वारा स्थापित पाँच राजवंशों का इतिहास है जिनकी पहचान इतिहासकार यादव-वंश, तुर्वसु-वंश, द्रुह्यु-वंश, आनव-वंश तथा महत्त्वपूर्ण पौरव-वंश नाम से करते हैं। ये सभी राज्य क्रमशः यदु, तुर्वसु, द्रुह्यु, अनु और पुरू द्वारा स्थापित किये गये थे जिन्हें पुराण, यदु-तुर्वसु को शुक्र भार्गव की पुत्री देवयानी के तथा द्रुह्यु-अनु-पुरू को असुर राजा वृषपर्वा की पुत्री शर्मिष्ठा के पुत्र होने का मान देते हैं, दोनों ही राजा ययाति की पत्नियाँ थीं। ऋग्वेद इन्हें एक साथ पंचजन की संज्ञा से पुकारता है तथा यदु-तुर्वसु को एक सांस में एवं द्रुह्यु-अनु-पुरू को दूसरी सांस में अभिव्यक्ति देता है। पुराण, यदु-तुर्वसु को ज्यादा दक्षिण, द्रुह्यु-अनु को ज्यादा उत्तर तथा पुरू को मध्य में स्थापित बताता है। इस प्रकार पुरू का देश मध्य-देश था। इसके अतिरिक्त मनुष्य-वंश के दो राज्य थेः इक्ष्वाकु-वंश उत्तर-पश्चिम में तथा प्रांशु-वंश इनके उत्तर में स्थापित था।

इस काल का इतिहास इन्हीं 7 राजवंशों के सम्पर्क-सहयोग-संघर्ष का इतिवृत्त है जो यथाप्राप्य इस अध्याय में लिपिबद्ध करने का प्रयास किया गया है। अन्तिम परिणति यह थी कि देव-वंश का पौरव-वंश और मनुष्य-वंश का इक्ष्वाकु-वंश शक्तिशाली होकर उभरे, तुर्वसु तथा प्रांशु-वंश इनमें विलीन हो गये तथा एक मिली-जुली संस्कृति से सुसम्पन्न समाज का उन्नयन हुआ। इसे सुसंस्कृत तथा गति प्रदान करने में दो ऋषि कुलों का विशेष योगदान रहा जिनमें अंगिरस गोत्र के ऋषियों ने मनुष्य तथा पौरव-वंश सुसमृद्ध बनाया तथा भृगु-वंशियों ने मुख्यतः आनवों को। जितनी प्रतिस्पर्द्धा और स्पृहा राजवंशों में थी, उससे कहीं ज्यादा उस काल के ऋषि कुलों में थी। ये सात राजवंश, उक्त दो ब्राह्मण-वंश और तत्कालीन समाज हड़प्पा या सरस्वती-सिन्धु सभ्यता के सूत्रधार हैं।

अध्याय-10

भारत-वंश का अभ्युदय एवं दशराज्ञ-युद्ध

आदि इतिहास का स्वर्णिम-युग

(2560 ई.पू. से 2170 ई.पू. तक)

पौरव सुहोत्र परांत ऐक्ष्वाकु दिलीप तक

हड़प्पा-कालीन नगरीय सभ्यता का उदय

पौरव सुहोत्र के कई पुत्र थे। इनमें तीन प्रमुख थे। वृहत्, जह्नु और काश। ज्येष्ठ पुत्र वृहत् को मूल गद्दी जो सरस्वती के तट पर बसा था, प्राप्त हुआ। यह इस कालखण्ड का सबसे विशाल, समृद्ध और शक्तिसम्पन्न महाजनपद था। अन्य दो पुत्र पूर्व की ओर बढ़े तथा गंगा तट पर अपने राज्य स्थापित किये। अब तक किसी अन्य आर्य राजा ने गंगा तट पर राज्य स्थापित नहीं किया था। सुहोत्र पुत्र जह्नु को गंगा तट पर प्रथम आर्य राज्य स्थापित करने का श्रेय दिया जा सकता है। उन्होंने कान्यकुब्ज को अपनी राजधानी बनाया तथा गंगा को अपने नाम के अनुरूप जाह्नवी नाम दिया। तब से गंगा जाह्नवी नाम से भी जानी जाने लगी। ऋग्वेद में गंगा के लिए यह सम्बोधन प्राप्त होता है। ऋ0 I-116-19 तथा III-58-6। इकबाल की ये प्रसिद्ध पंक्तियाँ 'ऐ आबरूदे गंगा वह दिन है याद तुझको, उतरा तेरे किनारे जब कारवाँ हमारा' वृहत् के पुत्र जह्नु के लिए पूर्ण रूप से चरितार्थ होती है। इन्होंने या इनके वंशज कुश ने शहर कान्यकुब्ज (आधुनिक कन्नौज) का निर्माण किया जिनके नाम पर उनके बाद इसे कुशस्थल के नाम से भी जाना गया। सुहोत्र-पुत्र काश ने लगभग उसी समय कान्यकुब्ज के पूर्व की ओर बढ़ते हुए गंगा के किनारे काशी का राज्य स्थापित किया जिसकी राजधानी कुछ काल बाद वाराणसी बनी जिस नगर के निर्माण का श्रेय उसी वंश के राजा दिवोदास को दिया जाता है जिन्हें 'वाराणसी के राजा' के नाम से भी जाना जाता है। ये दोनों ही नगर 26वीं शताब्दी ई.पू. में स्थापित हुए थे इसलिए भारत के प्राचीनतम् नगरों में इनकी गणना होती है।

भरत के बाद उनके वंशज स्वयं को भारत कहने लगे। भरत के प्रताप और उनके पुनीत कार्यों को देखते हुए यह स्वाभाविक था। समय के साथ यह सम्बोधन कुछ ज्यादा ही लोकप्रिय हुआ। इस वंश की कई शाखाएं देश के विभिन्न भागों में स्थापित हुई। इनमें कई यशस्वी राजा हुए जिन्होंने देश तथा जनता के हित में अनेक काम किये। इस वंश में अनेक महान ऋषि हुए। वे भी अपने को भारत उपनाम से सम्बोधित करते थे। धीरे-धीरे यह सम्बोधन सम्पूर्ण भारत का ही सर्वप्रिय सम्बोधन बन गया। अन्ततः यह देश ही भारतवर्ष बन गया। इस देश को भारत या भारतवर्ष कहे जाने के पीछे इस प्रकार भरत-वंश के अप्रतिम् राजाओं, उनसे सम्बद्ध ऋषियों तथा उनके जन की गौरवशाली परम्परा अन्तर्निहित है।

कुछ पुराणों में वृहत् का एक अन्य नाम हस्तिन प्राप्त होता है। इस आधार पर कई पुराण उन्हें नगर हस्तिनापुर का निर्माणकर्ता होने का श्रेय देते हैं। लेकिन यह सच प्रतीत नहीं होता है। हस्तिनापुर वस्तुतः कौरवों की राजधानी थी जो इसी वंश की बाद की एक शाखा है। डॉ. भार्गव के अनुसार कौरवों के समय यह शहर 'हाथियों के शहर' के लिए जाना जाता था। इसलिए इसका नाम हास्तिनापुर पड़ा। वैदिक वाङ्मय के अनुसार इसका प्राचीनतर नाम आसन्दीवन्त था। पौराणिकों द्वारा यह उसी तरह की भूल है जिस तरह कुछ पुराणों में चम्पा नगर को बहुत पहले के एक एक्ष्वाकु राजा चंचु द्वारा बसाया गया बताया जाना है। इस प्रकार यह कहा जा सकता है कि वृहत् ने न तो हस्तिनापुर का निर्माण किया, न ही उसे राज्य की राजधानी बनाया था। अर्थात् उनकी राजधानी पूर्ववत् सरस्वती तट पर बनी रही।

वृहत् के उत्तराधिकारी अजमीढ़ हुए। वह एक धर्मात्मा राजा थे और ऋग्वेद की दो सूक्तियों के रचनाकार भी हैं। बाद में यह राजवंश तृत्सु राजवंश के नाम से प्रसिद्ध हुआ। इस राजवंश में अनेक प्रतापी एवं धर्मात्मा राजा हुए जिन्होंने उत्तर-भारत (आर्यावर्त) के राजनैतिक स्थिति को अपने पराक्रम से प्रभावित किया। उन्होंने तत्कालीन समाज में अपने धर्माचरण से अनेक सांस्कृतिक-धार्मिक मानदण्ड स्थापित किये जो सदियों तक देश के सामाजिक ताने-बाने को अनुप्राणित करते रहे। इस कालखण्ड में ययाति के वंशजों के सात राज्य थे जो पश्चिम से पूर्व तक तथा मध्य-भारत में फैले हुए थे। यथा द्रुह्यु पश्चिम भारत में, यादव और हैहय मध्य-भारत में, आनव उत्तरी-भारत में, जह्नु और काशी पूर्वी-भारत में तथा तृत्सु मध्य-देश (सरस्वती क्षेत्र) में। तात्पर्य यह कि इस कालखण्ड में भारत के एक विशाल भूभाग पर मूल देव-वंश का परचम लहरा रहा था। इनमें प्रभुत्व स्थापना हेतु अनेक युद्ध हुए जिनके रोचक वर्णन हमें वेदों, पुराणों, महाकाव्यों और अन्य वैदिक ग्रन्थों में प्राप्त होते हैं। सबसे प्रसिद्ध दशराज्ञ युद्ध है जिसमें दस राजाओं के एक संघ ने अकेले एक आर्य राजा सुदास से युद्ध

किया था और पराजित हुए थे। इसे मूर्धन्य इतिहासकार प्रथम भारत का नाम देते हैं जिसे हम महाभारत के पूर्व का महाभारत कह सकते हैं। इसी महायुद्ध का प्रतिफलन कुछ आर्येत्तर जातियों का भारत से बहिर्गमन करना भी है। पुराण पौरव-वंश के अतिरिक्त अन्य सभी ययाति-वंश के राजाओं से उत्पन्न समाज या जातियों को आर्येत्तर जाति मानते हैं।

इस अवधि का प्रथम चरण हैहयों के नाम जाता है जो दक्षिण मालवा के क्षेत्र में काबिज थे। यह उनका उत्कर्ष-काल था। वृहत् के समकालीन हैहय राजा सहंज के बारे में यह कहा जाता है कि उन्होंने साहंजानी नामक नगर बसाया। उनके वंशज महिष्मंत ने माहिष्मती नामक नगर बसाया। सम्भवतः उन्होंने ऐक्ष्वाकु-वंश के राजा मुचुकुन्द के उत्तराधिकारियों से उनका क्षेत्र अधिकृत कर लिया और उसे अपना नाम दिया। सहंज से 5वीं पीढ़ी के हैहय राजा भद्रश्रेण्य ने राज्य विस्तार हेतु पूर्व की ओर रूख किया और काशी जीत लिया तथा वाराणसी पर अपना अधिकार जमा लिया। उस समय काशी के राजा दिवोदास थे। उन्होंने तथा उनके पुत्र प्रतर्दन ने भद्रश्रेण्य की मृत्यु के पश्चात अपना राज्य वापस प्राप्त कर लिया और तत्कालीन हैहय राजा दुर्दम जो भद्रश्रेण्य का पुत्र था, अपने पुराने राज्य को पुनः प्राप्त कर वहीं तक सीमित हो गया। लेकिन इस आपाधापी का फायदा उठाते हुए राक्षस खेमका ने वाराणसी नगर पर अपना अधिकार कर लिया। आज भी वाराणसी में खेमका उपनाम के लोग काफी संख्या में मिलते हैं। इसे पुराणों में वाराणसी के सम्बन्ध में शिव-पार्वती की कथा में निकुम्भ के शाप के माध्यम से व्यक्त किया गया है। पुराणों में राक्षसों का प्रसंग पहले भी दो बार आ चुका है। प्रथम है, 12वीं पीढ़ी के ऐक्ष्वाकु राजा कुवलाश्व द्वारा धुन्धु का सरस्वती क्षेत्र में मारा जाना और दूसरा है, दक्षिण के एक राक्षस राजा रावण द्वारा इसी वंश के 29वीं पीढ़ी के अनरण्य को परास्त करना जो सप्त-सिन्धु का राजा था। अब उन्होंने आर्यों के प्रसिद्ध नगर को अधिकृत कर लिया था। यह उनकी बढ़ती हुई शक्ति का प्रतीक है। अब तक वे दण्डकारण्य के जंगलों तक ही सीमित थे।

राजधानी वाराणसी के छिन जाने के उपरान्त काशीराज दिवोदास ने अपने राज्य के पूर्वी किनारे पर गोमती नदी के तट पर अपनी नई राजधानी बनाया। उनके पुत्र प्रतर्दन एक यशस्वी राजा थे। उन्होंने अपने पुश्तैनी राज्य-क्षेत्र को पश्चिम में प्रयाग तक विस्तार दिया। उनके पुत्र वत्स के नाम पर इसका नाम वत्स पड़ा। सम्भवतः उन्होंने गंगा-यमुना संगम पर गंगा के बायें तट पर प्रयाग जनपद में प्रतिष्ठान नामक नगर बसाया, जो आज का झूंसी है और जनपद को इलायास्पद् नाम दिया जो बाद में इलाहाबाद नाम से जाना गया। मुगल राजा अकबर के समय शायद यह अल्लाहाबाद हो गया या अंग्रेजों ने इलाहाबाद को एलाहाबाद लिखना शुरू किया। इस परिप्रेक्ष्य में हम प्रतिष्ठान से जुड़ी राजा पुरूरवा ऐल की कथा

को सच नहीं मान सकते हैं। वत्स द्वारा इस नगर को प्रतिस्थान नाम दिये जाने को हम उनकी जन्म-भूमि की स्मारिका के रूप में देख सकते हैं और वर्धन-वंश के यशस्वी स्थानेश्वर के राजा हर्षवर्धन द्वारा प्रति पाँच वर्ष पर यहाँ मेला लगाकर अपना सर्वस्व दान कर देना अकारण नहीं हो सकता है। यह प्राचीन ऐतिहासिक रिश्तों की अनुकृति हो सकती है।

इसी कालखण्ड में आनव-वंश में एक प्रतापी राजा महामनस हुए जिन्हें चक्रवर्तिन् तथा सात द्वीपों का स्वामी कहा जाता है। इससे यह प्रतीत होता है कि उन्होंने द्रुह्युओं से पूर्वी पंजाब छीन लिया था। उनके दो पुत्र थेः उशीनर और तितिक्षु। उशीनर को मूल राज्य प्राप्त हुआ और तितिक्षु बिहार चले गये जहाँ पूर्वी बिहार के क्षेत्र में अपना राज्य स्थापित किया। उशीनर का पुत्र शिवि औशिनर एक प्रतापी और धर्मात्मा राजा था। उसने परुष्णी के दोनों किनारों पर विजय प्राप्त किया तथा पश्चिम में अपने विजयों को विस्तार देते हुए अपने पुत्रों के राज्य स्थापित किये। उसका ज्येष्ठ पुत्र वृषदर्भ था जिसके वंशज शिवि कहलाये। उसके अन्य पुत्रों के वंशजों ने सौवीर, केकय, मद्रक नाम से अपने अलग-अलग राज्य बनाये। इस प्रकार लगभग पूरा पंजाब आनवों के अधीन हो गया और द्रुह्यु गान्धार तक सीमित हो गये। शिवि औशिनर की गणना 16 चक्रवर्तिन् राजाओं में की जाती है।

लगभग उस काल में जब आनव राजा उशीनर के अनुज तितिक्षु बिहार के अंग क्षेत्र (भागलपुर के आस-पास) में अपना राज्य स्थापित कर रहे थे, कान्यकुब्ज-वंश के संस्थापक जह्नु के 4वीं पीढ़ी के राजा कुश के एक अन्य पुत्र अमूर्तरयस या उनके पुत्र गय ने बिहार के उसी अंचल में अपना राज्य स्थापित किया जो बाद में मगध नाम से प्रसिद्ध हुआ। गय अमूर्तरयस की गणना महाभारत में 16 चक्रवर्तिन् राजाओं में की जाती है। तात्पर्य यह कि उन्होंने अपने राज्य-क्षेत्र का चहु दिश विस्तार किया था और एक बड़े भूभाग पर राज्य किया था। पुराणों के अनुसार यह वही क्षेत्र था, जिस पर पूर्व-काल में कभी सुद्युम्न के पुत्र गय और उत्कल ने राज्य किया था।

अजमीढ़ के बाद भारत-वंश विभाजित हो गया था। मुख्य शाखा में जो राजा अजमीढ़ के उत्तराधिकारी हुए उनका नाम ऋक्ष था। एक दूसरी शाखा उनके अन्य पुत्र नील द्वारा स्थापित की गयी। पुराणों में इस राजवंश का कोई नाम नहीं मिलता है। लेकिन ऋग्वेद VII-18: 33: 83 इसे तृत्सु-वंश के नाम से पहचान करता है। सम्भवतः यह नाम इस राजवंश की चौथी पीढ़ी के राजा के नाम पर आधारित था। वैसे तो इनके कई नाम मिलते हैं यथा रीक्ष, पृथु, लेकिन सम्भवतः इनका असली नाम तृत्सु था जिसने सरस्वती तथा दृशद्वती के मध्य राज्य स्थापित किया जो पौरव-वंश या भारत-वंश का मूल-क्षेत्र था। तृत्सु के उत्तराधिकारी उनके पुत्र

भ्रमयाश्व जिनके पाँच पुत्र थेः मुद्‌गल, शृंजय, ब्रह्मदिशु, यवीनर तथा कृमिलाश्व। मुद्‌गल की पत्नी का नाम इन्द्रसेन था। उनसे दो प्रसिद्ध पुत्र हुए। प्रथम पुत्र ब्रह्मिष्ठ या ब्रह्मर्षि थे जिनसे मौद्‌गल्य नामक ब्राह्मण-वंश अग्रसरित हुआ और दूसरे पुत्र भद्रयाश्व से राजवंश चला। उनके पुत्र दिवोदास (अतिथिग्व) उनके बाद राज्य के उत्तराधिकारी बने। उनकी एक कन्या भी थी जिसका नाम अहल्या था। उसका विवाह अंगिरस गोत्र के शरद्‌वंत गौतम से हुआ था। यह वही अहल्या हैं जिनका श्री राम ने उद्धार किया था। दिवोदास के एक पुत्र थे मित्रायु जो एक ऋषि हो गये। उनके पुत्र सोम हुए जिनसे मैत्रेय ब्राह्मणों का परिवार बना। दिवोदास के उत्तराधिकारी पिजावन हुए जिन्हें पुराण च्यवन और पंचजन के नाम से भी जानता है। पिजावन के बाद सुदास, सहदेव और सोमक राजा हुए। इसी कुल में द्रुपद हुए थे जिनकी पुत्री द्रौपदी महाभारत की नायिका थी। श्रृंजय ने सम्भवतः अपना अलग एक छोटा राज्य स्थापित किया था।

पुराणों के अनुसार, तृत्सु राजा भ्रमयाश्व के पांचों पुत्रों की सम्मिलित शक्ति का नाम पांचाल पड़ा। लेकिन डॉ. भार्गव इस कथन में थोड़ा संशोधन करना चाहते हैं। उनका कथन है कि पांचालों के पाँच परिवारों में एक का नाम सोमक दिया गया है जिसके आलोक में यह कहा जाना ज्यादा उचित होगा कि यह एकीकरण सोमक के बाद हुआ था। यह सम्भव हो सकता है। इसका तात्पर्य यह है कि भ्रमयाश्व के पांचों पुत्रों के वंशज, सोमक के बाद किसी समय पांचालों को एक समूह में संगठित किये होंगे। ये पांचाल पहले जहाँ स्थापित हुए उसे 'क्रिवि' कहते थे जिसका बाद में पांचाल नाम पड़ा। मोटे तौर पर इनके अधिकार क्षेत्र में बरेली, बदायूँ, फर्रूखाबाद तथा मध्य देश के लगे हुए भूभाग सम्मिलित थे। इसका सबसे प्रसिद्ध नगर काम्पिल्य था जो फर्रूखाबाद जनपद में आता है।

इस समय जह्नु द्वारा स्थापित कान्यकुब्ज राजवंश अपने उत्कर्ष के शिखर पर था। इस राजवंश में तृत्सु राजा मुद्‌गल के समकालीन कुशिक थे जो उन्हीं की तरह एक धर्मात्मा राजा थे। तत्पश्चात गाथिन और विश्वामित्र राजा हुए। विश्वामित्र बाद में ऋषि हो गये। इस प्रकार इस वंश का अन्त हो गया। उनके वंशज ज्यादा दिन तक राज्य सम्भाल नहीं सके।

मुद्‌गल और कौशिक के बाद का काल डॉ. भार्गव के शब्दों में महान व्यक्तित्वों और घटनाओं से समृद्ध कालखण्ड है। इनका क्रमवार वर्णन उन्होंने अपनी पुस्तक 'इन्डिया इन वैदिक युग' के अध्याय 11 में पृष्ठ 258-264 में किया है। इसकी प्रामाणिकता असंदिग्ध है। साभार मैं, संक्षेप में उसे यहाँ प्रस्तुत कर रहा हूँ।

इस अवधि में कई राजवंशों ने उल्लेखनीय राजाओं को जन्म दिया। ऐक्ष्वाकु-वंश में इस समय त्र्यावरुण राजा थे जो इस वंश के एक प्रसिद्ध राजा

वसुमनस के पौत्र थे। उनकी प्रशस्ति ऋग्वेद में, पंचविंश ब्राह्मण में तथा बाद के लेखन में, जिसमें वृषज्ञान को उनका पुरोहित बताया गया है, प्राप्त होती है। प्रतीततः उनकी प्रमुख उपलब्धि दस्युओं का विनाश करना था क्योंकि उन्हें बार-बार त्रासदस्यु कहा गया है जो उनके पूर्व पुरुष थे। वह एक धर्मात्मा राजा थे जिनकी दानशीलता की प्रशंसा अत्रि परिवार के एक ऋषि ने ऋ0 V, 27, 1-3 में किया है जिसे उन्होंने एक गाड़ी में जुते हुए दो बैल, रथ सहित दो घोड़ों की एक युति, 20 गायें और 100 से ज्यादा स्वर्ण-खण्ड दिये थे। दस्यु मेरी सम्मति में दैत्य राजा बलि के वंशज तथा प्रजा थे जो भारत के उत्तर-पश्चिम भाग में झुंडों में आकर जगह-जगह बस गये थे।

मुख्य पौरव राजवंश में, जो सप्त-सैन्धव के पूर्व में स्थापित था, भारतवंशी अजमीढ़ के पुत्र या नजदीकी वंशज ऋक्ष के उत्तराधिकारी शक्तिशाली राजा श्रुतर्वन, जो त्र्यावरुण के समकालीन थे, राजा हुए। उन्होंने परुष्णी तक विजय प्राप्त किया तथा आनवों को पराजित कर उनकी अग्नि में यज्ञ किया। उस समय आनव-वंश का राजा शिवि औशिनर का पुत्र वृषदर्भ था जो इस वंश का, इस क्षेत्र का अन्तिम आनव राजा साबित हुआ। यद्यपि कि पंजाब में इनके स्थापित राज्य यथावत बने रहे जबकि उनका मूल-क्षेत्र जाता रहा। श्रुतर्वन की मृत्यु के उपरान्त पौरव राजवंश का अन्त हो गया और वह पूरी तरह भारत-वंश तृत्सु शाखा में समाहित हो गया। श्रुतर्वन के समय से ही तृत्सु अपने राजा भद्रयाश्व के नेतृत्व में अपनी शक्ति बढ़ाने में लगे हुए थे और इस घटना से वे और मजबूत हुए। वस्तुतः भद्रयाश्व ही शक्तिशाली तृत्सु राजवंश के मुख्य संस्थापक थे जिसे उनके उत्तराधिकारियों ने उत्कर्ष के शिखर पर पहुँचा दिया।

भारत-वंश की अन्य दो शाखाएं जो गंगा तट पर स्थापित थीं, वे भी इस समय काफी समृद्धशाली थीं। कान्यकुब्ज शाखा के समकालीन शासक गाथिन थे जो एक धर्मात्मा राजा थे और ऋग्वेद के मण्डल 3 की चार सूक्तियों के रचनाकार थे। काशी भी इस समय इस राजवंश के अन्तिम सम्प्रभु राजा अलर्क के नेतृत्व में समृद्धि की ऊँचाईयों को छू रहा था। उन्होंने वाराणसी को राक्षसों से मुक्त कराकर राजधानी को उसका प्राचीन गौरव प्रदान किया। कहते हैं उन्होंने दीर्घ और ऐश्वर्यशाली शासन प्रदान किया। लेकिन ऐक्ष्वाकु राजवंश में सब कुछ ठीक नहीं था।

ऐक्ष्वाकु-वंश के यशस्वी राजा त्र्यावरुण ने युवराज सत्यव्रत को उनके दुराचरण के कारण वनवास दे दिया था। उन्होंने यदु-वंश के समकालीन राजा जयामघ के पुत्र और राजकुमार विदर्भ की पत्नी के अपहरण का दुराचार किया था। यद्यपि कि बाद में विश्वामित्र के प्रयास से पिता की मृत्यु के उपरान्त उन्होंने राजगद्दी प्राप्त किया। इतिहास उन्हें सत्यव्रत त्रिशंकु के नाम से याद करता है। तदोपरान्त उनके प्रसिद्ध पुत्र हरिश्चन्द्र को राज्य प्राप्त हुआ जो कई कथाओं के नायक के रूप में चित्रित

किये गये हैं। वे अपने सत्यवादिता के लिए ज्यादा यशस्वी हुए। राजा हरिश्चन्द्र, वाराणसी का प्रसिद्ध मणिकर्णिका घाट, उस घाट के संरक्षक डोम राजा की कर्तव्यपरायणता, उनकी पत्नी का पुत्र के शव-दाह निमित्त शुल्क न दे पाने की विवशताजनित् विलाप, पुनश्च रोहित का जीवित हो उठना के संगम से निर्मित यह कथा आज भी बड़ी रोचकता से पायी जाती है तथा द्रवित हृदय से सुनी जाती है। आज भी भारतीय अपनी बात को सत्यता की अक्षुण्णता बनाये रखने हेतु राजा हरिश्चन्द्र की कसम खाते हैं। हरिश्चन्द्र ने राजसूय यज्ञ किया था जिसमें तत्कालीन सभी प्रमुख ऋषियों यथा विश्वामित्र, वशिष्ठ, जमदग्नि और अयास्य ने भाग लिया था। उनके पश्चात उनका पुत्र रोहित राज्य का उत्तराधिकारी बना।

अब तक भारत में आर्य राजवंश (पौरव-भारत वंश) रावी से गंगा तक सर्वाधिक शक्तिशाली होकर स्थापित हो चुका था। आर्येत्तर जातियाँ (ययाति के अन्य चार पुत्रों के वंशज राजा और अन्य) पश्चिम और दक्षिण में धकेले जा चुके थे। इसी समय तृत्सु सम्राट दिवोदास अतिथिग्व, भद्रयाश्व के उत्तराधिकारी बने। दिवोदास महान भारत-वंश के प्रमुख राजाओं में विशिष्ट स्थान रखते हैं जिनकी प्रशस्ति तथा नाम का समुल्लेख ऋग्वेद में सर्वाधिक हुई है (ऋ0 I. 51.6; I. 59.6; I. 103.8; I. 112.1; I. 116.18; I. 119.4; I. 130.7, 10; II. 14.6, 7; II. 19.6; III. 47.4; IV. 26.3; IV. 30.20; VI. 16.5; VI. 16.5, 19; VI. 18.8, 13; VI. 26.5; V. 31.4; VI. 47.22, 23; VI. 61.1; VII. 18.25; VII. 99.5; VIII. 103.2; IX. 61.2 & 48.8)। अर्थात् ऋग्वेद के लगभग सभी मण्डलों में भारद्वाज ऋषि-कुल जो 6वें मण्डल के प्रमुख रचनाकार हैं, दिवोदास से सर्वाधिक सम्बद्ध रहे और चौथे मण्डल के रचनाकार वामदेव ने उनका प्रमुखता से उल्लेख किया है। उनके वंशज राजा शृंजय तथा सुदास का उल्लेख मण्डल I, III, IV, V, VI तथा VII में किया गया है। तात्पर्य यह कि वे वैदिक काल के एक महान शासक थे। ऋषि गर्ग के परिवार के एक ऋषि ने उनकी दानशीलता की प्रशंसा किया है जब उन्होंने ऋषि को 10 घोड़े, 10 पर्स, 10 कीमती वस्त्र तथा 10 स्वर्ण-खण्ड का दान दिया था (ऋ0 VI. 47. 23)।

इस समय दासों का राजा थाः शम्बर जो कुलितर का पुत्र था (ऋ0 IV. 30.14)। डॉ. तालागिरि के अनुसार ऋग्वेद आर्येत्तर जातियों के राजाओं को दास कहता है। डेविड फ्राउले शम्बर को यदु-तुर्वसु राजवंश की सम्मिलित शक्ति का प्रतीक मानते हैं। ऋग्वेद एंड द हिस्ट्री ऑफ इन्डिया, पेज 49। यह बहुत शक्तिशाली तथा घमंडी था (ऋ0 IV. 18.20)। वह पहाड़ों में रहता था (ऋ0 II. 12.11, VI. 26.5) और गुरिल्ला युद्ध करता था। उसके 90 या 100 किले थे, ऐसा कहा गया है (ऋ0 I. 5130.7, II. 14.61)। इस समय तक अलर्क की मृत्यु के उपरान्त काशी का राज्य पराभव की ओर उन्मुख था। इसका फायदा उठाते हुए उसने तृत्सु तथा काशी राज्य के बीच का क्षेत्र अधिकृत कर लिया था। दिवोदास तथा सम्बर के बीच कहते हैं लगभग 40

वर्षों तक युद्ध हुआ (ऋ0 I. 15.6, II. 12.11)। अन्ततः सम्बर मारा गया। ऋग्वेद के अनुसार दिवोदास को इन्द्र का आशीर्वाद प्राप्त हुआ था।

हैहय एक बार पुनः उफान पर थे। इस समय उनके नायक थेः अर्जुन कार्तिवीर्य। ये पुराणों में सहस्रबाहु के नाम से ज्यादा प्रसिद्ध हुए। वह महान गुणों से सम्पन्न एक महत्त्वाकांक्षी राजा थे। कृतवीर्य के पुत्र इस प्रतापी राजा की प्रशस्ति ऋग्वेद और पुराणों में प्राप्त होती है। पुराणों की यह उक्ति कि भविष्य का कोई राजा यज्ञ, दान, आत्म-संयम, शौर्य तथा ज्ञान में उसकी बराबरी नहीं कर सकेगा, स्थापित करता है कि प्रजा उन्हें अति-सम्मान की दृष्टि से देखती थी। राज्य-सीमा के विस्तार के साथ उन्होंने दीर्घ काल तक शासन किया। उसी समय सरस्वती क्षेत्र में भार्गव ब्राह्मण संगठित हो रहे थे। वे ऋषि-कर्म के साथ-साथ शस्त्रों से भी खेलते थे। यह ब्राह्मण-वंश च्यवन भार्गव से उद्भूत था। च्यवन एक प्रसिद्ध ऋषि थे जिनका विवाह राजा शर्याति की पुत्री सुकन्या से हुआ था। उनके पुत्र या वंशज अप्नवान की पत्नी रूचि नाहुषी पुरूरवा-वंश के प्रसिद्ध राजा नहुष की पुत्री थी। उनके वंशज ऊर्व के पुत्र ऋचिक थे जिन्होंने सत्यवती से विवाह किया था जो कान्यकुब्ज के राजा गाथिन की पुत्री थीं तथा प्रसिद्ध ऋषि विश्वामित्र की बहन। ऋचिक के पुत्र प्रतिभाशाली जमदग्नि थे जो विश्वामित्र के समवयस्क थे। दोनों ने संयुक्त रूप से ऋग्वेद की कुछ ऋचाऐं भी लिखी हैं। जमदग्नि ने ऐक्ष्वाकु राजा रेणु की पुत्री रेणुका से विवाह किया था। ऐक्ष्वाकु-वंश से वैवाहिक सम्बन्ध स्थापित करना सम्भवतः हैहयों के साथ बिगड़ते सम्बन्धों के दृष्टिगत् किया गया था। जमदग्नि-रेणुका के पुत्र राम थे जो परशुराम नाम से विख्यात हुए। भार्गवों की पृष्ठभूमि इस प्रकार एक साथ ब्रह्म और शस्त्र दोनों से थी।

कहा जाता है कि च्यवन भार्गव के वंशजों को प्रारम्भ में हैहय राजवंश ने हर प्रकार का सहयोग किया था। हम जानते हैं कि भृगु की दोनों यथा अथर्वन् और अंगिरस शाखाओं में आपसी प्रतिद्वंदिता बहुत पहले से थी जब वे हिमालय के उस पार रहते थे। वह अब भी जारी थी। अथर्वन शाखा दैत्य-वंश से तथा अंगिरस शाखा मनुष्य या देव-वंश से सम्बद्ध था। इसलिए इस शाखा के ज्यादातर ब्राह्मण सरस्वती क्षेत्र से दूर ही रहे। ययाति काल में हम बृहस्पति तथा शुक्र भार्गव की प्रतिस्पर्धा देख चुके हैं, बृहस्पति जो आंगिरस गोत्र के थे, देवों के आचार्य थे और शुक्र भार्गव जो अथर्वन शाखा से थे, वे असुरों के पुरोहित थे। यह पहली बार था जब ययाति-कुल के किसी राजवंश ने अथर्वन-वंश के भार्गवों को संरक्षण प्रदान किया था। सहस्रबाहु के काल में उनके अनेक युद्धों के कारण राज्य की माली हालत कमजोर हो गयी थी। वे चाहते थे ऐसे समय में भार्गव उनकी आर्थिक सहायता करें, लेकिन भार्गव इसके लिए तैयार नहीं थे। उस समय जमदग्नि भार्गवों के प्रमुख थे। अर्जुन ने उनके आश्रम पर आक्रमण कर दिया। उनके साथ

दुर्व्यवहार किया और उनकी गायों को भगा ले गया। उस समय परशुराम आश्रम पर मौजूद नहीं थे। जब परशुराम को पता चला, उन्हें बहुत क्रोध आया और उन्होंने शस्त्र उठा लिया। हैहय राजा सहस्रबाहु द्वारा पिता जमदग्नि के अपमान का बदला लेने हेतु हाथ में कठोर परशु लेकर जमदग्नि के पुत्र राम अकेले ही निकल पड़े तथा सहस्रबाहु का सिर काट दिया। बदले में अर्जुन सहस्रबाहु के पुत्रों ने जमदग्नि की हत्या कर दिया। इस घटना से आक्रोशित परशुराम ने हैहय क्षत्रियों के विरुद्ध युद्ध का शंखनाद कर दिया जो हैहयों के सम्पूर्ण विनाश तक जारी रहा। पुराण इसे ब्राह्मण-क्षत्रिय संघर्ष के नाम से उल्लेख करते हैं। वस्तुतः यह हैहयों और भार्गवों के बीच हुआ था, यह समस्त क्षत्रियों के विरुद्ध नहीं था।

हैहयों के विरुद्ध उनके युद्ध में प्रतीततः कौशिक राजवंश (विश्वामित्र का परिवार) तथा इक्ष्वाकु-वंश उनके पक्ष में खड़े हुए थे। सम्भवतः इसीलिए ब्रह्माण्ड पुराण III. 47.74 में कहा गया है कि पुरानी शत्रुता को याद करके एक तालजंघ राजा ने ऐक्ष्वाकु राजा बाहु पर आक्रमण किया। घनघोर संग्राम हुआ, हैहय पराजित हुए तथा जयध्वज और सहस्रबाहु के अन्य पुत्र मारे गये। जयध्वज के पुत्र तालजंघ परशुराम के तीरों से घायल जान बचाकर भागे। भागते हुए तालजंघ पर उनके पुत्र वीतहोत्र की दृष्टि पड़ी जिसे उन्होंने अपने रथ में उठा लिया और तेजी से युद्धस्थल से दूर ले गये। कुछ काल तक ये लोग हिमालय क्षेत्र में छिपे रहे और कन्द-मूल-फल खाकर जीवन की रक्षा किये। जब परशुराम का क्रोध शान्त हुआ और पुनः जब वे अपने ब्राह्मण कर्म की ओर उन्मुख हुए तब तालजंघ आदि वापस आये। युद्ध का यहीं अन्त नहीं हुआ था।

तालजंघ बहुत दिन तक जीवित नहीं रहे। उनके बाद उनके पुत्र वीतहोत्र जो वीतहव्य के नाम से भी जाने जाते थे, इस राजवंश के राजा हुए। उनके समकालीन तृत्सु-वंश के प्रख्यात राजा सुदास थे जो ऋग्वेद के सर्वप्रिय राजा दिवोदास के पौत्र एवं पिजावन के पुत्र थे। उस समय उनके पुरोहित कौशिक-भारत परिवार के महान ऋषि विश्वामित्र थे जो राज-पद त्याग कर ऋषि धर्म अंगीकार किये थे। ऋषि के मार्गदर्शन में सुदास ने व्यास तथा शतुद्रि के पार के अपने शत्रुओं का संहार किया था। प्रबल वेग से प्रवाहित उन भयावह नदियों को रथ सहित पार जाने के लिए विश्वामित्र ने ऋ0 III 33 तथा 53 में जो प्रार्थना किया है वह उनकी सक्रियता का प्रमाण देता है। स्वाभाविक रूप से शतुद्री पार के शत्रु आनवों की कोई शाखा रही होगी।

बाद में विश्वामित्र अपने राजनैतिक सम्बन्धों के कारण सुदास से दूर हो गये। उनका स्थान वशिष्ठ ने ले लिया; अव वे इस राजवंश के पुरोहित बने। विश्वामित्र की सुदास से इस दूरी के दो प्रमुख कारण हो सकते हैं। प्रथम भार्गव ऋषि-वंश से उनका निकट सम्बन्ध और द्वितीयतः तृत्सु-भारत-वंश का भार्गव-वंश

से दुराव जो ऐतिहासिक कारणों से था। वशिष्ठ के मार्गदर्शन में सुदास ने दशराज्ञ युद्ध लड़ा था और विजयी हुए थे। वशिष्ठ ने 7वें मण्डल के सूक्त 18, 19, 33 और 83 के माध्यम से इस युद्ध का वर्णन किया है। यह युद्ध सुदास तथा उनके सहयोगियों और दश राजाओं के एक संघ के बीच हुआ था जो परुष्णी नदी के उस पार लड़ा गया था (ऋ0 VII. 18.5)। इसे हम आर्य (सुदास-पक्ष) तथा आर्येत्तर (अनार्य) जातियों के विरुद्ध संघर्ष के रूप में देख सकते हैं।

सुदास के समकालीन हैहय राजा वीतहव्य उनके पक्ष में था (ऋ0 VII. 19.3)। भार्गव सुदास के दुश्मनों के साथ थे। डॉ. भार्गव का विचार है कि ऐसा हैहयों और भार्गवों के आपसी वैमनस्य के कारण हुआ होगा। भार्गवों के तत्कालीन नायक प्रख्यात परशुराम का इस युद्ध में कोई उल्लेख नहीं हुआ है। महाभारत के अनुसार वे हैहयों को पराजित करने के पश्चात शूरपारका देश में रह रहे थे जो पश्चिमी भारत में समुद्र के किनारे स्थित था। इस प्रकार इन भार्गवों के युद्ध में भाग लेने का न कोई तर्कसंगत कारण है न कोई प्रमाण।

ऋग्वेद की उद्धृत सूक्तियों और कहीं अन्य भी संघ में शामिल सभी घटकों का स्पष्ट उल्लेख नहीं किया गया है। सूक्तियाँ 10 राजाओं में से केवल 3 के नाम देती हैं। डॉ. भार्गव के अनुसार उनसे जो सुनिश्चित होता है, उसके अनुसार 5 राजा प्रख्यात ययाति के वंशज थे यथा अनु, द्रुह्यु, यदु, तुर्वसु तथा पुरू। उनके साथ अन्य 5 जनजातियाँ भी संयुक्त थीं यथा पख्त (पख्तून), भलान (बलूची), शिवा (सिवा), विशानिन (पिशाच) तथा अलिन (हेलेन्स), जैसा कि ऋ0 VII. 18.7 में अभिव्यक्त है। ये पांचों जनजातियाँ, मेरी सम्मति में, आदिकालीन रुद्रों के अवशेष हैं, जो समय के साथ अलग-अलग समूहों में बँटकर अपनी पहचान को बनाये रखते हुए देश के विभिन्न भागों में रह रहीं थीं। ये मुख्यतः भारत के उत्तर-पश्चिम भागों में बसी हुई थी जहाँ उस समय द्रुह्यु-वंश का शासन था। डॉ. भार्गव भी पख्तों को आज के पठानों का पूर्वज मानते हैं तथा वे सिन्धु के पश्चिम में रहते थे जहाँ तत्समय इक्ष्वाकु-वंश का राज्य था तथा हरिश्चन्द्र के पुत्र रोहित उस समय इस वंश के राजा थे। इक्ष्वाकु-वंश ने इस युद्ध में भाग नहीं लिया था। जहाँ तक ययाति के वंशज समकालीन राजाओं का सम्बन्ध है, डॉ. भार्गव के अनुसार यादव-वंश के विदर्भ, द्रुह्यु-वंश के प्रचेतस, तुर्वसु-वंश के पुरोडास, आनव-वंश के कवश राजा थे। यह उनके द्वारा राजवंश तालिका से भी स्पष्ट होता है। उनके अनुसार पौरव-वंश के राजा युद्धामधि हो सकते हैं। श्री श्रीकान्त जी तालागिरि ने अपनी पुस्तक दि ऋग्वेदः ए हिस्टोरिक एनालिसिस के पृष्ठ 262 पर कुछ अन्य जनजातियों का उल्लेख किया है यथा पृथु या पार्थव (VII. 83.1); पार्थियन, पर्शु या पार्शव (VI. 83.1); पर्सियन, सिम्यु (VII. 18.5); सर्मेशियन (अवेस्ता=सैरिम), मद्र (मीड) जिनका उल्लेख ऋग्वेद में नहीं है तथा भृगु (VII.

18.6) फ्रिजियन। मेरी सम्मति में ये सभी जनजातियाँ आनव-सेना की अंग थीं और इसलिए ऋग्वेद इनकी गणना 10 राजाओं में नहीं करता है। पार्थव मेरी सम्मति में प्राचीनतम राजा पृथु के वंशज थे, पर्शु के सम्बन्ध में भार्गव का कहना है कि यह परशु के अर्थ में श्लोक में लिया गया है।

दस राजाओं के इस संयुक्त अभियान में सुदास के मुख्य शत्रु, आनव और द्रुह्यु राजा थे जो क्रमशः कमोबेश पंजाब तथा अफगानिस्तान के शासक थे। सर्वप्रथम यह सम्पूर्ण शत्रु-दल परुष्णी के किनारे इकट्ठा हुआ। उनकी रणनीति यह थी कि परुष्णी के किनारे को तोड़ दिया जाय जिसके प्रबल वेग में सुदास की सेना बह जाए लेकिन वे असफल रहे। इस व्यूह का रचनाकार कवि चायमान मारा गया। सुदास ने पहले दो वैकर्ण राज्य के 21 गणों को जीत लिया। फिर शत्रु पक्ष पर आक्रमण किया। द्रुह्यु और आनव राजा सम्भवतः प्रचेतस तथा कवश मारे गये। पौरव राज युद्धामधि भी वीर गति को प्राप्त हुआ। तुर्वसु तथा यदु राजा पुरोदास और विदर्भ निश्चित रूप से बच गये थे। सुदास के पुरोहित वशिष्ठ ऋ0 VIII. 19.8 में इन्द्र से इन्हें अपमानित करने की प्रार्थना करते हैं। सुदास को इन्द्र का आशीर्वाद प्राप्त था। इस युद्ध में अकेले अनु-द्रुह्यु पक्ष के 12000 योद्धा शहीद हुए थे। महाभारत युद्ध के पूर्व का यह भयंकरतम् युद्ध था जो लगभग 2360-2340 ई.पू. के आस-पास लड़ा गया था।

इस दशराज्ञ युद्ध में सुदास की विजय के कई दूरगामी परिणाम हुए। प्रथमतः यह कि सुदास का राज्य-क्षेत्र सरस्वती-परुष्णी तक निरापद विस्तृत हुआ, उन्हें चुनौती देने वाली छोटी-बड़ी सभी शक्तियाँ समाप्त हो गयीं तथा परुष्णी के उस पार भी उनका वर्चस्व स्थापित हुआ। द्वितीयतः द्रुह्यु राजकुमार सुचेतस जो प्रचेतस के पुत्र थे तथा उस परिवार के अन्य राजकुमार भारत छोड़ दिये और उत्तर के म्लेच्छ देशों में जा बसे जहाँ उन्होंने अपने कई राज्य स्थापित किये। राजा बलि और उनके वंशजों के द्वारा पलायन करने के बाद यह दूसरा अवसर था जब किसी भारतीय राजवंश को देश छोड़ने के लिये विवश होना पड़ा। प्रकारान्तर से यह वृहत्तर भारत के निर्माण की दिशा में उठा प्रथम मजबूत कदम था। वैदिक वाङ्मय भारतीय संस्कृति (आर्य संस्कृति) से अनाप्लावित देशों की पहचान 'म्लेच्छ देश' नाम से करता था। तृतीयतः आनव-वंश अब पंजाब तक सीमित हो गया जहाँ उनके कई राज्य स्थापित थे यथा शिब, केकय, मद्रक, सौवीर, यौधेय तथा अम्बस्थ। ये राज्य कमोबेश पहले से स्थापित थे और सम्भवतः इन्होंने दशराज्ञ युद्ध में भाग नहीं लिया था। चौथा मुख्य परिणाम था यादवों की मुख्य शाखा, जो विदर्भ के नेतृत्व में इस युद्ध में भाग लिये थे, विन्ध्य पर्वत के पार चले गये जहाँ विदर्भ में अपना राज्य स्थापित किया। कालान्तर में यह क्षेत्र वरार नाम से जाना गया। किसी भी उत्तर-पथ (विन्ध्य के उत्तर) के राजा द्वारा स्थापित किया गया

दक्षिण का यह प्रथम राज्य था। उनके साथ उनके पुरोहित ऋषि अगस्त्य, जो ऋषि वशिष्ठ के भ्राता थे, भी विदर्भ गये। ऋषि अगस्त्य को दक्षिण भारत में आर्य-संस्कृति के प्रचार-प्रसार का मुख्य श्रेय दिया जाता है। इस प्रकार इस युद्ध तथा युद्ध में सुदास की विजय ने भारत के मध्य में एक मजबूत राष्ट्र की स्थापना के साथ-साथ भारत के उत्तर तथा आर्यावर्त के दक्षिण में आर्य-संस्कृति के विस्तार का द्वार खोल दिया। विन्ध्य के उत्तर हिमालय तक दोनों समुद्रों के बीच का क्षेत्र उस काल में आर्यावर्त अर्थात् आर्यों के रहने का स्थान तथा विन्ध्य के दक्षिण मुख्यतः नर्मदा के दक्षिण का क्षेत्र रसातल कहा जाता था। सम्भवतः नर्मदा का दूसरा नाम रसा था। उसका एक अन्य नाम रेवा भी था।

दशराज्ञ युद्ध के अतिरिक्त सुदास ने एक अन्य महत्त्वपूर्ण युद्ध लड़ा था और विजयी हुए थे। ऐसा प्रतीत होता है कि दास राजा भेद जो सम्भवतः सबर का वंशज था, यमुना तक राज्य विस्तार कर लिया था। भेद के यमुना तट पर स्थापित होने से इस राज्य की अक्षुण्णता पर खतरा बन गया था। इन्द्र का तृत्सु वंशियों से मैत्री सम्बन्ध था। इन्द्र ने दशराज्ञ युद्ध में सुदास की मदद किया था। प्रतीततः सुदास ने इन्द्र के साथ उस पर आक्रमण कर दिया। दास राजा भेद के साथ तीन जनजातियाँ भी सम्मिलित हुईं। वे अजस्, शिग्रस् तथा यक्षुस् थे। यमुना के तट पर सुदास तथा भेद के बीच भीषण युद्ध हुआ। भेद पराजित हुआ और माउंट आबू तक पुनः सीमित हो गया।

इन तीन उल्लेखनीय विजयों के साथ सुदास वैदिक काल के सबसे महान राजा कहे जा सकते हैं। दश राजाओं के संघ को पराजित कर उन्होंने स्वयं को एक महान सेनानायक सिद्ध किया था। वह एक अजेय योद्धा ही नहीं थे अपितु एक धर्मात्मा राजा भी थे जिन्होंने अनेक अवसरों पर अपनी दानशीलता का परिचय दिया था। उनके राजपुरोहित वशिष्ठ ने उन्हें दो सौ गायें, घोड़ियों से जुते दो रथ तथा स्वर्ण-सज्जित चार घोड़े दान में देने के लिए प्रशंसा किया है (ऋ० VII. 18, 22.3)। उन्हें ऋग्वेद की एक सूक्ति लिखने का श्रेय प्राप्त है।

सुदास के बाद उनके पुत्र सहदेव राजा बने। प्रतीततः उनका शासन-काल अल्पकाल का था। उनके बाद उनके पुत्र सोमक राजा हुए। वह एक यशस्वी राजा थे। उनके कई पुत्र बताये जाते हैं। संकेत यह है कि उनका राज्य विभाजित हो गया। उनके बाद उनके वंश के किसी प्रसिद्ध राजा का उल्लेख नहीं मिलता है। डॉ. भार्गव के अनुसार उनके बाद सोमक के वंशजों तथा शृंजय के वंशजों ने अपने तीन अन्य बांधवों के वंशजों के साथ एक नई राजनैतिक शक्ति का गठन किया जो बाद के कालों में पांचाल नाम से प्रसिद्ध हुआ। ऋग्वेद सदैव ही इन्हें कुरुओं के साथ जोड़कर कुरु-पांचाल नाम से उल्लेख करता है जो उत्तरवर्ती युग के महाभारत युग तक भारत के राजनैतिक क्षितिज पर जाज्वल्यमान तारे की तरह चमकते रहे।

तृत्सु राजवंश को यह श्रेय प्राप्त है कि इस राजवंश में लगातार छः पीढ़ियों में यशस्वी राजा उत्पन्न हुए यथा भद्रयाश्व, दिवोदास अतिथिग्व, पिजवन, सुदास, सहदेव और सोमक। उनके बाद इस राजवंश तथा भारत-वंश के अन्य राजवंशों में कोई महान राजा नहीं पैदा हुआ। यह अकाल लगभग 800 वर्षों का था जो डॉ. भार्गव निर्मित सूची में चालीस पीढ़ियों के अन्तराल में अभिव्यक्त है। पहले पौरव-भारतवंश ही केवल आर्य सम्बोधन से सम्बोधित किया जाता था लेकिन अब धीरे-धीरे उत्तर भारत के सभी राजवंश और उनके जन आर्य कहलाने लगे। यह पुनीत कार्य उस काल के कुछ महान ऋषियों ने सम्पादित किया जिनमें प्रमुख थेः विश्वामित्र, वशिष्ठ, अगस्त्य, अयाश्य, जमदग्नि, राम (परशुराम), गृत्समद, पर्वत, नारद और वामदेव। इन ऋषियों ने लगभग सम्पूर्ण उत्तरी भारत को आर्य धर्म तथा संस्कृति से आप्लावित कर दिया। यही कारण है कि यादव वंशी राजा विदर्भ ने जब विन्ध्य के दक्षिण वरार में अपना राज्य स्थापित किया तो उन्हें प्रथम आर्य राजा का सम्मान प्राप्त हुआ और ऋषि अगस्त्य ने आर्य नाम से ही तत्कालीन भारतीय संस्कृति को दक्षिण भारत में फैलाया। प्रकारान्तर से उनके आगमन के साथ ही दक्षिण भारत के आर्यीकरण का सूत्रपात हुआ।

भारतीय वाङ्मय ऋषि अगस्त्य के इस विन्ध्य पारगमन को एक रूपक के माध्यम से चिरस्मरणीय बना दिया है। उनके अनुसार विन्ध्याचल प्रारम्भ में बहुत ऊँचा था। इतना ऊँचा कि प्रकाश-किरण भी उसके पार नहीं जा पाती थी। यानी अब तक आर्यों के लिए अनुलंघनीय बनी रही, कोई उल्लेखनीय राजा या ऋषि अब तक उसके पार नहीं गया था। ऋषिवर के अनुरोध पर विन्ध्य झुक गया। ऋषि उसके पार गये और यह आदेश दे गये कि जब तक वह वापस नहीं आयें, इसी तरह पारगमनीय बने रहो। ऋषि कभी वापस ही नहीं लौटे और आर्यों के दक्षिण भारत में प्रवेश-मार्ग अबाध अब तक जारी रहा। कालान्तर में आर्यों के कई राज्य इस क्षेत्र में स्थापित हुए। आधुनिक इतिहासकार इस कथा को आर्यों के दक्षिण भारत में प्रथम प्रवेश का मान देते हैं। विदर्भ के बाद उसका पुत्र भीम विदर्भ राज्य का शासक बना जो सुदास के पौत्र सोमक का समकालीन था। विदर्भ के दूसरे पुत्र का नाम कौशिक था जिसके पुत्र चिदि ने यमुना के दक्षिणी किनारे पर चेदि-वंश की स्थापना किया जो उत्तरी भारत में पड़ता है। चेदि राज्य की राजधानी सुक्तिमती थी और विदर्भ की कुंडिनपुर। इस प्रकार उत्तर तथा दक्षिण भारत के सायुज्ज की स्थापना का श्रेय विदर्भ राजवंश को दिया जा सकता है। सम्भवतः इसी समय से उत्तरी भारत आर्यावर्त के नाम से जाना जाने लगा।

हम हैहयों और भार्गवों के संघर्ष से पूर्व परिचित हैं जब भार्गव परशुराम ने अर्जुन कार्तिवीर्य को पद्‌दलित किया था। उस युद्ध में ऐक्ष्वाकुओं ने परशुराम का साथ दिया था जिसे हैहय भूल नहीं पाये थे। परशुराम के प्रशान्त हो जाने के

उपरान्त तालजंघ ने पुनः अपना राज्य प्राप्त कर लिया था। लेकिन उसके बाद उसका राज्य पराभव की ओर उन्मुख हुआ। तालजंघ के पुत्रों ने हैहय राज्य को पाँच विभागों में विभक्त कर दिया। वे वीतहव्य, अवन्ति, शार्यात, भोज और तुन्दिकर नाम से जाने जाते हैं। वीतहव्य के कुछ पीढ़ियों के उपरान्त हैहयों ने ऐक्ष्वाकुओं पर आक्रमण कर दिया। उस समय ऐक्ष्वाकु राजा बाहु, रामायण में जिसे असित कहा गया है, का शासन था। बाहु पराजित हुआ और पलायन कर गया। बाहु जिस जंगल में आश्रय लिया था, वह भृगु के आश्रम के सन्निकट था। उसकी मृत्यु के उपरान्त उसकी रानी को एक पुत्र हुआ। इस पुत्र को भार्गव अग्नि और्व ने शिक्षा-दीक्षा दिया तथा उसे सगर नाम दिया। सगर जब बड़ा हुआ तो भार्गवों ने एक बार पुनः सगर के नेतृत्व में हैहयों से लोहा लिया। हैहय छिन्न-भिन्न हो गये तथा दक्षिण-पश्चिम और मध्य भारत में अपने राज्य स्थापित किये। शार्यात आनर्त (गुजरात) में तथा अवन्ति (मध्य प्रदेश) में एवं उसके आस-पास के क्षेत्र में वीतहव्य, भोज तथा तुन्दिकर अपने छोटे-बड़े राज्य स्थापित किये। इस प्रकार हैहयों से भार्गवों की शत्रुता का अन्त हो गया। पुराणों ने इसे परशुराम द्वारा हैहय क्षत्रियों के उत्तरी भारत से सम्पूर्ण उन्मूलन की कथा के रूप में प्रचारित किया है, यह एक अर्द्धसत्य है।

सगर अयोध्या के एक महत्त्वपूर्ण राजा थे। मान्धाता की भांति उनकी गणना 'षोडश राजिक' अर्थात् सोलह महान राजाओं में की जाती है जिन्हें चक्रवर्तिन् कहा गया है। जब वह अपनी माता यादवी के गर्भ में था तो उनकी विमाता ने उसे जहर देकर मारने का प्रयास किया था लेकिन वे बच गये। इसी घटना की स्मृति में ऋषि और्व ने उनका नाम सगर यानी गरल सहित जो उत्पन्न हुआ, वह नाम दिया। उनका बाल्यकाल जंगलों में बीता। भार्गव ऋषि और्व ने पाल-पोष कर उन्हें बड़ा किया। उन्हीं के द्वारा उन्हें वेद शास्त्र तथा शस्त्रों की शिक्षा एवं संस्कार प्राप्त हुआ। बड़े होकर उन्होंने न केवल अपने शत्रुओं को पराजित किया अपितु उनका समूलोच्छेद कर दिया। यथा हैहय जिन्होंने उनके पिता का राज्य छीन लिया था तथा निर्वसित जीवन जीने के लिए विवश कर दिया। कहते हैं कि उन्होंनें शक, यवन, काम्बोज, पारद, कोणिसर्पा, माहिषका, दर्व्य, चोल तथा केरलों आदि को भी परास्त किया था। ये सभी भारत के उत्तर-पश्चिम की जनजातियाँ थीं। हमें चोल तथा केरल के नामोल्लेख से मतिभ्रम में नहीं पड़ना चाहिए। हरिवंश 1/141/8; ब्रह्माण्ड 8/50; वायु 88/142 केरल के स्थान पर खश का नाम लेते हैं तथा पुराण चोलों को आनववंशीय मानते हैं जो प्रारम्भ में उत्तर तथा उत्तर-पश्चिम भारत के अधिपति थे। दिग्विजयों के अतिरिक्त सगर के अश्वमेघ यज्ञों के करने का भी उल्लेख मिलता है। ऐसे ही एक अश्वमेघ यज्ञ के सन्दर्भ में कपिल मुनि का उल्लेख मिलता है जिन्हें भारतीय सांख्य दर्शन का प्रस्तोता मानते हैं। सगर के

बड़े पुत्र असमंजस को गद्दी से वंचित कर दिया गया था क्योंकि वह बच्चों को सरयू में फेंककर मनोरंजन करता था। उनका छोटा पुत्र अंशुमान गद्दी पर बैठा। वह भी एक यशस्वी राजा था। उनके बाद उनके पुत्र दिलीप गद्दी पर आसीन हुए जिनके पुत्र प्रसिद्ध भगीरथ हुए।

इस कालखण्ड के प्रसिद्ध राजाओं की तालिका निम्नवत् प्रस्तुत है (डॉ. भार्गव द्वारा प्रदत्त तालिका के अनुसार) -

	ऐक्ष्वाकु	यादव	हैहय	द्रुह्यु	आनव	तृत्सु	जह्नु	काशी
28	विश्नुवृद्ध	सिनेयु	सहंज			बृहत (हस्तिन)	जह्नु	काश
29	अनरण्य				महामनस	अजमीढ़		
30								
31			महिष्मन्त					
32							कुश	
33			भद्रश्रेण्य		उशीनर	तृत्सु (ऋक्ष)	कुशाम्ब	दिवोदास
34			दुर्दम		शिवि	भ्रमाश्व		प्रतर्दन
35			कनक			मुद्गल	कुशिक	वत्स
36	त्र्यावरुण	जयमघ	कृतवीर्य		वृषदर्भ	भद्र्याश्व	गाथिन	अलर्क
37	त्रिशंकु	विदर्भ	अर्जुन			दिवोदास		
38	हरिश्चन्द्र		जयध्वज			पिजावन विश्वरथ	(विश्वामित्र)	
39			तालजंघ	प्रचेतस		सुदास		
40		भीम (क्रथ)	वीतहव्य	सुचेतस		सहदेव		
41	चन्चु					सोमक		
42								
43								
44								
45	बाहु							
46	सगर							
47	असमंजस							
48	अंशुमान							
49	दिलीप							

अध्याय - 11

अयोध्या का उत्कर्ष एवं राम-रावण युद्ध

कालखण्डः 2170-1770 ई.पू.

उत्तर वैदिक काल

सरस्वती के प्रवाह में तीक्ष्ण कमी का काल

यह कालखण्ड जो लगभग 2170 से 1770 ई.पू. तक माना जा सकता है, ऐतिहासिक दृष्टि से अयोध्या के नाम जाता है। डॉ. भार्गव के मतानुसार अयोध्या में इक्ष्वाकु राजवंश स्थापित करने का श्रेय राजा दिलीप के पुत्र यशस्वी भगीरथ के नाम अंकित किया जा सकता है। इसी राजा के नेतृत्व में इक्ष्वाकु जन अपनी सेना के साथ सप्त-सैन्धव क्षेत्र से बहिर्गमन किया और गंगा पार करके गोमती और सरयू के बीच राज्य स्थापित किया। उनका यह अभिमत भी है कि इन दो नदियों का नामकरण इन्हीं नामों की सिन्धु की सहायिका दो नदियों के आधार पर किया गया जो पश्चिम में इस नदी से मिलती हैं। स्वाभाविक रूप से इक्ष्वाकु वंश का सिन्धु पार के गोमती-सरयू क्षेत्र से कोई निकट का सम्बन्ध रहा होगा। यह प्रमाण आधारित तथ्य है कि इक्ष्वाकु वंश उत्तर वैदिक काल में सिन्धु के उस पार आबाद था। तभी सिन्धु पार का यह क्षेत्र भी उनके अधीन रहा होगा। यह एक प्राचीन परम्परा थी कि जब कोई जमात स्थान परिवर्तन करती थी तब प्राचीन स्मृतियों को साथ ले जाती थी। इस प्रकार ऐक्ष्वाकुओं द्वारा नवीन क्षेत्र की दो प्रमुख नदियों का नामकरण सरयू और गोमती किया जाना स्वाभाविक है। ज्यादातर मनीषियों का मत है कि इस नदी का मूल नाम घाघरा है जो आदि से अन्त तक, जहाँ वह गंगा से मिलती है, समान रूप से बोली जाती है जबकि केवल अयोध्या तक सरयू नाम प्रचलित है। यह उक्त तथ्य को सशक्त करता है। आधुनिक इतिहासकारों का मत है कि इनका मूल निवास इक्षुमती नदी के किनारे था जो सरस्वती क्षेत्र की एक नदी है। वाल्मीकि रामायण भी इस स्थिति का संकेत करता है। यह संकेत इस प्रसंग में आता है जब राम-बनवास के बाद राजा दशरथ की मृत्यु की सूचना देने हेतु अयोध्या से सन्देश वाहक भेजे गये थे, भरत-शत्रुघ्न उस समय अपने ननिहाल में थे जिसके मार्ग में

ऐक्ष्वाकुओं का यह मूल-स्थान पड़ता था। डेविड फ्राउले इनका सम्बन्ध अकुलि नामक जाति से बताते हैं जो एक पहाड़ी घुमक्कड़ जाति थी। इसका सम्बन्ध उस पर्वतीय अंचल से था जहाँ मनु प्रलय के शिथिल होने पर पहली बार आश्रय ग्रहण किये थे। पुराण इसे मनुस्रवण नाम से पहचान देते हैं। यहाँ कुश नामक वनस्पति की बहुतायत थी जिसका वर्णन करते हुए पुराण यह लिखता है कि इक्ष्वाकु इसे जानते हैं। हो सकता है इक्ष्वाकु भी अकुलि जाति के रहे हों तथा इक्षुमती की इक्षु तथा अकुलि के अकु से इनका नाम इक्षुअकु=इक्ष्वाकु पड़ा हो। समय के साथ सम्भवतः वे लोग रावी के बायें तट पर स्थापित हुए जैसा पूर्व में उल्लेख किया जा चुका है तथा सरस्वती क्षेत्र में अपना दबदबा बनाये रखा। कालान्तर में ययाति वंशियों मुख्यतः पौरवों के बढ़ते प्रभाव के कारण सिन्धु के पार चले गये हों। यह क्षेत्र दस्यु बहुल था। दस्यु मेरी सम्मति में मूलतः दैत्यराज बलि के वंशज थे जिनमें लूटमार करने वाली अन्य अनेक जातियाँ भी जुड़ गयी थी। प्रारम्भ से ही ऐक्ष्वाकुओं को इनसे युद्ध करना पड़ा। पिछले अध्यायों में विशेष रूप से त्रासदस्यु के सम्बन्ध में हमने इसका उल्लेख किया है। अन्ततः इन लोगों ने उस स्थान को ही छोड़ दिया और अयोध्या आ बसे।

पुराणों में ऐसी किसी घटना का उल्लेख नहीं मिलता है जिसके द्वारा यह स्थापित किया जा सके कि भगीरथ या किसी अन्य राजा के काल में ऐक्ष्वाकु-वंश अपना गृह-क्षेत्र त्याग कर अयोध्या में स्थापित हुआ यद्यपि कि, इस कथ्य के अनेक तर्कसंगत प्रमाण मिलते हैं कि प्रारम्भ में वे सरस्वती क्षेत्र में आबाद रहे और समय के साथ सिन्धु-क्षेत्र में पारगमन किया। भार्गव भी उनके अयोध्या जाने का कोई समुचित कारण नहीं बताते हैं। उनके अभिमत में वे या तो विपरीत राजनैतिक परिस्थितियोंवश या गंगा-क्षेत्र के उपजाऊपन की प्रशस्ति सुनकर यहाँ आये। भार्गव बाद के कथन को वरीयता देते हैं। यह महज कल्पना ही हो सकती है कि भारत की प्रसिद्धि सुनकर जिस प्रकार कोलम्बस उसकी खोज में निकला, उसी प्रकार भगीरथ गंगा की खोज करने निकले और अयोध्या को प्राप्त किया। गंगा के अवतरण की कथा को उनसे सम्बद्ध किया जाना एवं उनके नाम पर गंगा का नामकरण भागीरथी किया जाना उनकी कथित जिजीविषा के पक्ष में सशक्त किन्तु अपरोक्ष प्रमाण हो सकते हैं लेकिन सम्पूर्ण नहीं। साथ ही कतिपय ऐसे उद्धहरण प्राप्त होते हैं जो इस दिशा में विचार करने की प्रेरणा देते हैं। गंगा-खोज की जिजीविषा में अयोध्या आने की बात गले नहीं उतरती है।

पुराण और अन्यत्र कहीं भी मनु और अयोध्या के सम्बन्ध का कोई उल्लेख नहीं है। अकेले वाल्मीकि रामायण, बालकाण्ड 5-6 अयोध्या को बसाने का श्रेय उन्हें देता है। ऋग्वेद में सरयू और राम का उल्लेख तो प्राप्त होता है लेकिन अयोध्या का नहीं। अथर्ववेद और तैत्रिरीय आरण्यक में अयोध्या का जो उल्लेख है वह केवल प्रतीकात्मक

है। फिर भी इस नगरी की प्राचीनता पर कोई प्रश्न नहीं उठाया जा सकता है। अयोध्या उत्तर प्रदेश के फैजाबाद जिले का एक सुप्रसिद्ध नगर है जो घाघरा नदी के दाहिने तट पर बसा है जिसे अयोध्या में सरयू कहते हैं। ब्रह्मसर से निर्गत होने के कारण इस नदी का नाम सरयू पड़ा। नस्मात् सुस्राव सरसः आयोध्यामुपगूहते सरः प्रवृत्ता सरयूः पुण्या ब्रह्मसररच्युता (वाल0 रामा0 1/2/46-10)। यदि यह सही है कि इस नदी का नामकरण एक सर से निर्गत होने से है तो यह डॉ. भार्गव के इस अभिमत के सम्मुख प्रश्न चिह्न खड़ा करता है कि भगीरथ के इस क्षेत्र में आने के बाद क्षेत्र की दो प्रमुख नदियों का नाम सरयू-गोमती पड़ा जो सिन्धु पार की उसकी सहायक दो नदियों का नाम था। यदि यह पूर्णतः भारतीय नाम है तथा स्वतन्त्र रूप से प्रदान किया गया तो यह आवश्यक हो जाता है कि हम इस पर विचार करें कि क्या सिन्धु सहायिका सरयू का नामकरण भारतीय सरयू के नाम पर पड़ा। इस प्रश्न की विवेचना हम आगे श्री राम के वंशजों के प्रसंग में करेंगे।

ऋग्वेद के नदी सूक्त ऋ0 10/75/5-6 में जिन नदियों का उल्लेख किया गया है वे गंगा से प्रारम्भ होकर अफगानिस्तान के कुर्मु-मेहन्तु नदी तक भौगोलिक क्रम से आती हैं। इनमें सरयू का नाम नहीं है। ऋग्वेद में सरयू का उल्लेख तीन बार आया है। प्रथमतः चौथे मण्डल के तीसवें सूक्त की 17-18वीं ऋचा में जब यदु और तुर्वसु के द्वारा इन्द्र की सहायता से नदी पार करके सरयू पार के क्षेत्र में अर्ण और चित्ररथ के परास्त करने की बात कही गयी है। तात्पर्य यह कि ऋग्वेद सरयू तथा सरयू पार के भूगोल से पूर्णतः अभिज्ञ है। द्वितीयतः पाँचवें मण्डल के 53वें सूक्त की 9वीं ऋचा में जिसमें उल्लिखित नदियों में कोई भौगोलिक क्रम नहीं है और सरयू के लिए 'परिष्ठात् सरयुः' अर्थात् फैले हुए जल वाली सरयू जो निश्चित रूप से सिन्धु की सहायिका सरयू नहीं हो सकती है। तृतीयतः 10वें मण्डल के 64वें सूक्त में आया है जिसमें सरस्वती और सिन्धु के साथ सरयू का उल्लेख किया गया है तथा उसमें प्रत्येक के सात-सात सहायक नदियाँ होने की बात कही गयी है। तात्पर्य यह कि उत्तर भारत के जल-निकास के तीन प्रमुख स्रोत हैं - सिन्धु, सरस्वती और सरयू। गंगा के नाम का यहाँ उल्लेख न होने से उनका महत्त्व कम नहीं हो जाता है। कवि सम्भवतः उत्तरी भारत के जल-निकास व्यवस्था का चित्रण करना चाहता था जो सरयू के स्थान पर गंगा को रखने से अधूरा रह जाता। इन तीनों सूक्तियों से यह स्पष्ट होता है कि ऋग्वेद में जहाँ भी सरयू का उल्लेख किया गया है, वह निर्विवाद रूप से भारतीय सरयू है यानी ऋग्वेद सरयू और उसकी भौगोलिक स्थिति से पूर्ण रूपेण परिचित है। ऐसी स्थिति में उसके द्वारा अयोध्या का उल्लेख न किया जाना आश्चर्यजनक है। सम्भवतः इसलिए कि यह काशी राज्य के अन्तर्गत आता था।

ऐक्ष्वाकु-वंश के एक यशस्वी राजा थे त्र्यावरुण। भार्गव ने राजवंशों की सूची में इन्हें 36वीं पीढ़ी में स्थान दिया है। सत्यव्रत उनके पुत्र थे। राजा त्र्यावरुण ने सत्यव्रत

को उनकी अशिष्टता के कारण उन्हें घर से बहिष्कृत कर दिया था तथा चाण्डालों के बीच रहने का आदेश दिया था। त्र्यावरुण की मृत्यु के उपरान्त वशिष्ठ ने शासन सूत्र अपने हाथ में ले लिया तथा सत्यव्रत को राजपद से वंचित रखा। तत्कालीन वशिष्ठ का नाम देवराज वशिष्ठ था। उन्होंने सत्यव्रत के विरुद्ध तीन अभियोग लगाये - अपने पिता का अनादर करना, गुरू की गाय की हत्या करना और बिना विधान के किसी कन्या से विवाह करना। इन तीनों शंकुओं (पापों) से लांक्षित सत्यव्रत 'त्रिशंकु' कहलाये। कन्नौज के राजा विश्वरथ (विश्वामित्र) ने सत्यव्रत को राजसिंहासन पर बैठाने का प्रयास किया लेकिन वशिष्ठ ने इसका विरोध किया। फलस्वरूप सत्यव्रत अधर में लटक गये। पुराणों में इस कथा को प्रतीकात्मक ढंग से व्यक्त किया गया है और यह कहा गया है कि त्रिशंकु सदेह स्वर्ग जाना चाहते थे। विश्वामित्र ने उनको अपने तपोबल से स्वर्ग भेजा किन्तु देवताओं के विरोध के कारण वे स्वर्ग नहीं पहुँच पाये और बीच में लटके रह गये। विश्वामित्र ने उनके लिए एक नई सृष्टि की रचना कर उन्हें पदस्थापित किया। इस प्रतीकात्मक कथा का यह निष्कर्ष निकाला जा सकता है कि विश्वामित्र ने त्रिशंकु के लिए एक अलग राज्य का निर्माण किया था। ठाकुर प्रसाद वर्मा का यह निष्कर्ष जो उन्होंने अपनी पुस्तक अयोध्या का इतिहास एवं पुरातत्व की पृष्ठ संख्या 24-25 पर दिया है, तर्कसंगत लगता है। विचारणीय विषय यह है कि वह राज्य क्षेत्र अयोध्या तो नहीं था। अयोध्या कोशल जनपद का एक अंग था जो सम्भवतः काशी राज्य के अधीन था। यह काल प्रसिद्ध काशीराज अलर्क के बाद का काल था, जब काशी एक कमजोर राजा के शासन में था। कन्नौज के किसी राजा के लिए अयोध्या जीतने का यह एक उपयुक्त अवसर तथा सबसे सहज स्थल था। कन्नौज और अयोध्या गंगा के इस पार और उस पार एक-दूसरे के आमने-सामने पड़ते हैं। विश्वामित्र ने स्वाभाविक रूप से यही किया होगा। इस प्रकार सत्यव्रत त्रिशंकु अयोध्या और/या उसके आस-पास के क्षेत्र के राजा बने। स्वर्ग का तत्कालीन अर्थ कश्मीर भी है जहाँ देवों का राज्य था। इससे इस कथन का तात्पर्य यह लगता है कि सत्यव्रत ने कश्मीर जीतने का प्रयास किया हो और उसे जीत न पाये हों। इसलिए उन्हें कश्मीर प्राप्त नहीं हुआ और इक्ष्वाकुओं के राज्य को वशिष्ठ ने सत्यव्रत को न देकर अपने अधिकार में रखा। आम धारणा के विपरीत कि देवों का राज्य अयोध्या (न जीतने योग्य) है, सत्यव्रत ने कश्मीर पर असफल आक्रमण का पाप किया था और इसीलिए विश्वामित्र ने सत्यव्रत के लिए दूसरी अयोध्या का निर्माण किया। बाद में उन्हें ऐक्ष्वाकु-वंश का मूल राज्य भी प्राप्त हो गया और अयोध्या उसका अंग बना रहा हो। उस स्थिति में सम्भावना यह बनती है कि हरिश्चन्द्र जो त्रिशंकु के पुत्र थे, युवराज या राजा की प्रस्थिति में अयोध्या का शासन किया हो। उस समय तक विश्वामित्र ऋषि पद प्राप्त कर लिए थे और हरिश्चन्द्र उन्हें अपना पुरोहित बना दिये हों।

हरिश्चन्द्र ने एक बार राजसूय यज्ञ किया। इसमें उन्होंने विश्वामित्र को 'यज्वा' नियुक्त किया। किन्तु वशिष्ठ के विरोध के कारण उन्हें इस भूमिका से विरत् कर दिया गया। कोई पारिश्रमिक या दक्षिणा न हि उन्होंने मांगा और न हि उन्हें प्रदान किया गया। स्वाभाविक है विश्वामित्र अत्यन्त आहत् हुए। उन्होंने हरिश्चन्द्र को अपमानित करने का निर्णय किया। यज्ञ के समापन पर आहूत ऋषियों-ब्राह्मणों को दान दिये जाने के अवसर पर बड़ी चालाकी से विश्वामित्र ने हरिश्चन्द्र से समस्त राज्य, धन आदि प्राप्त कर लिया और फिर राजसूय यज्ञ की अप्राप्त दक्षिणा की मांग किया जिसे देने के लिए उन्हें स्वयं तथा अपनी पत्नी को बेचना पड़ा तथा जीविकोपार्जन हेतु वाराणसी के मणिकर्णिका घाट के डोम राजा की चाकरी करनी पड़ी। इस महान त्याग के लिए हरिश्चन्द्र को सत्यवादी की उपाधि प्रदान की गयी। स्वाभाविक है कि यह पौराणिक कथा भी प्रतीकात्मक है जिसका संकेत मात्र इतना है कि अयोध्या का राज्य जल्द ही ऐक्ष्वाकु-वंश से छिन गया। साथ ही, हरिश्चन्द्र का वाराणसी से सम्बद्ध किये जाने का एक यह अर्थ भी निकलता है कि अयोध्या काशी राज्य के अधीन हो गया था।

त्रिशंकु-हरिश्चन्द्र के बाद 8वीं-9वीं पीढ़ी में ऐक्ष्वाकु-वंश के महान राजा सगर उत्पन्न हुए। वह एक महान विजेता और चक्रवर्ती सम्राट कहे गये हैं। उन्हें कई अश्वमेघ यज्ञ करने का श्रेय प्राप्त है। ऐसे ही एक यज्ञ में सगर के 60000 पुत्रों या सैनिकों के मारे जाने का उल्लेख आता है। वे यज्ञ के घोड़े को खोजते हुए कपिल मुनि के आश्रम तक पहुँचे जहाँ इन्द्र ने उसे छिपा दिया था। उनके अभद्र व्यवहार के कारण मुनि ने उन्हें शाप दिया और वे भस्म हो गये। स्वाभाविक रूप से यह पौराणिक कथा भी किस विशेष घटना की प्रतीकात्मक अभिव्यक्ति है। ठाकुर प्रसाद वर्मा के शब्दों में - 'ऐसा लगता है कि पहाड़ों से उतरने के बाद गंगा की धारा इतस्ततः अमर्यादित रूप से बहती रही थी और सगर ने उसको मर्यादित करने के लिए अपनी 60000 प्रजा को नहर खोदने के काम में लगाया जिससे गंगा की धारा सुनिश्चित रूप से बहने के लिए नियोजित किया जा सके।' आधुनिक भारतीय इतिहासकारों के अनुसार ऐक्ष्वाकु-वंश सरस्वती-सिन्धु में आबाद था। ऐसी स्थिति में सगर की गंगा-अवतरण में दिलचस्पी कैसे हो सकती है, जब तक उनका इस क्षेत्र से कोई सरोकार न हो। क्या हैहयों द्वारा पिता राजा बाहु के विस्थापन के बाद सगर सरयू क्षेत्र में स्थापित हुए थे? यह सम्भव हो सकता है।

सगर के बाद उनके वंशजों ने उसे कमोबेश इस अभियान को जारी रखा लेकिन सफलता भगीरथ को प्राप्त हुई। जो सगर की चौथी पीढ़ी के राजा थे। उन्होंने हिमालय में भगवान शंकर की तपस्या किया। उनकी तपस्या का तात्पर्य यह है कि शिव की जटाओं की तरह सहस्र धाराओं में बिखरी छोटी-बड़ी हिमालयी जल-धारायें समेकित होकर नदी का रूप धारण किया और अलकनन्दा से मिलकर प्रबल प्रवाह के साथ गंगा नाम से गंगोत्री से बंगाल की खाड़ी तक अविरल प्रवाहमान हुई। भगीरथ की इस तपस्या

की स्मृति में अलकनन्दा के समान्तर बहने वाली नदी को भागीरथी नाम दिया गया, कालान्तर में जो गंगा का पर्यायवाची शब्द बना। पुराण इसी को गंगा-अवतरण कहते हैं। वस्तुतः गंगा-अवतरण गंगा का अवतरण नहीं, गंगा तो पहले से ही प्रवाहमान थी अपितु इक्ष्वाकु-वंश का गंगा पर अवतरण है जो राजा सगर से प्रारम्भ होकर राजा भगीरथ के काल में पूर्ण हुआ। मेरी गणना के अनुसार इस घटना का काल 2350 ई.पू. से 2170 ई.पू. तक प्रभावी रहा होगा। अयोध्या को राजधानी विकसित करने का श्रेय हम भगीरथ को दे सकते हैं जिसका काल 2170 ई.पू. के आस-पास हो सकता है।

इस काल तक महत्तम ऋग्वैदिक ऋचाओं की रचना हो चुकी थी। बाद की रचनायें 10वें मण्डल के अतिरिक्त अन्यत्र प्राप्त नहीं होती हैं और न हि इसके बाद के किसी राजा का वर्णन ही एक से नौ मण्डल में प्राप्त होता है। इस प्रकार यह प्रकारान्तर से नये युग का प्रारम्भ हो सकता है जैसा डॉ. भार्गव अपनी पुस्तक वैदिक कालीन भारत के पृष्ठ 268 पर लिखते हैं। उनके अनुसार यह कालखण्ड 2100 ई.पू. से प्रारम्भ होता है। इसे उत्तर वैदिक काल कहा जाता है।

इस काल खण्ड की प्रमुख घटना है निमि माथव द्वारा इक्ष्वाकु-वंश के कोशल राज्य के पड़ोस में विदेह राज्य की स्थापना। पुराण निमि माथव को इक्ष्वाकु-वंश से जोड़कर देखते हैं और उन्हें विकुक्षि का भाई और इक्ष्वाकु का पुत्र मानते हैं। लेकिन पुराणों में प्राप्त अन्य तथ्यों की कसौटी पर यह खरा नहीं उतरता है। भार्गव तीन ऐसे तथ्यों का उल्लेख करते हैं जो उक्त पौराणिक मान्यता का, निमि तथा इक्ष्वाकु की समकालीनता का खण्डन करते हैं। प्रथमतः पुराण निमि को ऋषि गौतम रहुगना के समकालीन मानते हैं जो इक्ष्वाकु के बहुत बाद के ऋषि हैं। द्वितीयतः कोई भी विदेह राजा कभी भी पुराणों में या अन्यत्र किसी प्राचीन व्यक्ति या घटना में उद्धृत किया गया नहीं प्राप्त होता है जिसका तात्पर्य है कि प्राथमिक काल में विदेह राज्य का अस्तित्व नहीं था। अतएव विदेह राज्य इक्ष्वाकु के किसी पुत्र द्वारा स्थापित किया गया नहीं हो सकता है। तृतीयतः विदेह राजाओं की पुराण अनुमोदित सूची इस तथ्य को समर्थन प्रदान करती है। इस सूची में 51 राजाओं के नाम आते हैं। स्थापित तथ्य के अनुसार विदेह राज सीरध्वज और ऐक्ष्वाकु राजा दशरथ समकालीन थे। इन दोनों को समस्थान पर रखते हुए यदि हम दोनों वंशों की सूचियों का तुलनात्मक अध्ययन करें तो विदेह वंश की सूची कृतक्षण पर समाप्त होती है जो महाभारत युद्ध के समय विदेह के राजा थे। अर्थात् सीरध्वज से कृतक्षण तक राजाओं की सूची पूर्ण है तथा ऐक्ष्वाकु राजाओं की सूची से मेल खाती है। तदनुसार इस अनुमान के साथ कि जब बाद के अपेक्षाकृत ज्यादा राजाओं की सूची सटीक है तो पहले के कमतर राजाओं की सूची भी सटीक होगी, निमि माथव का स्थान भगीरथ के समकालीन आता है अर्थात् भगीरथ के काल में निमि ने विदेह राज्य की स्थापना किया। भार्गव की इस स्थापना में मैं अपनी ओर से कुछ जोड़ना चाहता हूँ। वाल्मीकि रामायण में राम-सीता विवाह के अवसर पर दोनों राजवंशों के पुरोहितों द्वारा

बखान की गयी सूचियों का मिलान करने पर निमि माथव का स्थान कालक्रम के अनुसार सगर के समकालीन आता है। निमि ने अपना राज्य सरयू-गंडक द्वाब क्षेत्र को छोड़कर गंडक के उस पार स्थापित किया। तात्पर्य यह कि इस क्षेत्र में उनके आने के पूर्व कोई राज्य स्थापित था। वह राजा सगर के अतिरिक्त कोई और नहीं हो सकता है। हो सकता है कि राजा बाहु राज्य-क्षेत्र से विस्थापित होने के बाद इसी क्षेत्र में शरण लिये हों और बड़ा होकर सगर ने यहाँ अपना राज्य स्थापित कर शक्ति संचय किया हो और फिर दिग्विजय का अभियान चलाया हो। सगर और भगीरथ के बीच मात्र 4 पीढ़ियों का अन्तर है। मैंने दोनों विचारों को यहाँ रख दिया है, पाठक वस्तुस्थिति का स्वयं निर्णय करें।

यहाँ दो अन्य बातों पर मैं ध्यान आकर्षित करना चाहूँगा। प्रथमतः यह कि डॉ. भार्गव ने अपनी उपर्युक्त विवेचना में यह स्थापित किया है कि निमि माथव इक्ष्वाकु के पुत्र नहीं हो सकते हैं, जो सही है। इस दृष्टि में उनकी यह धारणा कि निमि उनके वंशज हो सकते हैं की प्रामाणिकता भी संदिग्ध हो जाती है क्योंकि उन्होंने इसके लिए कोई तर्क नहीं दिया है। द्वितीयतः यह कि इक्षुमति नदी से विदेहों का सम्बन्ध बहुत बाद में स्थापित होना लगता है। इक्षुमती के किनारे स्थित शंकाश्व नगरी के राजा सुधन्वन ने सीरध्वज जनक के काल में विदेह पर आक्रमण किया और सीता तथा शिव-धनुष की मांग किया। राजा जनक के अनुज कुशध्वज ने उसका प्रतिरोध किया। सुधन्वन युद्ध में मारा गया और कुशध्वज शंकाश्व के राजा बने। इस प्रकार विदेहों का इक्षुमती से सम्बन्ध जनक के समय स्थापित हुआ। यह उद्धरण वाल्मीकि रामायण में सीता-राम विवाह के अवसर पर राजा जनक द्वारा व्यक्त किया गया है। लेकिन माथव तथा गौतम रहुगना के गंडक तट पर उनके स्थापित होने के प्रसंग में उनके सरस्वती क्षेत्र से संयुक्त बताया गया है जो यह स्थापित करता है कि इक्ष्वाकु के साथ-साथ विदेह भी मनुष्य-वंश जो वीर-वंश के नाम से भी जाना जाता है, के एक राजा हैं। अतएव ये दोनों ही वीर-वंश के राजा हैं जो प्रारम्भ में सरस्वती क्षेत्र में आबाद थे। इस उद्धहरण से यह भी स्थापित होता है कि यहाँ पहली बार सनातन धर्मावलम्बी आर्य राजा द्वारा एक राज्य स्थापित किया गया क्योंकि इसके पूर्व तक अग्नि वैश्वानर ने इसे शुद्ध नहीं किया था यानी ब्राह्मणों का पदार्पण अब तक नहीं हुआ था। उनके आने के बाद पहली बार यहाँ जंगलों को जलाकर आबादी बसायी गयी और कृषि हेतु जमीन तैयार की गयी। यहीं पर गौतम ने अपना आश्रम बनाया और उसके करीब माथव ने जयन्त नाम से एक नगर बसाया और विदेह राज्य की स्थापना किया। निमि के बाद उनके पुत्र मिथि जनक वहाँ के राजा बने तथा मिथिला नामक नगर बनाया जो जनकपुर के नाम से भी जाना जाता है। यह नगर ही विदेह राजवंश की राजधानी बना। वर्तमान में जनकपुर नेपाल में पड़ता है जो बिहार की सीमा पर दरभंगा के उत्तर पड़ता है। इसकी स्थापना का काल 2100 ई.पू. के आस-पास होना चाहिए। यदि निमि इक्ष्वाकु के वंशज होते

तो विदेह राज्य को भी सूर्य-वंश कहा जाता लेकिन पुराण केवल ऐक्ष्वाकु-वंश को ही सूर्य-वंश का मान देते हैं।

भगीरथ के बाद ऐक्ष्वाकु-वंश में अम्बरीश नाभागी एक प्रसिद्ध राजा हुए। वे बहुत धर्मात्मा राजा थे और कई कथाओं के नायक हैं। कई पुराणों में उनका बखान किया गया है यथा वायु पुराण 88, 171-2; ब्रह्माण्ड III 63, 171-2; लिंग I 66, 27-2; महाभारत XII 29 आदि। उनके पुत्र सिन्धुद्वीप भी उनके समान धर्मात्मा राजा थे, यद्यपि कि उनके बारे में ज्यादा वर्णन नहीं मिलता है। सिन्धुद्वीप का पौत्र ऋतुपर्ण था, निषध के प्रसिद्ध राजा नल का मित्र था जिसका विवाह विदर्भ के राजा भीम द्वितीय की पुत्री दमयन्ती से हुआ था। नल-दमयन्ती की कथा भारतीय जनमानस में काफी लोकप्रिय हुई और आज भी बड़े प्रेम से कही-सुनी जाती है। यह सम्भवतः वह प्रथम अवसर है जब कोई राजा द्यूत में अपनी प्रिय रानी हार गया था। उसकी कहानी महाभारत के अध्याय III के 53-79 पर प्राप्य है। वह वीरसेन का पुत्र था। यह राज्य सतपुड़ा पहाड़ियों के पश्चिमी छोर पर स्थित था। ऋतुपर्ण के बाद की तीसरी पीढ़ी में पुनः एक उल्लेखनीय राजा हुआ जिसका नाम मित्रसह था और वह मित्रसह कल्माषपाद नाम से जाना गया। मित्रसह पर राक्षसों के सम्पर्क में आकर ऐक्ष्वाकु-वंश के पुरोहित गुरू वशिष्ठ के पुत्रों को मारने का आरोप था। वशिष्ठ जब हाथ में जल लेकर शाप को उद्यत हुए तो अपनी पत्नी के मना करने पर रुक गये लेकिन उनके हाथ का अभिसिंचित जल मित्रसह के पैर पर गिर पड़ा और उसके पांव काले पड़ गये। उसके बाद उसे कल्माषपाद के नाम से जाना गया। पुत्रों के अकाल और अनैतिक मृत्यु से वशिष्ठ इतने दुखित हुए कि खुद को सतलज में कई बार डुबोने का प्रयास किया जिसे सतलज ने कभी स्वीकार नहीं किया। इससे क्रुद्ध होकर वशिष्ठ ने उसे विखंडित होने का शाप दिया और सतलज कई धाराओं में बँट गयी। तबसे सतलज का नाम शतुद्रि पड़ा। अब तक यह नदी सरस्वती से मिलती थी; अब उसकी मुख्य धारा व्यास संग मिलकर रावी से जुड़ गयी जो सिन्धु की सहायक नदी थी। यह पौराणिक आख्यान प्रतीततः सतलज-प्रवाह के इस मोड़ को सुरक्षित रखने हेतु लिखी गयी है। यह मित्रसह के काल की घटना है अर्थात् 1950 ई.पू. के आस-पास। आधुनिक इतिहासकार इस प्रघटना को सरस्वती-सिन्धु सभ्यता के अवसान से जोड़कर देखते हैं।

मित्रसह के बाद पुराण छः पीढ़ियों तक ऐक्ष्वाकु राजाओं की दो भिन्न सूचियाँ प्रदान करते हैं। प्रथम सूची जिसमें सर्वकर्गन, अनरण्य (द्वितीय), निघ्न, अनिमित्र, रघु और दुलिदुह, यह ब्रह्म, मत्स्य, पद्म, अग्नि तथा हरिवंश में वर्णित है और दूसरी सूची जिसमें अस्मक, मुलक, शतरथ, इड़विड़, वृद्धशर्मन् और विश्वसह का नामोल्लेख किया गया है, अन्य पुराणों में प्राप्त होती है। क्या ऐक्ष्वाकु-वंश तब दो जगहों पर काबिज था। सम्भवतः ऐसा ही था। एक सप्त-सैन्धव और दूसरा अयोध्या या एक अयोध्या और दूसरा कोमल जनपद का कोई भाग। किसी पक्ष में कोई स्पष्ट उल्लेख नहीं मिलता

है। भार्गव के अनुसार दोनों राज्य कोशल जनपद के भाग हो सकते हैं जिनका दिलीप खतवंग के काल में एकीकरण हो गया था। लेकिन दशरथ के साथ किसी कोशलराज भानुमान या भानुमन्त की पुत्री कौशल्या का विवाह और उनका दशरथ द्वारा पुत्र-प्राप्ति हेतु किये गये अश्वमेघ यज्ञ में उनकी उपस्थिति इस धारणा के समक्ष प्रश्न खड़ा करते हैं। क्या दिलीप खतवंग के बाद पुनः दोनों शाखाएं अलग-अलग अस्तित्व में आ गयी थीं? कोई प्रमाण उपलब्ध नहीं है। कुछ विद्वान् इसे दक्षिण कोशल या आज के महाकोशल (मध्य प्रदेश) की ओर संकेत करते हैं लेकिन राम के वन-गमन के पश्चात इसके अस्तित्व में आने की ज्यादा सम्भावना बनती है। वहीं मित्रसह कल्माषपाद के काल में गुरू वशिष्ठ की सतलज-तट पर उपस्थिति प्राचीन ऐक्ष्वाकु राज्य की विद्यमानता की ओर संकेत करता है। प्रामाणिक साक्ष्यों के अभाव में निर्णय कठिन है लेकिन मेरे विचार से कम-से-कम रघु-अज के काल तक इक्ष्वाकुओं का सरस्वती क्षेत्र से सम्बन्ध खत्म नहीं हुआ था। उस समय तक इक्ष्वाकु-वंश की पुराणों में उल्लिखित दूसरी सूची के राजा राज्य कर रहे थे।

ऐक्ष्वाकु राजा ऋतुपर्ण के चार-पाँच पीढ़ियों के बाद एक ऐक्ष्वाकु राजा जिसका नाम विशाल था और जो भार्गव के अनुसार कोशल या विदेह वंश का कोई राजकुमार हो सकता है, उसने विदेह राज्य के नजदीक एक नये राज्य की स्थापना किया जिसकी राजधानी विशाला थी जो उसके नाम पर आधारित संज्ञा है। बाद में यह नगरी वैशाली नाम से जानी गयी और आज भी जीवित है। इस प्रकार इस काल में मनुष्य-वंश के तीन प्रमुख राज्य थे, अयोध्या-वैशाली-विदेह जो पूर्वी उत्तर प्रदेश से बिहार (नेपाल) तक गंगा के उत्तर में फैले हुए थे।

लगभग इसी काल में दधिवाहन नामक एक राजकुमार ने जो सम्भवतः पौरव-वंश (भार्गव के अनुसार) का था और काशी राजवंश से सम्बद्ध था, अंग राजवंश की स्थापना किया जो आज का पूर्वी बिहार कहा जाता है। इस राज्य की राजधानी का नाम मालिनि था जो राजा चम्प के बाद चम्पा नाम से जाना गया। यह बिहार का वर्तमान भागलपुर है। दधिवाहन के पौत्र धर्मरथ जिन्हें महाभारत बृहद्रथ के नाम से जानता है, गया के सन्निकट विष्णु-पद पर्वत पर महान यज्ञ किया था जिसमें इन्द्र को सोम अर्पित किया गया था। इस प्रकार मनुष्य-वंश और आर्य-वंश (भारत-वंश) लगभग एक समय में बिहार में गंगा के उत्तर तथा दक्षिण में प्रवेश किया और उसके बड़े भूभाग में अपना प्रभुत्व स्थापित किया।

यह अयोध्या के उत्कर्ष का काल था। दिलीप खतवंग एक चक्रवर्तिन् सम्राट थे। उनकी गणना महाभारत वर्णित सोलह रजिकों में की जाती है। इनसे आरम्भ कर अयोध्या राजवंश की 5-6 पीढ़ियाँ उसी तरह जाज्वल्यमान हुई जिस प्रकार आर्य-वंश के तृत्सु-वंश की दिवोदास और उनके बाद की पीढ़ियाँ। वे राजा हैं - दिलीप खतवंग, दीर्घबाहु, रघु, अज, दशरथ और श्री राम। दशरथ एक अतिप्रसिद्ध राजा हुए और श्री

राम दाशरथि एक चक्रवर्तिन्। खतवंग की तरह उनका नाम भी 'गोडिक रजिकों की सूची में अंकित है।

डॉ. भार्गव ने दशरथ कालीन महत्त्वपूर्ण राजाओं के नामों का उल्लेख अपने उक्त पुस्तक के पृष्ठ 271 पर दिया है। पाठकों की जानकारी हेतु मैं उनका पुनः उल्लेख आवश्यक समझता हूँ जो निम्नवत् है -

क्र.सं.	राज्य का नाम	राजा का नाम	विशेष-विवरण
1.	विदेह	सीरध्वज जनक (ऐक्ष्वाकु-वंश)	
2.	वैशाली	सुमति (ऐक्ष्वाकु-वंश)	
3.	अंग	लोमपाद (भारत-वंश)	
4.	सूरसेन	मधु (सात्वत-वंश)	इसी वंश में श्रीकृष्ण जन्म लिए थे।
5.	कैकेय	अश्वपति (आनव-वंश)	पुत्री कैकेयी का विवाह दशरथ से हुआ था।
6.	कोशल	भानुमन्त (ऐक्ष्वाकु-वंश)	पुत्री कौशल्या का विवाह
7.	विदर्भ	सात्व (यादव-वंश)	दशरथ से हुआ था।
8.	काशी	अज्ञात् (भारत-वंश)	रामायण में काशीराज
9.	किश्किंधा	बालि (वानर-वंश)	नाम से सम्बोधित प्राचीन रुद्र-वंश
10.	अलकापुरी	कुबेर (यक्ष-वंश)	ऋषि पुलस्त्य के वंशज
11.	लंका	रावण वैश्रवण (रक्ष-वंश)	ऋषि पुलस्त्य के वंशज

अयोध्या के राजा दशरथ की तीन पत्नियाँ थीं और उनसे चार पुत्र हुए। राम-लक्ष्मण-भरत-शत्रुघ्न। इन चारों का विवाह विदेह के तत्कालीन राजा सीरध्वज जनक और उनके अनुज कुशध्वज की चार पुत्रियों संग हुआ था। उनके नाम सीता-उर्मिला-माण्डवी-श्रुतकीर्ति थे। विवाह के कुछ काल के उपरान्त राजा दशरथ ने राम के राज्याभिषेक का निर्णय लिया। गुरू वशिष्ठ और मन्त्रिपरिषद उनके इस

निर्णय से सहमत था। यह मनुष्य-वंश तदोद्भवित इक्ष्वाकु-वंश की परम्परा के अनुकूल था। प्रजा को भी यह निर्णय सर्वस्वीकार्य था। लेकिन उनकी दूसरी रानी कैकेयी को पसन्द नहीं था। भरत और शत्रुघ्न उस समय अयोध्या में नहीं थे, वे अपने ननिहाल केकय देश गये हुए थे। जो अयोध्या से दूर चन्द्रभागा (= अस्किनी = चिनाव) एवं वितस्ता = झेलम के बीच के द्वीप पर स्थित था। सम्भवतः समय के अभाव में उन्हें बुला पाना सम्भव नहीं था। शंकालु प्रवृत्ति की कैकेयी को इसमें कोई 'ड़यन्त्र नजर आया। उसने राजा से पूर्व प्राप्त दो वरदान देने का अनुरोध किया जिसे उसके छल से अनजान राजा ने सहर्ष स्वीकार कर लिया। उसकी पहली मांग थी राम को चौदह वर्ष का वनवास, तपस्वी वेश, भूमि-शयन और कन्द-फल-मूल आहार के साथ। उसकी दूसरी मांग थी भरत को अयोध्या का ताज। पिता की अनिच्छा के बावजूद श्री राम सीता और लक्ष्मण के साथ चौदह वर्ष के वनवास पर गये लेकिन भरत ने अयोध्या के राज्य को अस्वीकार कर दिया।

सारथी सुमन्त्र ने राम-सीता-लक्ष्मण को वेदश्रुति, गोमती, स्यन्दिका के पार, जहाँ अयोध्या की सीमा समाप्त होती थी, तक रथ से लाया जहाँ से राम ने अयोध्या को प्रणाम किया और आगे गंगा की ओर प्रस्थान किया। स्यन्दिका से गंगा के बीच का क्षेत्र एक वन-प्रान्त था जहाँ निषादों का राज्य था। उनका तत्कालीन राजा था गुह जिसने उनका स्वागत किया, रात्रि-विश्राम की व्यवस्था की और प्रातः काल एक नाव उपलब्ध कराया जिससे श्री राम ने अपनी पत्नी तथा भाई के साथ गंगा पार किया। जहाँ से श्री राम ने गंगा को पार किया था, उस स्थल का नाम शृंगवेरपुर है जो आज भी एक पावन तीर्थ-स्थल के रूप में दर्शनीय है। गंगा पार कर श्री राम, पत्नी-भाई के साथ संगम तट आये जिसके नजदीक एक टीले पर ऋषि भरद्वाज का आश्रम था, जिसकी देख-रेख भरद्वाज गोत्रीय कोई ऋषि के अधीन था। ये वही भरद्वाज के वंशज थे जिन्हें या उनके पुत्र विदथ या विदाथिन को सरस्वती तट के पौरव राजा ने गोद लिया था और अपना उत्तराधिकारी बनाया। भरद्वाज स्वयं बृहस्पति के पुत्र थे और ये बृहस्पति उस ययाति कालीन आचार्य बृहस्पति से भिन्न व्यक्ति या ऋषि थे। ये बृहस्पति ऋषि उसिज के वंशज थे। दोनों प्राथमिक ऋषियों एक अंगिरस के वंशज थे। भरद्वाज और उनके वंशज ऋग्वेद के प्राचीनतम् छठे मण्डल के रचनाकार हैं। श्री राम ने पत्नी और भाई सहित वहीं रात्रि-विश्राम किया और ऋषि के मन्त्रणानुसार घास-फूस-तृण और बांस की नौका से यमुना पार किया और चित्रकूट के लिए प्रस्थान किया। यमुना के सम्बन्ध में पौराणिक मिथक यह है कि यमुना का प्राचीन नाम यमी है जो विवस्वत् (विवस्वान् = सूर्य) की पुत्री थीं, उनके पुत्र यम वैवस्वत की जुड़वीं बहिन थीं और इस दृष्टि से श्री राम की पूर्वजा थीं। ऋग्वेद का एक सूक्त जो दोनों भाई-बहन के द्वारा रचित है, यम-यमी संवाद के नाम से जाना जाता है तथा भाई-बहन के बीच सम्बन्ध के निषेध का सन्देश देता है जो भारतीय

परम्परा का निर्विवाद आदर्श है। इसीलिए यमुना को पुराण सूर्य-पुत्री भी कहते हैं। यमुना पार कर सीता सहित दोनों भाई चित्रकूट के लिए प्रस्थान किये।

चित्रकूट एक रमणीक स्थल है। सुविख्यात चित्रकूट पर्वत नाना प्रकार के वृक्षों से हरा-भरा है। यहाँ बहुत से किन्नर और नाग जाति के लोग निवास करते हैं। मोरों के कलरवों से वह और भी रमणीय प्रतीत होता है। हर्ष भरे टिट्टिभ और कोकिलों के गुंजन से वह और सुखद लगता है। पलाश के लाल-लाल फूल उसके सौन्दर्य में चार चांद लगा देते हैं। मदमत्त मृगों और बहुसंख्यक मतवाले हाथियों से मनोरम दृश्यों के दर्शन होते हैं। यहाँ अनेक प्रकार के फल प्राप्त होते हैं। यहाँ उत्कृष्ट किस्म के कंद-मूल पाये जाते हैं। यहाँ मन्दाकिनी (माल्यवती) नदी बहती है। यहाँ पर अत्रि-अनुसूया का आश्रम है। आज उनके कुछ वंशज यहाँ रहते हैं। सम्भवतः यह अंदिगु आत्रेय का काल था। अत्रि एक महान ऋषि और प्रजापति थे। सोम आत्रेय पुत्र पुरूरवा ऐल उन्हीं के वंशज थे जिनका विवाह मनु पुत्री इला से हुआ था। उन्होंने सरस्वती तट पर ऐल वंश की स्थापना किया था। इनके वंशज ययाति से राजवंश की पाँच शाखाएं प्रादुर्भूत हुईं जिन्होंने देश के विशाल क्षेत्र पर राज्य किया था। इन्हीं से प्रसिद्ध पौरव और फिर भारत-वंश का आविर्भाव हुआ जिनमें अनेक महात्मन् और यशस्वी राजा हुए यथा भरत, दिवोदास, सुदास इत्यादि। ऋग्वेद केवल इसी वंश को आर्य कहता है। श्री राम चित्रकूट से अति प्रसन्न हुए और वहाँ दीर्घकाल तक रहने का निर्णय किया।

यहाँ अयोध्या में कुछ भी ठीक नहीं था। राम के वन-गमन के शोक को दशरथ झेल नहीं पाये। जल्द ही उनका स्वर्ग-गमन हो गया। भरत-शत्रुघ्न बुलाये गये और उन्होंने राज-पद स्वीकार करने से मना कर दिया। उन्होंने राम को मना कर उन्हें अयोध्या वापस लाने का निर्णय किया। राज-पद को स्वीकार करना उनकी दृष्टि में सनातन-धर्म के आदर्शों के प्रतिकूल था। भरत, शत्रुघ्न, तीनों माताओं, गुरूजनों, परिजनों, पुरजनों और सेना की एक टुकड़ी के साथ चित्रकूट के लिए प्रस्थान कर दिया, उन्हीं मार्गों का जिस पथ से सीता-राम-लक्ष्मण गये थे, उसी वेश में जिसे उस त्रिमूर्ति ने धारण किया था, उसी प्रकार के भोजन और विश्राम का अनुसरण करते हुए चित्रकूट पहुँचे। चित्रकूट की सीमा से राम के पावन पर्ण-कुटीर तक दोनों हाथ जोड़कर प्रणाम की मुद्रा में लेटकर गये। धन्य हे मानव-वंश के वीर, सनातन धर्म के आदर्श, आदर्श भारतीय संस्कृति के वाहक, तुम्हारा कोटिशः नमन। वहाँ वही हुआ जो अपेक्षित था। भरत का प्रस्ताव कि आप वापस चलें और अयोध्या के राज-पद को स्वीकार कर अयोध्या की अमर्यादित भूल का परिष्कार करें; श्री राम ने विनम्रतापूर्वक अस्वीकार कर दिया। पिता की आज्ञा का पालन सनातन धर्म का आदर्श है और जब वह माता की निर्देश से सम्पृक्त हो तो उसका मूल्य दो गुना हो जाता है; माता-पिता का यह आदेश हम दोनों के

लिए था; मुझे दिये गये वचन का पालन मैं करूँ और तुम्हें प्रदत्त उनके वचन का निर्वहन तुम करो, यही सनातन धर्म है और यही समाज की हम दोनों से अपेक्षा है। श्री राम के इस कथन के बाद कोई अन्य विकल्प नहीं बचा था। मध्य-मार्ग को चुना गया। भरत की चरण-पादुका की उनकी मांग को श्री राम ने अंगीकार किया। भरत ने भी राम की तरह उनके आने तक अयोध्या का परित्याग कर दिया। वहाँ से लगभग 14 मील दूर, नन्दी ग्राम में अयोध्या के राजसिंहासन पर राम की 'श्री चरण-पादुका' को स्थापित कर श्री राम के आने तक अयोध्यावासियों के देख-भाल का कार्य करना स्वीकार्य किया। एक बार पुनः सनातन धर्म तथा उसका अनुसरण करनेवालों का शतसः नमन्।

सनातन धर्म सभी भारतीय धर्मों का मूल है। यह वह भारतीय धर्म है जो देश अपितु विश्व के प्रथम पुरुष के काल से आरम्भ हुआ। जब विश्व को अन्य सभ्यताओं का शैशवाकाल भी नहीं शुरू हुआ था, भारत में यह धर्म पूर्ण विकसित अवस्था में प्रवाहमान था। यह आचार-विचार की शुद्धता का धर्म है। इसमें न कोई देवता था, न पूजा का कोई विधान। व्यक्ति और समाज महत्त्वपूर्ण हैं। समाज वर्ण व्यवस्था पर आधारित था, वर्ण से तात्पर्य व्यवसाय का चयन था जिसकी प्रत्येक व्यक्ति को स्वतन्त्रता थी। व्यवसाय की श्रेष्ठता पर आधारित समाज की स्तरीकरण बाद की घटना है। वर्ण का निर्धारण जन्मना नहीं था, वह गुण-कर्म पर आधारित था। व्यक्ति के जीवन का लक्ष्य चार पुरुषार्थ थे। धर्म, अर्थ, काम और मोक्ष। इनकी प्राप्ति के लिए व्यक्ति के जीवन को आयु आधारित चार अवस्थाओं में विभक्त किया गया था। ब्रह्मचर्य, गृहस्थ, वानप्रस्थ और सन्यास। धर्म के चार पाये थेः सत्य, अहिंसा, स्वाध्याय और सहिष्णुता। धर्म का आधार था कपिल का सांख्य-दर्शन जो प्रकृति और पुरुष नामक दो मौलिक तत्वों पर आधारित था। प्रकृति स्वरूप और पुरुष चैतन्य प्रदान करता है। प्रकृति भौतिक तत्व है तथा पुरुष ईश्वरत्व रहित अलौकिक तत्व। दोनों के संयोग से जीव की उत्पत्ति होती है। प्राचीन काल में संस्कृति की तीन स्वतन्त्र एवं समान्तर धारा एक साथ प्रवाहित थीं। वे हैंः मनुष्य-संस्कृति, देव-संस्कृति और शैव-संस्कृति। इन तीनों संस्कृतियों ने तीन भिन्न धर्मों को जन्म दिया। मानव धर्म, वैदिक धर्म और शैव धर्म। मनुष्य-वंश द्वारा प्रादुर्भूत मानव-धर्म सनातन धर्म के नाम से जाना जाता है। अन्य दोनों धर्मों को पंथ कहना ज्यादा उचित होगा। उनमें देवता हैं, देव-पूजा है और पूजा का अपना विधान भी है। इन तीनों के सम्मिश्रण से कालान्तर में हिन्दू धर्म का विकास हुआ जिसके हिन्दुत्व में सनातन धर्म का सदाचार, सहिष्णुता और समन्वीकरण की विभावना सम्पृक्त है। इक्ष्वाकु-वंश मनुष्य-वंश का एक प्रमुख राजवंश था और राम इस वीर-वंश के सपूत। उन्होंने सनातन धर्म में अनेक नई मर्यादाओं को स्थापित किया। इसलिए उन्हें मर्यादा पुरुषोत्तम कहा गया।

चित्रकूट में कुछ काल व्यतीत होने के उपरान्त श्री राम ने देखा कि आश्रमवासी धीरे-धीरे आश्रम छोड़कर जा रहे हैं और उनका पलायन रुक नहीं रहा था। कारणों का जब उन्होंने पता किया तो ज्ञात हुआ कि ऐसा वे दण्डकारण्य के राक्षसों के भय से कर रहे हैं। राक्षस नरभक्षी थे। वे उनके यज्ञों का विध्वंश करते थे, आश्रमों को विनष्ट करते थे और उन्हें मारकर खा भी जाते थे। श्री राम ने उनकी रक्षा का निर्णय किया और राक्षसों का विनाश करने हेतु दण्डकारण्य में प्रवेश किया। उस घने वन में गोदावरी के तट पर पंचवटी नामक स्थान पर (आज का नासिक) अपना पर्ण-कुटीर बनाया तथा लक्ष्मण और सीता के साथ वहीं रहने लगे। एक दिन लंका के राजा रावण की बहन शूर्पणखा से उनकी भेंट हुई जो सम्भवतः उस प्रदेश की राक्षस प्रमुख थी जहाँ कभी परशुराम ने क्षत्रियों के वध के उपरान्त निवास किया था। वह राम से विवाह करना चाहती थी। वाद-विवाद में उसने सीता पर आक्रमण कर दिया और लक्ष्मण ने उसका नाक-कान काट दिया। वह जनस्थान राक्षस राजा खर के पास गयी और उन्होंने अपनी सेना तथा सेनापति दूषण और त्रिशिरा के साथ पंचवटी पर आक्रमण कर दिया तथा मारे गये। रावण को जब यह पता चला तो उसने मारीच की मदद से सीता का अपहरण कर लिया। मारीच उस ताड़का यक्षिणी का पुत्र था जिसका वध राम ने वनवास के पहले ही विश्वामित्र के आदेश पर कर दिया था तथा मारीच बचकर भाग गया था।

वहाँ से वह दक्षिण की ओर मुड़े और पंपासर (पेनियार नदी के पास) के पश्चिमी तट पर पहुँचे जहाँ शबरी निवास करती थी। वह मतंग ऋषि की सेविका थी और उन्हीं के आश्रम में अकेली रह रही थी क्योंकि ऋषि-कुल राक्षसों के भय से आश्रम छोड़कर जा चुके थे। शबरी ने मीठे बेर से उनका स्वागत किया और वस्तुस्थिति से अवगत होते हुए उन्हें ऋष्यमूक पर्वत पर जाने की सलाह दिया जो आज के कर्नाटक में स्थित है। वहाँ पर राम की भेंट सुग्रीव और उनके सचिव हनुमान से हुई जो वहाँ पर निर्वसित जीवन व्यतीत कर रहे थे। वहाँ का राजा बालि था जो सुग्रीव का भाई था। दोनों की परस्पर शत्रुता थी। वे वानर जाति के थे जो रुद्र-वंश की एक शाखा थी। राजा पृथु से पराजित होकर वे यहाँ आकर बस गये थे। सुग्रीव श्री राम के सन्धि-मित्र बने। शर्त थीः राम बालि को मारकर कर्नाटक का राज्य सुग्रीव को देंगे और सुग्रीव सीता की खोज में राम की मदद करेंगे। ऐसा ही हुआ, दोनों ने अपना-अपना वचन निभाया। हनुमान ने सीता की खोज किया और राम ने सुग्रीव की सेना के साथ लंका पर आक्रमण कर दिया।

लंका समुद्र के उस पार था। सेना को पार उतरने के लिए समुद्र पर एक पुल का निर्माण हुआ। आज भी इसके पदचिह्न प्राप्त होते हैं। इसे हम रामसेतु या एडम ब्रिज के नाम से जानते हैं। सपरिवार रावण मारा गया और श्री राम ने लंका का राज्य उसके भाई विभीषण को दिया जिसने युद्ध में उनकी सहायता किया था। विभीषण

ने ससम्मान सीता को समर्पित किया। इस प्रकार चौदह वर्ष पूर्ण होने पर सीता और लक्ष्मण के साथ वापस आये। भरत ने सप्रेम अयोध्या का राज्य श्री राम को समर्पित किया। राम का राज एक प्रतिमान बना जो आज भी सुशासन का पर्याय बना हुआ है। राम के राज्याभिषेक के काल की गणना हम अपने पूर्व विवेचना के अनुसार इस प्रकार कर सकते हैं। वैवस्वत मनु का काल - राम के पूर्व राजा का राजवंश तालिका में स्थान X औसत वर्ष प्रति राजा। अर्थात् 3100-71 X 19 = 1750 ई.पू., भार्गव ने 72वीं पीढ़ी में राम का स्थान निर्धारित किया है। हम कह सकते हैं कि 1750 ई.पू. के आस-पास श्री राम ने अयोध्या के राजसिंहासन पर आरूढ़ हुए।

रावण जन्मना ब्राह्मण था। प्रसिद्ध ऋषि पुलत्स्य के कुल का था। वे वैशाली के राजा विशाल के समकालीन थे जिनकी बहन इलविला का विवाह उनसे हुआ था। उनके एक वंशज ऋषि विश्रवा थे जो सम्भवतः दक्षिण में आ गये थे। उनकी चार पत्नियाँ थीं। कैकसी, पुष्पोतका, वाका और देववर्णिनी। कैकसी राक्षसराज माली की पुत्री थी, पुष्पोतका और वाका सुमाली की पुत्री थी और चौथी देववर्णिनी बृहस्पति की पुत्री थी जो सम्भवतः यक्षों के प्रमुख थे। कैकसी से चार सन्तानें हुई। दशग्रीव (रावण), विभीषण, कुम्भकर्ण और पुत्री शूर्पणखा। पुष्पोतका से महोदर, प्रहस्त, महापार्श्व, खर और पुत्री कुम्भनिशा, कुल पाँच सन्तानें हुई। वाका से त्रिशिर, दूषण, विद्युज्जिह्व और असालिका उत्पन्न हुए। देववर्णिनी से एक पुत्र कुबेर हुए जो यक्षों के राजा हुए। लंका उस समय यक्षों के शासन में था। उनके पुत्र नल कुबेर थे जिनसे दशग्रीव रावण ने लंका का राज्य प्राप्त किया था।

इस कालखण्ड में उद्‌भवित अतिशय कर्णप्रिय दो शब्द राम और रामराज हैं जो आज भी सम्पूर्ण भारत को अनुप्राणित करते हैं। मेरी सम्मति में प्राचीन भारत की यह अनुपम उपलब्धि है जिसके समकक्ष कोई अन्य घटना नहीं है। व्यक्ति और राजा के रूप में श्री राम ने जिन आदर्शों, मूल्यों और मर्यादाओं की स्थापना किया उन्हें हम आज भी मर्यादा पुरुषोत्तम नाम से याद करते हैं जिसका अर्थ है पुरुषोत्तम राम द्वारा स्थापित मर्यादा या अनुशासन। जीवन-पर्यन्त उन्होंने सनातन धर्म की उच्च आदर्शात्मक मानकों की अभिरक्षा और उनके पुनर्स्थापना का कार्य किया। सनातन धर्म-संस्कृति के मानक हैं: वर्ण-व्यवस्था जो व्यवसाय की श्रेष्ठता पर अवश्य आधारित थी लेकिन व्यक्ति के लिए चयन की स्वतन्त्रता थी, वह जन्मना नहीं थी और न हि किसी प्रकार का भेद-भाव था; आश्रम-व्यवस्था जो व्यक्तिपरक् थी और व्यक्तिगत जीवन के चार पुरुषार्थों (लक्ष्यों) धर्म, अर्थ, काम और मोक्ष की प्राप्ति हेतु आयु के अनुसार चार खण्डों यथा ब्रह्मचर्य, गृहस्थ, वानप्रस्थ और सन्यास में विभक्त थी जो अनिवार्य तो नहीं थी लेकिन व्यक्ति अपने जीवन में इसका अनुपालन सुनिश्चित करता था या करने का प्रयत्न करता था। दोनों के संयुक्त नाम वर्णाश्रम संस्था या व्यवस्था नाम से यह आज भी एक आदर्श सामाजिक व्यवस्था की तरह

जानी जाती है। तीसरी महत्त्वपूर्ण व्यवस्था थी विवाह-संस्था जिसका आदर्श था - एकल-विवाह जिसे श्री राम और उनके भाइयों ने पुनर्स्थापित किया, अटूट-बंधन अर्थात् तलाक का अभाव, सात-जन्मों का सम्बन्ध अर्थात् मृत्यु-पश्चात भी उनका बना रहना, विवाह पूर्व संसर्ग का निषेध जिसे चार आश्रम नियंत्रित करते थे, विवाह की सुनिश्चित शास्त्रीय विधि जो धार्मिक कर्मकाण्डों से संयुक्त थी, अनुलोम-प्रतिलोम विवाह की मान्यता जो सामाजिक स्तरीकरण, परिवर्तन और सुव्यवस्था को नियोजित करता था इत्यादि। चौथी परिवार संस्था थी जो समाज की प्राथमिक ईकाई थी जिसमें वरिष्ठता का सम्मान था, पिता की आज्ञा सर्वोपरि थी और पिता ही परिवार का मुखिया होता था जो पारिवारिक अनुशासन को अक्षुण्ण रखता था। परिवार-संस्था के स्नेहिल सम्बन्धों का जो प्रतिमान श्री राम ने स्थापित किया, वह अप्रतिम है, आदरणीय है और अनुकरणीय है। समाज में वसुधैव कुटुम्बकम् की विभावना थी और जीवेम शरदः शतम् तथा सर्वे भवन्तु सुखिनः की मंगल-कामना थी। शम-यम नियम, अस्तेय, अपरिग्रह, अहिंसा तथा सहिष्णुता का आदर्श था। इनके अतिरिक्त भी अनेक मूल्य और मानक स्थापित थे। श्री राम और उनके भाइयों ने इनका संरक्षण, पुनर्स्थापन तथा नवीन मर्यादाओं का सृजन किया।

राजा के रूप में भी श्री राम ने सनातन धर्म, जो उनके आदि-पुरुषों द्वारा स्थापित की गयी थी, को संरक्षण प्रदान किया और आवश्यकतानुसार नये मूल्यों तथा मर्यादाओं की स्थापना किया। उनका शासन-काल आज भी सुशासन के सर्वोत्तम मानक के रूप में रामराज्य नाम से याद किया जाता है। श्री राम भारत के हैं और भारत श्री राम से है।

अध्याय - 12

कौरवों का अभ्युदय और अन्त

सिन्धु-सरस्वती सभ्यता का स्थांतरण

महाभारत-युद्ध : 1200 ई.पू.

श्री राम के दो पुत्र थे कुश और लव। ज्येष्ठ पुत्र कुश अयोध्या के राजा बने। उन्होंने विन्ध्य-पर्वत पर कुशावती नामक नगर बसाया। उनके छोटे पुत्र लव ने कोशल के उत्तर क्षेत्र को अधिकृत कर अपना राज्य स्थापित किया और एक नया नगर श्रावस्ती बसाया जो उनके राज्य की राजधानी थी। श्रावस्ती की पहचान आज के सहेत-महेत् से की जाती है। पंजाब की स्थानीय परम्परा में लाहौर और कसूर नगरों की स्थापना का श्रेय लव और कुश को दिया गया है। उनके आदि नाम क्रमशः लवपुर तथा कुशपुर बताया जाता है। लेकिन लव और कुश के उस क्षेत्र में जाने का कोई प्रसंग प्राप्त नहीं होता है। जबकि इस बात का उल्लेख मिलता है कि भरत के पुत्र तक्ष और पुश्कर ने गान्धार को जीता और तक्षशिला तथा पुष्करावती नामक दो नगरों की स्थापना किया। तक्षशिला आज का पाकिस्तान स्थित तक्शिला है जो रावलपिण्डी के पास है और पुष्करावती या पुष्कलावती आधुनिक चरसद्दा के पास। यह सम्भव हो सकता है कि भरत के पुत्रों ने पहले पंजाब का यह क्षेत्र जीता हो, वहाँ अपने बड़े भाईयों के नाम पर लवपुर और कुशपुर नाम से दो नगर बसाये हों और कुछ समय बाद गान्धार चले गये हों। श्री राम के भाईयों और उनके पुत्रों के द्वारा इस प्रकार की मर्यादाओं की स्थापना स्वाभाविक है। इस स्थिति में यह सम्भव लगता है कि गान्धार में बस जाने के बाद उन्होंने सिन्धु की सहायक दो प्रमुख नदियों के नाम सरयू और गोमती रखा हो जो अयोध्या की सीमांतक दो नदियों के नाम हैं। सुस्पष्ट प्रमाणों के अभाव में निश्चित रूप से ऐसा नहीं कहा जा सकता है लेकिन इस सम्भावना की उपेक्षा भी नहीं की जा सकती है और मन्थन की आवश्यकता है। फिर भी हम भरत-पुत्रों के रावलपिण्डी और आस-पास के क्षेत्र में अपना राज्य स्थापन की प्रामाणिकता के आलोक में यह अभिमत स्थापित कर सकते हैं कि पाकिस्तान की एक बड़ी आबादी भरत पुत्र तक्ष और पुष्कर के तथा अन्य अयोध्यावासियों के वंशज

हैं। श्री राम के प्रिय भाई लक्ष्मण के भी दो पुत्र थेः अंगद और चन्द्रकेतु। उनके बारे में यह कहा जाता है कि उन्होंने हिमालय के नजदीकी क्षेत्रों में अपना राज्य स्थापित किया था। अंगद ने कारूपथ पर राज्य किया जिसकी राजधानी अंगदीय थी और चन्द्रकेतु ने माला क्षेत्र में जहाँ उन्होंने चन्द्रकान्ता नगरी बसायी थी। सबसे छोटे भाई शत्रुघ्न ने सूरशेन देश को विजित किया था जहाँ उनके पुत्र सुबाहु ने राज्य किया। वहाँ का तत्कालीन राजा मधु का पुत्र लवन था जिसे मारकर उन्होंने मथुरा नगर बसाया जिसका प्राचीन नाम मधु के नाम पर मधुरा था। उनके छोटे पुत्र शत्रुघातिन ने सम्भवतः विदिशा राज्य की स्थापना किया और वहाँ शासन किया। श्रीकृष्ण को इसी मधु-वंश का होने के कारण माधव भी कहा जाता है।

राजा कुश के उपरान्त कोशल प्रभाहीन हो गया। हिरण्यनाभ को छोड़कर कोई रेखांकित किये जाने योग्य राजा नहीं हुआ। सातवतों ने सुबाहु के वंशजों से सूरशेन का राज्य छीन लिया था और विन्ध्य का कुशावती भी सम्भवतः उनके हाथ नहीं रहा था। यद्यपि कि अयोध्या तथा श्रावस्ती में श्री राम के वंशजों का राज्य दीर्घकाल तक चलता रहा। महाभारत-काल में अयोध्या के राजा वृहद्बल थे जिन्होंने दुर्योधन के पक्ष में युद्ध किया था। हिरण्यनाभ 89वीं पीढ़ी में इस राजवंश के राजा थे जिनका वर्णन ब्राह्मणों और उपनिषदों में प्राप्त होता है। वह वैदिक-काल के एक महान विद्वान्, सामवेद के ज्ञाता तथा कोशल के महत्त्वपूर्ण राजा के रूप में जाने जाते हैं।

इस कालखण्ड की दूसरी प्रमुख घटना है कुरु तथा पांचालों का विलगाव। दोनों ने अपने अलग-अलग राज्य स्थापित किये। कुरुओं ने भारत-वंश के सुप्रसिद्ध राजा परीक्षित प्रथम के नेतृत्व में अपना राज्य स्थापित किया जिसकी राजधानी असन्दीवन्त (मेरठ यू0पी0 के आस-पास) थी जो बाद में हस्तिनापुर के नाम से जानी गयी। पांचालों के समकालीन राजा समर थे, जो भारत-वंश की एक अन्य शाखा निप के परिवार से सम्बन्धित थे। उन्होंने पांचाल राज्य को पुनर्गठित किया जो प्रयाग से बरेली-बदायूं तक विस्तृत था। मोटे तौर पर इसके दो विभाग थे। प्रथम उत्तर पांचाल जिसकी राजधानी अहिक्षत्र थी और इसमें बदायूं-बरेली आदि जनपद आते थे और द्वितीय दक्षिण पांचाल जिसमें फर्रूखाबाद, कौशाम्बी, प्रयाग आदि जिले सम्मिलित थे, इसकी राजधानी काम्पिल्य थी जो आज के फर्रूखाबाद जनपद में स्थित थी। काम्पिल्य मूल राजधानी तथा अति-सुन्दर नगरी थी। विशेष बात यह थी कि उत्तर-पांचाल को लेकर कौरवों और पांचालों में विरोध था।

परीक्षित प्रथम को कुरु या कौरव्य नाम से भी जाना जाता था। कुरु वस्तुतः एक जनजाति का नाम था जो उत्तर-कुरु से आकर भारत के एक क्षेत्र-विशेष में बस रहे थे। यह क्षेत्र सरस्वती तथा दृशद्वती के बीच का था जहाँ पर कभी वैवस्वत मनु ने वैवस्वत-वंश की स्थापना किया था। वैवस्वत पुत्री इला से यह उनके पुत्र पुरूरवा को प्राप्त हुआ, उनके बाद ययाति पुत्र पुरू को प्राप्त हुआ जिन्होंने पौरव-वंश की

स्थापना किया। वेद जिन्हें आर्य कहते हैं। इसी राजवंश परम्परा में, जिनके नाम से इस देश का नाम भारत पड़ा, भरत दुष्यन्ती हुए जिनके वंशज भारत कहलाये। भरत के वंश में एक अन्य प्रसिद्ध राजा अजमीढ़ हुए जिन्हें इस राजवंश के तीन अति-महत्त्वपूर्ण राजाओं पुरू, भरत के साथ अंकित किया जाता है। अजमीढ़ के बाद भारत वंश तीन क्षेत्रों में आबाद हुआ यथा तृत्सु राजवंश जो पुश्तैनी सरस्वती क्षेत्र में, जह्नु राजवंश गंगा तट पर स्थित कन्नौज क्षेत्र में तथा काशी राजवंश काशी से प्रयाग तक के क्षेत्र में। कालान्तर में तृत्सु राजवंश के एक राजा भ्रमयाश्व के पाँच पुत्रों के वंशजों ने इसी वंश के प्रसिद्ध राजा सोमक के बाद एकीकृत पांचाल राज्य की स्थापना किया और पांचाल नाम से प्रसिद्ध हुए। इस प्रकार सरस्वती-दृशद्वती के बीच का क्षेत्र जो उत्तर-कुरु वासियों के बहुतायत वाला क्षेत्र था, इस गठबंधन से अछूता रह गया। यहाँ भी भारतों का ही शासन था। बाद में ये लोग भी सरस्वती तट छोड़कर गंगा तट स्थित हस्तिनापुर आ गये और वहाँ पर अपना राज्य स्थापित किया। भार्गव के अनुसार यह पुनीत कार्य भारतवंशी राजा परीक्षित प्रथम के द्वारा सम्पन्न हुआ और इसीलिए सम्भवतः इस प्रघटना की स्मृति में उन्होंने कुरु और कौरव्य की उपाधि धारण किया। यहाँ कुरु और कौरव्य के अर्थ स्पष्ट करना आवश्यक है। उत्तर-कुरु के जन कुरु कहे जाते थे और कौरव्य उस क्षेत्र-विशेष का द्योतक हो सकता है जहाँ वे रहते थे अर्थात् कुरु-क्षेत्र। उनकी उपाधि कुरु-कौरव्य भी हो सकती है जिसका संक्षिप्त नाम कुरु ज्यादा प्रसिद्ध हुआ। चूंकि ये दोनों राजवंश कुरु और पांचाल एक ही राजवंश के अंग थे और एक ही क्षेत्र-विशेष में प्रस्थापित थे, सम्भवतः इसीलिए ऋग्वेद जब भी इन्हें उद्धृत किया है, कुरु-पांचाल के समवेत नाम से सम्बोधित किया है। कुरु के वंशजों ने दीर्घकाल तक राज्य किया और पुराण उन्हें कौरव नाम से जानता है।

कौरवों का सरस्वती क्षेत्र से प्रस्थान एवं गंगातट पर स्थापित होना प्राचीन भारतीय इतिहास की उतनी ही महत्त्वूपर्ण घटना है जितनी ऐक्ष्वाकु वंशियों द्वारा सरस्वती क्षेत्र को छोड़कर गंगा पार के क्षेत्रों में बसना। इसका सम्बन्ध क्षीण होती सरस्वती की जल-धार से है। इसलिए इसकी काल-गणना प्रासंगिक होगा। भार्गव ने परीक्षित प्रथम को राजवंशों की सूची में 83वें स्थान पर अंकित किया है और उन्हें ही इस घटना का श्रेय दिया है। तात्पर्य यह कि वैवस्वत के बाद और उनसे पूर्व 82 पीढ़ियाँ व्यतीत हो चुकी हैं। इस प्रकार हमारी गणनानुसार यह काल 3100 - 82 X 19 (1560) = 1540 ई.पू. आता है। इस प्रकार यह हड़प्पा-सभ्यता का अवसान-काल था जो स्वयं ह्रास होती सरस्वती के प्रवाह पर निर्भर था। कौरवों के इस विस्थापन के बाद सरस्वती वीरान हो गयी। लेकिन द्रौपदी के प्रतिशोध का महाभारत इसी भूमि पर लड़ा गया था। क्योंकि यह उनका मूल-क्षेत्र था जहाँ वे पहली बार कश्मीर से आकर बसे थे तथा धर्म की स्थापाना

किये थे इसलिए वे इसे धर्म-क्षेत्र कहते थे।

भार्गव के अनुसार परीक्षित प्रथम के पुत्र जह्नु उनके उत्तराधिकारी हुए। कतिपय पुराण जनमेजय को उनका उत्तराधिकारी मानते हैं लेकिन यह सच नहीं हो सकता है क्योंकि जनमेजय वस्तुतः परीक्षित द्वितीय के पुत्र थे जो महाभारत युद्ध के बाद के राजा थे। जह्नु के अनुज सुधन्वन थे जिनकी चौथी पीढ़ी में वसु हुए जिन्होंने यादवों के राज्य चेदि को अधिकृत कर लिया और अपना राजवंश स्थापित किया। सम्भवतः उनके पुत्र प्रत्याग्रह उनके बाद चेदि के राजा हुए। उनके कई पुत्र थे और प्रतीततः सभी ने अपने लिए अलग राज्य स्थापित किये। उनमें सबसे प्रमुख थे बृहद्रथ जिन्होंने दक्षिणी बिहार के उस क्षेत्र में जो कीटक नाम से जाना जाता था, मगध नाम से अपना राज्य स्थापित किया। उन्होंने इसे बहुत शक्तिशाली बनाया तथा गिरिव्रज को अपनी राजधानी चुना तथा उसे विकसित किया। मगध प्राचीन भारतीय इतिहास का एक बड़ा नाम है। इसके साथ भारत को एक राष्ट्र बनाने की महान चाणक्य की संकल्पना, देश को विदेशी पराधीनता से बचा पाने का शौर्य और अशोक के स्वर्णिम कालखण्ड का इतिहास जुड़ा है और जुड़ा है प्रथम अखिल भारतीय साम्राज्य की स्थापना तथा अहिंसा प्रधान बौद्ध धम्म का उत्कर्ष जिसने भारत का नाम देश के बाहर पहुँचाया। इस कालखण्ड में मगध का राजा था जरासंध जो तत्कालीन राजाओं में सबसे शक्तिशाली था। उसके बाद उसका पुत्र सहदेव गद्दी पर बैठा जिसने महाभारत युद्ध में भाग लिया था। प्रत्याग्रह के अन्य पुत्र मत्स्य ने राजस्थान में मत्स्य राज्य की स्थापना किया जिसके अन्तर्गत जयपुर, अलवर और भरतपुर के जिले आते हैं। महाभारत युद्ध के समय यहाँ के राजा विराट थे जिसके नाम पर इस राज्य की राजधानी का नाम विराट पड़ा था। वैदिक-काल का अन्त कुरु राजवंश का सर्वोत्कृष्ट काल था जब प्रतीप और उनके पुत्र शान्तनु का शासन था। प्रतीप का उल्लेख अथर्ववेद में मिलता है। प्रतीप तीन भाई थेः बाहलीक, देवापि और प्रतीप। बाहलीक पूर्वजों के देश बाहलीक चले गये और अपना राज्य स्थापित किये। देवापि ऋषि हो गये और उनका रचित सूक्त ऋग्वेद का अंतिम सूक्त माना जाता है। इस सूक्त में उन्होंने शान्तनु का वर्णन किया है। शान्तनु की दो पत्नियाँ थीं, गंगा और सत्यवती। गंगा से देवव्रत हुए जो भीष्म नाम से ज्यादा प्रसिद्ध हैं। सत्यवती के दो पुत्र थे, चित्रांगद और विचित्रवीर्य। शान्तनु के बाद विचित्रवीर्य गद्दी पर बैठे, चित्रांगद की अल्प-काल में ही मृत्यु हो गयी थी। विचित्रवीर्य के दो पुत्र थेः धृतराष्ट्र और पाण्डु। इन्हीं दोनों के पुत्रगण महाभारत युद्ध के दो अलग-अलग पक्ष थे और युद्ध का कारण था हस्तिनापुर का राजसिंहासन।

समर के बाद पांचाल राजवंश के सबसे उल्लेखनीय राजा हुए ब्रह्मदत्त जो निप परिवार से थे। इनका काल मगध राजवंश के बृहद्रथ तथा कोशल के प्रसिद्ध राजा हिरण्यनाभ के तीन पीढ़ियों के बाद आता है। बाद के संस्कृत तथा पाली साहित्य

में इनका वर्णन मिलता है। जनमेजय जो इस परिवार के अन्तिम राजा थे, वे शान्तनु के समकालीन थे। उनके ही वंश के एक राजकुमार उग्रायुध ने उनका वध कर दिया। इस प्रकार पांचाल में निप परिवार का शासन समाप्त हो गया और सोमकों का शासन प्रारम्भ हुआ। सोमकों के प्रथम राजा नील थे। उग्रायुध ने उन्हें भी मार डाला। उसने फिर कुरु राज्य पर आक्रमण कर दिया। शान्तनु के पुत्र भीष्म ने उसका अन्त कर दिया। नील के पुत्र पृषत पांचाल के राजा बने। उनके बाद उनके पुत्र द्रुपद राजा हुए। महाभारत की नायिका द्रौपदी उनकी पुत्री थी जो पाण्डवों को ब्याही गयी थी। उनके पुत्र धृष्टद्युम्न महाभारत युद्ध में पाण्डव पक्ष के सेनापति थे।

यदु-वंश में जयामघ राजवंश का अब तक अन्त हो चुका था। सत्व इस राजवंश के अन्तिम राजा प्रतीत होते हैं। यहाँ से यादवों के सातवत वंश का प्रारम्भ होता है। वे लोग मथुरा में आबाद हो गये थे सम्भवतः उन्होंने ऐक्ष्वाकु राजा शत्रुघ्न के वंशजों से इस राज्य को प्राप्त किया था। वे कौन थे और विदर्भ वंश से उनका क्या सम्बन्ध था, पुराण इस विषय में अस्पष्ट हैं। माना यह जाता है कि सातवत विदर्भों से अलग यादवों की कोई शाखा थी। सातवत से प्रतीततः चार राजवंशों का उदय हुआ। भजमान, देववृद्ध, अंधक और वृष्णि। भजमान शाखा उसके 8 या 9 पुत्रों के बाद प्राप्त नहीं होती है जिनमें से कोई महत्त्वपूर्ण नहीं था। देववृद्ध का पुत्र बभ्रु था जो काफी प्रसिद्ध था, वैदिक ग्रन्थों और पुराणों में उसका वर्णन मिलता है लेकिन उसके बाद के किसी राजा का कोई उल्लेख प्राप्त नहीं होता है। यादवों की अंधक शाखा जो मथुरा पर राज्य कर रही थी, उसकी कई पीढ़ियों का वर्णन प्राप्त होता है। इस राजवंश की 10 पीढ़ियों में तीन उल्लेखनीय हैंः कुकुर, उग्रसेन और कंस। कंस एक निरंकुश शासक था जिसका वध कर कृष्ण ने पुनः उग्रसेन को मथुरा का राजा बनाया था। अंधकों की एक अन्य शाखा भी थी जिसमें कृतवर्मन ज्यादा प्रसिद्ध हुए। वृष्णि के वंशजों की चार शाखाएं थीं जिसकी प्रमुख शाखा में वसुदेव तथा उनके पुत्र बलराम और कृष्ण हुए थे। वसुदेव का विवाह कंस की बहन यशोदा से हुआ था जिन्हें बाद में कंस ने इस आशंका में कि उसके पुत्र उससे राजसिंहासन छीन न लें, कारावास में डाल दिया था। कृष्ण का जन्म कारावास में हुआ था और अन्ततः वही कृष्ण ही उसके संहारक बने। दूसरी शाखा से अक्रूर, तीसरी शाखा से सभाजित और चौथे से युयुधान प्रसिद्ध हुए जिनका प्रमुखता से वर्णन कृष्ण से सम्बन्धित पुराणों तथा महाभारत में प्राप्त होता है। कृष्ण पाण्डवों के हितैषी और द्रौपदी तथा अर्जुन के सखा थे जिन्होंने महाभारत युद्ध में महत्त्वपूर्ण भूमिका निभाया था। प्रारम्भ में श्रीकृष्ण कंस-वध के बाद मथुरा में रह रहे थे लेकिन बाद में अपने वृष्णि जन के साथ आनर्त (गुजरात) चले गये जहाँ प्राचीन कुश-स्थली को द्वारका नाम से नई राजधानी बनाया। कंस का श्वसुर परम् शक्तिशाली जरासंध था जो प्रतिशोध में कृष्ण का वध चाहता था, जिसके बार-बार के आक्रमणों से बचाने के लिए उन्होंने मथुरा

का परित्याग कर दिया था। द्वारका ने महाभारत युद्ध में भाग नहीं लिया था लेकिन व्यक्तिगत रूप से कुछ योद्धाओं ने दोनों पक्ष से लड़ा था। अकेले कृष्ण पाण्डव पक्ष में थे, बलराम युद्ध में भाग नहीं लिए लेकिन कौरवों से सहानुभूति रखते थे, यादव-वंश के कई अन्य योद्धा भी कौरव-पक्ष में युद्ध किये थे।

अंग का राज्य जिसके अन्तर्गत भागलपुर और आस-पास का क्षेत्र आता था और जिसकी राजधानी चम्पा थी जो आधुनिक भागलपुर का पूर्व नाम है, ऐसा कहा जाता है कि उसकी स्थापना दधिवाहन ने किया जो एक पौरव-वंशी राजा था। इस राजवंश की 18 पीढ़ियों ने यहाँ राज्य किया था जिनमें एक प्रमुख नाम धर्मरथ है, अन्य राजाओं के नाम भी पुराणों में प्राप्त होते हैं, अन्तिम 18वीं पीढ़ी का राजा विश्वजित था जिसके बाद इस वंश के किसी राजा का नाम प्राप्त नहीं होता है। इसके बाद यहाँ के राजाओं में कर्ण का नाम आता है जिसे कौरव राजा धृतराष्ट्र के पुत्र दुर्योधन ने राजा नियुक्त किया था। कर्ण तथाकथित अतिरथ का पुत्र था जो धृतराष्ट्र का सारथी था। महाभारत उसे विदर्भराज कुन्तिभोज की कन्या कुन्ती का अविवाहित अवस्था में उत्पन्न पुत्र बताता है जिसका पालन अतिरथ ने किया था। कुन्ती के अन्य पुत्र युधिष्ठिर, भीम और अर्जुन पाण्डव कहलाते थे जो पाण्डु से उसके विवाह के उपरान्त पैदा हुए थे। यह एक काल्पनिक कथा भी हो सकती है। उसके शौर्य से प्रभावित होकर दुर्योधन ने उसे अंग का राजपद प्रदान किया था और कृतज्ञ कर्ण महाभारत युद्ध में हस्तिनापुर के साथ खड़ा हुआ और दो दिन तक कौरव-सेना का सेनापति रहा। अन्ततः पाण्डव अर्जुन द्वारा वह मारा गया।

यहाँ हस्तिनापुर में, जो इस कालखण्ड का सबसे शक्तिशाली राज्य था, प्रतापी भीष्म के संरक्षकत्व में शान्तनु के पुत्र विचित्रवीर्य के उपरान्त उनके छोटे पुत्र पाण्डु का शासन था। उनकी दो पत्नियाँ थीं: प्रथम उक्त कुन्ती जो यादव-वंशी राजा कुन्तिभोज की पुत्री थी और द्वितीय माद्री जो मद्रराज शल्य की बहन थी जिन्होंने महाभारत युद्ध में कौरव-पक्ष में खड़े हुए और अन्तिम 18वें दिन कौरव सेना के सेनापति बने थे। अग्रज होने के नाते सिंहासन पर हक धृतराष्ट्र का था लेकिन उनकी शारीरिक अयोग्यता उनके आड़े आ गयी और वे राजा नहीं बन पाये। वे दोनों आंखों से अन्धे थे लेकिन शारीरिक तथा बौद्धिक क्षमता में कमजोर नहीं थे। उनका विवाह गान्धार की राजकुमारी और शकुनि की बहन गान्धारी से हुआ था। पति की अंधता के दृष्टिगत अपने पतिव्रता धर्म का निर्वहन करते हुए वह आजीवन आंखों पर पट्टी बांधे रही। क्योंकि यह विवाह भीष्म के दबाव से हुआ था जिससे गान्धार खुश नहीं था और शकुनि लगातार हस्तिनापुर के विनाश के लिए 'ड़यन्त्र करता रहा। धृतराष्ट्र के कई पुत्र थे जिनमें दुर्योधन, दुःशासन और विकर्ण प्रमुख थे। दुर्योधन सबसे ज्येष्ठ था।

पाण्डु अत्यन्त अल्प-काल के शासक सिद्ध हुए। अल्प-काल में ही उन्होंने कई

राजाओं को पराजित किया। स्वयंवर से उन्होंने कुन्ती को प्राप्त किया और मद्रराज से सन्धि में माद्री। आनन-फानन में पाण्डु ने सिंहासन के परित्याग का निर्णय लिया और राजमुकुट धृतराष्ट्र के सिर पर सजा दिया। दोनों रानियों के साथ उन्होंने गन्धमादन पर्वत पर तपस्वी जीवन व्यतीत करने का निश्चय किया। कहते हैं उन्होंने एक ऋषि के शाप के कारण ऐसा किया था। वहाँ उनके पाँच पुत्र हुए। कुन्ती से तीन और माद्री से दो; क्रमशः युधिष्ठिर, भीम, अर्जुन, नकुल और सहदेव। महाभारत के अनुसार ये पांचों पाण्डु के औरस पुत्र नहीं थे अपितु देव-पुत्र थे। धर्मराज से युधिष्ठिर, वायु से भीम, इन्द्र से अर्जुन तथा अश्विद्वय से नकुल और सहदेव। पाण्डु की आकस्मिक मृत्यु और माद्री के सती हो जाने की सूचना के साथ कुन्ती हस्तिनापुर आयी, धृतराष्ट्र जो एक साथ वहाँ के राजा और उसके पति के ज्येष्ठ भ्राता थे, को यथास्थिति से अवगत कराया। धृतराष्ट्र ने कुन्ती की व्यथा-कथा में पूर्ण विश्वास व्यक्त करते हुए, उसे और उसके पाँचों पुत्रों को अपने परिवार का सदस्य मानते हुए, उन्हें राजकीय संरक्षण प्रदान किया। उनके इस प्रशंसनीय निर्णय को भीष्म, विदुर और वहाँ के नागरिकों ने सहर्ष शिरोधार्य किया।

उस काल में दो ब्राह्मण परिवारों को हस्तिनापुर का राजकीय सरक्षण प्राप्त था। वे थे कृप और द्रोण। दोनों ही आंगिरस गोत्रीय थे। कृप शरद्वान गौतम के वंशज थे और द्रोण भारद्वाज के जो आंगिरस बृहस्पति के पुत्र थे। दोनों की प्रमुख विशेषता यह थी कि दोनों ही शास्त्र के साथ शस्त्र विद्या में भी पारंगत थे। हस्तिनापुर राज्य के संरक्षक यशस्वी भीष्म ने आचार्य द्रोण को राजकुमारों के शिक्षण हेतु चयन किया जिसे आचार्य द्रोण ने स्वीकार कर लिया और सभी राजकुमार कौरव और पाण्डव शिक्षार्थ उनके आश्रम में भेज दिये गये। शिक्षा पूर्ण होने के उपरान्त गुरू द्रोण ने सभी राजकुमारों को इकट्ठा किया और उनसे कहा - 'तुम लोगों की शिक्षा पूर्ण हुई। तुम सब अपनी परीक्षा में उत्तीर्ण हुए हो। तुम सब सभी प्रकार के अस्त्र-शस्त्र के परिचालन में निपुण, युद्ध-विद्या में पारंगत, वीर योद्धा और विश्व-विजय की क्षमता से सम्पन्न हो। अब गुरू दक्षिणा का समय है जो तुम लोग मुझे दोगे। यह दक्षिणा तुम लोगों के पराक्रम से अर्जित की गयी होगी, हस्तिनापुर राज्य का सहयोग लिए बिना, क्या तुम लोगों को स्वीकार्य है?' राजकुमारों ने 'हाँ' कहा। गुरू ने मांगा-प्रतापी पांचाल नरेश द्रुपद, जंजीरों से आबद्ध, अपने सम्मुख। और ऐसा ही हुआ। द्रोण ने जंजीरों में जकड़े द्रुपद से कुछ इस प्रकार कहा - 'द्रुपद! आज तुम मेरे बन्दी हो, तुम्हारा पांचाल राज्य अब मेरा है। याद करो वह दिन जब तुमने हमारी गुरुकुल की मित्रता का अनादर किया था। मित्र के रूप में एक दूध देने वाली गाय देना भी अस्वीकार कर दिया था। लेकिन मैं अभी भी उसी मित्रता की भावना से भरा हुआ हूँ। अब से तुम्हारे हारे हुए राज्य का आधा भाग मेरा और आधा भाग तुम्हारा। पांचाल का आधा उत्तरी हिस्सा जिसकी राजधानी अहिक्षत्र है मेरा और दक्षिणी आधा हिस्सा

जिसकी राजधानी काम्पिल्य है वह तुम्हारा। हाँ, गायें भी आधा-आधा बटेंगी लेकिन एक गाय मेरे पक्ष में ज्यादा होगी जिसे मैं हरिता (द्रोण की पत्नी) को देकर कहूँगा, लो, जो गाय तुमने द्रुपद से चाहा था, वह आज मैं तुम्हें दे रहा हूँ। अपने हिस्से का आप और मेरे हिस्से का मैं सम्प्रभु राजा रहेंगे। अब दोनों राजा हैं और आप को मुझे मित्र कहने में कोई संकोच नहीं होगा।' इस प्रकार उत्तरी पांचाल एक स्वतन्त्र राज्य बना। महाभारत-युद्ध के पूर्व की महत्त्वपूर्ण घटना है जिसने इस युद्ध में एक अहम् भूमिका अदा किया।

पांचाल-युद्ध में कौरव-पाण्डव राजकुमार एक साथ युधिष्ठिर के नेतृत्व में भाग लिया था लेकिन पाण्डवों ने ज्यादा पराक्रम दिखाया। पाण्डवों ने अपनी रणनीतिक कौशल से द्रुपद को देखते-देखते उनकी सेना से अलग कर दिया और अर्जुन ने बिना देर किये उन्हें रस्सियों में आबद्ध कर लिया। पाण्डवों की वीरता और शौर्य की यह कथा जब हस्तिनापुर पहुँची, राज परिवार के साथ प्रजा जन पाण्डवों के प्रशंसक हो गये। इसी समय हस्तिानपुर में राज्य के युवराज की नियुक्ति की बात जोर-शोर से उठी। युधिष्ठिर परिवार के सभी राजकुमारों में ज्येष्ठ थे, प्रजा में प्रिय थे, भीष्म और विदुर की दृष्टि में युवराज पद के सर्वथा योग्य थे लेकिन धृतराष्ट्र दुर्योधन के पक्ष में थे। दुर्योधन पीठासीन राजा का ज्येष्ठ पुत्र था, धृतराष्ट्र उसे कमतर नहीं आंकते थे। मनीषीजन उन्हें पाण्डवों के पिता पाण्डु के राज्य के संरक्षक से ज्यादा मान नहीं दे रहे थे। बहुत दबाव में उन्होंने युधिष्ठिर को हस्तिनापुर का युवराज घोषित किया। युवराज युधिष्ठिर ने अपने भाईयों के सहयोग से दिग्विजय किया और पराजित राजाओं से प्राप्त सम्पूर्ण धन राजकोष में जमा करा दिया। इससे उनकी प्रतिष्ठा में आशातीत वृद्धि हुई। दुर्योधन और ईर्ष्यालु हो गया। मामा शकुनि की सलाह पर उसने लाक्षागृह का 'ड़यन्त्र रचा। लेकिन पाण्डव बच गये और पहचान छुपाकर रहने लगे। इसी समय काम्पिल्य में राजा द्रुपद ने पुत्री कृष्णा द्रौपदी के स्वयंवर का आयोजन किया था। पहचान छुपाये ही पाण्डवों ने स्वयंवर में भाग लिया। तत्कालीन सभी छोटे-बड़े राजाओं की उपस्थिति में अर्जुन ने लक्ष्य-भेद कर द्रौपदी को जीत लिया; सभी हतप्रभ रह गये। महाभारत के अनुसार माता कुन्ती के भूल-जनित आदेश से पांचों पाण्डवों ने अकेली कृष्णा संग विवाह किया था लेकिन यह सच नहीं प्रतीत होता है क्योंकि आर्य-परम्परा में नारी के बहुविवाह का निषेध था। श्री भार्गव का अनुमान यह है कि राजा द्रुपद ने अपनी या अपने कुल की पाँच पुत्रियों का विवाह अलग-अलग पांचों पाण्डवों संग किया होगा जो ससुराल में सभी द्रौपदी नाम से पुकारी और पहचानी जाती रहीं होंगी इसलिए भ्रमवश उन्हें एक ही द्रौपदी मान लिया गया होगा। हमें इससे सहमत होना चाहिए। वैसे भी महाभारत अकेले कृष्ण द्वैपायन व्यास की रचना नहीं है। उन्होंने तो मात्र 8000 श्लोकों वाली 'जय' की रचना किया था। इस 'जय' को 24000 श्लोकों वाली 'महाभारत' बनाने का कार्य

बाद के ऋषियों का है। ऐसे में इस प्रकार की गलती होना सम्भव है।

काम्पिल्य में पाण्डवों को अकेली द्रौपदी ही नहीं मिली अपितु कृष्ण भी मिले। द्वारकाधीश कृष्ण उनके नजदीकी सम्बन्धी थे। कुन्ती, पाण्डवों की माता रिश्ते में उनकी बुआ लगती थी। इस काल तक श्रीकृष्ण भारत के राजनैतिक क्षितिज पर उदीयमान सूर्य की तरह चमक रहे थे। द्रुपद से उनके मैत्रीपूर्ण सम्बन्ध थे। उनके ही कहने पर द्रुपद ने द्रौपदी-स्वयंवर का आयोजन किया था। तीनों को एक-दूसरे की तात्कालिक आवश्यकता थी। द्रुपद को उत्तर पाँचाल की पुनर्प्राप्ति हेतु अर्जुन चाहिए था, श्रीकृष्ण को जरासंध-वध के लिए भीम तथा पाण्डवों को हस्तिनापुर। इस आयोजन ने तीनों की महत्त्वाकांक्षा की प्राप्ति का मार्ग प्रशस्त कर दिया। आपसी मन्त्रणा से पाण्डव हस्तिनापुर आये। पाण्डवों को मृत घोषित कर हस्तिनापुर ने दुर्योधन को अपना युवराज चुन लिया था। पाण्डवों ने अपनी मांग प्रस्तुत किया; युवराज-पद या राज्य का विभाजन। हस्तिनापुर विभाजित हो गया, पाण्डवों को खाण्डव-वन मिला जिसे उन्होंने इन्द्रप्रस्थ में बदल दिया। दिग्विजय प्राप्त किया और राजसूय यज्ञ किया जिसमें हस्तिनापुर भी आमन्त्रित था। ईर्ष्यालु दुर्योधन पाण्डवों का ऐश्वर्य देख चिढ़ गया और इन्द्रप्रस्थ पाने के लिए 'ड़यन्त्र करने लगा। पुनः शकुनि की सलाह पर द्यूत-क्रीड़ा का आयोजन किया गया, दुर्योधन इन्द्रप्रस्थ जीत लिया और पाण्डवों को 13 वर्ष के वनवास पर जाना पड़ा जिसमें अन्तिम एक वर्ष गुप्तवास का था, जिस काल में उनका पता चल जाने पर पुनः 13 वर्ष के लिए वनवास जाने की व्यवस्था थी। 13वाँ वर्ष कुछ इस तरह व्यवस्थित किया गया था कि वे कभी भी इन्द्रप्रस्थ न पा सकें। नियमों और शर्तों के साथ वनवास की अवधि पूर्ण होने पर जब पाण्डव इन्द्रप्रस्थ मांगे तो दुर्योधन ने शर्त तोड़े जाने का विवाद खड़ा कर इन्द्रप्रस्थ देने से मना कर दिया। कृष्ण ने मध्यस्तता किया। केवल पाँच गांव दे दो, पाण्डव मान जायेंगे। प्रत्युत्तर में सूई की नोंक भर भी हस्तिनापुर राज्य की जमीन देने से मना कर दिया। युद्ध को निर्णय करने का अधिकार दे दिया गया। तिथि और स्थान नियत कर दिये गये। यह युद्ध हरियाणा के कुरु-क्षेत्र के मैदान में लड़ा गया और महाभारत के नाम से प्रसिद्ध हुआ।

महाभारत-युद्ध में प्रमुख दो पक्ष कौरव तथा पाण्डव थे; कौरव शक्तिशाली हस्तिनापुर के राजा थे और पाण्डव इन्द्रप्रस्थ के अपदस्थ या पूर्व राजा थे। शेष राजन दोनों पक्षों में विभाजित थे। पाण्डव पक्ष में सबसे प्रमुख थे दक्षिण पांचाल के राजा द्रुपद, मत्स्य के राजा विराट, मगध के राजा सहदेव, चेदि के राजा धृष्टकेतु, द्वारकाधीश कृष्ण और काशी के राजा काशीराज (सही नाम अप्राप्त है)। कौरव पक्ष के प्रमुख राजा कोशल के बृहद्बल, विदेह के राजा कृतक्षेण, अंग के राजा कर्ण, मद्र के राजा शल्य, गांधार के शकुनि, उत्तर पांचाल के राजा आचार्य द्रोण, सिन्धु के राजा जयद्रथ और कई राजा थे। द्रुपद के पुत्र धृष्टद्युम्न पाण्डव पक्ष के सेनापति थे तथा

भीष्म कौरव पक्ष के। इस युद्ध में यादवों ने भाग नहीं लिया था लेकिन श्रीकृष्ण, कूटनीति के महारथी, पाण्डव पक्ष के रणनीतिकार और अर्जुन के सारथी की भूमिका में युद्ध में भाग लिया था। उनके बड़े भाई बलराम अपने शिष्य दुर्योधन से सहानुभूति रखते थे।

युद्ध के पूर्व युद्ध की रीति-नीति निर्धारित की गयी जिनका अनुपालन दोनों पक्षों के लिए अपरिहार्य था। यथा दिवसावसान के साथ उस दिन के युद्ध की समाप्ति की घोषणा, घोषणा के उपरान्त आपसी बैर-भाव का स्थगन, दूसरे दिन का युद्ध आरम्भ की घोषणा के पूर्व तक दोनों पक्षों के परस्पर मेल-जोल की स्वतन्त्रता। अस्त्र-शस्त्र संचालन में सुनिश्चित नियमों का अनुपालन, छल-कपट-धोखा तथा एक के साथ कई योद्धाओं का मिलकर युद्ध करने की पूर्ण वर्जना इत्यादि। युद्ध 18 दिन तक चला। प्रथम 10 दिन तक कौरव पक्ष के सेनापति रहे भीष्म जिन्हें 10वें दिन अर्जुन ने बाणशैय्या प्रदान किया। उनके बाद आचार्य द्रोण सेनापति नियुक्त किये गये। पाँचवें दिन द्रुपद पुत्र धृष्टद्युम्न ने उनका सिर कलम कर अपना प्रतिशोध पूरा किया। इससे पूर्व अर्जुन का किशोरवय पुत्र अभिमन्यु मारा गया था। उसे छलपूर्वक सिन्धु राज जयद्रथ ने मारा था। दूसरे दिन अर्जुन ने उसी प्रकार जयद्रथ का वध कर दिया। अगले दो दिन के लिए कर्ण सेनापति नियुक्त हुए। कर्ण का रथ कीचड़ में फंस गया। जब वह अपना रथ कीचड़ से निकालने के लिए उद्‌दत था अर्जुन ने उसे मृत्यु प्रदान कर दिया। 18वें दिन मद्रराज शल्य सेनापति बने जो पाण्डवों के मामा लगते थे। आधे दिन बीतते-बीतते युधिष्ठिर ने उनका काम तमाम कर दिया। दुर्योधन की लगभग सारी सेना समाप्त हो गयी थी और वह युद्ध भूमि से पलायन कर गया था। उसकी खोज की गयी। अब तक बलराम भी तीर्थाटन के उपरान्त युद्ध भूमि में पहुँच चुके थे। युद्ध का निर्णय दुर्योधन तथा भीम के गदायुद्ध से होना तय हुआ। हार-जीत का निर्णय बलराम को करना था। नियमों के विरुद्ध जाकर भीम ने दुर्योधन के जंघे पर प्रहार किया। बलराम ने अपना विरोध जताया लेकिन दुर्योधन तब तक मारा जा चुका था। दुर्योधन की मृत्यु ने युद्ध का निर्णय सुना दिया। कौरव समाप्त हो गये और पाण्डव जीत गये।

इस महायुद्ध को हम एक अन्य दृष्टि से देख सकते हैं। तत्कालीन समाज में एक ओर पुरुष को बहुविवाह का विशेषाधिकार प्राप्त था और दूसरी ओर नारी के लिए एक पति के प्रति सम्पूर्ण समर्पण की विभावना की अनिवार्यता थी। द्रौपदी ने इस व्यवस्था का अपने ढंग से विरोध किया। उसने एक साथ पाँच पुरुषों संग विवाह करके पुरुष समाज को चुनौती देने का दुस्साहस किया। पुरुष समाज ने प्रतिरोध स्वरूप उसका जीवन-पथ उसका अग्नि-पथ बना दिया। द्रौपदी ने हार नहीं माना। सम्पूर्ण आर्य समाज दो भिन्न विचारों के साथ दो पक्षों में बँट गया। निर्णय महायुद्ध को करना था। महाभारत हुआ और द्रौपदी की जीत हुई। पूर्व में श्री राम ने नारी-पुरुष

के युग्म जीवन हेतु एक सामाजिक मर्यादा स्थापित किया था। वह था - एक पुरुष और एक नारी के बीच जीवन भर का अटूट बंधन। महाभारत-काल में यह आदर्श व्यवस्था शिथिल हो चुकी थी। द्रौपदी इस ह्रास के विरुद्ध एक सशक्त हस्ताक्षर है। सम्भवतः वह एकल विवाह की पुनर्स्थापना चाहती थी और इसके लिए उसने अपने स्वत्व का बलिदान कर दिया। हार और जीत माने नहीं रखती है।

प्रकारान्तर से हम महाभारत युद्ध को पांचाल नरेश द्वारा उत्तर पांचाल की पुनर्प्राप्ति के प्रयास के रूप में देख सकते हैं। मैदान में एक ओर हस्तिनापुर की कौरव सेना थी और सामने पांचाल की सेना। एक पक्ष का नेतृत्व कौरव सेनापति कर रहा था और दूसरा पक्ष पांचाल सेनापति। पाण्डवों की अपनी कोई सेना नहीं थी। लड़ाई मुख्यतः कौरवों और पांचालों के बीच थी। अन्य उनके सहयोगी थे। अन्ततः पांचालों को उनका उत्तर पांचाल प्राप्त हुआ। ऐतिहासिक दृष्टि से यह कौरवों और पांचालों का युद्ध ही लगता है।

महाभारत का यह 18 दिनों का बहुचर्चित युद्ध 1200 ई.पू. में लड़ा गया था।

अध्याय-13

ऐतिहासिक पृष्ठभूमि में सनातन धर्म, ऋषि कुल एवं ऋग्वेद

इस अध्याय का प्रारम्भ हम उस पावन-भूमि के भूगोल से करते हैं जहाँ पर पुराणों के अनुसार विश्व-मानवता ने अवतार ग्रहण किया था। विश्व-मानवता का यह अर्थ नहीं कि सम्पूर्ण विश्व की मानव प्रजाति का प्रथम अभ्युदय इसी भौगोलिक क्षेत्र में हुआ था अपितु यह कि धर्म, संस्कृति एवं सभ्यता के प्रभात की प्रथम किरण इसी पुण्य-भूमि से प्रष्फुटित हुई थी। ऐतिहासिक दृष्टि से इस पवित्र भूमि का नामकरण वाराह-तीर्थ किया गया है। यह भूमि कराकोरम पर्वतमाला जिसे वे श्रृंगवान कहते थे के उत्तर की भूमि है जो अक्साई चिन, सियाचिन, गिलगित को अवगुंठित करते हुए हिन्दुकुश को स्पर्श करती है। यह उस महान व्यक्ति की पितृ-भूमि है जिसे पुराण आदि मनु और स्वयंभु मनु के नाम से पहचान देते हैं। उनके वंशज मनुष्य, मानुष और मानव कहलाये। वहाँ उन्होंने सम्भवतः विश्व इतिहास का प्रथम राजतन्त्र स्थापित किया था। उसकी राजधानी बर्हिष्मती थी। मेरे आंकलन में यह 3500 ई. पू. के आस-पास का काल था। यहाँ आदि मनु, वीर, प्रियव्रत, आग्नीध्र, कुरु और उनके वंशजों ने राज्य किया। महामना कुरु के वंशज कुरु कहे जाने लगे और यह पवित्र भूमि कुरु नाम से प्रसिद्ध हुई तथा कालान्तर में जब हरियाणा में एक अन्य कुरु राज्य स्थापित हुआ यह क्षेत्र उत्तर-कुरु नाम से चिर-परिचित हुआ। पुनः जब मनुष्य राजवंश हिमालय की उत्तरी सीमा को स्पर्श करने लगा, तदोपरांत उत्तर-कुरु से हिमालय तक यह सम्पूर्ण क्षेत्र उत्तर-कुरु या कुरु-खण्ड हो गया। इसी क्षेत्र को पुराण मनुष्य लोक भी कहते हैं।

इस सम्पूर्ण क्षेत्र को पुराण तीन खण्डों में बांटकर देखते हैं। उत्तर-कुरु के बाद उसके दक्षिण का कराकोरम और लद्दाख के बीच का क्षेत्र हिरण्यक तथा उसके दक्षिण का जास्कर पर्वत श्रेणी के बीच का भूभाग हिरण्यमय कहलाता था। इस क्षेत्र के बीच यानी लद्दाख क्षेत्र से होते हुए जानी-पहचानी सिन्धु नदी बहती है जिसे स्थानीय लोग रसा कहते थे। यह नदी सम्पूर्ण क्षेत्र को मोटे तौर पर दो भागों में बांटती

थी, उत्तरवर्ती क्षेत्र को वाराह क्षेत्र तथा दक्षिणी विभाग को नरसिंह क्षेत्र कहते थे जो नाम उसे विष्णु के द्वितीय अवतार के बाद दिया गया था। सम्भवतः श्री ब्रह्मा ने शृंगवान पर आसीन होकर सृष्टि का प्राथमिक सृजन किया था। उन्होंने प्रथमतः ब्रह्मर्षियों और प्रजापतियों को जन्म दिया जिन्होंने श्वेत वर्ष (लद्दाख क्षेत्र) अपने और स्वजनों को आबाद होने के लिए प्राप्त कर लिया। इनकी रचना के बाद ब्रह्मा ने स्वयंभु मनु को उत्पन्न किया। अब उनके बसने की समस्या खड़ी हुई। उन्होंने श्री विष्णु से अनुरोध किया। पुराणों के अनुसर श्री विष्णु आज भी श्वेत पर्वत (अक्साई चिन) पर निवास करते हैं। श्वेत पर्वत को आज हम लद्दाख नाम से जानते हैं। श्री विष्णु ने उत्तर-कुरु की भूमि उन्हें प्रदान किया। यहाँ के आदि निवासी अर्थात् जो ब्रह्मर्षियों, प्रजापतियों और मनुष्यों से पहले के थे, वे रसा को दैत्या कहते थे इसलिए पुराणों ने उन्हें दैत्य नाम प्रदान किया। आदि दैत्य को हिरण्यकश्यप कहा गया इसलिए कि हिरण्य स्थान का नाम था और कश्यप देश पिता के अर्थ में प्रयोग किया गया जैसी तत्कालीन परम्परा थी अर्थात् हिरण्यपुर का पिता। कश्यप का तात्पर्य कश्यप मारीचि से हैं जो बाद में हिमालय के इस पार आ गये और उनके नाम पर इस प्रखण्ड का नाम कश्मीर रखा गया।

ब्रह्मा ने प्रथमतः जिन ब्रह्मर्षियों एवं प्रजापतियों को उत्पन्न किया उनमें प्रमुख हैं: वरुण, मरीचि, अत्रि, अंगिरा, पुलत्स्य, पुलह, क्रतु, वशिष्ठ आदि ब्रह्मर्षि तथा दक्ष आदि कुछ प्रजापति। ये सभी दक्ष प्रजापति के काल तक का आदि सृजन हैं जिनके बारे में पुराणों का यह स्पष्ट कथन है कि वे मानसी सृजन हैं अर्थात् काल्पनिक हैं; तात्पर्य यह है कि ये नाम प्रमुखतः पुराणों द्वारा प्रदत्त नाम हैं। इसीलिए आधुनिक मनीषी इन्हें मिथकीय चरित्र का नाम देते हैं। लेकिन ये मिथकीय चरित्र भी किसी-न-किसी तथ्य विशेष पर आधारित हैं, जैसा कि हिरण्यकश्यप के सन्दर्भ में हमने देखा है। हम एक अन्य उदाहरण भी प्रस्तुत करते हैं। कहा जाता है कि दक्ष प्रजापति ने कुछ कन्याओं के साथ कश्यप मारीचि को हिमालय के इस ओर भेजा, जिसे उन्होंने आबाद किया। वस्तुतः वहाँ जो अनेक भिन्न संस्कृति के मानव समूह जगह-जगह पर आबाद थे उनको उन्होंने एक नाम दिया। यह नामकरण उनकी तथाकथित आदि माताओं के नाम पर किया जाना उचित समझा गया जिससे उनकी विशिष्ट पहचान यथावत बनी रहे। यथा अदिति से आदित्य, दिति से दैत्य, दनु से दानव, विनता से अरूण और गरुड़, सुरसा तथा कद्रू से अनेक नाग जातियाँ, अरिष्टा से किन्नर और गन्धर्व, विश्वा से यक्ष और राक्षस इत्यादि। पुनश्च इस स्थान तथा आदि पिता के रूप में कश्यप मारीचि को प्रतिस्थापित किया गया। हम जानते हैं कि सही ज्ञान के अभाव में पुराणों ने कहीं स्थान विशेष के नाम को मानवीकृत कर उसे आदि पिता का नाम दिया था, कहीं आदि पिता के नाम पर उस स्थान का नाम दिया। इस प्रकार यह कथा मात्र मिथक नहीं है अपितु सत्य यथावत जीवित है।

यही कश्यप देश आगे चलकर कश्मीर नाम प्राप्त किया जो मात्र स्थान विशेष का नाम नहीं अपितु एक इतिहास है। यही कश्मीर ऋग्वेद की आदि भूमि है।

लेकिन कश्यप मारीचि कोई मिथक नहीं थे, वे हम भारतीयों के एक प्रातः स्मरणीय पूर्वज थे। क्योंकि उनका नाम प्राचीन परम्परानुसार उनके पैतृक उपनाम के साथ अंकित किया जाता है जो यह संकेत देता है कि उनके पिता का नाम मरीचि था। द्वितीयतः इसलिए कि उन्होंने ऋग्वेद की कतिपय ऋचायें भी लिखी है यथा प्रथम मण्डल की सूक्ति संख्या 99, मण्डल 9 की सूक्तियाँ 64, 91-92, 113-114। श्रीकान्त जी तालागिरि की खोज है कि मनु वैवस्वत के नाम से अनुक्रमणिका में अंकित VIII 27-31 सूक्तियाँ भी इसी महान ऋषि द्वारा लिखी गयी हैं।

पुराणों के अनुसार कश्यप मारीचि के दिति से उत्पन्न पुत्र जो दैत्य कहे जाते थे, सबसे वरिष्ठ थे। वरिष्ठ से यहाँ तात्पर्य प्रतीततः ज्यादा आबादी तथा शक्तिशाली होने से है। उनका विरोध अदिति के पुत्रों से था जो आदित्य कहे जाते थे। सम्भवतः इसी प्रतिरोध के कारण हिरण्यकश्यप के नेतृत्व में उनका बहुलांश हिमालय के उस पार चले गये जहाँ हिरण्यपुर में राजधानी बनाकर राज्य करने लगे। जल्द ही उन्होंने हिमालय पार के सम्पूर्ण क्षेत्र को अधिकृत कर लिया, उत्तर-कुरु को भी जहाँ वराह रहते थे जो बाद में मनुष्य कहलाये। सही ज्ञान के अभाव में पुराणों ने जय-विजय की कथा के माध्यम से तिब्बत से जोड़ दिया, जो सच नहीं था। उसके नाम में कश्यप शब्द का जुड़ा होना यह साबित करने के लिए सम्पूर्ण है कि वह कश्यप था और मूलतः कश्मीर का रहनेवालो था। उसके साथ कुछ दानव भी गये थे, जो दनु की सन्तानें कही जाती थीं। उन्हीं में एक हिरण्याक्ष था जिसने अपने व्यक्तिगत क्षमता में उत्तर-कुरु में अपना राज्य स्थापित किया था और पुराण उसे हिरण्यकश्यप का अनुज मानते थे जो पूर्णतः दोनों की कश्मीरी उत्पत्ति के कारण था। मेरे अभिमत में हिरण्याक्ष हिरण्यकश्यप का अनुज नहीं था और न हि उसके साथ कश्मीर से गया था। वह दैत्य भी नहीं था, पुराण उसे प्रमुखतः दानव कहते हैं। दोनों की ऐतिहासिक प्रस्थिति में 200 वर्षों का काल भेद है। लगभग इतने ही वर्ष पूर्व मनुष्य-वंश के प्रणेता आदि मनु ने उसका वध करके उत्तर-कुरु को प्राप्त किया था। इसे विष्णु के वराह अवतार की कथा द्वारा व्यक्त किया गया है। यह 3500 ई.पू. के आस-पास का काल है और हिरण्यकश्यप 3300 ई.पू. के आस-पास राजा बना था। तात्पर्य इतना कि हिमालय का सम्पूर्ण क्षेत्र तब दैत्यों-दानवों के अधीन था जब मनुष्यों का अभ्युदय हुआ था। दैत्यों-दानवों तथा देवों-मनुष्यों में आपसी विवाद था जो युद्धों में परिवर्तित हो गया जिसे पुराणों ने देवासुर-संग्राम की पहचान दिया। यह युद्ध 300 वर्षों तक लड़ा गया जब तक कि दैत्य वहाँ से पलायन नहीं कर गये। इस देवासुर-संग्राम की पुराणाधारित कथा मैंने सविस्तार 'विष्णु के 10 अवतारों में निबद्ध इतिहास एवं सनातन धर्म' नामक अध्याय में किया है। ऐतिहासिक दृष्टि से

देवासुर-संग्राम वस्तुतः दो देशों का युद्ध था, कश्मीर और उत्तर-कुरु; दोनों एक-दूसरे पर आधिपत्य चाहते थे।

देवासुर-संग्राम में जो व्यक्ति देव-पक्ष का नेतृत्व करता था वह इन्द्र कहलाता था, यह आवश्यक नहीं था कि उसका नाम भी इन्द्र रहा हो। स्वाभाविक था कि वह अलग-अलग युद्ध में अलग व्यक्ति रहा हो, इतना ही स्वाभाविक है कि देव पक्ष का नेतृत्व किसी आदित्य ने ही किया होगा। इस प्रकार इन्द्र एक पद था जो आदित्यों का प्रमुख या सेनापति को प्रदान किया जाता रहा होगा। पुराण में दैत्यों द्वारा कहा गया एक कथन हैः विरोचन ही हमारा इन्द्र है। स्पष्टतः इन्द्र एक पद था तथा उसी तरह एक अलंकरण था जिस प्रकार से मनुष्य-वंश में मनु। दोनों में अन्तर केवल इतना भर था कि मनु समाज के विधि निर्माता को दिया जाता था, वह राजा भी हो सकता था, लेकिन देवों में इन्द्र का मान उसे प्रदान किया जाता था जो राजनैतिक उपलब्धि प्राप्त करता था। आदित्यों में सभी अदिति के पुत्र नही हैं, प्रकारान्तर से आदित्य 12 सूर्य नामों का समूह है जिन नामों से वहाँ के विभिन्न समूह सूर्य की वन्दना करते थे। सूर्य पूजा कश्मीर के लगभग सभी जमात की प्राथमिक पूजा थी। जैसे-जैसे उस क्षेत्र के अन्य प्रजातियों का सम्मिलन होता गया, उनके आराध्य भी देवता संवर्ग में जोड़ दिये गये। वैदिक-काल तक उनके 33 देवता हो गये। इनमें 12 आदित्य थे जो प्रमुख रूप से देवों के देवता थे, 8 वसु थे जो मनुष्यों के आराध्य थे तथा 11 रुद्रगण थे जो शैवों के देवता थे एवं दो अश्विनी कुमार थे जिन्हें बाद में सम्मिलित किया गया था। भारतीयों ने सर्वधर्म समभाव की इसी विभावना के साथ तीनों समाजों और तीनों संस्कृतियों का एकीकरण किया था। इन 33 वैदिक देवताओं के साथ भारत ने अपनी धार्मिक यात्रा आरम्भ किया था, जो मंथर गति से आगे बढ़ता हुआ समय के साथ सम्पूर्ण भारत में स्वीकार्य हुआ। यही सनातन धर्म था जिसकी महत्त्वपूर्ण बातें निम्नवत् हैं -

- ये सभी 33 देवता किसी एक मानव समाज से नहीं थे अपितु तीन सनातन समाजों से थे जो उस काल में सबसे ज्यादा प्रभावी थे और जो एक-एक करके अन्य स्थानीय समाजों को अपने साथ जोड़ते जा रहे थे और उनके इष्टदेव को उनके पराक्रम के अनुसार मान देते हुए देवताओं के परिवार में सम्मिलित कर रहे थे। उन्हें 33 करोड़ देवताओं से भी परहेज नहीं था।
- ये 33 और अन्यान्य वैदिक देवता या तो उनके पूर्वज थे या अन्यान्य स्थानीय कबीलों के उनके पूर्वज या प्रतीक चिह्न (टोटम्) थे जिसे वे पवित्र मानते थे या अन्यान्य प्राकृतिक शक्तियों के मानवीकृत रूप थे जिसे वे देवत्व प्रदान करते थे। यथा वरुण, इन्द्र, सवितुः, विवस्वान् आदि, स्कन्ध, गणेश, कुबेर, हनुमान आदि एवं सूर्य, अग्नि, वायु, उषा आदि। इनके साथ कालान्तर में पौराणिक देवता भी जुड़ गये यथा परशुराम, श्री राम, श्रीकृष्ण आदि। पौराणिक देवताओं

में सबसे प्रमुख थे त्रिदेव अर्थात् ब्रह्मा-विष्णु-महेश जिन्हें वे ईश्वर का मान देते थे। ईश्वर वे थे जिन्होंने त्रिलोक में मानव सृजन को सम्पूर्ण किया था। त्रिलोक को आप हिमालय के आर-पार का क्षेत्र समझ सकते हैं। यहाँ विष्णु मूल जन्म स्थान के प्रतीक थे, ब्रह्मा हम भारतीयों के सृजनकर्ता के प्रतीक में और महेश समस्त प्राणियों के शिव के रूप में। समयानुसार सभी देवताओं को उनकी पत्नी से संयुक्त किया गया और उन्हें देवी के पद पर प्रतिष्ठित कर दिया गया।

- सनातन धर्म में धर्म का वह अर्थ नहीं है जो आज 'रिलिजन' परिभाषित करता है। यहाँ धर्म का अर्थ है वह जो समाज की प्रत्येक इकाई द्वारा व्यक्तिगत रूप से ग्राह्य हो या व्यक्तिगत रूप से अग्राह्य हो अर्थात् इस धर्म में व्यक्तिगत अभिस्वीकृति और अभिव्यक्ति की पूर्ण स्वतन्त्रता है। इस धर्म के निम्न मूल्यवान मूल्य निम्नवत् हैं-
  - प्रथम हैः इष्टदेव के चयन की स्वतन्त्रता। प्रत्येक व्यक्ति किसी भी देवता को अपना इष्टदेव मान सकता है, वह एक, अनेक या सभी देवताओं को अपने इष्टदेव के रूप में चुन सकता है, वह चाहे तो इनसे अलग किसी देव को मान्य कर सकता है और न चाहे तो किसी को भी नहीं चुनकर भी उस समाज का सम्मानित सदस्य बना रह सकता है। मात्र चयन की ही नहीं अपितु अभिव्यक्ति की भी पूर्ण स्वतन्त्रता है। प्रत्येक व्यक्ति को किसी भी देवता की स्तुति की समीक्षा और आलोचना, यहाँ तक कि तिरस्कार तक का अनकहा अधिकार प्राप्त था। ऐसा करना सामान्य अपराध तो हो सकता है लेकिन दण्डनीय नहीं। तात्पर्य यह कि ईश-निन्दा जैसा कोई दण्डनीय विधान नहीं है। धर्म की परिभाषा व्यक्तिगत तथा सामाजिक अनुशासन के अनुबन्धों तक सीमित है। मात्र सामाजिक अनुशासनों का अनुपालन ही अपराध है, व्यक्तिगत मर्यादाओं को भंग करने के लिए स्वैच्छिक पश्चाताप ही काफी है। तात्पर्य यह कि सनातन धर्म आधुनिक अर्थों में प्रजातांत्रिक है।
  - द्वितीय हैः व्यक्तिपरक् उपासना पद्धति। भारतीय दर्शन ने उपासना की तीन पद्धतियों को जन्म दिया, किसी एक समान स्वरूप की एक पद्धति का नहीं जो उस धर्म के सभी अनुयायियों पर समान रूप से बाध्यकारी हो। अन्य धर्मों की सामूहिक उपासना पद्धति के विपरीत सनातन धर्म की पूजा-पद्धति व्यक्तिपरक है और अबन्धन है। इस सम्बन्ध में व्यक्ति उतना ही स्वतन्त्र है जितना इष्टदेव के चयन के प्रति। भारतीय उपासना पद्धति की यथोक्त तीन पद्धतियाँ हैंः ज्ञान-पथ, कर्म-पथ और भक्ति-पथ। ज्ञान-पथ का मर्म हैः स्वयं एवं अन्य प्राणियों में समान रूप से उस एक ब्रह्म या परम ब्रह्म की अनुभूति प्राप्त करना जिसके विराट स्वरूप से यह

सम्पूर्ण सावयव जगत् प्रकट हुआ माना जाता है, कर्म-पथ की विभावना है: निष्काम-कर्म की प्रतिष्ठा के साथ कर्तव्य-कर्म को ही उपासना मानना और ज्ञान-पथ है: जन-कल्याण की कामना के साथ इष्टदेव का प्रशस्ति गान। इन तीनों पद्धतियों से अलग भी कोई व्यक्ति अन्य मार्ग से भी उपासना कर सकता है और नहीं भी कर सकता है, किसी प्रकार की कोई बाध्यता नहीं है।

- तृतीय है: बहुदेव में आस्था एवं एकेश्वर में निषेध। यह भारत की मूलभूत प्रकृति है। आदि-काल से चरैवेति-चरैवेति के मन्त्र के साथ प्रवाहमान है। आज भी नित नये देवी-देवता पूर्ववत प्रकट हो रहे हैं। सबसे नये शायद सांई बाबा हैं, वैसे ही चमत्कार से सम्पन्न जैसे पहले के देव होते थे। इनमें आस्था का होना या न होना महत्त्वपूर्ण नहीं है, समाज का बड़ा वर्ग इससे अप्रभावित रहता है फिर भी सनातन धर्म की चरैवेति वाली गति आगे बढ़ जाती है, बढ़ती ही जाती है, वहाँ तक जहाँ काल अपना अर्थ खो देता है। असुर धर्म सनातन धर्म का सहोदर था। एक ही माता-पिता की जुड़वीं दो सन्तानों की तरह। कश्मीर की उसी पवित्र भूमि ने दोनों को एक साथ जन्म दिया था, यम और यमी की तरह। यम असुर संस्कृति के प्रवाह में विलीन हो गये और यमी यमुना बन कर गंगा के साथ चल पड़ी और आज भी जीवंत है। छठीं-सातवीं शताब्दी ई.पू. में जब जरथ्रुस्ट ईरान में असुर धर्म को नवजीवन देने के क्रम में वरुण देव को असुर श्रेष्ठ बना रहे थे और उन्हें एकमात्र एक सर्वशक्तिमान देवता के रूप में प्रतिस्थापित कर रहे थे और जब यह कह रहे थे कि असुर होने की एकमात्र एक शर्त है अकेले एक अहुरमज्द और उनकी श्रेष्ठता में अटूट आस्था और उसकी सार्वजनिक घोषणा। मेरे मत में धर्म का यह एकेश्वरवाद बाद में उत्पन्न होने वाले एकेश्वरवादी धर्मों एवं तज्जनित असहिष्णुता की जननी है। जब ईरान में, पश्चिम एशिया के उस सबसे सभ्य देश में एकेश्वरवाद अंगड़ाई ले रहा था उस समय यहाँ भारत में भगवान बुद्ध सम्यक् कर्म का सन्देश दे रहे थे और उसे धम्म के सर्वोच्च मूल्य के रूप में प्रतिष्ठित कर रहे थे जिसमें न ईश्वर का वास था न ईश्वरीय शक्ति का। अशोक जैसा सम्राट धार्मिक आजादी की पृष्ठभूमि वाले भारत जैसे देश में ही पैदा हो सकता है जो रणभेरी का त्याग कर विश्व के कल्याण के लिए मानव धम्म की स्थापना एवं प्रचार-प्रसार में तल्लीन हो गया हो और उसके प्रिय बौद्ध धम्म की दुनिया की आधी आबादी ने मुक्त कंठ से अंगीकार किया हो। दूसरी तरफ देखिए, जरथ्रुष्ट के एकेश्वरवाद के हजारों वर्षों बाद पश्चिमी जगत से आने वाले धर्म हाथ में तलवार लेकर भारत आये, घोड़े पर चढ़कर आये

और गला काटकर भारतीयों को धर्मांतरित किये। प्रातः स्मरणीय प्रियदर्शी अशोक और भारत भूमि तुम्हें कोटिशः नमन। कहने की आवश्यकता नहीं, एकेश्वरवाद और सामूहिक उपासना पद्धति साम्प्रदायीकरण को बढ़ावा देता है तथा आपसी सहिष्णुता को कमजोर करता है।

सनातन धर्म वैदिक धर्म की पूर्वावस्था है। हिमालय के उस पार के क्षेत्रों में रहते हुए इन लोगों ने प्रकृति को बहुत करीब से देखा। प्रकृति की भयावहता से कम्पित भी हुए और उसके सौन्दर्य पर मन्त्रमुग्ध भी। प्रकृति की कल्याणकारी शक्तियों की उदारता पर अभिभूत भी हुए। इसकी उन्हें असीम आवश्यकता थी इसलिए उनके अन्तर्मन में उनके प्रति प्रार्थना के स्वर फूट पड़े। उन्होंने इन शक्तियों का मानवीकरण किया और अन्ततः उन्हें देवत्व प्रदान करते हुए देवता बना दिया। इस प्रकार उनके जो देवता बने उनमें कुछ नाम हैंः आपः (वरुण), प्रकाश (सूर्य), मृत्यु (यम), ताप (अग्नि), वर्षा (इन्द्र), वायु (मरूत्), विश्वेदेवा (8 देवताओं का एक समूह)। इसी प्रकार यथा आवश्यक अन्य प्राकृतिक शक्तियों को भी देवत्व प्रदान किया गया। प्रकृति-जनित सभी देवताओं की माता को अन्तरिक्ष का मान देते हुए उसे साभार अदिति नाम प्रदान किया गया और सूर्य की माता को उषा नाम दिया गया। उन्हें अपने मूल जन्म-स्थान के प्रति भी अगाध आस्था थी, उसे वे आदि नारायण (आदिनारुस्थान) कहते थे। समय के साथ आदि नारायण को विष्णु नाम देकर उनकी पूजा करने लगे। उनकी धारणा में तिब्बत उनका आदि नारायण था। उन्होंने सृष्टि के सृजनकर्ता को भी एक नाम दिया। उनके अन्तर्मन में मानव प्रजाति की प्रथम उत्पत्ति-स्थल के रूप में वाराह तीर्थ की स्मृति शेष थी, इसलिए सृष्टि-कर्ता को 'ब्रह्मा' नाम प्रदान किया। कालान्तर में वह उत्तर-कुरु नाम से प्रसिद्ध हुआ। यह उनकी अनुभवजनित आस्था थी कि प्रत्येक क्रिया के विरुद्ध समान शक्ति की प्रतिक्रिया होती है। प्रकृति में अन्तर्निहित इस प्रतिक्रियात्मक शक्ति को 'महेश' नाम से पहचान स्थापित किया। यही अनादि, अनन्त और निर्विकार सनातन धर्म के देवता थे। समय और परिस्थिति के अनुरूप उनकी परिभाषा और स्वरूप में परिवर्तन हुआ लेकिन हिन्दू संस्कृति में उनका अस्तित्व एवं अस्मिता यथावत बना रहा।

विकास के बढ़ते कदम के साथ समाज में वैचारिक द्वन्द्व ने दस्तक दिया। प्राथमिक विचार यह था कि प्रकृति के 5 मूलभूत भौतिक तत्व ही जीव निर्माण के कारक तत्व हैं। ये पाँच भौतिक तत्व हैंः क्षिति (माटी), जल, पावक, गगन (खाली जगह) और समीर (वायु)। चैतन्य एक अलग तत्व नहीं है अपितु इन तत्वों से विनिर्मित जीव के शरीर की अन्तर्निहित स्वाभाविक प्रक्रिया है। प्रश्न गम्भीर थाः अचेतन भौतिक तत्व चैतन्य कैसे उत्पन्न कर सकता है? इस वाद-विवाद-संवाद के सर्वसहमत समाधान के अभाव में तत्कालीन समाज दो भागों में बँट गया। प्रथम

असुर समाज था जो वर्तमान विचारों के साथ रहा लेकिन दूसरा देव समाज सत्य की खोज में आगे बढ़ा। उनकी खोज का निष्कर्ष थाः एक अलौकिक, अभौतिक और केवल चैतन्य तत्व जिसे कपिल मुनि ने 'पुरुष' नाम दिया। उनके दूसरे तत्व का नाम 'प्रकृति' है जो त्रिगुणात्मक है, सत, रज, तम् गुणों के साम्यावस्था का नाम है एवं केवल शरीर रचना का कारक तत्व है। 'प्रकृति' उन्हीं पाँच भौतिक तत्वों की रचना करती है जिन्हें असुर समाज जीव निर्माण के लिए आवश्यक मानता है। कपिल के अनुसार ये दोनों अभौतिक तत्व अलग-अलग जीव निर्माण में सक्षम नहीं हैं। जीवन निर्माण के लिए दोनों का संयुक्त होना अनिवार्य शर्त है। देव समाज ने इसे अंगीकार किया।

सनातन धर्म वस्तुतः एक सामाजिक संस्था थी। जिन्हें वे देवता कहते थे, वे उनके मित्र थे। उन्होंने उनको उसी वातायन से चयन किया जिसमें वे रह रहे थे। वे एक नहीं, अनेक थे। सम्पूर्ण मानवता के हितैषी थे। सभी समान रूप से आदरणीय थे। मेरे अनुमान से देवताओं के सृजन की उक्त प्रक्रिया 3500 ई.पू. के आस-पास शुरू हुआ जब स्वयंभु मनु ने वाराह तीर्थ में राजतन्त्र की स्थापना किया था। एक अनुशासन प्रिय समाज की स्थापना राजतन्त्र की प्रथम वरीयता होती है क्योंकि अकेले धर्म-संस्था सामाजिक अनुशासन के संस्थापन में पूर्ण सक्षम नहीं होती है। आदि मनु ने भी वैसा ही किया। राजतन्त्र में एक सर्वोच्च पद होता है, राजा सर्वशक्तिमान होता है। वह इतना निरंकुश होता है कि उसका हर आदेश ही कानून होता है। आदि मनु की इस बात के लिए प्रशंसा की जानी चाहिए कि धर्म के क्षेत्र में उन्होंने ऐसा नहीं होने दिया। उन्होंने बहुदेववाद का मार्ग प्रशस्त होने दिया या किया। सनातन धर्म का यह बहुदेववाद उसका प्राण-तत्व है। एक सर्वोच्च एवं सर्वशक्तिमान व्यक्ति या ईश्वर की विद्यमानता हमेशा समाज के लिए विभाजनकारी होता है, समाज में साम्प्रदायीकरण करता है और आपसी सहिष्णुता की विभावना को कमजोर करता है। समय के बढ़ते कदम के साथ सनातन धर्म वैदिक काल में पहुँचा। मेरे अनुमान से वह 3300 ई.पू. के आस-पास आरम्भ हुआ। इस कालखण्ड में देवताओं में कुछ चरित्रगत् परिवर्तन हुए जिसे हम आगे देखेंगे।

सर्वप्रथम हम प्रमुख वैदिक देवता इन्द्र के स्वरूपगत परिवर्तन की मीमांसा निम्न सूक्तियों के माध्यम से करते हैं -

1. सूक्त : X–47 रचनाकार - सप्तगुः आंगिरस देवता - इन्द्र वैकुण्ठ
2. सूक्त : X–48 रचनाकार - इन्द्र वैकुण्ठ देवता - इन्द्र वैकुण्ठ
3. सूक्त : X–49 रचनाकार - इन्द्र वैकुण्ठ देवता - इन्द्र
4. सूक्त : X–50 रचनाकार - इन्द्र वैकुण्ठ देवता - इन्द्र

अर्थात् ये चारों सूक्तियाँ वाद-संवाद के माध्यम से प्रस्तुत की गयी जो वस्तुतः सप्तगु ऋषि और इन्द्र वैकुण्ठ तथा इन्द्र वैकुण्ठ और देवता इन्द्र के बीच हुआ है।

चूंकि यह संवाद एक वर्तमान ऋषि और अमूर्त इन्द्र के बीच हुआ है जिसका अर्थ यह है कि इन चारों सूक्तियों के रचनाकार सप्तगु आंगिरस हैं जो इन्द्र वैकुण्ठ और देवता इन्द्र की व्याख्या कर रहे हैं। श्री सप्तगु आंगिरस बधाई के पात्र हैं जो उन्होंने देश को इन्द्र वैकुण्ठ से परिचय कराया तथा देवराज इन्द्र और देवता इन्द्र के अन्तर को स्पष्ट किया। सूक्त X – 47 में ऋषि सप्तगु देवता इन्द्र वैकुण्ठ से विनम्र अनुरोध करते हैं - 'हे देवेन्द्र! तुम विविध धनों के स्वामी हो, तुम गौवों के अधिपति हो, तुम शत्रु पुरियों का नाश करनेवाले हो, अद्‌भुत कर्म वाले हो, वीर और अश्वयुक्त रथ के रथी हो, मैं अंगिरा गोत्री सप्तगु हूँ, मैं सत्य कर्म करनेवाला हूँ, मैं देवताओं के लिए मन्त्र-रचना करता हूँ, मैं विनम्र भाव से देवताओं का नमन करता हूँ, तुम मुझे श्रेष्ठ धन दो, गायें दो, अद्वितीय गृह दो और श्रेष्ठ पुत्र दो।' सूक्त X – 48 में इन्द्र वैकुण्ठ कुछ इस प्रकार उत्तर देते हैं - 'मैं शत्रुओं के धन का विजेता और शास्वत धन का स्वामी हूँ, मनुष्य मेरा आह्वान करते हैं, पिता जैसे पुत्र को धन प्रदान करता है वैसे ही मैं हवि देने वाले यजमानों को श्रेष्ठ अन्न प्रदान करता हूँ। मैंने ही दध्यङ् (अथर्वण) ऋषि का सिर काट लिया, मैंने ही तृत की रक्षा किया, मैंने ही शत्रुओं से धन छीना, मैंने ही मातरिश्वा के पुत्र दधीचि की सहायता हेतु मेघवृष्टि किया। त्वष्टा ने मेरे लिए लौह वज्र का निर्माण किया था, सूर्य के समान ही मेरी सेना अभेद्‌य है, मैंने वृत्र हनन जैसे भीषण कर्म किये इसलिए सब मेरी आराधना करते हैं। मैं इन्द्र किसी के सामने नहीं झुका, मैं अकेले कई शत्रुओं को परास्त करता हूँ।' इसी प्रकार की अन्य बातें जो उन्हें एक वीर सैनिक, सेनापति तथा राजा के रूप में प्रस्थापित करती हैं। ऋषि सप्तगु आंगिरस द्वारा इन्द्र वैकुण्ठ को इस प्रकार देवेन्द्र की प्रशस्तियों से अलंकृत किया जाना यह स्थापित करता है कि ऋषि के संज्ञान में यह था कि देवेन्द्र का वास्तविक नाम इन्द्र वैकुण्ठ है और वह सूक्त संख्या X – 48 के माध्यम से यही स्पष्ट करते हैं। आंगिरसों से बेहतर देवेन्द्र को कौन जान सकता है? भार्गव इन्द्र के जितने विरोधी थे, आंगिरस देवेन्द्र के उतने ही मित्र। अवेस्ता और ऋग्वेद दोनों इसके प्रत्यक्षदर्शी साक्षी हैं। देवता इन्द्र पूर्व वैदिक देवता हैं। वे वेदों की रचना के पूर्व से सूर्य, अग्नि, वायु, आपः, उषा, सोम आदि के समान पूजित थे। वे रोगपान और वर्षा के देवता माने जाते थे। प्रारम्भिक दिनों में सामूहिक रूप से सोमपान होता था जिसे सोम-याग कहते थे। वे इसे त्यौहार की तरह मनाते थे और इन्द्र का सम्मान करते थे। ऋषि ने सूक्त संख्या X – 49–50 के माध्यम से दोनों की प्रशस्तियों को एकीकृत करते हुए दोनों को एक कर दिया। ऋषि का संकेत साफ है, इस प्रकार इन्द्र वैकुण्ठ अर्थात देवेन्द्र देवता इन्द्र के रूप में स्थापित होते हैं।

ऋग्वेद के सूक्त संख्या X – 38 के रचनाकार हैंः इन्द्र मुष्कवान। प्रथम दृष्टया प्रतीत होता है कि इन्द्र मुष्कवान भी देवेन्द्र हो सकते हैं। लेकिन ऐसा नहीं है क्योंकि

इस छन्द में उत्तम पुरुष (मैं, हम आदि) में रचनाकर द्वारा भाव व्यक्त नहीं किये गये हैं जबकि X – 48 में इन्द्र वैकुण्ठ स्वयं कहते हैं - 'मैं इन्द्र हूँ।' अतएव ऋग्वैदिक देवेन्द्र तो एकमात्र इन्द्र वैकुण्ठ हैं। परम्परानुसार इन्द्र उनका नाम है और वैकुण्ठ उनका पैतृक नाम यथा मनु वैवस्वत में मनु व्यक्ति का नाम है और वैवस्वत उनका पैतृक नाम। मेरी गवेषणा में इन्द्र वैकुण्ठ सही अर्थों में विवस्वत् कश्यप के अर्थ से मेल खाता है, यहाँ कश्यप जिस प्रकार देश पिता (कश्यप=कश्मीर) के अर्थ में प्रयुक्त हुआ है उसी प्रकार वैकुण्ठ इन्द्र के साथ उनके देश-पिता (तिब्बत) के रूप में प्रयुक्त हुआ है एवं जिस प्रकार कश्यप के पिता ऋषि मरीचि हैं, उसी प्रकार वैकुण्ठ के पिता तपस्वी विकुण्ठा हैं। पुनश्च ये दोनों पौराणिक नाम हो सकते हैं।

आगे की कथा सहज कल्पनीय है। अचानक एक दिन एक युवा जिसका नाम इन्द्र वैकुण्ठ है, तिब्बत से आया होगा और उसने देखा होगा, पहाड़ों, मैदानों, झरनों, नदियों, सरोवरों और झीलों भरा मीलों-मीलों फैला एक विशाल भूखण्ड, मनुष्यों से लगभग अछूता, उसका बाट जोह रहा है। वहाँ की उर्वरा भूमि अपनी कोख में अन्न का भंडार लिए पलक-पावड़े बिछाये हुई थी, अनेकों बाग तरह-तरह के स्वादिष्ट और पौष्टिक फलों से लदे जैसे उसी का इंतजार कर रहे थे, रंग-बिरंगे फूल वातावरण इन्द्रधनुषी बना रही थी, अनगिनत फूलों की मकरंद भरी सुगन्ध केसर की चुटीली सुगन्ध को आत्मसात कर प्रकृति को मधुमय बना रही थीं, कस्तूरी की सुगन्ध आवोहवा को मादक बना रही थी, उछलते-कूदते-दौड़ते वन्य जीव मनोहर दृश्य प्रस्तुत कर रहे थे, किले की दुर्भेद्य दीवार की तरह चारों ओर चिनार और देवदार के ऊँचे दरख्तों से भरे ऊँची-ऊँची पर्वतमाला सुरक्षा का आश्वासन दे रही थीं, उत्तंग शिखर से प्रखर वेग से गिरती स्रोतस्विनियाँ सतत जीवन का सन्देश दे रही थीं। उसने देखा कि पूज्य हिमालय अपना श्रेष्ठतम खजाना तो यहाँ छुपा रखा है। उनके मन ने कहा - स्वर्ग तो यही है। राज्य स्थापन की इससे बेहतर जगह दुनियाँ में कहीं और नहीं हो सकती है। वहीं पहाड़ी के एक ढलान पर अपनी अमरावती बना लिया। किसी देव द्वारा कश्मीर में राज्य की स्थापना तत्कालीन राजनैतिक इतिहास की उतनी ही महत्त्वपूर्ण घटना है जितनी कश्मीर के इतिहास में विशाल सतीसर के किनारे के एक शिलाखण्ड का टूट कर अलग होना, महाप्रलय का आना और एक वृहत, सुन्दर, सुरक्षित, सुरभित भूमि-खण्ड का प्रकट होना जो निश्चित रूप से आस-पास के सभी राजाओं के आकर्षण का केन्द्र बना होगा। सच में इन्द्र के लिए इसे पाना आसान नहीं था, एक महासमर के उपरान्त वे इसे प्राप्त कर सके थे। असुरों के साथ भयंकर युद्ध हुआ था। उनका राजा वृत्रासुर युद्ध के मैदान में मारा गया था। इन्द्र ने त्वस्ता द्वारा निर्मित लौह वज्र के प्रहार से उसका वध कर दिया था। कहते हैं वह तपस्वी दधीचि के जीवन-दान से प्राप्त तपी हुई हड्डियों से संयुक्त कर बनाया गया था। दधीचि के पिता मातरिश्व के नाम का अश्व उनके अश्वमुखी होने का संकेत देता

है। पुराण दधीचि को भी अश्वमुखी होना बताते हैं। उन्होंने तृत तथा दधीचि को अपने पौरूष से आपदा की स्थिति से उबार कर जीवनदान दिया था। असुरराज की मृत्यु के बाद उनके गुरू दध्यंड अथर्वण ने उनका विरोध किया। कहते हैं इन्द्र ने उनका सिर धड़ से अलग कर दिया था। स्थानीय लोगों द्वारा इसका विरोध भी हुआ जिसका उन्होंने देवगुरु बृहस्पति के माध्यम से बड़ी कुशलता के साथ शमन किया। ईरानी ग्रन्थ अवेस्ता इसीलिए इन्द्र को वृत्रघ्न नाम से सम्बोधित करता है और उनसे घृणा करता है। उनके पास श्रेष्ठ धनों का खजाना था जिसे उन्होंने मुक्तहस्त से दान किया। यथा जनता को उन्होंने अन्न, फल, शहद, आवास तथा सोम प्रदान किया जिससे जनमत हमेशा उनके पक्ष में बना रहा। सूक्त X – 48 में वर्णित ये कथाएं उनको देवता बनाने में सहायक बनी।

स्वाभाविक है कश्यप देश के एक प्रखण्ड सतीसर में जो पहले जल से लबालब भरा था, प्रलय के माध्यम से जल निकलने के बाद जब वह धरती कठोर हुई होगी, पेड़-पौधे के उत्पन्न होने लायक बनी होगी, जीव-जन्तुओं के घूमने लायक बनी होगी, आबादी के बसने लायक बनी होगी, तब कहीं जाकर इन्द्र ने अपना राज्य स्थापित किया होगा। पहले के दो अलग-अलग अध्यायों में किये गये मेरे आंकलन के अनुसार प्रलय 3140 ई.पू. में आयी थी और इन्द्र महान ने अपना राज्य 3076 ई. पू. में स्थापित किया था। इन तिथियों की ऐतिहासिकता हम सम्बन्धित दो अध्यायों में स्थापित कर चुके हैं। दोनों तिथियों के बीच जो 64 वर्ष का अन्तर है, वह एक पहाड़ी जमीन को उर्वरा बनने और आबादी बसने लायक कठोर बनने के लिए काफी है। प्रश्न हैः आबादी कहाँ से आयी होगी? सतीसर आज का कश्मीर घाटी है जिसे तात्कालिक रूप से आबाद होना था। सतीसर के पश्चिम का क्षेत्र जो आज जम्मू कहलाता है तथा शिवालिक के सटे उत्तरी पंजाब, हिमाचल तथा उत्तराखण्ड पहले से आबाद था। उत्तर में हिमालय के पार उत्तर-कुरु था जिसके दोनों प्रभाग यथा सिन्धु के उत्तर तथा दक्षिण का प्रभाग जो आज लद्दाख कहलाता है, घनी आबादी का क्षेत्र था जहाँ 300 वर्षों तक देवासुर-संग्राम हुआ था, उसके बाजू में तिब्बत था जो इन्द्र के स्वजनों का देश था, आबादी वहीं से आयी थी। तिब्बत से देव आये, उत्तरी पंजाब, हिमाचल एवं उत्तराखण्ड से मनुष्य गये। इन क्षेत्रों में जो उस काल में सप्त-सिन्धु तक विस्तृत था, स्वयंभु मनु के वंशजों का शासन था और वे मनुष्य कहे जाते थे। ऐतिहासिक दृष्टि से उत्तराखण्ड में उस समय दक्ष प्राचेतस का शासन था और उनकी राजधानी कनखल में थी जो आज भी जनपद हरिद्वार में स्थित है। कश्यप देश का जम्मू प्रभाग कश्यप के समय से ही अनेक प्रजातियों की भूमि थी जिन्हें कच्छप अवतार के बाद कश्यप का नाम दिया गया था। वहाँ नाग, किन्नर, गन्धर्व, अप्सरायें आदि बसती थीं। उत्तर-कुरु में असुर, मनुष्य और ऋषिगण रहते थे। प्रतीततः वृत्रासुर और भृगुवंशी दध्यङ् वहीं से आये थे। वस्तुतः जम्मू-लद्दाख-कश्मीर का

अंचल उस काल का लघु भारत है जो कालान्तर में आज का भारत बना। जम्मू-लद्दाख और कश्मीर में उन दिनों इन दोनों की संस्कृतियों में एक बारीक अन्तर यह था कि जम्मू-लद्दाख क्षेत्र में जहाँ सनातन धर्म प्रतिष्ठित था वहीं कश्मीर में देवों ने अपनी नई संस्कृति को जन्म दिया जो दीर्घकाल तक देव संस्कृति नाम से अपनी पहचान बनाये रखी। ऋग्वेद मूलतः ऋषियों तथा देवों का ग्रन्थ है। इस कारण से मनुष्य वंश का इतिहास प्रकट होने से रह गया जिसकी भरपायी के प्रयास के रूप में काफी समय बाद पुराणों की रचना की गयी।

इन्द्र महान ने जब 3076 ई.पू. में कश्मीर में देवों का राज्य स्थापित किया उसके पहले से जम्मू प्रभाग में ऋषि अत्रि के वंशज शासन कर रहे थे। इस वंश के इन्द्र के समकालीन अत्रि-कुल के राजा पुरूरवा ऐल थे, इन्द्र से जिनकी अच्छी मित्रता थी। इस प्रकार जम्मू-कश्मीर में उस काल में दो समान्तर तथा लगभग समान शक्तियाँ स्थापित थीं जिनमें एक ऋषि-कुल की स्थानीय तथा दूसरी देव कुल की जो तिब्बत से आयी थी, लेकिन हम उसे बाहरी इसलिए नहीं कह सकते हैं क्योंकि उस समय तिब्बत त्रिलोकी का एक अनुभाग था जिसे हम प्राथमिक भारत कह सकते हैं। त्रिलोकी के तीन अंग थेः 1. उत्तर-कुरु (लद्दाख), 2. कश्यप देश (जम्मू-कश्मीर) और 3. देव-लोक (तिब्बत, वैकुण्ठ)। वैकुण्ठ में तब धर्म-संस्था थी जो शासन व्यवस्था भी देखती थी और कोई राजा नहीं होता था। इस प्रकार इन्द्र केवल कश्मीर के राजा थे। शायद इसी के दृष्टिगत पुराण पुरूरवा तथा इन्द्र को आधा-आधा सिंहासन देते हैं। इन्द्र ने प्रतीततः अपनी प्रगाढ़ता स्थाई करने के लिए पुरूरवा की प्रिय अप्सरा उर्वशी उन्हें पत्नीवत् रखने के लिए दिया जबकि देव-कुल में ऐसी परम्परा नहीं थी। समुद्र-मन्थन से उनकी उत्पत्ति के साथ ही अप्सरायें समाज में सामूहिक सम्पत्तिवत् व्यवहृत होती थीं। वे किसी की व्यक्तिगत सम्पत्ति या पत्नीवत् जीवन व्यतीत नहीं कर सकती थीं। उर्वशी उनके साथ दीर्घ काल (वायु पुराणानुसार 64 वर्ष) तक रही, उनके बच्चों की मां भी बनी और वे उसके साथ पर्यटन पर भी गये। वायु पुराण के कथनानुसार उन्होंने कभी चैत्ररथ बन, कभी मंदाकिनी के रमणीय तट पर, कभी अलकापुरी में, कभी विशालापुरी में, कभी गन्धमादन पर्वत पर, कभी नगराज की चोटियों पर, कभी उत्तर-कुरु प्रदेश में, कभी कलापग्राम में (उत्तराखण्ड में एक दूरस्थ रमणीय पर्यटन स्थल) परम आनन्द सहित उर्वशी के साथ विहार किया। ये स्थल उन्हें हिमालय क्षेत्र का राजा होने का संकेत देते हैं।

पुरूरवा बुध आत्रेय के पुत्र थे। बुध आत्रेय ने ऋग्वेद में दो सूक्तियों की रचना किया है। सूक्त संख्या V – 1 में उन्होंने 'आत्रेय' उपनाम से तथा X – 10 में 'सौम्या' नाम से उपस्थिति अंकित कराया है। स्वाभाविक रूप से आत्रेय तथा सौम्या क्रमशः अत्रि तथा सोम से उनके रिश्ते का संकेत करते हैं। सोम के सम्बन्ध में पुराण मात्र

एक वाक्य में उन्हें अत्रि का पुत्र बताते हैं। तात्पर्य यह कि बुध सोम के पुत्र थे और सोम अत्रि के। अत्रि-कुल का वंश-वृक्ष भार्गव ने निम्नवत् दिया है -

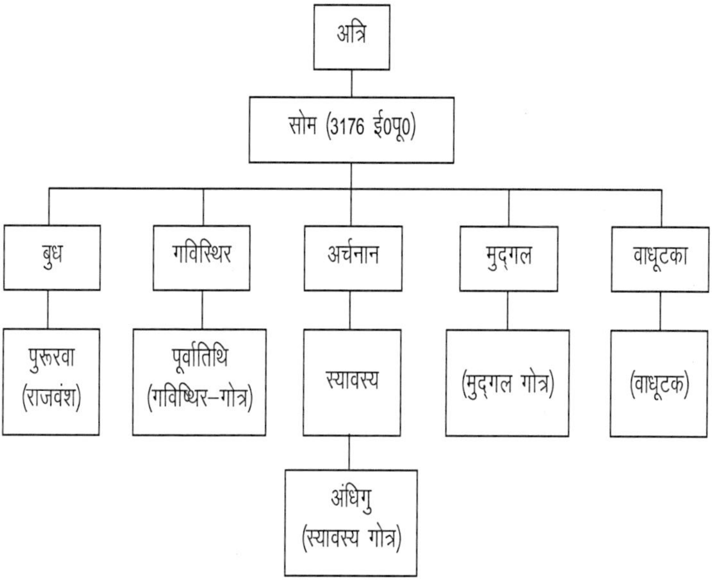

कह सकते हैं कि अत्रिकुल वह प्रथम ऋषिकुल है जिससे मनुष्य-वंश के राजतन्त्र के अतिरिक्त किसी राजवंश का उदय हुआ और रेखांकित किये जाने योग्य बात यह है कि प्रारम्भ होने की तिथि से ऐतिहासिक काल तक अक्षुण्ण रहा, लगभग सम्पूर्ण आर्यावर्त में दमदार बन रहा, कालान्तर में दक्षिण को भी विजित कर इस देश को अपने वंशज भरत के नाम पर देश को 'भारत' का नाम दिया, तीन हजार वर्षों से अधिक अवधि तक राज्य किया, सनातन धर्म को शीर्ष तक पहुँचाया, ऋग्वेद ने इनके वंशजों को 'आर्य' कहे जाने का अधिकार प्रदान किया और भारत का अतीत इसी राजवंश और इनके ऋषियों की आत्म-कथा है। इस राजवंश में अनेक राजाओं ने राज-कर्म के अतिरिक्त ऋषि कार्य किये।

अत्रि परिवार के अनेक राजर्षियों और ऋषियों को ऋग्वेद के कई मण्डलों में स्थान प्राप्त हुआ है। मण्डल V विशेष रूप इस परिवार के सदस्यों द्वारा लिखा गया है। इस ऋषि-कुल के प्रसिद्ध ऋषियों जिन्होंने ऋग्वेद की रचना में योगदान किया है उनके नाम हैं: अत्रि, बुध, गविष्ठिर, अर्चनान, स्यावस्य, अंधिग्यु, मनु सावर्णि, नाभानेदिष्ट, वत्सपरि, भलनन्द, समवर्ण, गोपावन, वृष जान, भौमा, ईश तथा दो महिलायें घोषा और विश्ववारा। मनु सावर्णि और उनके परिवार के सदस्य

नाभानेदिष्ट, वत्सपरि, भलनन्द आत्रेय परिवार से नहीं हैं, वे वैश्य थे मनुष्य-वंश से सम्बन्धित थे जो ब्राह्मण हो गये थे। लेकिन सभी पुराण एकमत से सोम, बुध और पुरूरवा को अधिपति घोषित करते हैं। सोम एक प्रतापी राजा थे, उन्होंने देवासुर-संग्राम में भाग लिया था, तारकामय देवासुर-संग्राम उनके नाम पर लड़ा गया था और वे वस्पतियों और ब्राह्मणों के अधिपति कहे गये हैं। तारकामय युद्ध बृहस्पति की पत्नी तारा को लेकर हुआ था जिससे बुध आत्रेय हुए। स्वाभाविक रूप से सोम के बाद बुध और बुध के बाद उनके पुत्र पुरूरवा अधिपति बने होंगे।

बुध की पत्नी का नाम इला था जो मनु वैवस्वत की पुत्री थीं। बुध और इला का संसर्ग और पुरूरवा ऐल की उत्पत्ति एक आकस्मिक घटना थी और वह हिमालय के सन्निकट स्थित उमा के शरवण यानी कश्मीर में हुई थी। इसका सीधा संकेत यह है कि यह आकस्मिक घटना कश्मीरी प्रलय के तथा मनु के राज्यारोहण के पूर्व घटित हुई थी। सम्भवतः बुध उस समय तक कश्यप देश का राज्य प्राप्त कर चुके थे क्योंकि सोम के बारे में यह प्रसिद्ध है कि वे यथासमय तपस्या करने हेतु गुजरात चले गये थे जहाँ आज सोमनाथ का मन्दिर है। इस प्रकार पौराणिक सन्देश यह संकेत करता है कि बुध और मनु वैवस्वत समकालीन राजा थे। अतएव यह सिद्ध होता है कि सोम एवं विवश्वत तथा अत्रि और कश्यप समकालीन थे।

वैदिक ऋषि त्रिशिर एवं त्वष्ट्रि ऋ0 10-8 सूक्त के रचनाकार हैं। इस सूक्त में त्वष्ट्रि का यह कहना है कि इन्द्र की प्रेरणा से तृत आप्त्या ने उनके पुत्र त्रिशिर विश्वरूप का संहार किया और उसकी गौवों को हांक ले गया। हम जानते हैं तृत इन्द्र के मित्र थे और त्वष्ट्रि ने इन्द्र के लिए लौह वज्र का निर्माण किया था जिससे इन्द्र ने वृत्रासुर का वध किया था। त्रिशिर, त्वष्ट्रि और तृत तीनों ब्राह्मण-कुल से थे। पुराणों का कथन है कि इसलिए ब्राह्मणों ने इस इन्द्र के विरुद्ध बगावत कर दिया। फलतः इन्द्र को कश्मीर छोड़कर मानसरोवर के पास शरण लेना पड़ा। देवों ने पुरूरवा के पौत्र नहुष को राजा बनाया। लेकिन जब उन्होंने देखा कि नहुष इन्द्र की पत्नी शचि पौलोमी के प्रति कुदृष्टि रखते हैं तो उन्होंने नहुष को धक्का मारकर स्वर्ग (कश्मीर) से नीचे गिरा दिया और वे बीच में ही लटक गये तथा त्रिशंकु कहलाये। पुराणों का संकेत है, उस समय तक कश्यप क्षेत्र में आत्रेयों का राजवंश पूर्ववत उनके अधीन था, केवल कश्मीर पर इन्द्र का राज्य था। इतिहास यह कहता है कि वैवस्वत पुत्री इला ने पिता से कुरु-क्षेत्र का राज्याधिकार प्राप्ति के उपरान्त किसी समय अपने पुत्र तथा कश्यप देश के राजा पुरूरवा ऐल को दे दिया था और नहुष उनके पौत्र होने के कारण इस प्रकार दोनों क्षेत्रों के अधिपति बने थे। अब स्थिति बदल चुकी थी। नहुष न घर के रहे न घाट के, इसलिए त्रिशंकु कहलाये, जम्मू-कश्मीर उनसे छिन गया था और कुरु-क्षेत्र पर उनके पुत्र

ययाति का आधिपत्य था। अब ऐसा प्रतीत होता है कि इन्द्र का पूरे जम्मू-कश्मीर पर अधिकार हो गया। यहाँ एक मौजू प्रश्न खड़ा होता है। ऋग्वेद के सूक्त संख्या X – 95 में कहा गया है कि यम की माता और विवस्वान् की पत्नी सरण्यु त्वष्ट्रि की पुत्री हैं और त्वष्ट्रि उद्धृत सूक्त में नहुष या उनके पिता आयु के समकालीन सिद्ध होते हैं। मनु वैवस्वत नहुष और आयु से काफी पहले के राजा हैं। स्वाभाविक है मनु वैवस्वत जिस विवस्वत् के पुत्र हैं वह यम के पिता विवस्वान् नहीं हो सकते हैं। इसका उल्लेख मैं पिछले अध्याय में कर चुका हूँ। मेरे अभिमत में ऋग्वेद जिस यम की पूजा करता है, पूर्व वैदिक काल के देवता यम हैं, जो मृत्यु के देवता माने जाते हैं।

उपर्युक्त अनुच्छेद में नहुष के समकालीन कश्मीर के राजा के रूप में एक इन्द्र का जिक्र आता है और वे निश्चित रूप से इन्द्र वैकुण्ठ नहीं हो सकते हैं। सामान्य रूप से इन्हें इन्द्र द्वितीय या तृतीय होना चाहिए क्योंकि नहुष पुरूरवा से तीसरी पीढ़ी में आते हैं। ये ही वह इन्द्र हैं जिसकी पुराण भूरि-भूरि प्रशंसा करते हैं, उनके नाम से अनेक कहानियों का वर्णन करते हैं, उन्हें प्रमुख रूप से देवेन्द्र नाम से पुकारते हैं। उनकी पत्नी का नाम शचि पौलोमी है जो उपनामानुसार पुलोम दानव की पुत्री हैं। इन्द्र तथा दानवों के सम्पर्क-संघर्ष की कथा मैं पहले ही लिख चुका हूँ। शचि एक विदुषी महिला थीं। उन्होंने स्वतन्त्र रूप से ऋग्वेद की दो सूक्तों की रचना किया है। प्रथम X – 145 इन्द्राणी नाम से तथा दूसरा X – 159 शचि पौलोमी नाम से। पुराणों के अनुसार देवेन्द्र के पुत्र का नाम जयन्त तथा पुत्री का नाम जयन्ती था। जयन्ती का विवाह उशना काव्या अर्थात् शुक्राचार्य से हुआ था। इनकी पुत्री देवयानी थी। देवयानी का विवाह कुरु-क्षेत्र के राजा और नहुष के पुत्र ययाति से हुआ था। अर्थात् नहुष और शुक्राचार्य समकालीन थे। इन्द्र के प्रसंग में मैंने दो इन्द्र का वर्णन किया है। प्रथम इन्द्र वैकुण्ठ और द्वितीय देवेन्द्र। इनकी दो रानियाँ भी हैं जो अलग-अलग नामों से रचनाएं की हैं। मेरे अभिमत में इन्द्राणी इन्द्र वैकुण्ठ की पत्नी थी और शचि देवेन्द्र की।

शुक्राचार्य भार्गव हैं यानी ऋषि भृगु के वंशज हैं। ऋग्वेद की अनुक्रमणी में जहाँ कहीं सहरचनाकार या वैकल्पिक रचनाकार के रूप में भृगु ऋषि का नाम आया है वहाँ उनका पूरा नाम भृगु वारूणि लिखा गया है। यथा IX – 65 तथा X – 19 में। वारूणि उपनाम का अर्थ होता है कि भृगु वरुण के पुत्र, वंशज या आराधक हो सकते हैं। सूक्त संख्या I – 83.5 में अथर्वा तथा शुक्र (उशना काव्य) के साथ यम का नाम भी अंकित किया गया है जो इस बात का संकेत करता है कि यम और शुक्र समकालीन हैं और शुक्र चूंकि नहुष के समकालीन हैं इसलिए ये तीनों लगभग एक ही काल के हैं। सूक्त संख्या X – 14 जो स्वयं यम वैवस्वत द्वारा रचित है, के श्लोक संख्या 5 का कथन है कि अंगिरस-नवग्वा, अथर्वा-भृगु

हमारे पूर्वज हैं। तात्पर्य यह कि यम और उनके वंशज जो यामायन उपनाम से जाने जाते हैं वे भी भार्गवगोत्री हैं। ऋग्वेद के कई सूक्तों में दूध्यङ् को अथर्वा का पुत्र बताया गया है और पंचविंश ब्राह्मण च्यवन को दूध्यङ् का पुत्र मानते हैं। दूध्यङ् के दूसरे पुत्र का नाम कवि है जिनके पुत्र उशना काव्य हैं जो शुक्राचार्य नाम से ज्यादा प्रसिद्ध हुए। च्यवन के दो पुत्र अप्नावन तथा प्रमति हैं और उनकी पुत्री सुमेधा निध्रुव कश्यप से ब्याही गयी थी तथा अप्नावन का विवाह नहुष की पुत्री नहुषी से हुआ था। ये शुक्र और यम, भार्गवों और यामायनों ने असुर धर्म की प्रस्तावना लिखा। उन्होंने देहजनित चैतन्य की सैद्धान्तिक व्याख्या प्रस्तुत किया, वरुण को देव श्रेष्ठ का मान देकर एकेश्वरवाद की ओर कदम बढ़ाया, यद्यपि कि पूजन-विधि लगभग यथावत बनी रही, इन्द्र को वृत्रघ्न कह कर उन्हें देव से दानव बना दिया, समय के साथ वरुण को ईश्वर सदृश्य अलौकिक शक्तियों से सम्पन्न किया, अब वे असाध्य रोगों को दूर करनेवाले और अपुत्रवती को पुत्र का वरदान देने वाले ईश्वर बन गये। इस प्रकार ऋषि कुल का आर्य समाज द्विभाजित हुआ। इस साम्प्रदायीकरण के परिणामस्वरूप एक नवीन सम्प्रदाय का अभ्युदय हुआ। वे अपने इष्टदेव को असुर कहने लगे। असुर नाम से उनकी आराधना करने लगे। ऋग्वेद में असुरोपासना सम्बन्धित जो स्तुतियाँ हैं वे इसी समाज की देन है। चूंकि असुर समाज ने आर्यों के प्रारम्भिक साझा देवताओं में से ही अपने देवताओं का चयन किया था इसलिए तथाकथित असुरों के देवता भी ऋग्वेद के देवता बने रहे और ऋग्वैदिक ऋषियों ने उसी सम्मान के साथ उनकी प्रशस्ति के गीत गाये जिस तरह वे अन्य देवताओं की प्रशस्ति में रचनायें करते थे। इसका यह तात्पर्य नहीं है कि वैदिक ऋषि प्रथमतः असुरोपासना करते थे अपितु ऐतिहासिक सच यही है कि असुर कुछ देवताओं को लेकर अलग हो गये थे।

इसके पूर्व के अनुच्छेद में मैंने यम वैवस्वत द्वारा रचित सूक्त X – 14.5, जिसमें उन्होंने अपने चार पूर्वजों का उल्लेख किया है, को इंगित किया है। यह पूर्वजों के दो अलग-अलग युग्मों में किया गया है। प्रथम अंगिरस-नवग्वा तथा दूसरा अथर्वन-भृगु। मेरे अभिमत में ये दोनों युग्म अलग-अलग पुत्र-पिता के सम्बन्धों तथा एक भृगु कुल का सन्देश देते हैं। अर्थात् जिस प्रकार अथर्वन भृगु के पुत्र हैं, उसी प्रकार अंगिरस नवग्वा के पुत्र हैं। चूंकि चारों एक भृगु कुल के सदस्य हैं इसलिए अथर्वन और नवग्वा एक-दूसरे के भाई लगते हैं। हम जानते हैं कि प्रारम्भ से ही भृगु-वंश की दो शाखायें प्रसिद्ध हुई, इससे यही प्रतीत होता है कि जिस प्रकार अथर्वन ने भृगु-अथर्वन शाखा का सूत्रपात किया, उसी प्रकार अंगिरस ने भृगु-अंगिरस शाखा प्रारम्भ किया। अथर्वन शाखा ने जितनी मजबूती से असुर समाज के निर्माण में योगदान किया उतनी ही शक्ति के साथ आंगिरसों

ने आर्य समाज को मजबूत किया। जितनी प्रतिद्वंदिता असुरों और देवों (आर्यों) में थी, उतनी ही इन दोनों ब्राह्मण परिवारों में भी व्याप्त थी। जिस प्रकार भार्गवों ने वरुण को देव श्रेष्ठ बनाया उसी प्रकार आंगिरसों ने देवेन्द्र को देव श्रेष्ठ बनाया जो तत्काल में देवों के राजा थे। यहाँ देवों और आर्यों के अन्तर को पुनः स्पष्ट करना समीचीन होगा। समय के साथ विभिन्न ऋषियों के वंशज आर्य कहलाये, इन्द्र के वंशज देव कहे जाते थे जो समय के साथ आर्य समाज में विलीन हो गये।

शुक्राचार्य जब असुर धर्म के सिद्धान्त तय कर रहे थे, उस समय सरस्वती के तट पर आर्यों की सत्ता मजबूती के साथ स्थापित हो चुकी थी। उस समय यहाँ मनु वैवस्वत के छठवीं पीढ़ी के राजा ययाति का शासन था। नहुष के पुत्र ययाति की गणना चक्रवर्ती सम्राटों में की जाती है। यद्यपि कि भारत में आर्यों द्वारा प्रथम राजवंश की स्थापना का श्रेय मनु वैवस्वत को जाता है जिन्होंने सरस्वती और दृशद्वती के बीच कुरु क्षेत्र (हरियाणा) में 3101 ई.पू. में राज्य स्थापित किया था लेकिन मेरे आंकलन में इस राज्य की सीमाओं का चतुर्दिक विस्तार लगभग 100 वर्षों बाद ययाति द्वारा किया गया। उन दिनों राजस्थान के माउंट आबू तथा आस-पास के क्षेत्रों पर वृषपर्वा का शासन था, जो एक असुर राजा थे। पूर्व में असुर (मुख्यतः) बहुत शक्तिशाली थे। दैत्यराज बलि के पलायन के बाद उन्होंने देवों और शैवों के साथ लगभग 120 वर्षों तक युद्ध किया था। अन्ततः जब कश्मीर में 3076 ई.पू. में देवेन्द्र का राज्य स्थापित हुआ वे हिमालय छोड़ने के लिए मजबूर हुए। पुनश्च वे देश के मैदानी भागों में आये और वृषपर्वा के नेतृत्व में एक शक्तिशाली राज्य स्थापित किये तथा भृगुवंशी उशना शुक्र उनके आचार्य नियुक्त हुए। वृषपर्वा ने अपनी पुत्री शर्मिष्ठा तथा शुक्र ने अपनी पुत्री देवयानी का विवाह ययाति से किया। पुराण देवयानी और ययाति के आकस्मिक मिलन तथा शर्मिष्ठा के प्रति देवयानी के दुराग्रह को इन विवाहों के कारण के रूप में याद करते हैं लेकिन यह सच नहीं लगता है। इन दोनों को राजा ययाति को दिया जाना निश्चित रूप से युद्ध की सन्धि के शर्तों के कारणस्वरूप हुआ होगा। यह एक महत्त्वपूर्ण युद्ध था क्योंकि इस युद्ध ने असुरों और भार्गवों के भारत से बहिर्गमन की प्रस्तावना लिखा था। ईरानी धर्मग्रन्थों में अथर्वन, कवि, शुक्र तथा उनके वंशजों का उल्लेख तथा इन्द्र को वृत्रहन्ता के रूप में व्यक्त करना इसकी ऐतिहासिकता को पुष्ट करता है। यहाँ से आरम्भ यह प्रक्रिया सुदास के दशराज्ञ युद्ध के बाद सम्पूर्ण हुई।

नीचे हम जम्मू के देश-पिता कश्यप मारीचि से राजा ययाति तक की राजनैतिक स्थिति मुख्य ऋषियों के साथ उल्लेख कर रहे हैं जो अब तक की विवेचना पर आधारित है।

जम्मू	लद्दाख		जम्मू	कश्मीर
1. कश्यप मारीचि अनुमानित 3300 ई.पू.	वरुण		अत्रि	सतीसर (जलाशय)
2. विवस्वत् आदित्य **कुरुक्षेत्र, हरियाणा**	-		सोम आत्रेय	
3. मनु वैवस्वत 3101 ई.पू.	भृगु वारुणि		बुध आत्रेय	
4. इला वैवस्विता	अथर्वन	नवग्व	पुरूरवा	इन्द्र वैकुण्ठ 3076 ई.पू. पत्नी इन्द्राणि
5. पुरूरवा ऐल	दध्यङ्	अंगिरस	पुरूरवा ऐल 3076 ई.पू.	इन्द्र वैकुण्ठ
6. आयु	च्यवन भार्गव (सुकन्या शर्याति पुत्री) कवि	बृहस्पति	पत्नी इन्द्राणि आयु	देवेन्द्र (इन्द्र द्वितीय) (शचि पौलोमी)
7. नहुष मानव	अप्नावन (नहुषी, नहुष पुत्री) उशना शुक्र (जयन्ती, देवेन्द्र की पुत्री)	बृहस्पति	नहुष मानव	देवेन्द्र (इन्द्र द्वितीय) (शचि पौलोमी)
8. ययाति अनुमानित 3000 ई.पू. (1. देवयानी, शुक्र पुत्री 2. शर्मिष्ठा, वृषपर्वा पुत्री)	संड, मर्क, देवयानी	कच	जयन्त	जयन्त

उपर्युक्त तालिका में सभी प्राथमिक ऋषियों-राजर्षियों-ब्राह्मणों के कर्णप्रिय नाम अंकित हैं जिन्होंने ऋग्वेद को ऋग्वेद बनाया, भारत के अतीत का दर्पण, जिसमें पुरातन चित्र आज भी जस का तस अंकित है। ऋषि मरीचि के पुत्र कश्यप लद्दाख से हिमालय के इस ओर आये, वहाँ की जन आबादी का सामाजीकरण किया, उस देश को अपना कश्यप नाम दिया, लद्दाख-उत्तर कुरु के अन्य ब्राह्मणों को बसाया, देवताओं को नमन किया और उनकी प्रशस्ति के

जो गीत उन्होंने गाये, वे ऋग्वेद के सूक्त बन गये। हम कह सकते हैं, ऋग्वेद का आदि-काल उन्हीं से प्रारम्भ हुआ। बाद में अनेक ऋषियों ने अपना योगदान किया।

कश्मीर के दक्षिण में स्वयंभु के मनुष्य-वंश का शासन था। उनके वंशजों के अनेक राज्य इस क्षेत्र में स्थापित थे। इस विशाल भूमि खण्ड की सीमा दक्षिण में सरस्वती से मिलती थी, पूर्व में यमुना से प्रारम्भ होती थी, उत्तर में अस्किनी को छूते हुए पश्चिम में सिन्धु तक जाती थी। इस क्षेत्र में मानव-वंश की दो शाखाऐं शासन कर रहीं थीं। एक प्रियव्रत शाखा जो सम्भवतः रावी के उत्तर में थी और दूसरी उत्तानपाद शाखा जो उसके दक्षिण में आबाद थी। दोनों ही राजवंशों में अनेक प्रसिद्ध राजा हुए हैं। यथा नाभि, ऋषभ, भरत, चक्षुष मनु, अत्यरात्र, वेन, पृथु, दक्ष प्राचेतस इत्यादि। इनमें पृथु वैन्य चक्रवर्ती सम्राट माने जाते हैं। भारतीय इतिहास में राजा की उपाधि धारण करनेवाले वे प्रथम अधिपति हैं। उन्होंने अश्वमेघ यज्ञ किया और कहते हैं अनेक यज्ञों के प्रणेता भी वही हैं। इस क्षत्रिय कुल के तीन व्यक्तियों के नाम अनुक्रमणिका में अंकित हैं। वे हैंः वेन भार्गव जिन्होंने IX – 83 और X – 123 दो सूक्तियों की रचना किया है, पृथु वैन्य ने X – 148 सूक्त का गायन किया और आंगि हविर्धान ने सूक्त X – 11 तथा X – 12 का दर्शन किया है। वेन भार्गव पृथु के पिता हैं और आंगि उनके वंशज। पृथु के वंश को सूर्य वंश कहा जाता है और मनु वैवस्वत काल के राजा इक्ष्वाकु इसी वंश-परम्परा से आते हैं। इक्ष्वाकु-कुल में ही मर्यादा पुरुषोत्तम श्री राम हुए हैं जिन्हें विष्णु का अवतार माना जाता है। वेन मनु वैवस्वत से 9 पीढ़ी पहले के राजा हैं। 20 वर्ष के औसत से उनका कार्यकाल 3280 ई.पू. आता है। इसलिए हम कह सकते हैं कि ऋग्वेद लगभग 3300 ई.पू. से रचा जाना शुरू हो गया था और उसका श्रेय मानव ऋषियों को भी जाता है। प्रतीततः वेन के वंशज भार्गव हो गये थे और उन्होंने उन्हें भार्गव उपनाम से विभूषित किया। सम्भवतः उन्होंने ही वेन तथा पृथु वैन्य की स्तुतियों को ऋग्वेद के संकलन-काल में भार्गव उपनाम से व्यास जी को हस्तगत कराया।

ऋग्वेद तीन बार उर्वशी शब्द का उल्लेख करता है। सूक्त संख्या X – 95 में जब पुरूरवा ऐल द्वारा अपनी प्रेयसी को किया गया है, सूक्त संख्या V – 41 में जहाँ यह शब्द देवनदी के सन्दर्भ में किया गया है और तीसरी बार एक वशिष्ठ द्वारा VII – 33-11 में वशिष्ठ की माता के नाम में किया गया है। वशिष्ठ और अगस्त्य दोनों इसी उर्वशी के पुत्र हैं। मित्रावरुण को उनका पिता कहा गया है। मित्रावरुण को मित्र और वरुण दो वैदिक देवताओं के सन्दर्भ में देखा जाना गलत होगा। सही अर्थों में मित्रावरुण एक ऋषि हो सकते हैं जिनका नाम या उपनाम मित्रावरुण हो सकता है। ऋषि वशिष्ठ का वंश-वृक्ष निम्नवत् है-

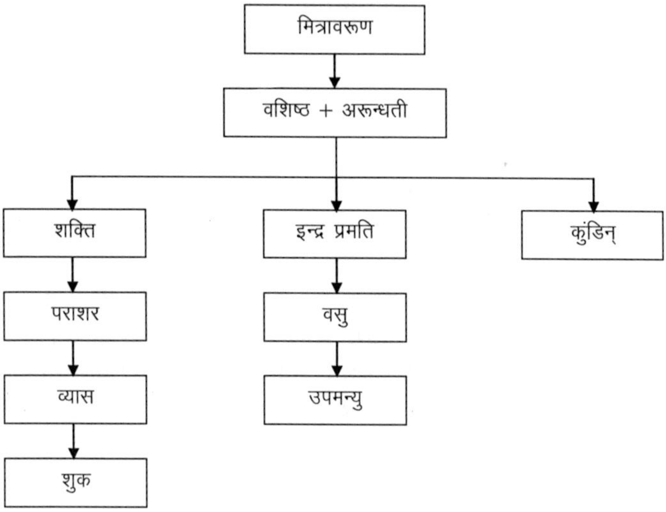

वशिष्ठ की पत्नी अरून्धती नारद और पर्वत की बहन है जो काण्व हैं। उनके वंशजों में पराशर के पुत्र व्यास एक प्रमुख नाम है। उनको ऋग्वेद सहित चारों वेदों के संकलन का श्रेय दिया जाता है। उन्होंने ही कई ऋषि कुलों से वैदिक सूक्तियों को प्राप्त किया और उन्हें 10 मण्डलों में व्यवस्थित किया। इन 10 मण्डलों में II – गृत्समद, III – विश्वामित्र, IV – वामदेव, V – अत्रि, VI – भरद्वाज, VII – वशिष्ठ, VIII – कण्व और उनके परिवार के सदस्यों के द्वारा लिखे गये हैं, IX – सभी ऋषियों के सोम की प्रशस्ति में लिखी गयी स्तुतियाँ संकलित की गयी हैं, प्रथम और दशम मण्डल में ऋषियों की फुटकर रचनायें हैं। इन सबको संकलित करते हुए किसी कालक्रम को ध्यान नहीं दिया गया है अपितु व्यास जी को रचनाएं जैसे-जैसे प्राप्त हुई तद्नुसार उन्हें स्थान दिया गया। ऋग्वेद के इन 10 मण्डलों में 1028 सूक्तियाँ हैं जिनमें कुल 10552 श्लोक हैं। कालक्रम के अनुसार अन्तिम रचना ऋषि देवापि की X – 98 है। देवापि कौरव-वंश के प्रतापी राजा शान्तनु के अनुज हैं तथा जो भीष्म पितामह गंगापुत्र देवव्रत के पिता हैं। वेदों में उल्लिखित अन्तिम राजा धृतराष्ट्र हैं जिनका उल्लेख अथर्ववेद में मिलता है। अतएव महाभारत के अन्त के साथ वैदिक-काल का अन्त हो जाता है। मेरी गणना के अनुसार महाभारत का युद्ध 1200 ई.पू. में हुआ था। इस प्रकार 3300-1200 ई.पू. का काल वैदिक युग कहा जा सकता है। यही वह कालखण्ड है जिस अवधि में सिन्धु घाटी सभ्यता प्रवाहमान हुई और अन्त को प्राप्त हुई। तात्पर्य यह कि सिन्धु घाटी सभ्यता तथा वैदिक युग भारतीय इतिहास के एक ही काल-खण्ड की घटना है।

पुराणों में जिस कश्यप ऋषि और उनका वंश-वृक्ष प्राप्त होता है, वह कश्यप मारीचि नहीं हो सकते हैं। यह एक अनाम ऋषि हो सकते हैं जिन्होंने कश्यप उपनाम धारण किया था, जिसे धारण करने का अधिकार कश्मीर के सभी वासियों को प्राप्त था। यह उनके देश को सम्बोधित करता था जिसे वे कश्यपसीर कहते थे। यह कुछ वैसा ही है जैसा इन्द्र वैकुण्ठ के साथ वैकुण्ठ है। जैसा हिरण्यकश्यप के साथ कश्यप जुड़ा है। यदि वह पैतृक नाम होता तो इसे काश्यप होना चाहिए, कश्यप नाम से नहीं। ऋग्वेद की जो ऋचायें कश्यप मारीचि नाम से लिखी गयी हैं वे इसी ऋषि की हो सकती हैं।

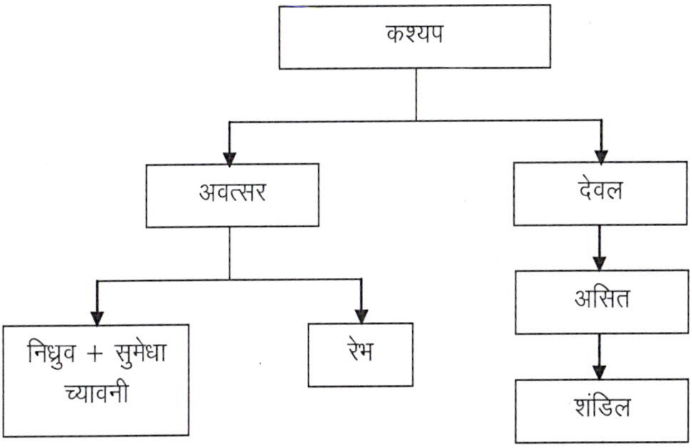

कश्यप और उनके वंशजों की ऋचायें ऋग्वेद के नवम् मण्डल में प्राप्त होती हैं। सुमेधा च्यावनी, च्यवन भार्गव की पुत्री हैं। च्यवन भार्गव आयु के समकालीन हैं इसलिए ये मनु वैवस्वत से पहले के नहीं हो सकते हैं। क्योंकि मनु वैवस्वत को कश्यप मारीचि का पौत्र माना जाता है इसलिए ये कश्यप, कश्यप मारीचि नहीं हो सकते हैं।

अंगिरस गोत्र में अंगिरस के बाद सबसे महान ऋषि बृहस्पति थे। बृहस्पति का प्रथम परिचय तारकामय युद्ध के सन्दर्भ में प्राप्त होता है जब उनका चन्द्र आत्रेय के साथ युद्ध हुआ था। बृहस्पति देवों के गुरू कहे जाते हैं। तारा बृहस्पति की पत्नी थी, जिनसे चन्द्र का पुत्र बुध पैदा हुआ था। तारा के अतिरिक्त भी चन्द्र की नक्षत्रों के नाम वाली 27 पत्नियाँ थीं, उधर बृहस्पति का शुक्र के साथ विरोध था। देखने में यह सब किसी नक्षत्रीय घटना का प्रकरण लगता है जो यह संकेत देता है तत्कालीन समाज को खगोल विज्ञान की अच्छी समझ थी। इसी कालखण्ड में कश्मीर में 3076 ई.पू. से एक संवत्सर जारी हुआ था। यह संवत्सर 27 नक्षत्रों द्वारा निर्मित

चन्द्र-पथ पर मुनि (सप्तर्षि-मण्डल) की चक्रिय गति पर आधारित था। ऋषियों का यह नक्षत्र ज्ञान इस अनोखी घड़ी के निर्माण का वाहक बना जो सर्वथा आश्चर्यजनक है। निश्चित रूप से इसका निर्माण आत्रेयों ने किया होगा।

दूसरी बार बृहस्पति नहुष के काल में चर्चा में आये जब जनता के दबाव में इन्द्र को कश्मीर छोड़ना पड़ा था। कहा जाता है कि बृहस्पति के अपने बुद्धि-कौशल से नहुष को इन्द्र का सिंहासन त्याग कर जाना पड़ा और इन्द्र पुनः कश्मीर के राजा बनाये गये। नहुष-ययाति काल में जिस बृहस्पति का उल्लेख प्राप्त होता है, वह ऐतिहासिक कहा जा सकता है। पुराण बृहस्पति के पुत्र कच का उल्लेख करते हैं जिसे शुक्र पुत्री देवयानी पति के रूप में चाहती थी लेकिन कच ने मना कर दिया।

ऐतिहासिक दृष्टि से अंगिरस वंश की स्थापना तीन ऋषियों ने किया जो सगे भाई थे। ये तीनों उसिज ऋषि के पुत्र या वंशज थे। आंगिरसों का वंश-वृक्ष जैसा कि भार्गव ने दिया है, वह निम्नवत् है -

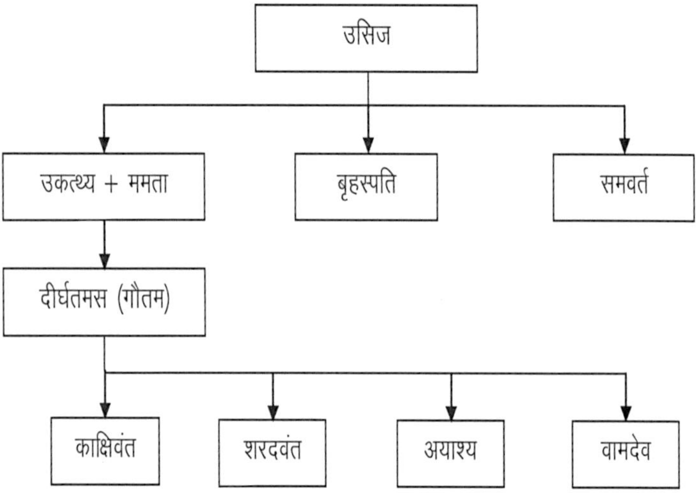

ये तीनों ऋषि किसी-न-किसी राजपरिवार से सम्बद्ध थे। बृहस्पति और समवर्त प्रांशु वंश के प्रसिद्ध राजा मरूत से जुड़े थे तथा उकत्थ्य ऐक्ष्वाकु वंश के मान्धातृ से। उकत्थ्य के पुत्र दीर्घतमस जिन्हें गौतम भी कहा जाता है वे पौरव-वंश के सुप्रसिद्ध राजा भरत से सम्बद्ध थे। भरत भार्गव की सूची में 23वें स्थान पर आते हैं इसलिए यह 2650-2700 ई.पू. के लगभग का काल हो सकता है। बृहस्पति के पुत्र भरद्वाज थे जिन्होंने अपने परिवार के सदस्यों के साथ ऋग्वेद के छठे मण्डल की रचना किया था। भरद्वाज के पुत्र विदाथिन थे जो पौरव सम्राट भरत के उत्तराधिकारी बने। महाभारत के गुरू द्रोण इसी वंश-परम्परा में आते हैं।

इस अध्याय का अन्त मैं ऋग्वेद के दशम मण्डल के सूक्त संख्या 129 के हिन्दी भावार्थ के साथ दे रहा हूँ। यह किसी महान कवि की रचना है -

तब न था अभाव और थी न विद्यमानता
वायु थी न वायु पार अन्तरिक्ष का पता।
आवरण पदार्थ कौन? वह स्वयं कहाँ रहा
किस प्रभाव से गहन अमाप विश्व जल बहा।।
और तब न मृत्यु थी, न थी कहीं सुनित्यता
थी न तब दिवा-निशीथ की प्रकाश दिव्यता।
ली स्वयं व्यस्थ एक ने अवायु श्वास भर
एकमात्र था वही वहाँ न प्राप्त था अपर।।
अन्धकार मात्र था प्रथम घनांधकारमय
यह समस्त एक अनालोक नीर का प्रलय।
घिरा किसी पदार्थ से न, वह एक कि जो हुआ
वह प्रभूत ज्वालशक्ति-जात अन्ततः उठा।।
कामना हुई इसी स्वरूप अवतरित प्रथम
बीज एक था वही सुबुद्धि-जात आदितम।
साधु जो स्वमन रहे प्रशोधते सुज्ञान से
जानते अविद्यमान वह विद्यमान से।।
शून्य आर-पार तक किया स्वमाप प्रस्सरण
जानते कि उर्ध्व क्या, कि क्या रहा अघःचरण।
बीज तेज से महान शक्ति उर्वरा बनी
थी समर्थता अधः कि उर्ध्व प्रेरणा घनी।।
किन्तु कौन जानता, समर्थ कौन जो कहे
था कहाँ समस्त? सृष्टि जन्म कौन विधि गहे।
बाद का बहुत गृहीत जन्म सर्व देव चय
कौन भिज्ञ है कि कौन स्रोत सृष्टि का उदय।।
जन्म कौन स्रोत से समस्त सृष्टि ने लिया
वह, इसे कि रूप उसी ने दिया, नहीं दिया।
वह कि उच्चतम समस्त स्वर्ग से निहारता
जानता, विचारणीय है कि वह नहीं जानता।।

अध्याय - 14

कश्मीरी पंचांग और देवेन्द्र

पिछले अध्याय में यह स्पष्ट किया गया है कि कनिंघम के अनुसार कश्मीर में जो भारतीय पंचांग प्रचलन में थे, उनका प्रारम्भ 3076 ई.पू. से होता था और उन्हें सप्तर्षि युग के नाम से जाना जाता था। स्थानीय स्तर पर उन्हें सप्तर्षि संवत्, स्थानिक या लौकिक संवत् भी कहते थे। तात्पर्य यह कि कश्मीर में काल-गणना का आरम्भ 3076 ई.पू. से हुआ था। साथ में उन्होंने यह भी प्रतिपादित किया कि काल-गणना की यह पद्धति नक्षत्रीय पृष्ठभूमि पर सप्तर्षि-मण्डल के चक्रीय आवर्ती गति के सिद्धान्त पर आधारित थी। पुराणों में सप्तर्षि को मुनि भी कहा गया है। मुनि प्रत्येक नक्षत्र संग 100 वर्षों तक संयुक्त रहते हैं और फिर अगले नक्षत्र संग जुड़ जाते हैं, पुराण इस प्रक्रिया को नक्षत्रों संग मुनि के विवाह की संज्ञा देते हैं। इस प्रकार मुनि प्रत्येक नक्षत्र संग 100 वर्ष तक का साथ निभाते हैं और फिर दूसरे नक्षत्र संग सम्बद्ध हो जाते हैं तथा चन्द्र-पथ के सभी 27 नक्षत्रों संग गुजरते हुए एक आवर्त पूरा करते हैं और फिर उसी मूल नक्षत्र से जहाँ से उन्होंने अपनी यात्रा आरम्भ किया था दूसरा आवर्त शुरू करते हैं। यह प्रक्रिया अनवरत जारी रहती है। स्वाभाविक रूप से सप्तर्षियों का प्रति आवर्तन 2700 वर्ष का होता है इसलिए काल-चक्र 2700 वर्ष के प्रति आवर्तन की दर से निरन्तर चलायमान होता है तथा किसी समय विशेष पर तय की गयी अवधि की गणना नक्षत्र विशेष पर उसकी स्थिति के द्वारा स्वतः ही सुनिश्चित तथा संरक्षित हो जाती है जिसे इस विद्या का जानकार कोई भी व्यक्ति आसानी से पढ़ लेता है। अवधि-मापन की इस विधा की न्यूनतम इकाई दिन, माह या वर्ष नहीं अपितु 100 वर्ष है इसलिए इसे शतवार्षिकी गणना-पद्धति भी कहा जाता है। इसमें 100 वर्ष से कम अवधि की सटीक गणना करना कठिन है क्योंकि सप्तर्षि इस अवधि तक एक ही नक्षत्र पर लगभग स्थिर सा प्रतीत होता है क्योंकि दो नक्षत्रों के बीच की $13\frac{1}{3}^{0}$ उसे 100 वर्ष में तय करना होता है।

मित्शिनर ने भारतीय पंचांगों के प्रथम प्रारम्भ होने की स्थिति जानने के लिए एक नये मार्ग का अनुसरण किया। वे प्लिनी तथा एरियन द्वारा उनकी पुस्तक क्रमशः नेचुरलि हिस्टोरिया तथा इण्डिका में उद्धृत दो उद्धरणों से प्रभावित थे, जिनके अनुसार फादर लिबर (देवगुरु बृहस्पति) से अलेक्जेन्डर (सिकन्दर) तक यूनानी गणनानुसार 154 राजाओं तथा उनकी अवधि 6451 वर्ष 3 माह बतायी गयी थी तथा डायनीसोस (इन्द्र) से चन्द्रगुप्त मौर्य तक 153 राजाओं तथा उनकी अवधि कुल 6462 वर्ष बतायी गयी थी। इस सुदीर्घ अवधि के दृष्टिगत उनका आंकलन यह था कि प्रथम भारतीय पंचांग का प्रारम्भ 6676 ई.पू. से हुआ था। लेकिन कनिंघम उनसे सहमत नहीं थे।

कनिंघम यद्यपि कि मिस्नोमर के निष्कर्ष से असहमत थे लेकिन प्लिनी तथा एरियन के उद्धरणों को अनदेखा नहीं कर सकते थे। दोनों उद्धरणों में कालखण्ड के कुल अवधि की गणनाओं में मात्र 11 वर्षों का अन्तर था जो इतना न्यून था कि अनदेखा किया जा सके फिर भी इसका एक सन्तोषजनक समाधान प्राप्त किया गया। यह माना जाना तर्कसंगत होगा कि यूनानियों ने गणना का अन्त मगध में अपना दूतावास स्थापित करने की तिथि तक किया हो जबकि भारतीयों ने चन्द्रगुप्त मौर्य के राज्याभिषेक की तिथि तक। यदि हम यूनानी दूतावास की स्थापना का वर्ष 314 ई.पू. मान लें तो जो भारतीय पंचांग मौर्य-काल में प्रचलन में था उसके आरम्भ की तिथि 6462+ 314 ई.पू. = 6776 ई.पू. सिद्ध होती है। कनिंघम इस तिथि से सहमत थे।

कनिंघम इस तिथि से सहमत तो थे लेकिन सन्तुष्ट नहीं थे क्योंकि दोनों पंचांगों का अन्तर अर्थात् 6776 - 3076 = 3700 वर्ष सप्तर्षि युग के सिद्धान्तों पर आधारित नहीं था। दोनों के अन्तर को 2700 के गुणक में होना चाहिए था, जो यह नहीं था। इसलिए उन्होंने अपने शोध को विराम नहीं दिया। अन्ततः उन्होंने यह पाया कि पहले नक्षत्रों की सूची अश्विनी नक्षत्र से प्रारम्भ होती थी जैसा कि ज्योतिष की प्रसिद्ध पुस्तक सूर्य सिद्धान्त में दिया गया है। जबकि अब मौर्य-काल में मघा नक्षत्र से प्रारम्भ होती है। कनिंघम को उनका यूरेका (हल) मिल गया था। चूंकि मघा नक्षत्र गणना में अश्विनी से दशम् स्थान पर आता है इसलिए कनिंघम ने वर्तमान चक्र के पूर्व के चक्र में 10 x 100 = 1000 वर्ष का योग कर 3700 वर्ष के अन्तराल का सम्यक् हल प्राप्त कर लिया जो सप्तर्षि-युग के उनके सिद्धान्तों के अनुकूल था और वह 6776 ई.पू. से प्रारम्भ होता था। लेकिन क्या यह सही था?

कनिंघम ने एक भूल किया था। मौर्य-कालीन गणना मघा नक्षत्र पर अन्त नहीं उससे प्रारम्भ करती थी इसलिए मघा संग व्यतीत होने वाला मुनि का 100 वर्ष गणना में सम्मिलित नहीं किया जा सकता है। इस प्रकार सप्तर्षि पंचांग का प्रारम्भ 2700 वर्ष + 900 वर्ष + 3076 वर्ष = 6676 ई.पू. से होना स्वीकार्य किया गया जो

मिश्नोमर ने प्रस्तावित किया था। अर्थात् प्रथम भारतीय पंचांग का प्रारम्भ कश्मीर में 6676 ई.पू. से हुआ था जो 3600 वर्ष बाद अप्रभावी हो गया और 3076 ई.पू. से एक नवीन पंचांग आरम्भ हुआ जो लगभग 1148 ई. तक यानी 4224 वर्षों तक प्रभावी रहा। सप्तर्षि युग सिद्धान्त के अनुसार इसे मात्र 2700 वर्ष बाद समाप्त हो जाना चाहिए था लेकिन यह आगे 1524 वर्ष अधिक प्रभावी रहा। कारण, अस्पष्ट है। क्या ई. सन् के प्रभावी होने के कारण ऐसा हुआ होगा लेकिन ई. संवत ब्रिटिश-काल में लागू हुआ था।

इण्डिका ने 6462 वर्षों की अवधि का जो आंकड़ा प्रस्तुत किया है वह वस्तुतः तीन भागों में है। प्रथम भाग में देवेन्द्र इन्द्र से चन्द्रगुप्त मौर्य तक के राजाओं की कुल अवधि 6042 वर्ष दी गयी है और उसके बाद देवासुर-संग्राम के प्रथम चरण की कुल अवधि 300 वर्ष तथा दूसरे चरण की समाप्ति एवं देवेन्द्र के सिंहासनारूढ़ होने तक की अवधि 120 वर्ष दी गयी जो पुराण सम्मत हैं। तात्पर्य यह कि यदि हमें देवेन्द्र के राज्याभिषेक की वास्तविक तिथि प्राप्त हो तो हम उसमें 420 वर्ष का योग कर उस कालखण्ड के प्रथम अधिपति के राज्याभिषेक की तिथि प्राप्त कर सकते हैं। पौराणिक मान्यता प्राप्त वह स्वनाम धन्य व्यक्ति हैंः स्वयंभु मनु या आदि मनु। हमें देवेन्द्र के राज्याभिषेक की तिथि अब तक अप्राप्त है लेकिन स्वयंभु की इस तिथि का आंकलन पहले के एक अध्याय में किया गया है जो पुराणों में प्रदत्त वंशावलियों पर आधारित है और तद्नुसार यह तिथि 3502 ई.पू. है। अतएव इस तिथि से 420 वर्ष घटाकर हम देवेन्द्र की इस तिथि का ज्ञान कर सकते हैं। और इस प्रकार यह तिथि आती है 3082 ई.पू. जो 3076 ई.पू. से मात्र 6 वर्ष पहले की है। इस अन्तर का कारण चन्द्रगुप्त मौर्य की राज्याभिषेक तिथि को विभिन्न गणनाओं में अलग-अलग लिया जाना है। यूनानियों ने इसे अपने दूतावास की स्थापना तिथि 314 ई.पू. लिया, मैनें ऐतिहासिक घटनाओं के परिप्रेक्ष्य में 320 ई. पू. लिया और 6 वर्ष के अन्तर का आना स्वाभाविक है। इसलिए 3076 ई.पू. ही देवेन्द्र की सही तिथि है और कश्मीर में देवों के प्रथम राज्य स्थापित होने के अवसर पर देवों ने यह पंचांग जारी किया।

पिछले अध्याय में हमने यह स्थापित किया है कि इण्डिका द्वारा प्रदत्त आंकड़ों में 3600 वर्ष की गणितीय भूल है और देव-वंश के राजनैतिक इतिहास का आरम्भ 3596 ई.पू. से हुआ है। अर्थात् कनिंघम की यह स्थापना कि कश्मीर में 6676 ई. पू. से एक पंचांग जारी हुआ था, सही सिद्ध नहीं होता है।

अध्याय - 15

चतुर्युग-व्यवस्था के विरोधाभास

यदि हम कलि-संवत से कलियुग का आरम्भ मानें जो उसके नामकरण से स्पष्ट है तो कलियुग का आरम्भ 3101 ई.पू. फलित होता है। इसके पार्श्व में द्वापर का 2400 वर्ष, त्रेता का 3600 वर्ष तथा कृतयुग का 4800 वर्ष का योग, 10800 वर्ष जोड़ कर कृतयुग के आरम्भ का वर्ष 13901 ई.पू. गणित होता है। क्या यह भारत में सभ्यता के विकास की तिथि है? एक महान योगी श्रीयुत् युक्तानन्द जो परमहंस योगानन्द के गुरू हैं जिन्होंने अपने गुरू की आत्म-कथा लिखी है, के अनुसार भारतीय खगोल विद्या के सिद्धान्तों पर आधारित कृतयुग की आरम्भ-तिथि 11501 ई.पू. फलित होती है। उनकी यह गणना पृथ्वी की घूर्णन गति से विनिर्मित अग्रगमन चक्र की अवधि जो भारतीय परम्परा में 24000 वर्ष आंकलित की गयी है, के आधार पर की गयी है। यह अवधि आधुनिक वैज्ञानिक आधार पर गणित अवधि 25900 वर्ष की अवधि के लगभग अनुरूप है। तद्नुसार अग्रगमन $54''$ प्रति वर्ष की दर से चक्रीय गति करता है, जबकि आधुनिक विधि में $50.3''$ प्रति वर्ष, 2 प्रतिशत से भी कम का अन्तर दीर्घकालिक अवधि की गणना में नगण्य मात्र अन्तर कर सकता है। देखिये डेविड फ्राउले की पुस्तक, गाड्स, सेजेज एण्ड किंग्स, पृष्ठ 338 पर। भारतीय गणनानुसार आंकलित कृतयुग की प्रारम्भ तिथि 13901 ई.पू. से यदि हम 2400 वर्ष कम कर दें तो यह तिथि 11501 ई.पू. आती है जो युक्तानन्द की गणित की गयी तिथि है। भारतीयों ने 2400 वर्ष की अवधि द्वापर को प्रदान कर रखा है। तो क्या पहले चतुर्युग व्यवस्था में द्वापर को स्थान प्राप्त नहीं था? जो भी हो, युक्तानन्द की परिकल्पनानुसार पूर्व चतुर्युग का अन्त (11501 BC- 12000 वर्ष) = 499 ई. में समाप्त होता है और 500 ई. से वर्तमान चतुर्युग आरम्भ होता है। अर्थात् आज 2020 में हम इस चतुर्युग के प्रथम युग यानी सत्ययुग में जी रहे हैं। क्या आप सहमत हैं?

मेरी सम्मति में जब अग्रगमन चक्र की खोज की गयी, प्रत्येक अग्रगमन चक्र की अवधि 24000 वर्ष निर्धारित हुई, उसके बाद किसी समय पुराणकारों ने सूर्य की

दो आभासी गतियों यथा उत्तरायण तथा दक्षिणायण की अवधारणा के दृष्टिगत अग्रगमन चक्र की अवधि को द्विभाजित कर प्रत्येक अर्द्ध-चक्र के लिए 12000 वर्ष की अवधि प्राप्त किया। पौराणिकों ने तदनुसार यतुर्युग की पूर्व प्रचलित कुल अवधि 10000 वर्ष से 12000 वर्ष कर दिया जिससे प्रत्येक युग की निर्धारित अवधि में 20 प्रतिशत की वृद्धि करते हुए क्रमशः कृतयुग के लिए 4800 वर्ष, त्रेता के लिए 3600 वर्ष, द्वापर के लिए 2400 वर्ष तथा कलियुग के लिए 1200 वर्ष का चयन करते हुए चतुर्युग की अवधि को सम्पूर्ण किया। पूर्व में इनके लिए क्रमशः 4000 वर्ष, 3000 वर्ष, 2000 वर्ष तथा 1000 वर्ष नियत थे। उस काल में भारत में अवधि-मापन की सप्तर्षि-युग प्रणाली प्रचलित थी जिसकी न्यूनतम इकाई 100 वर्ष थी अर्थात् अवधि की गणना 100 वर्ष के गुणक में ही की जा सकती थी। इसके दृष्टिगत् प्रतीततः अग्रगमन चक्र की अवधि 24000 वर्ष को 100 वर्ष से समविभाजित 1200 वर्ष की अवधि प्राप्त किया जिसे उन्होंने युग अवधि मापन की न्यूनतम इकाई का मान दिया। इससे उन्हें 20 सम-अवधि 1200 वर्ष के कालखण्ड प्राप्त हुए जो युग अवधि को सम्पूर्ण करते थे। अब प्रश्न इनके नामकरण का था जिसके लिए उन्होंने 4 नाम तय किये। कृतयुग, त्रेतायुग, द्वापर युग तथा कलियुग। इसे उन्होंने चतुर्युग नाम प्रदान किया जिनकी संयुक्त अवधि 4800 वर्ष की थी। इसी चतुर्युग को आवर्ती गति प्रदान करते हुए उन्होंने अग्रगमन चक्र को मापने का विधान किया। सर्वप्रथम उन्होंने वर्तमान कालखण्ड को, जो 500 ई. से आरम्भ होता था, कलियुग कहा। इसे आधार (प्रथम) मानते हुए उसके पूर्व के कालखण्ड को उन्होंने क्रमशः द्वित, तृत तथा कृत (चतुर्थ) युग नाम दिया जो बाद में द्वापर, त्रेता और कृत युग कहलाये। सभी समान अवधि 1200 वर्ष के युग थे। कृतयुग क्योंकि वैवस्वत मनु से सम्बन्धित युग है इसलिए उस युग का एक अन्य नाम सत्ययुग पड़ा जो पुराणों के अनुसार तत्कालीन राजा सत्यव्रत के नाम पर था लेकिन प्रथम युग के कलि की पहचान अस्पष्ट बनी रही। पुराणों ने उन्हें विष्णु के भावी अवतार का मान दे दिया जिसका अस्तित्व में आना अभी बाकी है। पुराणकारों ने द्वित, तृत और कृत की अशुद्ध व्याख्या करते हुए इन्हें क्रमशः दो गुना, तीन गुना तथा चार गुना का मान देकर युग की परिभाषा ही बदल दिया। युग अवधि अब इस प्रकार विषम आयु की हो गयी। यथा कृतयुग 4800 वर्ष का, त्रेता 3600 वर्ष का, द्वापर 2400 वर्ष का, मात्र कलियुग पूर्ववत् 1200 वर्ष की अवधि का बना रहा। इस भूल ने भारत के प्राचीन इतिहास को अत्यन्त नकारात्मक ढंग से प्रभावित किया। सत्य इतिहास को पौराणिक बना दिया।

पुराणों में भगवान विष्णु के 10 अवतार गिनाये गये हैं। जिनमें अन्तिम 5 नाम ऐतिहासिक व्यक्तियों के हैं। वे हैं - परशुराम, श्री राम, श्रीकृष्ण, बुद्ध और कलि। इनमें प्रथम 4 अवतार हो चुके हैं और 5वां बांकी है। इन चारों अवतारों को उन्होंने

अलग-अलग युगों में सम्पन्न हुआ माना है। यथा सत्ययुग में परशुराम, त्रेता में श्री राम, द्वापर में श्रीकृष्ण और कलियुग में बुद्ध। इन चारों अवतारों के बीच की कुल अवधि इस प्रकार कम-से-कम एक चतुर्युग की अवधि के बराबर यानी 12000 वर्ष की होती है जो ऐतिहासिक दृष्टि से सही सिद्ध नहीं होती है। जबकि 1200 वर्ष प्रति युग की दर से मात्र 4800 वर्ष की अवधि का होना चाहिए जो सही सिद्ध होती है।

कुछ आधुनिक इतिहासकारों ने पुराणों और अन्य प्राचीन संस्कृत ग्रन्थों के अनुशीलन से भारत के अतीत का इतिवृत्त लिखने का प्रयास किया है जिन्हें हम ऐतिहासिक ग्रन्थ होने का मान दे सकते हैं। इन मनीषियों ने पुराणों तथा अन्यत्र से प्राप्त तत्कालीन राजाओं की वंशावलियों को वेदों से प्राप्त सन्दर्भों के साथ उनका साम्यीकरण करते हुए उनकी क्रमानुसार सूचियाँ प्रस्तुत की हैं जो ऐतिहासिक मानदण्डों के आधार पर प्रामाणिक लगती हैं। मैंने ऐसे दो महान शोधकर्ताओं द्वारा प्रदत्त सूचियों का गहन अध्ययन और विश्लेषण किया है। वे हैं एफ0ई. पार्जिटर तथा पी0एल0 भार्गव। उनके द्वारा बनाई गयी तालिका उनकी रचित ग्रन्थ क्रमशः एन्सिएन्ट इंडियन हिस्टोरिकल ट्रेडिसन तथा इंडिया इन वैदिक एज में उपलब्ध हैं। मामूली अन्तरों के साथ दोनों लगभग एक जैसी हैं। मेरी राय में भार्गव द्वारा प्रदत्त सूची ज्यादा प्रामाणिक है। प्रति राजा औसत काल भार्गव के अनुसार लगभग 20 वर्ष है जो मेरी गणना के अनुकूल है जैसा कि मैंने इसके पूर्व के अध्याय में दिया है। दोनों की सूचियाँ वैवस्वत मनु से प्रारम्भ होती है। भार्गव-सूची में क्रमानुसार 100 राजाओं का उल्लेख है जो महाभारत युद्ध तक जाती है। मैंने, पिछले अध्याय में, कल्हण द्वारा रचित राजतरंगिणी में उद्धृत अवतरणों के माध्यम से महाभारत युद्ध का काल 1200 ई.पू. तथा वैवस्वत मनु का कार्यारम्भ 3101 ई.पू. स्थापित किया है। इस अनुच्छेद में उद्धृत मानदण्डों के आधार पर मैंने उक्त अवतारी पुरुषों के काल की गणना किया है जो इस प्रकार है - परशुराम 2341 ई.पू., श्री राम 1733 ई.पू., श्रीकृष्ण 1200 ई.पू. तथा बुद्ध 624 ई.पू.। बुद्ध की तिथि आधुनिक इतिहासकारों द्वारा मान्य तिथि है। इस प्रकार यह स्थापित होता है कि सभी अवतार वैवस्वत के बाद के हैं और उनके बीच 2500 वर्ष से ज्यादा अन्तर नहीं है। अतएव पुराणों द्वारा युगों का प्रदत्त कालखण्ड गलत सिद्ध होता है।

नीचे हम चतुर्युग-व्यवस्था की तीनों पद्धतियों से प्राप्त होने वाले निष्कर्षों को प्रदर्शित कर रहे हैं। प्रथम, पौराणिक पद्धति के अनुसार कलियुग का आरम्भ कलि-संवत 3101 ई.पू. से माना गया है और उल्टी दिशा में युग-अवधि की पौराणिक मान्यतानुसार प्रत्येक युग को निर्धारित किया गया है। योगी युक्तानन्द ने 500 ई. से कलियुग का आरम्भ मानते हुए उसे अपनी गणना का आधार माना।

ज्योतिष गणना के आधार पर उन्होंने पाया कि वासन्ती विषुव उस वर्ष 0^0 मेष पर घटित हुआ था। तद्नुसार अग्रगमन चक्र का अर्द्धवृत्त तब पूरा होगा जब वासन्ती विषुव (Vernal Equinox) 0^0 लिब्रा पर घटित हुआ हो, जो अग्रगमन वृत्त के ठीक सामने स्थित है। दोनों राशियों के बीच की अवधि 12000 वर्ष ज्योतिषीय गणनानुसार सुनिश्चित है। यानी 0^0 लिब्रा पर वासन्ती विषव 11500 ई.पू. में घटा था। युक्तानन्द ने इस आधार वर्ष से पुराणों द्वारा अनुमोदित विषम युग अवधि व्यवस्था से चतुर्युग का आंकलन किया। यह दूसरा पथ है। लेखक ने आर्यभट्ट द्वारा अनुमोदित आधार वर्ष 500 ई. का चयन किया और समान युग-अवधि 1200 वर्ष से चतुर्युग का निर्माण किया जो निम्नवत् है -

	पौराणिक-पथ	**युक्तानन्द-पथ**	**लेखक-पथ**
कृतयुग (1)	13901 -9101 ई.पू.	11501 - 6701 ई.पू.	3101 - 1901 ई.पू.
त्रेतायुग (1)	9101 - 5501 ई.पू.	6701 - 3101 ई.पू.	1901 - 701 ई.पू.
द्वापर युग (1)	5501 - 3101 ई.पू.	3101 - 701 ई.पू.	701 - 500 ई. (अन्त)
कलियुग (1)	3101 - 1901 ई.पू.	701 ई.पू. - 499 ई.	500 ई. - 1700 ई.

स्पष्टतः अवतारी तिथि-वर्ष तृतीय संवर्ग से मेल खाते हैं जो लेखक द्वारा प्रस्तावित है। इससे यह सिद्ध होता है कि सम अवधि के युगों का प्रस्ताव किया गया था, विषम अवधि के युगों का नहीं, प्रत्येक युग की सुनिश्चित अवधि 1200 वर्ष थी अन्यथा नहीं, प्रथमतः उन्होंने कलियुग का निर्माण किया जो 500 ई. से आरम्भ कर, 1200 वर्ष बाद, 1700 ई. में पूर्ण होता है, फिर बीते काल की ओर पीछे बढ़ते हुए प्रत्येक सम अवधि के 3 अन्य कालखण्डों का निर्माण किया जिन्हें उन्होंने क्रमशः द्वित, तृत और कृत (चतुर्थ) नाम दिया। यह चतुर्युग जहाँ अन्त करता था वहीं से भारत के प्रथम संवत् को आरम्भ किया गया अर्थात् 3101 ई.पू. से।

अवतारों का चयन बाद की प्रक्रिया का अंग है जिसे पुराणकारों ने सम्पादित किया। उनमें इतिहास बोध का अभाव था। घटनाओं के कालक्रमानुसार अभिव्यक्ति के प्रति वे सजग नहीं थे यद्यपि कि घटनाओं के चयन के प्रति वे सतर्क थे। उन्होंने भाषा का सर्वोत्तम विकास कर लिया था, लिपि उसके काफी बाद सृजित हुई। इसलिए वे श्रेष्ठता के आधार पर घटनाओं को याद रखते और आने वाली पीढ़ी को हस्तान्तरित कर देते थे। इस प्रक्रिया में बीतते समय के साथ स्मृति-ह्रास की प्रचुर सम्भावना थी जो सुदीर्घ काल में और फलीभूत हुई। यद्यपि कि वे इसके लिए काफी सजग थे। पुराणों का संकलन बाद के काल में हुआ जिसे ऋषियों ने किया जिनमें उनका पूर्वाग्रह था और उनकी धर्मांधता थी, वे निरपेक्ष नहीं थे।

इसलिए पुराण इतिहास लेखन के मानदण्डों पर खरे नहीं उतरते हैं। यह उनका पूर्वाग्रह और धर्मांधता ही है जो उन्होंने कृष्ण को द्वापर युग से सम्बद्ध कर दिया जबकि वे भी त्रेता में अवतार लिए थे। ऐतिहासिक दृष्टि से उनका जन्म 1200 ई.पू. के लगभग आता है जो प्राथमिक व्यवस्था में त्रेतायुग फलित होता है। सम्भवतः पुराणों ने इन चारों युगों का नामकरण, इन चार अवतारी पुरुषों के नाम पर किया तथा बाद के काल में यह भूलवश उनके जन्म-काल से जोड़ा जाने लगा, जो सही नहीं था। सत्यव्रत वैवस्वत मनु के नाम से इसे आरम्भ देना, ऐसा ही संकेत देता है।

पुराण सत्यव्रत वैवस्वत मनु अर्थात् 3101 ई.पू. के पहले के काल को पूर्वकाल की संज्ञा देते हैं और कनिंघम ने इस कालखण्ड की अवधि 3600 वर्ष पूर्व से आरम्भ होने का अनुमान किया था। दूसरे शब्दों में, भारत में 6701 ई.पू. से काल-गणना प्रारम्भ हो गयी थी। चतुर्युग व्यवस्था के अन्तर्गत 6701 ई.पू. से पूर्व काल का त्रेता युग प्रारम्भ होता है। पुराणों का यह कथन है कि ब्रह्मा ने अपनी उत्पत्ति के कृतयुग के बराबर अवधि यानी 1200 वर्ष बीत जाने के बाद सृष्टि सृजन आरम्भ किया था। इस प्रकार भारत में काल गणना का आरम्भ 6701 ई.पू. से माना जाना अतिशयोक्ति नहीं है। दूसरे शब्दों में हम यह कह सकते हैं कि पूर्व काल में चतुर्युग 7901 ई. पू. से प्रारम्भ होता है जिसका कृतयुग 7901 से 6701 ई.पू. की अवधि का है। सम्भवतः इन दोनों चतुर्युगों की अलग पहचान स्थापित करने हेतु द्वितीय चतुर्युग के कृतयुग को एक अन्य नाम सत्ययुग दिया गया जो तत्कालीन सुप्रसिद्ध राजा सत्यव्रत के नाम पर आधारित है। इस चतुर्युग का व्यवस्थापन हम निम्नवत् कर सकते हैं -

पूर्वकाल का या प्रथम चतुर्युग व्यवस्था

कृतयुग (0)	7901 ई.पू. से 6701 ई.पू.
त्रेतायुग (0)	6701 ई.पू. से 5501 ई.पू.
द्वापर युग (0)	5501 ई.पू. से 4301 ई.पू.
कलियुग (0)	4301 ई.पू. से 3101 ई.पू.
सत्ययुग (1) और आगे	पिछला पृष्ठः लेखक-पथ

यह प्रामाणिक लगता है लेकिन इसे पुष्ट करने का कोई प्रमाण उपलब्ध नहीं है। पुराण इससे पहले के काल को सनातन काल कहते हैं जब श्री विष्णु ने ब्रह्मा की रचना किया था। हम जानते हैं कि 8000 ई.पू. चतुर्थ हिमयुग काल है अर्थात् श्री विष्णु का काल 8000 ई.पू. से 7901 ई.पू. आता है। इस प्रकार पुराण का सन्देश यह है कि हम भारतीय चतुर्थ हिमयुग के बाद से भारत में आबाद हैं। कालान्तर

में हम खुद को आर्य कहने लगे, यह एक ऐतिहासिक स्थापित तथ्य है। शायद ही किसी अन्य सभ्यता को यह प्राचीनता प्राप्त है।

लेकिन ये तिथियाँ ऐतिहासिक घटनाओं से मेल नहीं खाती हैं। वास्तविक तिथियाँ, जो ऐतिहासिक दृष्टि से बिलकुल खरी उतरती हैं, हमने इस पुस्तक के प्रारम्भ में दी हैं जो निम्नवत् हैं -

1. भगवान विष्णु द्वारा सनातन धर्म-संस्था की स्थापनाः 3596 ई.पू.
2. स्वयंभु मनु द्वारा राज्यारम्भः 3502 ई.पू. (लगभग)
3. वैवस्वत मनु के राज्यारोहण की तिथिः 3101 ई.पू.
4. देवराज इन्द्र का राज्य-स्थापनः 3076 ई.पू.
5. महाभारत युद्धः 1200 ई.पू.।

अध्याय - 16

मनु और मन्वन्तर

पिछले दो अध्यायों में हमने अवधि-मापन की दो इकाईयों का विश्लेषण किया है। प्रथमतः सप्तर्षि-युग, जो सप्तर्षि-मण्डल के नक्षत्र आधारित आभासी गति के कारण 2700 वर्षों का सतत आवर्ती चक्र को पूर्ण करता है तथा द्वितीयतः चतुर्युग, जो पृथ्वी के अक्ष के झुकाव की आभासी गति से विनिर्मित अग्रगमन चक्र पर आधारित है तथा प्रति 24000 वर्ष में एक चक्र को सम्पूर्ण करता है। इस अग्रगमन चक्र की अवधि का 1/2 अर्थात् 12000 वर्ष का एक चतुर्युग होता है जिसमें 4800, 3600, 2400 तथा 1200 वर्षों के असमान घटक होते हैं जिनके नाम क्रमशः कृत-त्रेता-द्वापर-कलियुग रखे गये हैं। कालान्तर में मनीषियों ने एक अन्य व्यवस्था को जन्म दिया जिसे उन्होंने मन्वन्तर नाम दिया। मन्वन्तर, दो काल्पनिक मनुओं के कार्य-काल के बीच की अवधि को कहते हैं, जिसका एक सुनिश्चित परिमाण होता है। इस अध्याय में हम इस व्यवस्था की विवेचना करेंगे।

सर्वप्रथम उन्होंने पृथ्वी के सापेक्ष सूर्य की आभासी गति को दो स्थितियों में बांटा। प्रथम - उत्तरायण गतिः जब सूर्य उत्तरी गोलार्द्ध में गतिमान दिखता है और द्वितीय - दक्षिणायण गतिः जब सूर्य दक्षिणी गोलार्द्ध में बना रहता है। राशि-चक्र की राशियों के अनुसार सूर्य की उत्तरायण स्थिति तब होती है जब वह 0^0 मकर से 0^0 कर्क राशि की ओर गतिमान रहता है तथा 0^0 कर्क को 0^0 मकर की उसकी स्थिति दक्षिणायण कही जाती है। उत्तरायण को देव-पथ तथा दक्षिणायण को पितृ-पथ या यम-पथ कहते हैं। इस प्रकार उन्होंने देवों के लिए 6 माह का दिन तथा 6 माह के बराबर की रात्रि मानते हुए उनका 1 दिन मनुष्यों के 1 वर्ष के बराबर अर्थात् 360 मानव दिन का मान दिया। अतएव देवताओं का 1 वर्ष जिसे दिव्य वर्ष कहा जाता है वह मनुष्यों के 360 वर्षों के बराबर होता है जो निम्न समीकरणों में अभिव्यक्त है -

1 दिव्य वर्ष = 360 मानव वर्ष --- (1)

1 दिव्य चतुर्युग = 360 X 1 मानव चतुर्युग

= 360 X 12000 मानव वर्ष --- (2)

= 43,20,000 मानव वर्ष --- (3)

मान्यता यह है कि ब्रह्मा का 1 दिन 1 कल्प के बराबर होता है और 1 कल्प 1000 दिव्य चतुर्युग के बराबर होता है।

1 कल्प = 1000 दिव्य चतुर्युग --- (4)

= 1000 X 360 X 12000 वर्ष

= 4320000000 मानव वर्ष --- (5)

= 4320 मिलियन मानव वर्ष

ब्रह्मा के 1 दिन के बराबर उनकी रात होती है जब ब्रह्मा जी सोते हैं और सारा जगत् अनस्पन्दित रहता है, यह नैमित्तिक प्रलय की स्थिति होती है। इस प्रकार-

ब्रह्मा का 1 दिवस = 2 कल्प = 2 X 4320000000 = 864 X 10^8 वर्ष

ब्रह्मा का 1 वर्ष = 360 X 2 X 1000 X 360 X 12000 मानव वर्ष

= 3110400000000 मानव वर्ष --- (6)

= 3110400 मिलियन मानव वर्ष --- (7)

पुराणों ने ब्रह्मा की आयु हम मनुष्यों की तरह उनके मानक से 100 वर्ष की होती है। इस प्रकार-

ब्रह्मा की आयु = 100 X 3110400000000 मानव वर्ष

= 311040000000000 मानव वर्ष

= 31104 X 10^{10} मानव वर्ष

= 311040000 मिलियन वर्ष --- (8)

यह वह सबसे बड़ा अवधि चक्र है जिसके सम्पूर्ण होने पर यह समूचा जगत परम् ब्रह्म या परम् शून्य में विलीन हो जाता है जब तक दूसरा चक्र प्रारम्भ नहीं होता है। स्वाभाविक रूप से वह इतनी ही अवधि वर्ष बाद प्रारम्भ होगा।

ब्रह्मा की आयु के आधे भाग को परार्द्ध कहते हैं। पुराणों के अनुसार अब तक पहला परार्द्ध व्यतीत हो चुका है; दूसरा चल रहा है। पूर्व परार्द्ध के आरम्भ में 'ब्राह्म' नामक महान कल्प हुआ था। उसी में ब्रह्मा जी की उत्पत्ति हुई मानी जाती है। पंडितजन उसे शब्द ब्रह्म कहते हैं। इसमें भगवान विष्णु के नाभि से ब्रह्मा जी प्रकट हुए थे। वर्तमान में जो कल्प चल रहा है वह दूसरे परार्द्ध का आरम्भिक कल्प है। यह कल्प श्वेत वराह कल्प से जाना जाता है। अर्थात् सृष्टि का वर्तमान स्वरूप इस वराह कल्प में रचा गया है। इसमें भगवान विष्णु ने वराह अर्थात् शूकर का रूप धारण कर समुद्र में डूबी हुई पृथ्वी को अपने थूथन पर उठा रखा है। यह कथा उस ऐतिहासिक घटना का संकेत देती है जब उत्तर सागर में डूबी उत्तर-कुरु की भूमि सागर के सूखने के उपरान्त भारत के प्रथम पुरुष आदि मनु या स्वयंभु मनु को शासन

करने के लिए प्राप्त हुई। यह भारत के आदिकालीन इतिहास की प्रारम्भ तिथि है और मेरे आंकलन में 3500 ई.पू. की तिथि सिद्ध होती है। वराह के श्वेत होने का संकेत एक ठंडे देश अर्थात् उत्तर-कुरु से है।

कल्प की भौतिक गणना को सुलभ बनाने के लिए मनीषियों ने 14 काल्पनिक मनुओं के द्वारा 14 मन्वन्तरों की रचना किया है। प्रति मन्वन्तर की अवधि की गणना निम्नवत् की जा सकती है -

ब्रह्मा का 1 दिन = 1 कल्प

= 1000 X 360 X 12000 मानव वर्ष

1 कल्प = 14 मन्वन्तर

1 मन्वन्तर $= \frac{1000}{14}$ X 360 X 12000 मानव वर्ष

$= 71\frac{6}{14}$ X 360 X 12000 मानव वर्ष

= 71 दिव्य चतुर्युग --- (9)

= 25714 चतुर्युग --- (10)

= 30857143 मानव वर्ष --- (11)

= 857143 दिव्य वर्ष --- (14)

पुराणों के अनुसार अब तक 7 मनु हैं जिनके नाम क्रमशः इस प्रकार हैंः 1. स्वयंभु मनु, 2. स्वरोचिष मनु, 3. उत्तम मनु, 4. तपस मनु, 5. रैवत मनु, 6. चक्षुष मनु, और 7. वैवस्वत मनु जिनका कालखण्ड अभी चल रहा है।

मन्वन्तरों की गणना हम सप्तर्षि युग तथा अग्रगमन चक्र की प्रणाली के माध्यम से कर सकते हैं यथा -

प्रथम विधि :

1 अग्रगमन चक्र = 24000 मानव वर्ष

1 मन्वन्तर $- \frac{1000}{14}$ X

$= \frac{180000}{14} =$ 13000 अग्रगमन चक्र (लगभग)--(13)

स्पष्टतः किसी भी पद्धति से भौतिक गणना करना व्यवहारिक नहीं है। इसलिए पुराणों द्वारा ब्रह्मा की आयु की गणना सम्बन्धी किसी भी दावे को स्वीकार करना

न्यायपूर्ण नहीं हो सकता है। मन्वन्तरों की गणना भी सम्भव नहीं है। ये काल्पनिक अवधि इतिहास के समान्तर नहीं है। न हि इनके आधारों पर कोई गणना की जा सकती है। पुराणों ने स्वयंभु मन्वन्तर चाक्षुष मन्वन्तर जो वैवस्वत मन्वन्तर के पूर्व हुए हैं उनकी ऐतिहासिक अनुमानित अवधि मन्वन्तर की अवधि के सामने नगण्य है। कोई तुलना ही नहीं है। तात्पर्य यह कि मन्वन्तर ऐतिहासिक अवधि के मापन की इकाई नहीं है। वस्तुतः ऐतिहासिक दृष्टि से मन्वन्तर दो ऐसे राजाओं के बीच की अवधि है जो कालक्रम के हिसाब से मनु घोषित किये गये हों। इनका इतनी बड़ी अवधि से कोई वास्तविक सम्बन्ध नहीं है।

यदि हम मन्वन्तरों की संख्या 14 के स्थान पर 12 कर दें तो यह गणना काफी सरल हो जाती है। पुराणों ने हमेशा ही सरल गणना को वरीयता दिया है। फिर अकेले इस क्षेत्र में ऐसा क्यों किया गया। मेरे अभिमत में प्रारम्भ में केवल 6 प्राथमिक मनु ही थे और तद्नुरूप कुल 12 मन्वन्तर थे। कालान्तर में पुराणों द्वारा मनु वैवस्वत को मनु मान लेने के बाद 7 प्राथमिक मनु हो गये और इस प्रकार 14 मनुओं की परिकल्पना साकार हुई। इस प्रकार 14 मन्वन्तरों की व्यवस्था किया जाना यह संकेत है कि मनु वैवस्वत मनु नहीं हैं, मनु उनका नाम है और बाद में पुराणों ने भ्रमवश ऐसा किया है। यह मैं पूर्व के एक अध्याय में पहले ही स्थापित कर चुका हूँ। सभी 14 मन्वन्तरों के नामों के तुलनात्मक अध्ययन से भी यह पुष्ट होता है कि मन्वन्तर परम्परा मूलतः मनुष्य-वंश की थी और देव-वंश के मनुओं के नाम पर (उनका चयन भी) मन्वन्तरों का नाम रखने की व्यवस्था बाद में की गयी।

अध्याय - 17

तत्व-चिन्तन की भारतीय परम्परा सांख्य दर्शन एवं विज्ञान

तत्व-चिन्तन की भारतीय परम्परा की आधारशिला सर्वश्री कपिल मुनि ने रखा। इस आधार पर हम यह कह सकते हैं कि उनकी सांख्य परम्परा वैदिक परम्परा से पूर्व की है। क्योंकि, कपिल मुनि ब्रह्मा-पुत्र प्रजापति कर्दम ऋषि तथा स्वयंभु मनु की पुत्री देवहुति, जो प्रियव्रत तथा उत्तानपाद की बहन है, के पुत्र थे और यह प्रसंग वर्तमान वैवस्वत के छः मन्वन्तर पूर्व की है। हमारे आंकलन में यह काल आज से लगभग 5500 वर्ष पूर्व का है। यह विश्वसनीय नहीं है। पुराणों में गंगावतरण के संदर्भ में कपिल को इक्ष्वाकु वंश के राजा सगर के समकालीन दिखाया गया है जो 2250 ई.पू. लगभग का काल है। इसलिए सांख्य दर्शन सम्बन्धी विचारों की प्राचीनता जो स्वयंभु के काल-खण्ड में व्यवहृत हो रहे थे को दर्शाने हेतु कपिल का सम्बन्ध स्वयंभु कालीन ऋषियों से स्थापित किया गया है।

शास्त्रीय सांख्य दर्शन, 'प्रकृति' और 'पुरुष' के द्वैत को मान्यता देता है। 'प्रकृति' प्रधान तत्व है और सांख्य द्वारा अभिमत स्वतन्त्र तत्व 'पुरुष' है। सांख्य का प्रकृतिवाद, उसके 'कार्य-कारणवाद' पर आधारित है। कार्य-कारणवाद के अनुसार प्रत्येक कार्य का कोई न कोई कारण होता है और बिना कारण के कोई कार्य उत्पन्न नहीं होता है। कार्य-कारणवाद का मूल प्रश्न हैः क्या कार्य उत्पत्ति के पूर्व भी अपने कारण में विद्यमान रहता है या नहीं? दोनों ही उत्तर मान्य हैं। यदि उत्तर 'नहीं' में है अर्थात् कार्य अपने कारण में विद्यमान नहीं है तो उसे असत्कार्यवाद कहते हैं। इसके अनुसार कार्य की सत्ता उसकी उत्पत्ति से आरम्भ होती है। यहाँ कार्य एक नूतन सृजन है। सृजन के उपरान्त ही कार्य की सत्ता का आरम्भ होता है, इसलिए इसे आरम्भवाद भी कहते हैं। यहाँ कार्य एक नूतन कृति है; एक नवीन सृष्टि है। यथा मिट्टी में घड़ा बनने का 'कारण' नहीं है, कुम्हार 'कार्य' करता है इसलिए घड़ा बनता है और घड़ा एक नूतन सृजन है। अर्थात् कार्य, इस मत के अनुसार, सदैव

एक नूतन सृजन करता है। इसे ही असत्कार्यवाद या आरम्भवाद कहते हैं। बौद्धों का हीनयान, वैशेषिक, नैय्यायिक तथा कुछ मीमांसक इस मत को मानते हैं।

असत्यकार्यवाद के विपरीत उक्त प्रश्न का उत्तर यदि 'हाँ' में है अर्थात् कार्य अपने कारण में विद्यमान हो तो उसे सत्कार्यवाद कहते हैं। यहाँ कार्य, कारण में बीज रूप में अन्तर्निहित होता है और कारण, कार्य में स्वभाव रूप में विद्यमान रहता है। कार्य नवीन सृजन नहीं है। यहाँ सृजन का अर्थ है अव्यक्त कार्य की अभिव्यक्ति या प्रतीति तथा प्रलय का अर्थ है व्यक्त कार्य का पुनः अपने कारण में विलीन हो जाना। अतएव सत्कार्यवाद के अनुसार कारण और कार्य, दोनों एक ही वस्तु के दो नाम हैं। कारणावस्था अव्यक्त रूप है और कार्यावस्था व्यक्त रूप। यथा ब्रह्माण्ड के सम्बन्ध में विज्ञान सम्मत सिद्धान्त यह है कि ब्रह्माण्ड के सम्पूर्ण द्रव्यमानों का किसी बिन्दु पर केन्द्रीभूत होना वर्तमान ब्रह्माण्ड के प्रलय तथा नवीन ब्रह्माण्ड का निर्माता है। अर्थात् यहाँ वर्तमान ब्रह्माण्ड के किसी बिन्दु पर अनन्त घनत्व का केन्द्रीभूत होना 'कारण' है तथा नवीन ब्रह्माण्ड का निर्माण उसका 'कार्य' है एवं कारण तथा कार्य, दोनों एक ही वस्तु (ब्रह्माण्ड) की 'व्यक्त' तथा 'अव्यक्त' अवस्था है। सत्कार्यवाद को सांख्य, योग, वेदान्त आदि स्वीकार करते हैं।

कार्य-कारणवाद का दूसरा महत्त्वपूर्ण प्रश्न हैः क्या कारण का कार्य रूप में परिवर्तन वास्तविक और तात्विक परिवर्तन है या अवास्तविक और अतात्विक परिवर्तन है। कुछ सम्प्रदाय एक बात मानते हैं और अन्य दूसरी बात। विज्ञान की दृष्टि में दोनों प्रकार की क्रियाएं होती हैं। जब परिवर्तन अतात्विक होता है तो भौतिक क्रिया होती है यथा पानी का बर्फ या वाष्प बनना या द्रव्य तथा उर्जा का एक-दूसरे में रूपान्तरण होना और जब परिवर्तन तात्विक होता है तो रासायनिक क्रिया होती है यथा हाइड्रोजन तथा आक्सीजन से एक नए पदार्थ, जल का बनना जो दोनों निर्माता तत्वों से भिन्न गुण और स्वभाव का पदार्थ है। इस प्रकार सृष्टि में दोनों ही क्रियाएं होती हैं यथा वास्तविक और अवास्तविक। सांख्य केवल वास्तविक परिवर्तन (रासायनिक क्रिया) को ही स्वीकार करता है। अर्थात् सांख्य भौतिक क्रिया का संज्ञान नहीं लेता है।

सांख्य का कार्य-कारणवाद 'अनुमान' के प्रमाण पर आधारित है और चार्वाक मत अनुमान को प्रमाण नहीं मानता है। इसलिए कार्य-कारणवाद को भी स्वीकार नहीं करता है। इसके अनुसार सृष्टि और उसका वैचित्र्य कारणजन्य न होकर स्वभावजन्य होता है। चूंकि उत्पत्ति को आकार देने वाली दोनों भौतिक तथा रासायनिक क्रियाऐं प्रकृतिजन्य या स्वाभाविक हैं इसलिए चार्वाक दर्शन विज्ञान के ज्यादा करीब है। मोटे तौर पर हम यह कह सकते हैं कि सम्पूर्ण ब्रह्माण्ड और उसकी अन्यान्य संरचनाऐं यथा उपग्रह, ग्रह, तारे, आकाश, आकाश-गंगायें, निहारिकायें, धूमकेतु, विविध प्रकार की उर्जा यथा प्रकाश, ताप, विद्युत, चुम्बकत्व, गुरूत्व आदि भौतिक क्रियाऐं हैं तथा

विभिन्न प्रकार के पदार्थ, पंच महाभूत, जीव इत्यादि रासायनिक क्रिया के उत्पाद हैं। सांख्य ने सावयव ब्रह्माण्ड की रचना करने वाली भौतिक क्रिया का संज्ञान न लेकर एक बड़ी भूल किया है।

सांख्य मूलतः 'प्रकृति' तथा 'पुरुष' का द्वैत है। जगत् की उत्पत्ति, स्थिति तथा लय के हेतु, यही दो तत्व मूल कारक तत्व हैं। 'प्रकृति' जहाँ पूर्णतः अचेतन है और इसलिए जगत के सभी जड़ पदार्थों की जननी है, यहाँ तक कि जीव का शरीर भी; वहीं सांख्य का 'पुरुष' शुद्ध 'चैतन्य' है और प्रकृति निर्मित जड़ जीव शरीर से मिलकर मनुष्य एवं अन्य जीवों की उत्पत्ति करता है। 'प्रकृति' और 'पुरुष' के संयोग की विशेषता यह होती है कि दोनों का केवल 'मिलन' होता है, परस्पर विलीनीकरण नहीं होता है। इस प्रकार दोनों का स्वतन्त्र अस्तित्व और स्वभाव यथावत बना रहता है। सांख्य के अनुसार 'पुरुष' जीव के शरीर में, उसके हृदयाकाश में बसता है और जीव को चैतन्य प्रदान करता है तथा जीवात्मा कहलाता है। सांख्य की दृष्टि में 'पुरुष' और 'प्रकृति' का यह संयोग पंगु और अंध के मिलन जैसा है। यहाँ पंगु राह दिखाता है तथा अंधा उस राह पर चलता जाता है। इसी प्रकार 'प्रकृति' और 'पुरुष' पंगु-अंध न्याय के सूत्र से संयुक्त होकर जीव सृजन करते हैं। दोनों में से कोई एक जीव रचना नहीं कर सकता है; जीव के निर्माण हेतु दोनों का मिलन आवश्यक है। यहाँ एक प्रश्न उठता है। पंगु-अंध न्याय में दोनों तत्व चेतन हैं, जबकि प्रकृति-पुरुष सम्मिलन में एक तत्व अचेतन है और दूसरा चेतन। यह विरोधाभास इस न्याय के सिद्धान्त की प्रामाणिकता पर प्रश्न खड़ा करता है। इसलिए हम मात्र इतना मान सकते हैं कि पुरुष, प्रकृति के साथ संयुक्त होकर जिस जीव का निर्माण करता है उसमें उसकी भूमिका मात्र एक पूरक तत्व की तरह होती है। इसीलिए सांख्य प्रकृति को प्रधान तत्व इंगित करता है, क्योंकि उसकी भूमिका जननी की होती है, लेकिन 'पुरुष' को भोक्ता बनाकर प्रकृति (नारी) को पुरुष की भोग्या बना देना न्यायोचित नहीं कहा जा सकता है।

कपिल के अनुसार प्रकृति त्रिगुणात्मक है अर्थात् उसमें तीन गुण हैं। वे तीन गुण हैंः सत्व, रजस् तथा तमस्। सत्वगुण का प्रकार्य सुख है, रजोगुण दुःख पहुँचाता है तथा तमोगुण मोह उत्पन्न करता है। ये सूक्ष्म तथा अतीन्द्रिय हैं और स्वतन्त्र रूप से प्राप्य नहीं हैं। इन तीनों गुणों के सम्मिलित साम्य से प्रकृति तत्व का निर्माण होता है। ये गुण किसी द्रव्य के गुण के अर्थ में गुण नहीं है जैसा कि न्याय वैशेषिक ने गुण को परिभाषित किया है बल्कि ये गुण स्वयं द्रव्य रूप है। दूसरे शब्दों में, द्रव्य के कण हैं तथा प्रकृति के संघटक तत्व हैं। तीनों गुण सदा सम्मिलित रहते हैं तथा एक-दूसरे से अलग नहीं किये जा सकते हैं। अर्थात् वे अविभाज्य हैं। गुण का अर्थ 'डोरी' (रस्सी) भी होता है, अतएव ये गुण तीन डोरियाँ हैं जिनको मिलाकर प्रकृति रूपी रस्सी बनती है, जिससे पुरुष रूपी पशु संसार में बंधता है। ये तीनों गुण

एक-दूसरे का तिरस्कार भी करते हैं, उपकार भी करते हैं और परस्पर सहयोग करके सारे पदार्थों को उत्पन्न करते हैं। अपने सम्मिलित साम्य रूप में ये तीनों गुण ही प्रकृति हैं, प्रकृति इनके अतिरिक्त कुछ नहीं है। एक विज्ञान के विद्यार्थी के लिए ये तीनों गुण या तथाकथित द्रव्य-कण कुछ और नहीं बल्कि वास्तव में द्रव्य के तीन मौलिक कण हैं जिन्हें विज्ञान की भाषा में न्यूट्रान, प्रोटान तथा इलेक्ट्रान कहते हैं। इन तीनों के साम्यावस्था का नाम परमाणु है। हम जानते हैं परमाणु अविभाज्य होता है तथा स्वतन्त्र अस्तित्व नहीं रखता हैः। इसीलिए दो या दो से अधिक परमाणु मिलकर अणु बन जाते हैं, जो स्वतन्त्र अस्तित्व रखता है। विज्ञान इसे तत्व कहता है। इस प्रकार, किसी तत्व का अणु प्रकृति की एक स्वतन्त्र इकाई अवश्य है लेकिन वास्तविक (रासायनिक) क्रिया में परमाणु ही भाग लेता है जिसके लिए उस तत्व के अणु से परमाणु स्वतन्त्र होकर वास्तविक क्रिया को सम्भव बनाते हैं। इस प्रकार रासायनिक क्रिया (वास्तविक क्रिया) में केवल परमाणु ही भाग लेता है, अणु नहीं। सांख्य का यह कथन कि प्रकृति के तीनों गुण परस्पर तिरस्कार, उपकार और सहयोग करते हैं, का यही सारांश है कि ये तीनों प्रकार के द्रव्य कण आपस में तीन प्रकार से रासायनिक क्रिया करते हैं।

वैज्ञानिक दृष्टि में रासायनिक क्रिया को समझने के लिए हमें परमाणु की आंतरिक संरचना को समझना आवश्यक होगा। परमाणु का मुख्य भाग नाभिक होता है जो प्रोटान तथा न्यूट्रान के योग से निर्मित होता है। वस्तुतः यह किसी परमाणु का सम्पूर्ण द्रव्यमान होता है। न्यूट्रान, आवेश रहित तथा प्रोटान में इकाई धन आवेश होता है। परमाणु को विद्युत शून्य (उदासीन) बनाने के लिए प्रोटानों की संख्या के बराबर ऋण आवेश के इलेक्ट्रान विभिन्न कक्षाओं में नाभिक के चक्कर लगाते हैं। विभिन्न कक्षाओं में कक्षा की स्थिति के अनुसार निश्चित संख्या में इलेक्ट्रान होते हैं, लेकिन यह आवश्यक है कि सबसे बाहरी कक्षा में दो या आठ इलेक्ट्रान ही हों। जब ऐसा नहीं होता है तो ये इलेक्ट्रान अन्य तत्व के परमाणु के वाह्य कक्ष के इलेक्ट्रानों के साथ जोड़-तोड़ कर अपनी संख्या पूरी करते हैं। इस प्रक्रिया में एक नये और वास्तविक पदार्थ की रचना होती है। प्रकृति में ये रासायनिक क्रिया तीन प्रकार की होती है। प्रथम प्रकार में एक तत्व का परमाणु अपने बाहरी कक्षा के इलेक्ट्रान का त्याग करता है और दूसरे तत्व का परमाणु उसे प्राप्त कर लेता है, सांख्य इसे 'तिरस्कार' की संज्ञा देता है। दूसरे प्रकार में एक तत्व का परमाणु अपने बाहरी कक्षा के इलेक्ट्रानों को दूसरे तत्व के परमाणु को उपयोग करने की इजाजत देता है, इसे सांख्य 'उपकार' कहता है, इसमें प्रथम तत्व के परमाणु उसी के पास बने रहते हैं। तीसरा प्रकार वह है जिसमें दोनों तत्वों के परमाणु एक-दूसरे के साथ आपसी सहयोग के द्वारा जुड़ते हैं, इसे सांख्य 'सहयोग' कहता है। इस प्रकार कपिल मुनि ने इतिहास के आदिकाल (2200-2300 ई.पू.) में प्रकृति के उस वैज्ञानिक सत्य को

ढूंढ लिया था जिसे आज विज्ञान मात्र 200-300 वर्ष पूर्व खोज पाया है। काश हम इसे फिलास्फी की जगह विज्ञान के संवर्धन में लेते तो हम आज कहाँ होते।

सांख्य के अनुसार सृष्टिक्रम प्रकृति एवं तत्प्रसूत 23 तत्वों को मिलाकर कुल 24 तत्वों का व्यापार है। सांख्य का 25वां तत्व पुरुष है जो प्रकृति से सर्वथा विपरीत और स्वतन्त्र है तथा सृष्टि-व्यापार से अलिप्त है। सांख्य सम्मत इन 25 तत्वों में पुरुष, कार्य-कारण भाव से सर्वथा अलग है। वह न प्रकृति (कारण) है और न विकृति (कार्य)। इन 25 तत्वों से निर्मित सांख्य के अनुसार सृष्टिक्रम निम्नवत् है -

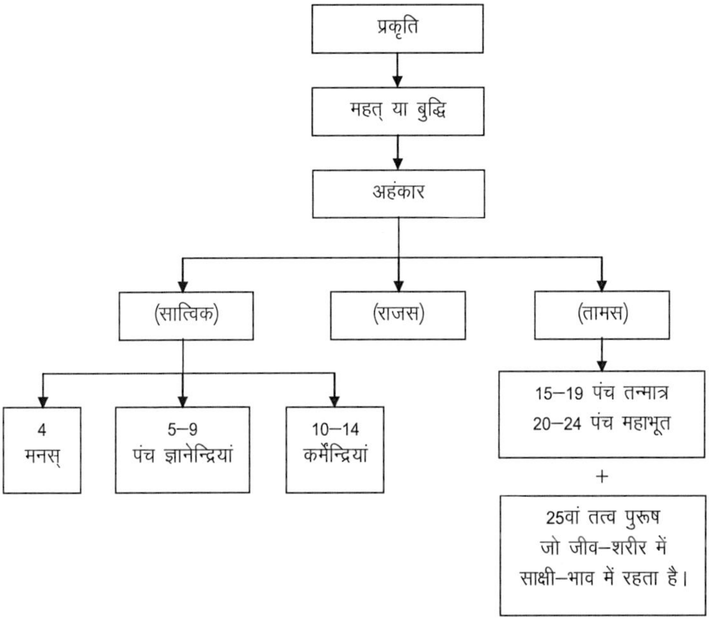

यहाँ मूल प्रकृति ही अकेले प्रकृति (कारण) है, विकृति (कार्य) नहीं है। महत्, अहंकार (स्वत्व) और 5 तन्मात्रायें (अति सूक्ष्म तत्व), ये 7 तत्व प्रकृति-विकृति (कार्य-कारण) दोनों हैं। मनस्, पाँच ज्ञानेन्द्रियां, पंच कर्मेन्द्रियां और पंच महाभूत, ये 16 तत्व केवल विकृति हैं। इस प्रकार प्रकृति, पंच महाभूतों के द्वारा जड़ शरीर का निर्माण करती है और इस जड़ शरीर में 'पुरुष' प्रवेश लेता है, तब जीव का उद्भव होता है। जीव-शरीर में यह 'पुरुष' जीवात्मा कहलाता है। सांख्य के पंच महाभूत हैं:

क्षिति, जल, पावक, गगन और समीर। इस प्रकार कपिल के सांख्य के दो सूत्र हैं: रासायनिक क्रिया के द्वारा जीव शरीर की प्रकृति द्वारा रचना तथा एक स्वयं प्रकाश्य वाह्य तत्व का उस शरीर में प्रवेश एवं अलिप्त भाव से उसका रहना।

पुरुष सांख्य का दूसरा स्वतन्त्र तत्व है। प्रकृति के विपरीत यह चैतन्य तत्व है। वह चेतन द्रव्य नहीं है और न तो चैतन्य होना उसका गुण-धर्म है। वह विशुद्ध चैतन्य है, चैतन्य होना उसका स्वरूप और उसका स्वभाव है। वह निस्त्रैगुण्य या निर्गुण है, इसलिए कार्य-कारण भाव से परे है। अर्थात् उसकी उत्पत्ति का कोई कारण नहीं है। इसलिए उसका न आदि है और न अन्त है। न वह जन्म लेता है और न विकृति को प्राप्त होता है। वह न मरता है और न मारा जा सकता है। किसी भी तरीके से उसे विनष्ट नहीं किया जा सकता है। इसलिए वह नित्य है और सनातन है। क्योंकि वह किसी उत्पत्ति का कारण नहीं है इसलिए अकर्ता है। वह परम् आत्म तत्व है और जीव के शरीर में साक्षी भाव में रहता है। वह विषय नहीं है इसलिए वह ज्ञेय भी नहीं है; इसीलिए अज्ञेय कहा जाता है। वह किसी भी ज्ञात स्वरूप से भिन्न है, इसलिए उनके स्वरूप का अनुमान नहीं किया जा सकता है। उसके बारे में केवल 'न इति' 'न इति' ही कहा जा सकता है। वह 'निराकार' है, 'व्यापक' है और 'विभु' है। वह परम् ज्ञाता है, वह परम् द्रष्टा है जो समस्त ज्ञान का अधिष्ठाता है। वह विषय नहीं है, विषयी है, इसलिए सम्पूर्ण ज्ञान है। वह कालातीत है। प्रकृति से नितान्त भिन्न होने के कारण उसे निर्गुण, विवेकी, अविषय, असामान्य, चैतन्य, अपरिणामी (अप्रसवधर्मी) कहा जाता है। वह अलौकिक है।

लेकिन, चार्वाक सिद्धान्त सांख्य के पुरुष तत्व एवं पंचमहाभूतों में आकाश को मान्यता नहीं देता है। चार्वाक के महत्त्वपूर्ण 5 सिद्धान्त निम्नवत् हैं -

1. पृथ्वी, जल, अग्नि और वायु ही तत्व हैं। 'आकाश' तत्व नहीं है।
2. इनके समुदय से शरीर, इन्द्रिय और विषय बनते हैं।
3. जिस प्रकार किण्वादि (अंगूर आदि के रस में विकार उत्पन्न करके बनायी गयी मदिरा) में मादक शक्ति उत्पन्न होती है, उसी प्रकार जड़ तत्वों से (उनके विविध अनुपात में मिश्रण से जीवित शरीर में) चैतन्य उत्पन्न होता है।
4. काम ही एकमात्र पुरुषार्थ है।
5. मृत्यु ही मोक्ष है।

इस प्रकार चार्वाक सांख्य के पुरुष तत्व को पूरी तरह खारिज करते हैं तथा रासायनिक क्रिया से जीव-उत्पत्ति के सिद्धान्त को मान्यता देते हैं। प्रकृति रासायनिक पदार्थों से भरी हुई है। पदार्थों के बीच रासायनिक क्रियाओं से नूतन पदार्थ उत्पन्न होते हैं। रासायनिक क्रियाओं के लिए आवश्यक परिस्थितियों की अनिवार्यता होती है। इनसे उत्पन्न उत्पाद को हम सामान्यतया जड़ पदार्थों के संवर्ग में रखते हैं। जड़ से हमारा तात्पर्य होता है: चैतन्य का अभाव। जीव से हमारा मतलब है: चैतन्य की

अभिव्यक्ति। मेरे अभिमत में जड़ और चैतन्य, दोनों प्रकार के पदार्थ में चैतन्य का अस्तित्व होता है। जीव में चैतन्य की जहाँ अभिव्यक्ति होती है, वहीं जड़ में चैतन्य की अप्रतीति होती है, अनस्तित्व नहीं। यही चार्वाक सिद्धान्त का भी अनकहा अभिमत है। इसे हम आगे विज्ञान के माध्यम से सिद्ध करेंगे।

सांख्य के मूलतः तीन सिद्धान्त हैं जो निम्नवत् हैं -

1. प्रकृति और पुरुष का द्वैत,
2. पुरुष बहुत्व, और
3. अनिश्वरवादी वस्तुवाद।

प्रकृति और पुरुष सांख्य के दो मूल तत्व हैं जिसमें पुरुष वाह्य तत्व है और प्रकृति निर्मित शरीर में भी पुरुष वाह्य तत्व की तरह बना रहता है। प्रकृति और पुरुष का पंगु-अंध के न्यायानुसार समन्वयन बहुत व्यवहारिक नहीं लगता है तथा पुरुष तत्व की अनिवार्यता एक अलग प्रश्न खड़ा करती है। प्रश्न हैः चौरासी लाख योनियों के अरबों-खरबों जीवों के लिए पुरुष तत्व की उपलब्धता कैसे सुनिश्चित होती है। सांख्य इसके लिए 'पुरुष बहुत्व' की अवधारणा प्रस्तुत करता है। इसके अनुसार पुरुष तत्व बहुतायत में स्वतः ही उपलब्ध होता है। आगे चलकर उसके स्रोत की खोज की जाने लगी। वेदान्त (उपनिषदों) ने प्रकारान्तर से सांख्य के तीन तत्वों के नामकरण में सकारात्मक परिवर्तन किये। अब प्रकृति, पुरुष और पुरुष बहुत्व को क्रमशः जड़, चेतन (आत्मन्) एवं परमात्मन् शब्दों से परिभाषित किया गया। यहाँ परमात्मन्, आत्मा या पुरुष तत्व के स्रोत के रूप में माना जाता है। इस स्रोत की पूर्ण निरन्तरता स्वतः बनी रहती है। इससे जीव-निर्माण की प्रक्रिया भी अक्षुण्ण बनी रहती है। इस सिद्धान्त की विशेषता यह है कि सांख्य-दर्शन के विपरीत परमात्मन् या परमात्मा एक विशुद्ध ईश्वरीय तत्व है। आत्मा इससे अलग होती है, जीव का निर्माण करती है और मुक्त होकर पुनः परमात्मा से मिल जाती है। यह चक्र अनवरत जारी रहता है। कालान्तर में यही शब्द जगत, जीव और ब्रह्म नाम से सुप्रसिद्ध हुआ।

जगत-रचना के सम्बन्ध में विज्ञान-सम्मत विचार यह है कि वह कुल दो तत्वों से बना है। वे दो तत्व हैंः द्रव्य तथा उर्जा। द्रव्य में मूल तत्व द्रव्यमान होता है जिसकी इकाई मात्रा को 'क्वार्क' कहते हैं तथा इकाई उर्जा को 'फोटान' कहते हैं। द्रव्य और उर्जा का एक-दूसरे में स्वतः अनवरत परिवर्तन होता रहता है जिससे दोनों के बीच का मूल साम्य जो ब्रह्माण्ड निर्माण के समय बना है, वह यथावत बना हुआ है। यह वर्तमान ब्रह्माण्ड की विद्यमानता की आवश्यक शर्त है। द्रव्य के उर्जा बनने की प्रक्रिया हम जानते हैं। यह परमाणु के विखण्डन से प्राप्त होता है। प्रश्न हैः उर्जा का द्रव्यमान में परिवर्तन कैसे होता है? विज्ञान, एक नये कण के अस्तित्व को स्वीकार करता है। उसका नाम 'बोसान' है। यह नाम उसे एक भारतीय वैज्ञानिक के नाम पर दिया गया नाम है। बोसान वस्तुतः द्रव्यमान निर्माता कण है। फोटान

जब इसके सम्पर्क में आता है, द्रव्यमान बन जाता है। इस प्रकार फोटान की तरह 'क्वार्क' बनने की प्रक्रिया भी समान्तर जारी रहती है तथा ब्रह्माण्ड में द्रव्य और उर्जा की साम्यता बनी रहती है। द्रव्यमान के गुण से हम पूरी तरह परिचित हैं। उसके गुरूत्वाकर्षण शक्ति के कारण ब्रह्माण्ड अपने सभी अवयवों के साथ कायम है। ब्रह्माण्ड निर्माण को हम ईश्वरीय कृति मानते हैं और विज्ञान इस निर्माण में 'बोसान' की अहम भूमिका के दृष्टिगत इसे 'ईश्वर-कण' (God Particle) का नाम देता है। अर्थात् विज्ञान की दृष्टि में द्रव्यमान ही ईश्वर है, वही जगत-नियंता है। प्रलय-काल में भी वह अकेले बचा रहता है और पुनः नये ब्रह्माण्ड की रचना करता है। इस प्रकार विज्ञान की दृष्टि में कपिल का पुरुष तत्व अलौकिक नहीं है, बल्कि लौकिक तत्व है। वह प्रकृतिस्थ भौतिक तत्व 'बोसान' है, जिसे सांख्य केवल शरीर-रचना के लिए उत्तरदायी मानता है जबकि विज्ञान की दृष्टि में वह जीव सहित सावयव ब्रह्माण्ड के निर्माण का कारक तत्व है। तात्पर्य यह कि इस प्रकार यदि चैतन्य कहीं है तो वह प्रकृति में है, जड़ तत्व में है। अतएव विज्ञान की दृष्टि में ब्रह्म निराकार नहीं अपितु साकार है। आंखों से न दिखने वाली कोई वस्तु जरूरी नहीं कि वह निराकार हो।

8वीं 9वीं शताब्दी में केरल में एक महान् सन्यासी पैदा हुए। उन्होंने जीव को ही ब्रह्म घोषित किया। उनका मंत्र हैः ब्रह्मं सत्यम्, जगत् मिथ्या और जीवैव नापरः। अर्थात् ब्रह्म सत्य है, जगत् मिथ्या है (ब्रह्मा की माया है) और जीव ही ब्रह्म है, कोई दूसरा नहीं। जीव को ब्रह्म की संज्ञा देना अद्भुत है, मानव और मानवता की अप्रतिम स्थापना है। यह देश और विश्व की अनूठी परिभाषा है। वसुधैव कुटुम्बकम् है, सर्वे भवन्तु सुखिनः की मंगल-कामना है, जीव के प्रति अहिंसा है और विज्ञान की अन्यतम् व्याख्या है। दर्शन इसे अद्वैत कहता है।

सांख्य का पुरुष तत्व अब 'जीवात्मा' कहा जाने लगा, जो परमात्मा का अंश होता है। वह परमात्मा की तरह अनश्वर है। अब सांख्य का प्रकृति और पुरुष तत्व नश्वर तथा अनश्वर के रूप में परिभाषित किया जाने लगा। जीव-शरीर नश्वर तथा जीव-आत्मा अनश्वर कही जाने लगी। शरीर की नश्वरता तथा आत्मा के अमरत्व के दर्शन ने पुनर्जन्म की अवधारणा को जन्म दिया। अब प्रत्येक जीव की आत्मा के अलग अस्तित्व की पहचान की जाने लगी और उसके पुनर्पुनः जीवन का विधान बना। यह प्रथम अवसर था, जब धर्म ने भारतीय तत्व चिन्तन की परम्परा में पुनर्जन्म ने सिद्धान्त के रूप में प्रवेश लिया। पुनर्जन्म की परम्परागत चिन्तन ने 'मोक्ष' के दर्शन की पृष्ठभूमि तैयार किया। आखिर जीवात्मा कब तक भटकती रहेगी। कभी तो वह अपने स्रोत से मिलेगी। इस चिन्तन ने मोक्ष को, जीवात्मा की अन्तिम अवस्था के रूप में परिभाषित किया, जब वह परमात्मा के साथ एकाकार हो जाए, उसमें विलीन हो जाए। यह पथ इतना आसान भी नहीं है। कर्म की अवधारणा का विकास

हुआ। कर्म वह कारक तत्व बना जो जीवात्मा के भावी पथ की दिशा सुनिश्चित करता है। अब भारतीय तत्व चिन्तन ने पूर्ण रूपेण एक धर्म का स्वरूप ग्रहण कर लिया जिसके मूल तत्व निम्नवत् हैं -

1. जीव-शरीर एक जड़ पदार्थ है, इसलिए असत् है, नश्वर है।

2. जीवात्मा परमात्मा का स्वरूप है, अंश है, इसलिए सत् है, अनश्वर है।

3. जीव-शरीर के अन्त के साथ जीवात्मा का अन्त नहीं होता है। उसका पुनर्जन्म होता है।

4. पुनर्जन्म में जीवात्मा मृत शरीर को त्याग कर नवीन शरीर को ग्रहण करता है, जैसे कोई व्यक्ति पुराने वस्त्र का परित्याग कर नवीन वस्त्र धारण करता है।

5. जीव-शरीर की अनेक योनियां हैं। कीट-पतंग, पशु-पक्षी से लेकर मानव तक 84 लाख योनियां कही जाती हैं। जीव एक शरीर को छोड़कर किस नये-पुराने योनि में जायेगा, इसे सुनिश्चित करने के लिए कर्म के सिद्धान्त का आविर्भाव हुआ।

6. कर्म पूर्ण रूप से सामाजिक कारक नहीं है, अपितु ईश्वर के प्रति अटूट आस्था के प्रतिस्थापन के साथ धार्मिक कारक है। पुनर्जन्म के बाद यह दूसरा महत्त्वपूर्ण कारक है जिसने सनातन धर्म के हिन्दू-धर्म में परिवर्तन को प्रभावी बनाया।

7. 'जीवात्मा' और 'आत्मा' में एक सूक्ष्म अन्तर है। जीवात्मा जहाँ व्यक्तिपरक् है, वहीं आत्मा समष्टि बोधक। जब तक कोई आत्मा एक शरीर धारण न कर ले, वह जीवात्मा नहीं कही जा सकती है।

8. ईश्वर एक कल्याणकारी संस्था की तरह है जो अपने अनुयायियों (भक्तों) का सदैव कल्याण करती है। लेकिन, भक्त को अपनी भक्ति का प्रदर्शन करना पड़ता है।

9. ईश्वर-भक्ति के तीन मार्ग हैंः ज्ञान-कर्म-भक्ति। ईश्वर (ब्रह्म) के विशिष्ट ज्ञान को प्राप्त करना, आत्मसात् तथा आत्म-साक्षात्कार करना और स्वयं तथा सबको 'वही' (ब्रह्म) मानना, ज्ञान मार्ग है। शास्त्र-निहित कर्म के अनुसार सदाचरण तथा कर्म सन्यास, कर्म-मार्ग है और ईश्वर के प्रति अपनी आस्था का प्रदर्शन भक्ति मार्ग है। तीनों तथा तीनों में से कोई एक भी समान रूप से फलदायी है।

10. आराधना-पद्धति के आधार पर आराध्य के तीन रूप हैं। ज्ञान-मार्ग का ब्रह्म निराकार है, भक्ति-मार्ग का ईश्वर साकार है तथा कर्म-मार्ग का निष्काम कर्म। निष्काम कर्म का तात्पर्य है - कर्तव्य कर्म, लोक हितकारी कर्म और फल की आसक्ति से रहित कर्म। अर्थात् पूजा की तरह कर्म को किया जाना।

11. ईश्वर और ब्रह्म में भी एक सूक्ष्म अन्तर है। ईश्वर ब्रह्म का साकार रूप है और ब्रह्म ईश्वर का मात्र निराकार रूप नहीं है। ब्रह्म सृष्टि-कर्ता भी है और विराट ब्रह्माण्ड उसका स्वरूप है। ब्रह्म जगत् का एकीकृत स्वरूप है और ईश्वर उस सम्प्रदाय

का जो उसमें विश्वास व्यक्त करते हैं। निराकार ब्रह्म विराट का सूक्ष्म रूप है। शंकराचार्य का अद्वैत उसकी एक व्याख्या है।

12. समय के साथ अन्य अवधारणाओं यथा स्वर्ग-नरक, पाप-पुण्य, कर्म-फल आदि का जन्म एवं विकास हुआ और वे हिन्दू-धर्म के अंग बन गये।

इस प्रकार संक्षेप में हिन्दू धर्म में आत्मा का अमरत्व है, पुनर्जन्म की अवधारणा है, कर्म-फल की मान्यता है, आत्मा का स्रोत है, परमात्मा की विभावना है और ईश्वर के प्रति आस्था है। किसी भी हिन्दू धर्मावलम्बी को इससे इतर सत्य स्थापित करने एवं उसमें आस्था रखने की स्वतन्त्रता है। व्यक्ति के खुद के विश्वास के साथ कोई विरोध नहीं है, कोई अवरोध नहीं है, अपितु एक सहमेल संस्कृति स्थापित करने की आकांक्षा है जो सर्व धर्म समभाव तथा अहिंसा का मार्ग प्रशस्त करती है। अहिंसा मूल भारतीय तत्व चिन्तन की आत्मा है। सर्वधर्म समभाव धर्म निरपेक्षता नहीं है अपितु धर्म निरपेक्षता का व्यवहारिक पक्ष है। यहाँ धर्म का तात्विक अर्थ पंथ से है।

इस प्रकार मूल भारतीय तत्व चिन्तन एक साथ विज्ञान सम्मत तथा लोक हितकारी है। परन्तु विज्ञान की एक सीमा होती है, उसके परे भी एक शक्ति है जो दर्शन का विषय है। हिन्दू धर्म में वही सर्वशक्तिमान एवं सर्वकर्ता है। इस शक्ति में पूर्ण आस्था व्यक्त करते हुए उन्होंने उसे अपना आराध्य मान लिया।

परिशिष्ट - 1

भारत के प्राचीन भूगोल के कुछ महत्त्वपूर्ण स्थल

1. कुरु

पुराणों ने 'कुरु' शब्द का प्रयोग स्थान, प्रजाति और व्यक्तिगत नाम के अर्थ में किया है। स्थान के अर्थ में दो कुरु देश कहे गये हैं: 1. उत्तर-कुरु और 2. दक्षिण-कुरु। उत्तर-कुरु, एक महादेश, जो मेरु पर्वत से लगा ही है। यह सुपार्श्व पहाड़ी (हिमालय पार तीन समान्तर पर्वत श्रृंखलाओं) में सबसे उत्तर की पर्वतमाला शृंगवान के उत्तर तथा समुद्र के दक्षिण है। वर्तमान में उसकी उत्तरी सीमा कुनलुन की पहाड़ियों तक जाती है, चीन अधिकृत अक्साई चिन भी उत्तर-कुरु का हिस्सा है। भद्रा नदी जहाँ से बहती हुई उत्तर सागर में गिरती है। मत्स्य और विष्णु के अनुसार यहाँ विष्णु का वराह अवतार हुआ था तथा माता पृथ्वी ने उपनिषद का आश्रय लेकर इन्हें 'यज्ञ' तथा 'क्रतु' कह स्तुति की थी (पु.क. 58, तदनु. भाग. 5.17.8, 18.34.39, ब्रह्मा. 2.15.51, 71-80, वायु. 34.57, 35.44-47, 41-85, 42.77, 49-120, विष्णु 2. 2.14, 38-50)। दक्षिण-कुरु, मेरे अभिमत में सरस्वती-आपय-दृशद्वती का द्वाब जहाँ मनु वैवस्वत ने सर्वप्रथम कुरु राज्य की स्थापना किया था। बाद में मनु पुत्री इला के राज्यारोहण के पश्चात इलावर्त पड़ा। पुनः पुरूरवा ऐल के राज्यारोहण के पश्चात यह क्षेत्र ब्रह्मावर्त के नाम से जाना जाने लगा। सम्भवतः यह नामकरण ब्रह्मा के नाम पर पड़ा जिन्हें कुरु अपना प्रथम पूर्वज मानते थे। परीक्षित प्रथम, जिन्हें कुरु तथा कौरव्य उपनाम से भी जाना जाता है (भार्गव के अनुसार), ने जब हस्तिनापुर में कुरु राज्य की स्थापना किया तब से यह क्षेत्र, जो उनके राज्य का अंग था, दो भागों में बँटकर कुरु-क्षेत्र और कुरु-जांगल नाम से प्रसिद्ध हुआ।

प्रजाति के अर्थ में सर्वप्रथम उत्तर-कुरु के निवासी कुरु कहे जाते थे। सम्भवतः ऐसा स्वयंभु मनु के पाँचवीं पीढ़ी के वंशज राजा कुरु के नाम पर पड़ा होगा। उसके पहले अनुमानतः वे वाराह या वाराही कहे जाते रहे होंगे। क्योंकि, वराह अवतार के बाद समुद्र में डूबी यह पृथ्वी स्वयंभु मनु को शासन के लिए प्राप्त हुई थी (पु.को0 398 तदनु. भाग. 3.12.53.54; 13.3.18)। यहाँ से ऋषि कश्यप मारीचि के नेतृत्व में वे हिमालय के इस ओर बसे और उनके वंशजों में से आदित्यों की एक शाखा

ने दक्षिण-कुरु में राज्य संस्थापन किया, ये लोग भी अपने समुदाय की पहचान कुरु नाम से करते थे।

व्यक्तिगत नामों में प्रथम नाम स्वयंभु के वंशज आग्नीध्र और पूर्वचित्ति के पुत्र कुरु का नाम है जो शृंगवद् वर्ष (उत्तर-कुरु) के पाँचवीं पीढ़ी के राजा हुए थे (पु.को0 118) और दूसरे थे, संवरण और तपती के पुत्र कुरु (या कौरव्य), जिन्हें भार्गव परीक्षित प्रथम नाम से पहचान करते हैं।

2. जम्बू द्वीप

पुराण प्रारम्भ में 7 द्वीपों का उल्लेख करते हैं तथा जम्बू द्वीप को उसका मध्य भाग मानते हैं। यह मेरु (हिमालय) के आर-पार का उत्तर-दक्षिण विभाग है। यह गोल है और चारों ओर खारे जल (समुद्र) से घिरा हुआ है (पु.को0 178, भाग. 1.12.5; 5.1.32; 16.5.7; 19.29.30; 20.2; मत्स्य 83-32; 113-7; 122-2; 284-2; वायु. 11.84, 33.11.45, अध्याय 34, विष्णु0 2.3.28)। मेरे अभिमत में जो समुद्र इसे चारों ओर से घेरे हुए था, उसका नाम 'टेथिस' सागर था। हिमालय के निर्माण के बाद इसका पानी बह गया तथा बंगाल की खाड़ी और अरब सागर का निर्माण हुआ।

पुराणानुसार जम्बू द्वीप के 9 खण्ड थे, जिन्हें वर्ष कहा जाता था। वे निम्नवत् हैं -

1. उत्तर-कुरु (शृंगवद् वर्ष) : शृंगवान (कराकोरम) शृंखला का उत्तरवर्ती वर्ष।
2. रम्यक : शृंगवान तथा श्वेत श्रेणी (लद्दाख) के बीच का वर्ष।
3. हिरण्यमय : लद्दाख तथा जास्कर (नील श्रेणी) के बीच का वर्ष।
4. इलावृत्त : जम्बू द्वीप का नाभि (केन्द्र) क्षेत्र। इसके उत्तर में नील, श्वेत और शृंगवान पर्वत हैं तथा दक्षिण में निषध, हेमकूट और हिमालय है। इसके पूर्व में और पश्चिम में माल्यवत् तथा गन्धमादन (मंदर-विष्णु पु.) है।
5. भद्राश्व : इलावृत्त के पूर्व तथा नील एवं निषध के बीच का वर्ष।
6. केतुमाल : इलावृत्त के प. में, नील और निषध के बीच का वर्ष। यहाँ से होकर वक्षु (OXUS) नदी बहती है।
7. हरिवर्ष : उच्च हिमा0 (निषध) तथा मध्य हिमा0 (हेमकूट) के बीच का वर्ष।
8. किंपुरुष : मध्य हिमा0 (हेमकूट) तथा हिमालय (निम्न) के मध्य का वर्ष।
9. हिमवर्ष (भरतखण्ड) : निम्न हिमालय (शिवालिक) के दक्षिण का वर्ष।

नोट :

1. जम्बू द्वीप में स्वयंभु मनु का शासन था जो उत्तर-कुरु के बर्हिष्मती से राज्य करते थे।

2. हिमवर्ष को वहाँ के प्रसिद्ध राजा भरत के नाम पर भरत-खण्ड तथा शृंगवद् वर्ष को वहाँ के यशस्वी राजा के नाम पर कुरु-खण्ड कहते थे।

3. इस द्वीप का जम्बू द्वीप नाम इस क्षेत्र में बहने वाली एक नदी के नाम पर पड़ा जिसके बारे में यह कहा जाता है कि इसके स्रोत के पास एक जम्बू का पेड़ था। यह नदी सम्भवतः आज का जम्मू है।

4. मनुष्य राजवंश की दृष्टि में जम्बू द्वीप के दो विभाग थे। प्रथम हिमालय के उस पार का कुरु-खण्ड तथा द्वितीय हिमालय के इस पार का भरत-खण्ड जबकि देव या ब्राह्मण वंश इसे उत्तर-कुरु तथा कश्यप देश (कश्मीर) या सम्मिलित रूप से दोनों क्षेत्रों को कुरु कहते थे।

5. मेरु (=सुमेरु): पुराणानुसार पर्वतों का राजा एक पर्वत जिसे सोने का कहा जाता था। यह इलावृत्त के मध्य में है और चार पर्वत मंदर, मेरु मंदर, सुपार्श्व तथा कुमुद इसको घेरे हुए हैं। मेरु के पूर्व में जठर तथा देवकूट है, पश्चिम में पवन तथा परियात्र (हिन्दुकुश) हैं। दक्षिण में कैलाश तथा करवीर और उत्तर में त्रिशृंग और मकर हैं। चार स्वच्छ जल के जलाशय हैं और नंदन, चैत्ररथ, वैभ्राजक तथा सर्वतोभद्र नामक चार उद्यान हैं (भाग. 5.16 पूरा; 20.2; 8-5.18, ब्रह्मा. 1-1-69; 8-98)। इन्हीं के मूल भाग में एक वन है जो शिव-पार्वती का क्रीड़ा-स्थल है। इसे उमा शरवण कहते हैं।

6. वर्ष से तात्पर्य उस क्षेत्र से है, जहाँ जन-आबादी बसती है।

7. संक्षिप्त नामों के पूर्ण नाम निम्नवत् हैं -

पु.को.	:	पुराण कोश रचित राणाप्रसाद शर्मा
भाग.	:	भागवत पुराण
ब्रह्म.	:	ब्रह्माण्ड पुराण
मत्स्य.	:	मत्स्य पुराण
हरि.	:	हरिवंश पुराण
विष्णु.	:	विष्णु-पुराण

8. श्वेत पर्वत = अक्साई चिन = श्री विष्णु का निवास-स्थान

परिशिष्ट - 2

मनु एवं मन्वन्तर की व्याख्या

1. स्वयंभु या आदि मनु

पुराणों के अनुसार भारत में मानव सृजन का प्रारम्भ ब्रह्मा से हुआ और स्वयंभु मनु उनके एक पुत्र थे जिनसे मानव समाज उत्पन्न हुआ। उन्हें भारत तथा विश्व में प्रथम राजतन्त्र स्थापित करने का श्रेय दिया जा सकता है। पुराणों ने ब्रह्मा को एक मानव नहीं अपितु सृजन-कर्ता या सृजन के एक कारक तत्व के रूप में प्रस्तुत किया है। ब्रह्मा ने स्वयंभु मनु से पूर्व कुछ अन्य मानव उत्पन्न किये जो ब्रह्मा द्वारा अपेक्षित प्रजा वृद्धि के लिए इच्छुक नहीं थे इसलिए उन्होंने अपने अवशेष शरीर के एक भाग के आधे-भाग से स्वयंभु मनु तथा दूसरे भाग से उनकी पत्नी शतरूपा को उत्पन्न किया। स्वयंभु के अनुरोध पर, ब्रह्मा की नासिका से वराह (श्री विष्णु के एक अवतार) उत्पन्न हुए जिन्होंने जल-मग्न पृथ्वी को जल से बाहर निकालकर स्वयंभु को शासन करने के लिए दिया (पु.को0 398; भाग. 3.12.53-4; 13-3-18)। ब्रह्मा का इस प्रकार चित्रण स्वयंभु मनु को भारत का प्रथम मनुष्य स्थापित करना मात्र है।

स्वयंभु तथा शतरूपा से दो पुत्र, प्रियव्रत तथा उत्तानपाद और तीन पुत्रियाँ यथा देवहुति, आक्रूति तथा प्रसूति थीं। इनका विवाह क्रमशः कर्दम, दक्ष तथा रूचि प्रजापति से हुआ (पु.को0 398, भाग. 8.1.1.5, 7; 11.14.4; 3.20, 1.10; 21. 1-3, 25-26, 22-26-9; 6.1-3, ब्रह्मा. 2.13-105; मत्स्य 3.44-5; 4.34; 145-90; वायु 3.2-16; 23.47; 59.56-7; विष्णु 1.7.14-19; 3.1.6)।

स्वयंभु मनु तथा उनकी सन्तानों के वंशज मनुष्य, मानव और मानुष कहलाये। उन्होंने अपना राज्य प्रथमतः उत्तर-कुरु में स्थापित किया जो भूमि वराह द्वारा उन्हें शासन करने को प्राप्त हुआ था (पु.को0 भाग. विष्णु यथा उत्तर-कुरु के सन्दर्भ में दिया गया है)। बर्हिष्मती उनकी राजधानी थी।

प्रारम्भ में केवल स्वयंभु मनु तथा उनके वंशज ही मनुष्य कहे जाते थे, बाद में यह शब्द मानव प्रजाति के लिए प्रयुक्त होने लगा।

2. मनु

प्राचीन इतिहास की दृष्टि में पुराण कुल तीन मनुओं की रूपरेखा प्रस्तुत करता है जो निम्न सारणी में प्रस्तुत है -

मनु-नाम	कालखण्ड	कुल अवधि	क्षेत्र	प्रमुख राजधानी	सम्बोधन
1. आदि-मनु (स्वयंभु मनु)	3502-3362 ई.पू.	140 वर्ष	उत्तर-कुरु	बर्हिष्मती	मनुष्य, मानव, मानुष, क्षत्रिय
2. चक्षुष मनु	3362-3101 ई.पू. एवं आगे	261 वर्ष	सप्त सिन्धु	अर्राट	मनुष्य, मानव, मानुष, क्षत्रिय
3. मनु वैवस्वत	3101-1200 ई.पू. एवं आगे	1901 वर्ष से अधिक	आर्यावर्त	कुरु-क्षेत्र	ब्राह्मण-आर्य

नोट :

1. मेरे अभिमत में मनु वैवस्वत में मनु उनका नाम था, अलंकरण नहीं।
2. स्वयंभु मनु, चक्षुष मनु तथा मनु वैवस्वत, तीनों राजवंश भारत में अन्त तक क्रियाशील रहे, अकेले वैवस्वत का राजवंश नहीं।
3. लगभग वैदिक काल तक केवल वैवस्वत मनु से अग्रसरित समाज ही आर्य कहा जाता था; विशेष रूप से पौरव-भारतवंश।
4. समाज का अन्य समाज आर्येतर या अनार्य कहा जाता था।

3. मन्वन्तर

(क) यह दीर्घ कालिक अवधि मापन की इकाई है।

(ख) इनका नामकरण कल्पित 14 मनुओं के नाम पर किया गया था।

(ग) प्रत्येक मन्वन्तर उनके सुनिश्चित नाम के क्रम के अनुसार घटित होता था।

(घ) अब तक कुल 7 मनु हो चुके हैं। वर्तमान कालखण्ड के 7वें मनु, वैवस्वत मनु हैं।

(ङ) दो मनुओं के बीच की अवधि को मन्वन्तर कहते हैं, यह एक सुनिश्चित अवधि की इकाई है।

(च) मनुओं के ऐतिहासिक काल से, किसी मन्वन्तर के आरम्भ होने का कोई सम्बन्ध नहीं है। ऐसा प्रतीत होता है कि पुराण वैवस्वत मन्वन्तर का प्रारम्भ आदि मनु (स्वयंभु मनु) से मानते हैं। पुराण मन्वन्तर के आंकलन में स्वयं स्पष्ट नहीं हैं।

(छ) प्रथम 7 मनु क्रम से इस प्रकार हैं - 1. आदि मनु या स्वयंभु मनु, 2. स्वरोचिष मनु, 3. उत्तम मनु, 4. तमस मनु, 5. रैवत मनु, 6. चक्षुष मनु और 7. मनु वैवस्वत।

(ज) एक मन्वन्तर की कुल सुनिश्चित अवधि = 30857143 वर्ष होती है।

(झ) इस अवधि की गणना, जिस कालखण्ड में इसका चिन्तन किया गया था, लगभग असम्भव है।

() इस पद्धति की ऐतिहासिक उपयोगिता शून्यवत् है।

परिशिष्ट - 3

विष्णु के प्रथम पाँच अवतारों में निबद्ध इतिहास का सार

पुराण विष्णु के 10 अवतारों का उल्लेख करते हैं। इनमें प्रथम 5 अवतार इस प्रकार हैं: वराह, नरसिंह, कच्छप, वामन, मत्स्य। कुछ विद्वान् इसे सृष्टि रचना से जोड़कर देखते हैं तथा तद्नुसार इनका क्रम निर्धारित करते हैं। लेकिन यह सही नहीं है। ये पाँचों अवतार ऐतिहासिक घटनाओं से सम्बन्ध रखते हैं और इनका क्रम उसी प्रकार है, जिस प्रकार पुराणों में प्राप्त होता है। लेकिन अन्तिम 5 अवतारों (परशुराम, राम, कृष्ण, बुध और कल्कि) की तरह ये अवतार व्यक्ति नहीं हैं अपितु वे स्थान विशेष को व्यक्त करते हैं। यह भारतीयों (आर्यों) के आदिकालीन भौगोलिक स्थिति, मूल स्थान तथा विभिन्न स्थानों की प्राप्ति से सम्बन्धित हैं। इनका सविस्तार वर्णन मैनें 'विष्णु के दशावतार में निबद्ध इतिहास' नामक अध्याय में किया है। यहाँ अति संक्षेप में मैं प्रस्तुत कर रहा हूँ। ये पाँचों अवतार कालखण्ड 3500-3100 ई.पू. में घटित हुए हैं।

1. प्रथम अवतारः वराह अवतार; कालः 3500 ई.पू. लगभग; स्थानः उत्तर-कुरु। इस अवतार के माध्यम से स्वयंभु मनु को शृंगवद् वर्ष (शृंगवान् पर्वतमाला का उत्तरवर्ती क्षेत्र) शासन हेतु प्राप्त हुआ था। इस घटना में दैत्यराज हिरण्याक्ष का वध वराह विष्णु द्वारा किया गया था।

2. द्वितीय अवतारः नरसिंह अवतार; कालः 3300 ई.पू. लगभग; स्थानः हिमालय पार से सिन्धु के बीच का क्षेत्र। इस अवतार में दैत्यराज हिरण्यकश्यप का वध कर श्री नरसिंह विष्णु ने उस क्षेत्र का राज्य उसके विष्णु भक्त पुत्र प्रह्लाद को प्रदान किया था।

3. तृतीय अवतारः कच्छप अवतार; वस्तुतः यह कश्यप अवतार है; कालः 3200 ई.पू. लगभग; स्थानः आज का जम्मू-कश्मीर। कश्यप का तात्पर्य ऋषि कश्यप मारीचि से है जिन्होंने इस भूमि को आबाद किया था। पुराण इस अवतार का सम्बन्ध समुद्र-मन्थन से करते हैं जिसमें तत्कालीन दैत्यराज बलि घायल होकर युद्ध भूमि

से पलायन कर गया था और उस अंचल का राज्य यथावत बना रहा था। कश्यप ऋषि तथा इस ऐतिहासिक घटना के घटित होने के बीच लगभग 100 वर्ष का काल-भेद है।

4. चतुर्थ अवतारः वामन अवतार; ब्राह्मण अवतार; कालः 3200 ई.पू. के बाद; स्थान : जम्मू-कश्मीर। दैत्यराज बलि ने दुबारा आक्रमण कर इस देश को जीत लिया था लेकिन एक ब्राह्मण (वामन या वटुक) ने इसे बलि से दान में प्राप्त कर लिया। राज्य की स्थिति पूर्ववत् बनी रही। इसने तिब्बत में सनातन धर्म की धर्म-संस्था स्थापित किया जो आज तक बनी हुई है। वर्तमान में चीन ने बलपूर्वक तिब्बत को जीत लिया तथा चीन में सम्मिलित कर लिया। यहाँ राजतन्त्र नहीं था, धर्मतन्त्र था और उसके प्रमुख स्वनामधन्य दलाई लामा निर्वसित जीवन जीते हुए तिब्बत की पुनर्प्राप्ति में लगे हुए हैं। भारत ने उन्हें शरण प्रदान किया है।

5. पंचम अवतारः मत्स्य अवतार, कश्मीर के आदित्य-वंश द्वारा; स्थानः कुरु-क्षेत्र (हरियाणा) में; राज्य संस्थापन कालः 3101 ई.पू.। कुरु-क्षेत्र राज्य का यह अंचल सरस्वती-दृशद्वती के बीच मत्स्याकार में स्थित है, इसलिए इसे मत्स्यावतार का नाम दिया गया। मनु वैवस्वत इस देश के प्रथम राजा माने जाते हैं।

6. मेरे अभिमत में ऐतिहासिक घटनायें अपने स्वाभाविक रूप से घटित हुईं। कालान्तर में, वामन अवतार के बाद, जब ब्राह्मणों ने श्री विष्णु पीठ की स्थापना किया, उन्होंने इन ऐतिहासिक घटनाओं को श्री विष्णु तथा उनके अवतारों से सम्बद्ध कर दिया। वस्तुतः यह मनुष्यों तथा देवों द्वारा प्रमुखतः हिमालयी क्षेत्र में उनके क्रमिक बसाव तथा वहाँ से भारत के मैदानी भागों में उनके आगमन के इतिहास से सम्बद्ध रखती हैं। उन्होंने उत्तर-कुरु से अपना अभियान आरम्भ कर सम्पूर्ण भारत को प्राप्त किया था। प्रथम दो अवतारों का सम्बन्ध हिमालय पार के कुरु-खण्ड की अवाप्ति से है जिसे उन्होंने हिरण्याक्ष-हिरण्यकश्यप के वध के द्वारा प्राप्त किया था, बाद के दो अवतारों का सम्बन्ध हिमवर्ष = भरत-खण्ड = जम्मू-कश्मीर से है, जिस पर आधिपत्य और नियन्त्रण उन्होंने दैत्यराज बलि के पलायन के बाद स्थापित किया। पाँचवें अवतार का सम्बन्ध उनके भारत आगमन से है जब उन्होंने प्रलय के उपरान्त हरियाणा में बसने का निर्णय किया था। इस कालखण्ड में हुए युद्ध को पुराणों ने देवासुर-संग्राम नाम से लिखा तथा देवों (ब्राह्मणों) की भूमिका को प्राथमिकता मिली और मनुष्यों के भारत के अन्त प्रान्त में आने की गाथा छूट गयी। इसे पुराणों ने अलग से स्वयंभु मनु तथा उनके वंशजों के वृत्तान्तों द्वारा व्यक्त किया है। पुराण इन घटनाओं के बहुत बाद की रचना है, वे केवल विष्णु के अवतारों के नाम याद रख पाये और वास्तविक कथा अकथित रह गयी। किसी स्पष्ट उल्लेख के अभाव में विद्वान् इसकी अलग-अलग व्याख्या करते हैं लेकिन पुराणों का समेकित सन्देश यही है।

परिशिष्ट - 4

21 नदियों का देश

प्रथमतः ऋग्वेद के दशम् मण्डल के सूक्त संख्या 75 को हम नीचे प्रस्तुत करते हैं। इस सूक्त के ऋषि सिन्धुक्षित् प्रैयमेध हैं, देवता नदियाँ हैं तथा छन्द जगती है-

प्र सु व आपो महिमानुमुत्तमं कारूर्वोचाति सदने विवस्वतः।
प्र सप्त-सप्त त्रेधा हि चक्रमुः प्र सृत्वरीणामति सिन्धुरोजसा।। --- (1)
प्र तेऽरदद्वरूणो यातवे पथः सिन्धो, यद्वाजाँ अभ्यद्रवस्त्वम्।
भूम्या अधि प्रवता यासि सानुना यदेषामग्रं जगतामिरज्यसि।। --- (2)

दिवि स्वनो यतते भूम्योपर्यनन्तं शुष्म उदयीत भानुना।
अभ्रादिव प्र स्तनयन्ति वृष्टयः सिन्धुर्यदेति वृषभो न रोरूवत।। --- (3)
अभि त्वा सिन्धो शिशुमित्र मातरो वाश्रा अर्षन्ति पयमेव धेनवः।
राजेव युध्वा नयसि त्वमित् सिचौ यदासामग्रं प्रवतामिनक्षसि।। --- (4)

इमं मे गंगे यमुने सरस्वति शुतुद्रि स्तोमं सचता पुरूष्णया।
असिकन्या मरूद्वृधे वितस्तया ऽश्कर्जीकिये शृणुह्या सुषोमया।। --- (5)

तुष्टामया प्रथमं यातवे सजूः सुसर्त्वा रसया श्वेत्या त्या।
त्वं सिन्धु कुभया गोमती क्रमुं मेहत्न्वा सरथं याभिरीयसे।। --- (6)

ऋजीत्येनी रूशती महिला परि ज्रयांसि भरते रजांसि।
अदब्धा सिन्धुरपसामपस्तमा ऽश्वा न चित्रा वपुशीव दर्शता।। --- (7)

स्वश्वा सिन्धुः सुरथा सुवासा हिरण्ययी सुकृता वाजिनीवती।
उर्णावती युवतिः सीलमावत्युताधि वस्ते सुभगा मधुवृधम्।। --- (8)

सुखं रथं युयुजे सिन्धुरश्विनं तेन वाजं सनिषदस्मिन्नाजौ।
महान् ह्यस्य महिना पनस्यते ऽदब्धस्य स्वयशसो विरप्शिनः।। --- (9)

हिन्दी में इस स्तुति की अभिव्यक्ति निम्नवत् की जा सकती है -

1. हे जल! विवस्वत् के प्रांगण में कवि तुम्हारी प्रशस्ति के गीत गाता है। आप यहाँ सात-सात की तीन धाराओं में प्रवाहमान हैं। इनमें सिन्धु नदी सबसे तीव्र प्रवाह वाली है।

2. हे सिन्धु नदी! जब तुमने प्रतिस्पर्द्धा में विजय पाने की आकांक्षा के साथ पृथ्वी के शीर्ष अर्थात् हिमालय से मैदानी भागों की ओर प्रस्थान किया, तब वरुण (समुद्र) ने तुम्हारा मार्ग प्रशस्त किया।

3. जब तुम वृषभ की भांति दहाड़ते हुए गमन करती हो, तब तुम्हारा निनाद पृथ्वी से स्वर्ग तक गूंजता है, प्रकाश के साथ अन्तहीन उर्जा उत्पन्न करता है तथा तब ऐसा लगता है जैसे गर्जनशील मेघ जल की वर्षा कर रहे हों।

4. लहरों के साथ आगे बढ़ने वाली हे नदी! तुम्हें गमन करते हुए देखना ऐसे लगता है यथा शिशु-मित्र मां अपने प्रिय शिशु के पास जा रही हो, पयस्विनी गाय अपने बछड़े को दूध पिलाने जा रही हो और युद्ध में प्रवृत्त राजा संग्राम-भूमि में अपनी सेना का नेतृत्व कर रहा हो।

5. हे गंगा-यमुना-सरस्वती, परुष्णी संग शतुद्रि (सतलज), वितस्ता संग अस्किनी, मरूद्वृद्धा, सुषोमा संग अर्जीकिया, मेरे स्तोत्र को सुनो।

6. हे सिन्धु! तुम पहले सुसर्तु, रसा, श्वेता संग त्रिश्तमा के साथ आगे बढ़ी और फिर कुभा, मेहन्तु, गोमती और क्रुमु को साथ में जोड़ा।

7. हे सहज गमनीया, श्वेतवर्णा, अपने जल से सींचकर क्षेत्रों को महत्त्वपूर्ण बनाने वाली, अबंध्या सिन्धु, कलात्मकता से परिपूर्ण बहुरंगी चित्रों से अलंकृत, चितकबरी, स्थूल घोड़ी सदृश सुन्दर दिखती हो।

8. हे सिन्धु! तुम सुन्दर अश्व वाली, सुन्दर रथ वाली, सुन्दर वस्त्र वाली, स्वर्णिम आभा वाली, सुन्दर कर्मों वाली, शक्तिशालिनी, उर्णावृता युवती, वृक्षरूपी धन वाली, सौभाग्यशालिनी, तुम मधु को बढ़ाने वाली हो।

9. हे सिन्धु! तुम सुखकारी अश्वों वाले रथ को योजित करती हो जो तुम्हें प्रतियोगिता में विजय प्रदान करते हैं, हे विजयिनी! तुम हमें सुअन्न प्रदान करो। तुम्हारे अलंध्य होने, दैदिप्यमान होने और आनन्दमयी होने का बखान किया जाता है।

एक कवि की यह सुन्दरतम् रचना है। इसीलिए मैंने प्रथमतः उसी भाषा में लिखा, जिस भाषा में कवि ने रचना किया है। पाठकगण इस सुन्दर कविता का सहज आनन्द प्राप्त कर सकें, इसलिये मैंने इसका भावानुवाद किया है। यह भावानुवाद डेविड फ्राउले द्वारा किये गये इंग्लिश अनुवाद का थोड़े-बहुत परिवर्तन के साथ मेरे द्वारा किया गया है (देखिए, उनकी पुस्तक 'गाड्स, सेजेज एंड किंग', पृष्ठ सं० 77-78)। उन्होंने सिन्धु को ज्यादातर नदी के अर्थ में प्रयोग किया है; मैं इससे

सहमत नहीं हूँ। मेरे अभिमत में कवि ने अपनी कविता में विशेष रूप से सिन्धु तथा उसकी सहगामिनी एवं सहायक नदियों के माध्यम से एक क्षेत्र-विशेष तथा उसके महात्म्य का वर्णन किया है। कविता में वर्णित इन नदियों में गंगा-यमुना-सरस्वती, सिन्धु नदी की सहगामिनी नदियाँ हैं तथा अन्य उल्लिखित उसकी सहायक नदियाँ हैं। प्रतीततः यह तीनों नदियाँ प्रारम्भ में पश्चिम दिशा में बहती थीं, जब टेथिस सागर था, अरब सागर और बंगाल की खाड़ी नहीं थे तथा गंगा के पूर्व में भी टेथिस सागर का हिस्सा था। सम्पूर्ण हिमालय तथा उसके पार्श्व की पहाड़ियों से निर्मित क्षेत्र तथा हिमालय के दक्षिण का मैदानी भाग, जिसमें कई नदियाँ बहती थीं, जम्बू द्वीप कहलाता था, जो पुराणों में वर्णित खारे पानी के समुद्र से आवृत्त था।

इस बात के ऐतिहासिक साक्ष्य प्राप्त हैं कि प्राचीन काल में यमुना तथा सतलज, दोनों नदियाँ सरस्वती से मिलती थीं। इसका संकेत पुराणों में भी उपलब्ध है। पुराण इन दोनों के मार्ग-परिवर्तन को क्रमशः बलराम तथा वशिष्ठ से जोड़कर प्रस्तुत करते हैं। इन दोनों कथाओं का मैंने पिछले अध्यायों में उल्लेख किया है। गंगावतरण की कथा भी उसके मार्ग-परिवर्तन की ओर संकेत करती है। पुराणों ने अत्यन्त प्राचीन कथाओं का भी नये प्रतीकों के साथ वर्णन किया है, इसलिए इसमें चकित होने की कोई बात नहीं है। ये चारों नदियाँ एक क्षेत्र-विशेष की ओर इंगित करती हैं, जो परुष्णी (रावी) से लेकर वितस्ता (झेलम) के मध्य वर्णित नदियों से बने क्षेत्र से संयुक्त होकर सप्त सिन्धु कहलाता था। डेविड फ्राउले गंगा-यमुना को भी सप्त-सैन्धव क्षेत्र से सम्बन्धित करते हैं।

सूत्र X-75-6 में वर्णित सुसर्तु, रसा, श्वेता तथा तृत्समा, मेरे विचार से हिमालय पार का लद्दाख क्षेत्र है तथा रसा सिन्धु का वह भाग है जो लद्दाख में आता है। सिन्धु नदी मानसरोवर क्षेत्र से निकलकर लद्दाख होते हुए पाकिस्तान में प्रवेश लेती है और फिर अरब-सागर में मिल जाती है। पाकिस्तान में पश्चिम दिशा से आने वाली (पूर्वी अफगानिस्तान की) नदियाँ सिन्धु से मिलती हैं जिनमें 4 का नाम यह सूक्त देता है। वे हैंः कुभा, मेहन्तु, गोमती और क्रुमु। यह उस काल का गान्धार क्षेत्र है। ये तीनों क्षेत्र यथा सप्त-सिन्धु, लद्दाख तथा गान्धार, जम्बू द्वीप के प्राथमिक अनुभाग हैं, जिनमें सात की संख्या में नदियाँ, प्रवाह के तीन क्षेत्रों का निर्माण करती हैं जिनमें सिन्धु सबसे प्रमुख नदी थी, जिसका वर्णन मुक्त कण्ठ से वैदिक कालीन कवि उक्त सूक्त में करता है। इस प्रकार, यह 21 नदियों का एक देश था जिसकी सबसे अहम् बात यह थी कि यहाँ के सभी जन अपने को एकमात्र एक ब्रह्मा की सन्तान मानते थे। ये लोग मनुष्य, कुरु या शैव कहलाते थे जो कालान्तर में आर्य कहे जाने लगे।

इस कवि ने जब इस कविता की रचना किया था, उस काल में गंगा-यमुना-सरस्वती को वह स्थान प्राप्त नहीं था, जो सिन्धु को था। लेकिन जब आर्य सरस्वती के किनारे

बसे और अपना राज्य स्थापित किया, सरस्वती का महात्म्य बड़ी तेजी के साथ स्थापित हुआ और वह सिन्धु से भी ज्यादा भारत के लिए महत्त्वपूर्ण हो गयी लेकिन 21 नदियों का यह देश उतना ही महत्त्वपूर्ण बना रहा। फ्राउले का विचार है कि नदियों की बहुलता के कारण इस देश का नाम सिन्धु-स्थान पड़ा जो आगे चलकर हिन्दुस्तान बना। वस्तुतः यह प्राथमिक आर्यावर्त था जो कालान्तर में भारत बना।

मुझे यह कविता काव्य जगत की सर्वश्रेष्ठ रचना लगती है; मात्र काव्य-सौष्ठव तथा विषय की वर्णनीयता के कारण ही नहीं अपितु अपनी प्राचीनता के कारण भी। आश्चर्य नहीं होना चाहिए यह जानकर कि यह हजारों वर्ष पुरानी कविता है। मेरे आंकलन में वैदिक कालखण्ड 3300-1200 ई.पू. का था। अर्थात् आज से 5300-3200 वर्ष पूर्व में लिखी गयी थी। आश्चर्यजनक बात यह है कि उस काल में लोग लिखना भी नहीं जानते थे, मगर उनकी रचनाएं उसी शुद्धता तथा उच्चारण के साथ आज भी संरक्षित हैं।

21 नदियों का वह क्षेत्र (देश) प्राचीन भारत था। जिसे वहाँ के निवासी जम्बूद्वीप कहते थे।

●●●